Der Weg zum Python-Profi

Papier
plus+
PDF.

Al Sweigart

Der Weg zum Python-Profi

Ein Best-Practice-Buch für sauberes Programmieren

dpunkt.verlag

Al Sweigart

Lektorat: Gabriel Neumann
Lektoratsassistenz: Anja Weimer
Übersetzung: Volkmar Gronau, G&U Language & Publishing Services GmbH, Flensburg, *www.GundU.com*
Copy-Editing: Claudia Lötschert, *www.richtiger-text.de*
Satz: Ulrich Borstelmann, *www.borstelmann.de*
Herstellung: Stefanie Weidner
Umschlaggestaltung: Helmut Kraus, *www.exclam.de*, nach der Originalvorlage von No Starch Press
Druck und Bindung: mediaprint solutions GmbH, 33100 Paderborn

Bibliografische Information der Deutschen Nationalbibliothek
Die Deutsche Nationalbibliothek verzeichnet diese Publikation in der Deutschen Nationalbibliografie; detaillierte bibliografische Daten sind im Internet über *http://dnb.d-nb.de* abrufbar.

ISBN:
Print 978-3-86490-874-3
PDF 978-3-96910-677-8
ePub 978-3-96910-678-5
mobi 978-3-96910-679-2

1. Auflage 2022

Hinweis:
Dieses Buch wurde auf PEFC-zertifiziertem Papier aus nachhaltiger Waldwirtschaft gedruckt. Der Umwelt zuliebe verzichten wir zusätzlich auf die Einschweißfolie.

PEFC zertifiziert
Das Papier für dieses Buch stammt aus nachhaltig bewirtschafteten Wäldern und kontrollierten Quellen.
PEFC™
PEFC/04-31-0810 www.pefc.de

Schreiben Sie uns:
Falls Sie Anregungen, Wünsche und Kommentare haben, lassen Sie es uns wissen: *hallo@dpunkt.de*.

5 4 3 2 1 0

Inhalt

Für meinen Neffen Jack

Der Autor

Al Sweigart ist Softwareentwickler und Fachbuchautor und lebt in Seattle. Python ist seine bevorzugte Programmiersprache, für die er bereits mehrere Open-Source-Module entwickelt hat. Er hat mehrere Programmierbücher für Einsteiger geschrieben, darunter *Routineaufgaben mit Python automatisieren* und *Coole Spiele mit Scratch 3*, die ebenfalls beim dpunkt.verlag erschienen sind. Die englische Originalversion seiner Bücher steht unter einer Creative-Commons-Lizenz kostenlos auf seiner Website *https://www.inventwithpython.com/* zur Verfügung. Seine Katze Zophie wiegt 11 Pfund.

Der Fachgutachter

Kenneth Love ist Programmierer und Lehrer und richtet Konferenzen aus. Er ist Mitarbeiter von Django und ein PSF Fellow. Zurzeit arbeitet er als technischer Leiter und Softwareingenieur für O'Reilly Media.

Danksagung

Es ist irreführend, dass nur mein Name auf dem Titelbild steht, denn ohne die Bemühungen vieler anderer Personen hätte es dieses Buch nie gegeben. Ich möchte meinem Herausgeber Bill Pollock, meinen Lektoren Frances Saux, Annie Choi, Meg Sneeringer und Jan Cash, Herstellungsleiterin Maureen Forys, Korrektorin Anne Marie Walker und Chefredakteurin Barbara Yien danken. Ein weiteres Dankeschön geht an Josh Ellingson für ein weiteres hervorragendes Titelbild, an meinen Fachgutachter Kenneth Love und an all die großartigen Freunde, die ich in der Python-Community kennengelernt habe.

Einleitung

Hello again, world! In den späten 90er-Jahren habe ich als programmierender Teenager und Möchtegernhacker immer die neueste Ausgabe von *2600: The Hacker Quarterly* studiert. Eines Tages fand ich endlich den Mut, an dem von der Zeitschrift organisierten monatlichen Treffen in meiner Heimatstadt teilzunehmen, und war beeindruckt davon, wie viel diese Leute alle wussten! (Später erkannte ich jedoch, dass viele von ihnen über weit mehr Selbstvertrauen als echte Kenntnisse verfügten.) Das ganze Treffen über lauschte ich ehrfürchtig nickend dem, was die anderen zu sagen hatten, und versuchte, den Unterhaltungen zu folgen. Danach war ich entschlossen, jede Gelegenheit zu nutzen, um mehr über Computer, Programmierung und Netzwerksicherheit zu lernen, sodass ich mich beim nächsten Treffen an den Gesprächen beteiligen konnte.

Beim nächsten Treffen hörte ich jedoch weiterhin nur zu und fühlte mich im Vergleich zu allen anderen minderbemittelt. Also fasste ich erneut den Vorsatz, zu lernen und klug genug zu werden, um mitzuhalten. Ich vertiefte mein Wissen Monat für Monat, hatte aber immer das Gefühl, hinterherzuhinken. Schließlich erkannte ich, wie umfangreich das Gebiet der Informatik war, und befürchtete, niemals genug wissen zu können.

Ich wusste damals zwar schon mehr als meine Schulfreunde, doch meine Kenntnisse reichten mit Sicherheit nicht aus, um als Softwareentwickler arbeiten zu können. In den 90er-Jahren gab es Google, YouTube und Wikipedia noch nicht, aber ich hätte auch gar nicht gewusst, wie ich sie hätte nutzen sollen. Es war mir nie klar, womit ich mich als Nächstes befassen sollte. Stattdessen lernte ich, Hallo-Welt-Programme in verschiedenen Programmiersprachen zu schreiben. Dabei hatte ich jedoch nie das Gefühl, echte Fortschritte zu machen. Ich wusste nicht, wie ich jemals über die Grundlagen hinauskommen sollte.

Zur Softwareentwicklung gehört weit mehr als Schleifen und Funktionen. Wenn Sie einen Anfängerkurs absolviert oder ein Programmierbuch für Einsteiger gelesen haben und sich nach weiterführenden Informationen umsehen, landen Sie aber leider meistens nur bei weiteren Hallo-Welt-Tutorials. Programmierer nennen diese Phase die *Wüste der Verzweiflung*: Sie bewegen sich ziellos durch unterschiedliche Lernstoffe, ohne das Gefühl zu haben, Fortschritte zu machen. Für Material, das sich an Anfänger richtet, wissen Sie schon zu viel, aber es fehlt Ihnen an Erfahrung, um sich den komplizierteren Themen zu widmen.

Wenn Sie sich in dieser Wüste befinden, kommen Sie sich wie ein Hochstapler vor. Sie haben nicht das Gefühl, ein »richtiger« Programmierer zu sein oder Code so schreiben zu können, wie »richtige« Programmierer es tun. Dieses Buch habe ich für Personen geschrieben, denen es genau so geht. Wenn Sie die Grundlagen von Python kennen, hilft es Ihnen, ein besserer Softwareentwickler zu werden und dieses Gefühl der Verzweiflung zu überwinden.

Wer dieses Buch lesen sollte und warum

Dieses Buch richtet sich an Leser, die bereits einen Grundkurs in Python absolviert haben und mehr lernen möchten. Bei diesem Grundkurs kann es sich um mein Buch *Routineaufgaben mit Python automatisieren* (dpunkt.verlag, 2020), das Buch *Python 3 Crashkurs* von Eric Matthes (dpunkt.verlag, 2020) oder auch eine Onlineschulung handeln.

Solche Einführungen können Ihre Begeisterung für die Programmierung wecken, allerdings gibt es danach immer noch viel zu lernen. Wenn Sie das Gefühl haben, noch nicht das Niveau eines professionellen Programmierers erreicht zu haben, und nicht wissen, wie Sie dorthin gelangen sollen, ist dies das richtige Buch für Sie.

Vielleicht haben Sie ja auch in einer anderen Sprache zu programmieren gelernt und möchten nun unmittelbar in das Python-Umfeld mit allen seinen Tools wechseln, ohne die typischen Hello-World-Grundlagen wiederzukäuen. In diesem Fall brauchen Sie nicht erst Hunderte von Seiten durchzuarbeiten, die die grundlegende Syntax erklären. Es reicht, wenn Sie sich den Artikel »Learn Python in Y Minutes« auf *https://learnxinyminutes.com/docs/python* ansehen oder Eric Matthes' Python-Spickzettel von »Python Crash Course – Cheat Sheet« auf *https://ehmatthes.github.io/pcc/cheatsheets/README.html* herunterladen, bevor Sie dieses Buch in Angriff nehmen.

Über dieses Buch

In diesem Buch geht es nicht nur um Python-Syntax für Fortgeschrittene, sondern auch um die Verwendung der Befehlszeile und von Tools wie Codeformatierern, Lintern und Versionssteuerung, die auch professionelle Entwickler einsetzen.

Ich erkläre Ihnen, was Code gut lesbar macht und wie Sie sauberen Code schreiben können. Zur Veranschaulichung dieser Prinzipien stelle ich einige Programmierprojekte vor. Dies soll zwar kein Lehrbuch in Informatik werden, aber dennoch werden wir uns auch mit der O-Notation und objektorientierter Entwicklung beschäftigen.

Ein Buch allein reicht nicht aus, um jemanden zu einem professionellen Softwareentwickler zu machen. Ich habe dieses Buch geschrieben, um Ihre Kenntnisse zu vertiefen und Ihnen dadurch auf diesem Weg weiterzuhelfen. Dabei spreche ich auch einige Themen an, die Sie anderenfalls nur nach und nach durch Erfahrung lernen würden. Dieses Buch verschafft Ihnen eine solide Grundlage, sodass Sie gut für neue Herausforderungen gerüstet sind.

Ich rate Ihnen zwar dazu, das Buch von vorn bis hinten zu lesen, aber wenn ein Thema Sie besonders interessiert, können Sie auch gern zu dem betreffenden Kapitel vorblättern.

Teil I: Erste Schritte

- **Kapitel 1: Fehlermeldungen und Recherche** Zeigt Ihnen, wie Sie erfolgreich Fragen stellen und selbstständig Lösungen finden können. Außerdem erfahren Sie hier, wie Fehlermeldungen zu lesen sind und welche Verhaltensregeln Sie beachten müssen, wenn Sie online um Hilfe bitten.

- **Kapitel 2: Die Einrichtung der Umgebung und die Befehlszeile** Erklärt, wie Sie sich an der Befehlszeile zurechtfinden und wie Sie Ihre Entwicklungsumgebung sowie die Umgebungsvariable `PATH` einrichten.

Teil II: Werkzeuge, Techniken und bewährte Vorgehensweisen

- **Kapitel 3: Codeformatierung mit Black** Beschreibt die Stilrichtlinie PEP 8 und erklärt, wie Sie Ihren Code formatieren sollten, um ihn besser lesbar zu machen. Sie erfahren hier auch, wie Sie diesen Vorgang mit dem Codeformatierungswerkzeug Black automatisieren können.
- **Kapitel 4: Aussagekräftige Namen** Erklärt, wie Sie Variablen und Funktionen benennen sollten, um Ihren Code übersichtlicher zu gestalten.
- **Kapitel 5: Codegerüche** Beschreibt Warnzeichen, die auf mögliche Bugs in Ihrem Code hinweisen.
- **Kapitel 6: Pythonischer Code** Erklärt, was Code *pythonisch* macht, und zeigt Vorgehensweisen auf, um solchen idiomatischen Python-Code zu schreiben.
- **Kapitel 7: Programmierjargon** Erklärt Fachbegriffe, die in der Programmierung verwendet werden, sowie Begriffe, die oft verwechselt werden.
- **Kapitel 8: Häufige Fallstricke in Python** Beschreibt Aspekte von Python, die oft zu Missverständnissen oder zu Bugs führen, und zeigt Korrekturmaßnahmen sowie Möglichkeiten auf, solche Schwierigkeiten zu vermeiden.
- **Kapitel 9: Exotische Eigenarten von Python** Behandelt einige seltsame Eigenheiten von Python wie String-Interning oder das Schwerelosigkeits-Easter-Egg, auf die Sie sonst kaum stoßen würden. Vor allem aber erfahren Sie, warum sich einige Datentypen und Operatoren unerwartet verhalten, und erlangen dadurch ein tieferes Verständnis der Funktionsweise von Python.
- **Kapitel 10: Zweckmäßige Funktionen** Zeigt, wie Sie Funktionen strukturieren sollten, um sie zweckmäßig und übersichtlich zu gestalten. Sie lernen hier die Verwendung von * und ** in der Syntax für Argumente, die Vor- und Nachteile von umfangreichen und kleinen Funktionen sowie funktionale Programmiertechniken wie Lambda-Funktionen kennen.
- **Kapitel 11: Kommentare, Docstrings und Typhinweise** Erklärt, warum die nicht funktionalen Bestandteile von Programmen wichtig sind und wie sie dazu beitragen, dass sich der Code besser pflegen lässt. Sie erfahren hier, wie dicht Kommentare und Docstrings gesät sein sollten und wie Sie sie möglichst informativ gestalten können. Außerdem geht es in diesem Kapitel um Typhinweise und um die Verwendung von statischen Analysatoren wie Mypy zum Aufspüren von Bugs.

- **Kapitel 12: Versionssteuerung mit Git** Erklärt, wie Sie mit dem Versionssteuerungssystem Git den Verlauf von Änderungen am Quellcode aufzeichnen und zu früheren Versionen zurückkehren oder das erste Auftreten eines Bugs aufspüren können. Des Weiteren wird beschrieben, wie Cookiecutter Ihnen hilft, die Dateien für Ihre Codeprojekte zu strukturieren.
- **Kapitel 13: Leistungsmessung und Algorithmusanalyse** Erklärt, wie Sie die Geschwindigkeit Ihres Codes mithilfe der Module `timeit` und `cProfile` objektiv messen können. Darüber hinaus lernen Sie die Algorithmusanalyse mit der O-Notation kennen, mit der Sie vorhersagen können, wie sich die Codeausführung mit zunehmender Datenmenge verlangsamt.
- **Kapitel 14: Praxisprojekte** Hier wenden Sie die in Teil II erlernten Techniken in der Praxis an, indem Sie zwei Befehlszeilenspiele schreiben, nämlich *Turm von Hanoi*, bei dem es darum geht, Scheiben von einem Turm auf einen anderen umzustapeln, und *Vier gewinnt*.

Teil III: Objektorientiertes Python

- **Kapitel 15: Klassen** Erläutert die Bedeutung der objektorientierten Programmierung (OOP), da sie oft missverstanden wird. Viele Entwickler wenden OOP-Techniken im Übermaß an, da sie glauben, dies wäre die übliche Vorgehensweise, und machen ihren Code dadurch unnötig kompliziert. In diesem Kapitel erfahren Sie, wie Klassen geschrieben werden, aber vor allem, wann Sie es tun sollten und wann nicht.
- **Kapitel 16: Vererbung** Erklärt die Vererbung von Klassen und deren praktischen Nutzen für die Wiederverwendung von Code.
- **Kapitel 17: Pythonische OOP: Eigenschaften und Dunder-Methoden** Beschreibt Python-spezifische Merkmale für objektorientierte Programmierung wie Eigenschaften, Dunder-Methoden und Operatorüberladung.

Ihr Weg zur Programmierung

Auf dem Weg vom Anfänger zum erfahrenen Programmierer fühlt man sich oft so, als ob man versucht, aus einem unter hohem Druck stehenden Feuerwehrschlauch zu trinken. Angesichts des großen Angebots an Lernstoff sorgen sich viele, ihre Zeit mit ungeeigneten Programmieranleitungen zu vergeuden.

Nachdem Sie dieses Buch gelesen haben (oder vielleicht sogar schon während der Lektüre), sollten Sie sich die folgenden weiteren einführenden Werke ansehen:

- *Python 3 Crashkurs* (dpunkt.verlag, 2020) von Eric Matthes richtet sich zwar an Anfänger, vermittelt dank seines projektgestützten Lehransatzes aber auch erfahrenen Programmierern eine Vorstellung der Python-Bibliotheken Pygame, Matplotlib und Django.
- *Impractical Python Projects* (No Starch Press, 2018) von Lee Vaughan erweitert Ihre Python-Fertigkeiten anhand von Projekten. Die Programme, die Sie aufgrund der Anleitungen in diesem Buch erstellen, machen Spaß und stellen eine großartige Übung dar.
- *Serious Python* (No Starch Press, 2018) von Julien Danjos erklärt, was Sie tun müssen, um sich von einem Hobbyprogrammierer zu einem erfahrenen Softwareentwickler zu mausern, die empfohlenen Vorgehensweisen der Branche zu befolgen und skalierbaren Code zu schreiben.

Die technischen Aspekte sind aber nur eine Stärke von Python. Rund um diese Programmiersprache ist auch eine bunte Community gewachsen. Sie ist für die gut zugängliche Dokumentation und den Support verantwortlich, die unter Programmiersprachen ihres Gleichen suchen. Es gibt jährliche PyCon-Konferenzen sowie viele regionale Zusammenkünfte mit vielfältigen Vorträgen, die sich an Programmierer mit unterschiedlicher Erfahrung richten. Diese Vorträge können Sie sich auch kostenlos online auf *https://pyvideo.org/* ansehen. Um Vorträge zu Ihren Interessengebieten zu finden, schlagen Sie auf der Seite *Tags* nach.

Um sich intensiver mit den anspruchsvolleren Aspekten der Syntax von Python und der Standardbibliothek zu beschäftigen, empfehle ich Ihnen die Lektüre der folgenden Titel:

- *Effektiv Python programmieren* (mitp, 2020) von Brett Slatkin bietet eine beeindruckende Zusammenstellung von empfohlenen *pythonischen* Vorgehensweisen und Sprachmerkmalen.
- *Python Cookbook* (O'Reilly Media, 2013) von David Beazley und Brian K. Jones wartet mit einer umfangreichen Menge von Codebausteinen auf, mit denen Python-Neulinge ihr Repertoire erweitern können.
- *Fluent Python* (O'Reilly Media, 2021) von Luciano Ramalho ist ein Meisterwerk, das die Feinheiten von Python erklärt. Sein Umfang von fast 800 Seiten mag abschreckend wirken, aber die Lektüre ist mit Sicherheit der Mühe wert.

Viel Glück auf Ihrem Weg zur besseren Programmierung! Fangen wir an!

1
Fehlermeldungen und Recherche

Vermenschlichen Sie niemals Computer – das können die nämlich überhaupt nicht leiden! Aber im Ernst: Wenn Ihnen ein Computer eine Fehlermeldung präsentiert, dann liegt das nicht daran, dass Sie ihn beleidigt hätten. Computer sind zwar die anspruchsvollsten Werkzeuge, mit denen die meisten von uns jemals zu tun bekommen, aber sie sind und bleiben nun mal nichts anderes als Werkzeuge.

Dennoch sind wir schnell geneigt, diesen Werkzeugen Schuld zuzuschieben. Wenn Sie programmieren lernen, sind Sie dabei zum größten Teil auf sich selbst gestellt. Dabei kann man sich schnell als Versager fühlen, wenn man immer noch mehrmals täglich im Internet nachforscht, auch wenn man sich bereits seit Monaten mit Python beschäftigt. Aber selbst professionelle Softwareentwickler suchen im Internet oder schlagen in der Dokumentation nach, um Fragen zur Programmierung zu klären.

Sofern Sie nicht über die Geldmittel oder die guten Kontakte verfügen, um einen Privatlehrer zu engagieren, der Ihnen alle Fragen rund ums Programmieren beantwortet, stehen Ihnen nur Ihr Computer, die Suchmaschinen im Internet und

Ihre eigene Geschicklichkeit zur Verfügung. Glücklicherweise aber wurden die Fragen, die Sie haben, mit hoher Wahrscheinlichkeit schon einmal gestellt. Für Programmierer ist es viel wichtiger, selbstständig Antworten zu finden, als irgendwelche Algorithmen oder Datenstrukturen zu kennen. In diesem Kapitel erfahren Sie, wie Sie sich diese unverzichtbare Fähigkeit aneignen können.

Python-Fehlermeldungen verstehen

Bei der Konfrontation mit einer Fehlermeldung, die einen Riesenwust von Technoblabla enthält, neigen viele Programmierer in einem ersten Impuls heraus dazu, sie völlig zu ignorieren. Allerdings versteckt sich in dieser Meldung die Antwort auf die Frage, was bei dem Programm schiefläuft. Um diese Antwort zu finden, sind zwei Schritte erforderlich: Sie müssen die Ablaufverfolgung (Traceback) untersuchen und die Fehlermeldung im Internet recherchieren.

Tracebacks untersuchen

Python-Programme stürzen ab, wenn der Code eine Ausnahme auslöst, die nicht von einer `except`-Anweisung behandelt wird. Wenn das geschieht, zeigt Python die Meldung dieser Ausnahme und ein *Traceback* (oder auch *Stacktrace* oder *Ablaufverfolgung*) an. Darin ist die Stelle in dem Programm angegeben, an der die Ausnahme ausgelöst wurde, sowie der Ablauf der Funktionsaufrufe, die dorthin geführt haben.

Um das Lesen von Tracebacks zu üben, geben Sie das folgende fehlerhafte Programm ein und speichern es als *abcTraceback.py*. Die Zeilennummern dienen hier nur zur Orientierung und gehören nicht mit zu dem Programm.

```
def a():
    print('Start of a()')
    b() # Ruft b() auf.        ❶

def b():
    print('Start of b()')
    c() # Ruft c() auf.        ❷

    def c():
    print('Start of c()')
    42 / 0 # Verursacht eine Division durch null.        ❸

a() # Ruft a() auf.
```

In diesem Programm ruft `a()` die Funktion `b()` auf ❶ und diese wiederum `c()` ❷. Innerhalb von `c()` aber führt der Ausdruck `42 / 0` ❸ zu einem Fehler aufgrund der Division durch null. Wenn Sie dieses Programm ausführen, erhalten Sie folgende Ausgabe:

```
Start of b()
Start of c()
Traceback (most recent call last):
  File "abcTraceback.py", line 13, in <module>
    a() # Ruft a() auf.
  File "abcTraceback.py", line 3, in a
    b() # Ruft b() auf.
  File "abcTraceback.py", line 7, in b
    c() # Ruft c() auf.
  File "abcTraceback.py", line 11, in c
    42 / 0 # Verursacht eine Division durch null.
ZeroDivisionError: division by zero
```

Sehen wir uns diese Ablaufverfolgung nun Zeile für Zeile an. Dabei fangen wir mit der folgenden Zeile an:

```
Traceback (most recent call last):
```

Diese Meldung besagt, dass als Nächstes ein Traceback folgt. Die Angabe `most recent call last` bedeutet, dass die Funktionsaufrufe in chronologischer Reihenfolge aufgeführt werden, also von der zuerst bis zu der zuletzt aufgerufenen Funktion.

Die nächste Zeile gibt dann den ersten Funktionsaufruf aus:

```
  File "abcTraceback.py", line 13, in <module>
    a() # Ruft a() auf.
```

Diese beiden Zeilen bilden eine *Frame-Übersicht* und geben die Informationen an, die sich in einem *Frame-Objekt* befinden. Beim Aufruf einer Funktion werden die Daten der lokalen Variablen sowie die Stelle im Code, zu der nach dem Ende des Funktionsaufrufs zurückgesprungen werden soll, in einem solchen Objekt gespeichert. Frame-Objekte enthalten also die Daten der lokalen Variablen und weitere Daten, die im Zusammenhang mit einem Funktionsaufruf stehen. Sie werden erstellt, wenn eine Funktion aufgerufen wird, und zerstört, wenn die Funktion die Steuerung zurückgibt. Das Traceback enthält eine Frame-Übersicht für jeden Frame bis zum Absturz. Dieser Übersicht können wir entnehmen, dass der Funktionsaufruf in Zeile 13 von *abcTracebyck.py* erfolgte. Die Angabe `<module>` teilt uns außerdem mit, dass sich die Zeile im globalen Gültigkeitsbereich befindet. Mit einer Einrückung um zwei Stellen wird außerdem die Zeile 13 ausgegeben.

Die nächsten vier Zeilen enthalten zwei weitere Frame-Übersichten:

```
  File "abcTraceback.py", line 3, in a
    b() # Ruft b() auf.
  File "abcTraceback.py", line 7, in b
    c() # Ruft c() auf.
```

Die Angabe `line 3, in a` sagt uns, dass `b()` in Zeile 3 innerhalb der Funktion `a()` aufgerufen wurde. Das wiederum führte dazu, dass in Zeile 7 innerhalb von `b()` die Funktion `c()` aufgerufen wurde. Beachten Sie, dass die Aufrufe von `print()` in Zeile 2, 6 und 10 im Traceback nicht erscheinen, obwohl sie vor den Funktionsaufrufen ausgeführt wurden. In einer Ablaufverfolgung werden nur die Zeilen mit den Funktionsaufrufen bis zum Auslösen der Ausnahme ausgegeben.

Die letzte Frame-Übersicht gibt die Zeile an, in der die nicht behandelte Ausnahme ausgelöst wurde, gefolgt vom Namen und der Meldung dieser Ausnahme:

```
  File "abcTraceback.py", line 11, in c
    42 / 0 # Verursacht eine Division durch null.
ZeroDivisionError: division by zero
```

Die angegebene Nummer ist diejenige der Zeile, in der Python den Fehler bemerkt hat. Die eigentliche Ursache des Fehlers kann sich jedoch durchaus weiter vorn befinden.

Fehlermeldungen sind berüchtigt für ihre Kürze und Rätselhaftigkeit. Die drei Wörter `division by zero` werden Ihnen nicht viel sagen, sofern Sie nicht wissen, dass eine Division durch null mathematisch unmöglich ist und einen häufigen Bug in Software darstellt. In diesem Programm ist der Fehler nicht sehr schwer zu finden. Ein Blick auf die Codezeile in der Frame-Übersicht genügt, um zu erkennen, wo in dem Code `42 / 0` die Division durch null erfolgt.

Sehen wir uns nun aber ein kniffligeres Beispiel an. Geben Sie den folgenden Code in einen Texteditor ein und speichern Sie ihn als *zeroDevideTraceback.py*:

```
def spam(number1, number2):
    return number1 / (number2 - 42)

spam(101, 42)
```

Wenn Sie dieses Programm ausführen, erhalten Sie folgende Ausgabe:

```
Traceback (most recent call last):
  File "zeroDivideTraceback.py", line 4, in <module>
    spam(101, 42)
  File "zeroDivideTraceback.py", line 2, in spam
    return number1 / (number2 - 42)
ZeroDivisionError: division by zero
```

Die Fehlermeldung ist die gleiche wie zuvor, aber die Division durch null in `return number1 / (number2 - 42)` lässt sich nicht so leicht erkennen. Der Operator / zeigt Ihnen, dass hier eine Division erfolgt, und offensichtlich wird der Ausdruck `(number2 - 42)` zu `0` ausgewertet. Daraus können Sie schließen, dass die Funktion `spam()` fehlschlägt, wenn der Parameter `number2` auf `42` gesetzt wird.

Manchmal gibt ein Traceback auch eine Zeile aus, die hinter der eigentlichen Ursache des Bugs liegt. Betrachten Sie dazu das folgende Programm, bei dem in der ersten Zeile die schließende Klammer fehlt:

```
print('Hello.'
print('How are you?')
```

Die Fehlermeldung aber weist auf ein Problem in der zweiten Zeile hin:

```
  File "example.py", line 2
    print('How are you?')
        ^
SyntaxError: invalid syntax
```

Der Grund dafür ist, dass der Python-Interpreter den Syntaxfehler erst bemerkt, wenn er die zweite Zeile liest. Das Traceback zeigt Ihnen, wo etwas schiefgeht, aber dort liegt nicht immer die Ursache des Fehlers. Wenn die Frame-Übersicht Ihnen nicht genügend Informationen gibt, um den Bug zu erkennen, oder wenn die wahre Ursache in einer vorherigen Zeile steckt, dann müssen Sie das Programm mit einem Debugger durchgehen oder Protokollmeldungen durchsuchen, um den Fehler zu finden. Eine Internetrecherche der Fehlermeldung kann Ihnen dabei entscheidende Hinweise geben.

Fehlermeldungen recherchieren

Fehlermeldungen sind sehr kurz und oft nicht einmal ganze Sätze. Da Programmierer sie häufiger zu Gesicht bekommen, sind sie eher als Gedächtnisstützen gedacht und weniger als ausführliche Erklärungen. Wenn Sie eine neue Fehlermeldung zum ersten Mal sehen, können Sie sie kopieren und in eine Suchmaschine einfügen. Dadurch erhalten Sie oft ausführliche Erklärungen darüber, was die Meldung besagt und was die möglichen Ursachen sein können. Abbildung 1–1 zeigt die Ergebnisse einer Suche nach *python »ZeroDivisonError: division by zero«*. Die Anführungszeichen sorgen dafür, dass Vorkommen der genauen Formulierung gefunden werden, und der Zusatz *python* engt die Suche sinnvoll ein.

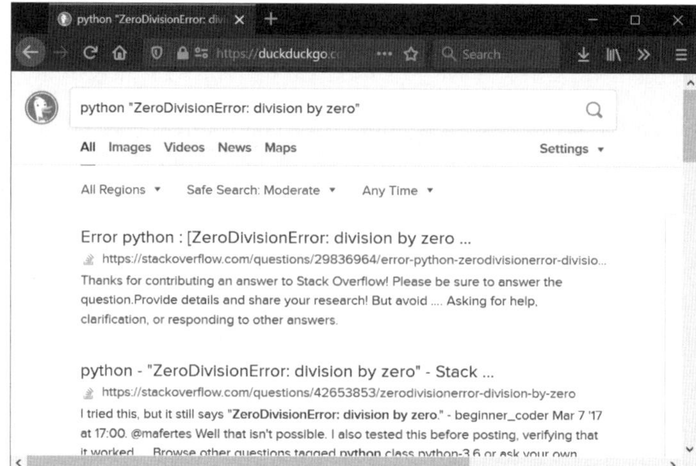

Abb. 1–1 *Durch das Kopieren einer Fehlermeldung in eine Suchmaschine können Sie Erklärungen und Lösungsvorschläge schnell finden.*

Fehlermeldungen zu recherchieren, hat nichts mit Schummeln zu tun. Niemand kann sich sämtliche Fehlermeldungen merken, die in einer Programmiersprache auftreten können. Professionelle Softwareentwickler nutzen täglich das Internet, um Fragen zur Programmierung zu klären.

Es ist sinnvoll, bei der Suche den Teil der Fehlermeldung auszuschließen, der sich ausschließlich auf Ihren Code bezieht. Betrachten Sie zum Beispiel die folgenden Fehlermeldungen:

```
>>> print(employeRecord)
Traceback (most recent call last):
  File "<stdin>", line 1, in <module>
NameError: name 'employeRecord' is not defined        ❶
>>> 42 - 'hello'
Traceback (most recent call last):
  File "<stdin>", line 1, in <module>
TypeError: unsupported operand type(s) for -: 'int' and 'str'        ❷
```

In diesem Beispiel wurde eine Variable als `employeRecord` falsch geschrieben, was einen Fehler hervorruft ❶. Da der Bezeichner `employeRecord` in der Meldung `NameError: name 'employeRecord' is not defined` nur in Ihrem Code eine Bedeutung hat, sollten Sie nicht nach dem gesamten Text der Meldung suchen, sondern nur nach *python »NameError: name« »is not defined«*. In der letzten Zeile beziehen sich die Angaben `'int'` und `'str'` in der Fehlermeldung ❷ auf die Werte `42` und `'hello'`, weshalb es sinnvoll ist, nur nach *python »TypeError: unsupported operand type(s)«* zu suchen. Wenn Sie mit solchen verkürzten Suchbegriffen keinen Erfolg haben, können Sie versuchen, nach dem kompletten Text der Fehlermeldung zu forschen.

Fehler vermeiden mit Lintern

Besser, als Fehler zu beheben, ist es natürlich, sie von vornherein zu vermeiden. Sogenannte *Linter* sind Anwendungen, die Ihren Quellcode analysieren und Sie auf mögliche Fehler hinweisen. Der Name ist übrigens von den Fusselsieben von Waschmaschinen und Trocknern abgeleitet. Auch wenn Linter nicht sämtliche Fehler finden können, sind sie doch in der Lage, mithilfe einer *statischen Analyse* (also einer Untersuchung des Quellcodes, ohne ihn auszuführen) gängige Probleme etwa aufgrund von falschen Schreibungen aufzuspüren. (In Kapitel 11 werden wir uns ansehen, wie Sie Typhinweise zur statischen Analyse einsetzen können.) Viele Texteditoren und integrierte Entwicklungsumgebungen (IDEs) verfügen über einen Linter, der im Hintergrund läuft und Probleme in Echtzeit aufzeigen kann (siehe Abb. 1–2).

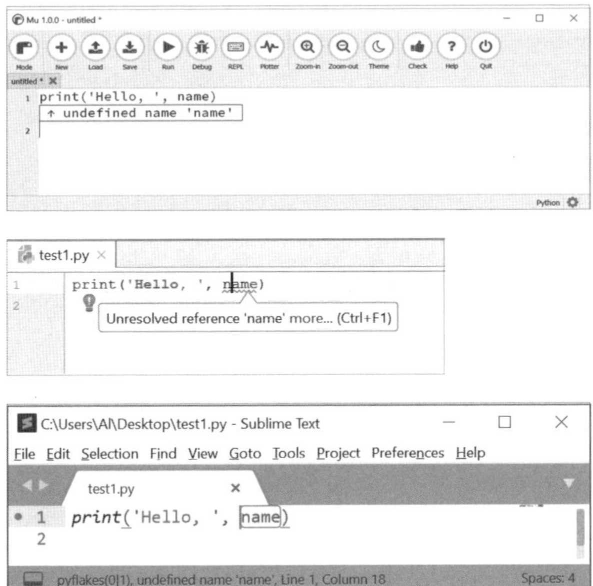

Abb. 1–2 *Ein Linter weist auf eine nicht definierte Variable hin – in* Mu *(oben),* PyCharm *(Mitte) und* Sublime Text *(unten).*

Da Linter Sie fast sofort auf Fehler hinweisen, tragen sie zu einer erheblichen Steigerung Ihrer Produktivität bei. Ohne sie müssten Sie das Programm erst ausführen, um festzustellen, dass es abstürzt, und dann das Traceback lesen und die Zeile in Ihrem Quellcode finden, in der sich der Tippfehler befindet. Ein solcher Ausführungs-Korrektur-Zyklus kann außerdem immer nur einen solchen Fehler auf einmal finden. Ein Linter dagegen macht Sie auf mehrere Fehler zugleich aufmerksam, und zwar direkt im Editor, sodass Sie sofort die Zeile sehen, um die es geht.

Wenn Ihr Editor oder Ihre IDE nicht über einen Linter verfügt, aber Plug-ins unterstützt, gibt es mit hoher Wahrscheinlichkeit einen Linter dafür. Solche Plugins nutzen für die Analyse gewöhnlich ein Lintingmodul wie Pyflakes o.Ä. Pyflakes können Sie auf *https://pypi.org/project/pyflakes/* oder mit `pip install --user pyflakes` installieren. Die Mühe lohnt sich.

> **Hinweis**
>
> Unter Windows können Sie die Befehle `python` und `pip` verwenden, aber unter macOS und Linux gelten diese Befehle nur für Python Version 2. Für Version 3 müssen Sie dort `python3` und `pip3` schreiben. Denken Sie daran, wenn in diesem Buch `python` oder `pip` erwähnt werden.

IDLE, die im Lieferumfang von Python enthaltene IDE, hat keinen Linter und bietet auch nicht die Möglichkeit, einen zu installieren.

Um Hilfe bitten

Wenn Sie ein Problem weder durch eine Recherche im Internet noch mithilfe eines Linters lösen können, bleibt Ihnen noch die Möglichkeit, im Internet um Hilfe zu bitten. Dabei müssen Sie jedoch die Etikette beachten und Ihre Fragen möglichst effizient stellen. Wenn sich erfahrene Softwareentwickler schon bereit erklären, Ihre Fragen kostenlos zu beantworten, dann sollten Sie deren Zeit tunlichst nicht verschwenden.

Fremde um Hilfe beim Programmieren zu bitten, sollte immer die letzte Möglichkeit sein. Es können Stunden oder gar Tage vergehen, bis jemand auf Ihre Frage antwortet – wenn überhaupt. Es geht viel schneller, im Web danach zu suchen, ob andere bereits die gleiche Frage gestellt haben, und dann die Antworten zu lesen. Onlinedokumentation und Suchmaschinen wurden schließlich erfunden, um den Aufwand für die Beantwortung von Fragen zu reduzieren.

Wenn Sie aber bereits alle anderen Möglichkeiten ausgeschöpft haben und andere Menschen um Hilfe bei Ihren Programmierproblemen bitten müssen, sollten Sie unbedingt die folgenden häufig zu beobachtenden Fehler vermeiden:

- Fragen, ob es in Ordnung ist, eine Frage zu stellen, anstatt sie gleich zu stellen
- Nicht direkt fragen, sondern die Frage nur andeuten
- Fragen im falschen Forum oder auf der falschen Website stellen
- Posts und E-Mails unter vage Überschriften bzw. Betreffzeilen wie »Ich habe ein Problem!« oder »Hilfe!!!« stellen

- Lediglich sagen, dass Ihr Programm »nicht funktioniert«, ohne zu erklären, was es tun soll
- Darauf verzichten, die komplette Fehlermeldung anzugeben
- Darauf verzichten, Ihren Code anzugeben
- Schlecht formatierten Code beifügen
- Nicht beschreiben, was Sie bereits versucht haben
- Darauf verzichten, Ihr Betriebssystem und die benutzten Versionen anzugeben
- Andere bitten, Ihr Programm für Sie zu schreiben

All diese Fettnäpfchen wirken nicht nur peinlich, sondern können auch verhindern, dass man Ihnen hilft. Personen, die Ihnen gern beistehen möchten, versuchen als Erstes, Ihren Code auszuführen und das Problem zu reproduzieren. Dazu benötigen sie aber eine Menge an Informationen über Ihren Code, Ihren Computer und Ihre Absichten. Fragesteller geben viel zu häufig zu wenige als zu viele Informationen. In den folgenden Abschnitten sehen wir uns an, wie Sie die genannten weit verbreiteten Fehler vermeiden können. Dabei gehe ich davon aus, dass Sie Ihre Fragen in einem Onlineforum stellen wollen. Die Richtlinien gelten aber auch, wenn Sie Ihre Fragen per E-Mail an eine Einzelperson oder eine Mailingliste schicken.

Geben Sie gleich ausreichend Informationen, um Rückfragen zu vermeiden

Wenn Sie mit jemandem persönlich sprechen, kann es höflich sein, sich mit einer Wendung wie »Darf ich Ihnen eine Frage stellen?« kurz zu vergewissern, ob die betreffende Problem Zeit hat, Ihnen zu helfen. In Onlineforen dagegen antworten hilfsbereite Personen ohnehin erst, wenn sie Zeit dazu haben. Da zwischen Frage und Antwort Stunden vergehen können, ist es am besten, alle Informationen, die Helfer benötigen könnten, gleich in Ihrem ersten Post zu übermitteln, anstatt erst um Erlaubnis für die Frage zu bitten. Wenn keine Antwort erfolgt, können Sie die Informationen dann auch einfach in das nächste Forum kopieren.

Formulieren Sie Ihre Fragen als Fragen

Wir glauben gern, dass potenzielle Helfer aus unseren Erklärungen des Problems schließen können, was wir eigentlich tun wollen. Programmierung ist aber ein weites Feld, und diejenigen, die Ihre Frage lesen, haben nicht unbedingt viel Erfahrung mit dem Bereich, der Ihnen gerade Schwierigkeiten bereitet. Daher ist es wichtig, dass Sie Ihre Frage auch tatsächlich als Frage formulieren. Mit Wendungen wie »Ich möchte ...« oder »Der Code funktioniert nicht!« können Sie zwar

andeuten, was Sie wollen, allerdings sollten Sie unbedingt ausdrücklich eine Frage stellen, also einen richtigen Fragesatz mit einem Fragezeichen am Ende. Anderenfalls kann es für die Leser unklar sein, wonach Sie eigentlich fragen.

Stellen Sie Ihre Fragen auf einer geeigneten Website

Es ist alles andere als produktiv, eine Python-Frage in einem JavaScript-Forum zu stellen oder eine Frage zu Algorithmen an eine Mailingliste zum Thema Netzwerksicherheit zu richten. Mailinglisten und Onlineforum haben oft eine Seite mit häufig gestellten Fragen (Frequently Asked Questions, FAQ) oder einer grundsätzlichen Erklärung, aus der Sie entnehmen können, welche Themen dort diskutiert werden. Beispielsweise handelt es sich bei *python-dev* um eine Mailingliste zu den Designmerkmalen von Python und nicht zu allgemeinen Fragen über Python. Auf *https://www.python.org/about/help/* erfahren Sie, wohin Sie sich jeweils mit welchen Arten von Fragen zu Python wenden können.

Geben Sie das Problem in der Überschrift an

Wenn Sie Ihre Frage in einem Onlineforum stellen, können später auch andere Programmierer, die vor demselben Problem stehen, diese Frage und die Antworten darauf finden. Daher sollten Sie das Problem schon in der Überschrift angeben, damit Suchmaschinen die Frage besser finden können. Eine allgemeine Überschrift wie »Hilfe!!!« oder »Warum funzt das net?« ist zu schwammig. Wenn Sie per E-Mail um Hilfe bitten, können potenzielle Helfer schon auf einen Blick im Posteingang erkennen, worum es Ihnen geht.

Erklären Sie, was der Code tun soll

Bei der Frage »Warum funktioniert mein Programm nicht?« fehlt eine entscheidende Angabe, nämlich, was dieses Programm eigentlich tun soll. Das ist für hilfsbereite Programmierer nicht immer offenkundig, da sie schließlich nicht wissen, was Sie mit dem Programm vorhaben. Selbst bei einer Frage wie »Warum bekomme ich diese Fehlermeldung?« ist es hilfreich, zu erklären, welchem Zweck das Programm dient. Solche Angaben ermöglichen es Helfern auch, zu erkennen, wenn Sie Ihr Vorhaben auf eine ganz andere Weise angehen müssen, sodass Sie nicht noch mehr Zeit darauf verschwenden, ihren bisherigen Ansatz weiterzuverfolgen.

Geben Sie die vollständige Fehlermeldung an

Kopieren Sie die gesamte Fehlermeldung einschließlich Traceback in den Post. Wenn Sie den Fehler lediglich beschreiben, etwa mit den Worten: »Ich kriege hier einen Out-of-range-Fehler«, haben Ihre Helfer nicht genügend Informationen zur Verfügung, um herauszufinden, was da schiefläuft. Sagen Sie auch, ob dieser Fehler immer auftritt oder nur erratisch. Wenn sich der Fehler nur unter bestimmten Bedingungen zeigt, geben Sie auch das an.

Teilen Sie Ihren Code vollständig mit

Außer der kompletten Fehlermeldung und dem Traceback müssen Sie auch den Quellcode für Ihr komplettes Programm angeben. Dadurch können Ihre Helfer es auf Ihren Computern in einem Debugger ausführen und sich anschauen, was im Einzelnen passiert. Geben Sie immer ein *minimales*, *vollständiges* und *reproduzierbares* Codebeispiel an, das den Fehler zuverlässig reproduziert. Diese Forderung wird auch als MCR (Minimal, Complete, Reproducible) bezeichnet und stammt von Stack Overflow. Eine ausführliche Erklärung finden Sie auf *https://stackoverflow.com/help/mcve/*. Dabei bedeutet *minimal*, dass das Codebeispiel so kurz wie möglich sein soll, um das Problem noch zu reproduzieren. *Vollständig* heißt, dass es alles enthalten muss, um das Problem zu reproduzieren, und *reproduzierbar*, dass es das Problem auch wirklich zuverlässig reproduziert.

Wenn Ihr Programm in einer Datei steht, ist es keine große Sache, es Ihren Helfern zu schicken. Dabei müssen Sie allerdings dafür sorgen, dass es sauber formatiert ist, worüber wir im nächsten Abschnitt sprechen wollen.

Stack Overflow als Archiv von Antworten

Stack Overflow ist eine beliebte Website, um Fragen zur Programmierung zu stellen. Allerdings fühlen sich viele neue Programmierer dabei frustriert oder sogar eingeschüchtert. Die Moderatoren von Stack Overflow stehen in dem Ruf, rücksichtslos alle Fragen zu schließen, die nicht ihren strengen Richtlinien genügen. Es gibt jedoch einen guten Grund dafür, dass bei Stack Overflow ein so strenges Regiment geführt wird.

Bei Stack Overflow liegt das Hauptaugenmerk weniger auf der Beantwortung der individuellen Fragen, sondern darauf, ein Archiv von Programmierungsfragen und zugehörigen Antworten aufzubauen. Daher sollen die Fragen spezifisch, einmalig und sachlich sein. Sie müssen so detailliert und wohl formuliert sein, dass Benutzer von Suchmaschinen sie finden können. (Der XKCD-Comic auf *https://xkcd.com/979/* »Wisdom of the Ancients« spielt darauf an, wie das Internet für Programmierer vor Stack Overflow aussah.) Dreißig Einträge zu der gleichen Fragestellung würden nicht nur dazu führen, dass sich die freiwillig helfenden Experten auf der Website immer wieder die Mühe machen müssten,

→

dieselbe Frage zu beantworten, sondern auch Suchmaschinenbenutzer durch die Vielzahl der Ergebnisse verwirren. Des Weiteren müssen die Fragen auf konkrete, objektive Weise zu beantworten sein. »Was ist die beste Programmiersprache?« ist Ansichtssache. Eine solche Frage würde nur zu sinnlosen Diskussionen führen. (Abgesehen davon wissen wir ja ohnehin alle, dass Python die beste ist.)

Natürlich kann es wehtun und peinlich sein, wenn Sie um Hilfe bitten und Ihre Frage prompt abgewürgt wird. Ich rate Ihnen, zunächst die Ratschläge in diesem Kapitel und die Anleitung »How do I ask a good question?« auf *https://stackoverflow.com/help/how-to-ask/* gut zu studieren. Wenn Sie Angst davor haben, »dumme« Fragen zu stellen, können Sie auch ein Pseudonym verwenden. Für ein Stack-Overflow-Konto müssen Sie keinen Klarnamen angeben. Wenn Sie Ihre Fragen lieber in einer entspannteren Atmosphäre stellen möchten, können Sie sich auch an *https://reddit.com/r/learnpython/* wenden, wo keine so strengen Regeln für die Fragen gelten. Allerdings sollten Sie auch dort zunächst die Richtlinien lesen, bevor Sie eine Frage stellen.

Gestalten Sie Ihren Code durch saubere Formatierung lesbar

Sie teilen Ihren Code mit, damit andere ihn ausführen und den Fehler reproduzieren können. Dazu brauchen die Helfer jedoch nicht nur den Code an sich, sondern sie brauchen ihn auch in einer sauberen Formatierung. Sorgen Sie dafür, dass Ihr Quellcode ohne Aufwand kopiert und ausgeführt werden kann. Wenn Sie ihn in eine E-Mail kopieren, müssen Sie beachten, dass viele E-Mail-Clients die Einrückungen entfernen, was zu Code wie dem folgenden führt:

```
def knuts(self, value):
if not isinstance(value, int) or value < 0:
raise WizCoinException('knuts attr must be a positive int')
self._knuts = value
```

Ihre potenziellen Helfer müssten nicht nur viel Zeit aufbringen, um die Einrückungen in allen Programmzeilen wiederherzustellen, sie müssten auch raten, wie weit jede Zeile eingerückt werden sollte. Um sicherzustellen, dass Ihr Code sauber formatiert ankommt, kopieren Sie ihn auf eine Website wie *https://pastebin.com/* oder *https://gist.github.com/*, auf denen er unter einem kurzen, öffentlichen URL wie *https://pastebin.com/XeU3yesC* gespeichert wird. Diesen URL anzugeben, ist einfacher, als einen Dateianhang zu senden.

Wenn Sie Code auf einer Website wie *https://stackoverflow.com/* oder *https://reddit.com/r/learnpython/* einstellen, sollten Sie die Formatierungswerkzeuge in den Textfeldern nutzen. Die Einrückung einer Zeile mit vier Leerzeichen führt oft dazu, dass für die Zeile eine nichtproportionale »Codeschrift« verwendet wird. Sie können Text auch in Backticks (`) einschließen, damit er nichtproportional ausgegeben wird. Auf solchen Websites gibt es auch oft Links zu Formatierungsinformationen. Wenn Sie diese Tipps nicht beachten, kann Ihr Quellcode so verstümmelt werden, dass er komplett in einem kurzen Stück Code dargestellt wird:

```
def knuts(self, value):if not isinstance(value, int) or value < 0:raise
WizCoinException('knuts attr must be a positive int') self._knuts = value
```

Senden Sie auch keinen Screenshot oder gar ein Foto Ihres Bildschirms, um Ihren Code zu präsentieren. Die Empfänger können den Code dann nicht mehr kopieren und ausführen, und meistens ist er in dieser Form auch schwer lesbar.

Beschreiben Sie, was Sie bereits versucht haben

Wenn Sie Ihre Fragen stellen, sollten Sie auch angeben, was Sie bereits versucht haben und was dabei herausgekommen ist. Dadurch können es sich Ihre Helfer sparen, diese nutzlosen Versuche erneut durchzuführen. Außerdem zeigen Sie dadurch, dass Sie sich bereits bemüht haben, selbst eine Lösung zu finden.

Des Weiteren machen Sie so deutlich, dass Sie auch wirklich um Hilfe bitten und nicht etwa versuchen, andere dazu zu bringen, die Software für Sie zu schreiben. Leider ist es unter Informatikstudenten gang und gäbe, Fremde online zu bitten, die Hausaufgaben für Sie zu machen, oder unter Unternehmen, jemanden aufzufordern, »mal eben« eine kleine App umsonst für sie zu entwickeln. Hilfeforen sind nicht dazu gedacht.

Beschreiben Sie Ihre Ausstattung

Die Ausstattung Ihres Computers kann beeinflussen, wie Programme ausgeführt werden und welche Fehler auftreten. Damit Ihre Helfer das Problem auf ihren eigenen Rechnern nachvollziehen können, müssen Sie Ihnen die folgenden Informationen geben:

- Betriebssystem und Version, also etwa Windows 10 Professional Edition oder macOS Catalina
- Die Python-Version, mit der Sie das Programm ausführen, also etwa Python 3.7 oder Python 3.6.6
- Jegliche Drittanbietermodule, die Ihr Programm nutzt, einschließlich der Versionsangabe, also etwa Django 2.1.1

Um die Versionsnummern der installierten Drittanbietermodule herauszufinden, können Sie `pip list` ausführen. Es ist außerdem üblich, die Modulversion im Attribut `__version__` anzugeben. Das folgende Beispiel zeigt, wie Sie es in der interaktiven Shell abrufen können:

```
>>> import django
>>> django.__version__
'2.1.1'
```

Diese Information ist zwar höchstwahrscheinlich nicht erforderlich, aber um Rückfragen zu vermeiden, sollten Sie sie trotzdem gleich in Ihrem ersten Post angeben.

Ein Beispiel für eine gut gestellte Frage

Das folgende Beispiel zeigt eine gut gestellte Frage, bei der die Ratschläge aus dem vorherigen Abschnitt berücksichtigt wurden:

> **Selenium-Webdriver: Wie finde ich ALLE Attribute eines Elements heraus?**
>
> Im Python-Modul Selenium kann ich den Wert für ein beliebiges Attribut eines `WebElement`-Objekts mit `get_attribute()` abrufen:
>
> ```
> foo = elem.get_attribute('href')
> ```
>
> Falls es das Attribut `'href'` nicht gibt, wird `None` zurückgegeben.
>
> Meine Frage lautet: Wie kann ich eine Liste aller Attribute eines Elements abrufen? Eine Methode wie `get_attributes()` oder `get_attribute_names()` scheint es nicht zu geben.
>
> Ich verwende Version 2.44.0 des Selenium-Moduls für Python.

Diese Frage stammt von *https://stackoverflow.com/q/27307131/1893164/*. In der Überschrift ist die Frage in einem einzigen Satz zusammengefasst. Das Problem wird in Form einer Frage mit einem Fragezeichen am Ende formuliert. Wenn später einmal jemand diese Überschrift in den Suchergebnissen findet, weiß er sofort, ob sie für seine eigene Frage von Belang ist oder nicht.

Der Code ist in einer nichtproportionalen Codeschrift gehalten, und der Text ist in Absätze gegliedert. Welche Frage hier gestellt wird, ist klar erkennbar; sie wird sogar durch »Meine Frage lautet« eingeleitet. Des Weiteren werden die denkbaren, aber nicht zutreffenden Lösungen `get_attributes()` und `get_attribute_names()` angegeben, was zeigt, dass der Fragesteller sich schon selbst bemüht hat, eine Lösung zu finden, und einen Hinweis darauf gibt, wie er sich die richtige Antwort vorstellt. Außerdem ist die Version des Selenium-Moduls für den Fall angegeben, dass dies eine Rolle spielt. Es ist immer besser, zu viele Informationen anzugeben als zu wenige.

Zusammenfassung

Lösungen selbstständig finden zu können, gehört zu den wichtigsten Fähigkeiten, die Programmierer lernen müssen. Das Internet, das von Programmierern entwickelt wurde, bietet reichhaltige Quellen, um Antworten zu erhalten.

Als Erstes müssen Sie jedoch die oftmals kryptischen Fehlermeldungen analysieren, die Python ausgibt. Es macht nichts, wenn Ihnen nicht klar ist, was der Text einer Fehlermeldung besagen soll. In einem solchen Fall können Sie den Text in eine Suchmaschine eingeben, um eine Erklärung und Hinweise auf mögliche Ursachen zu finden. Die Ablaufverfolgung (Traceback) in der Fehlermeldung gibt außerdem an, wo der Fehler in dem Programm aufgetreten ist.

Ein Echtzeit-Linter kann Sie auch gleich beim Schreiben des Codes auf Tippfehler und mögliche Bugs aufmerksam machen. Linter sind so nützlich, dass sich die moderne Softwareentwicklung praktisch darauf stützt. Wenn Ihr Texteditor oder Ihre IDE keinen Linter mitbringt und auch nicht die Möglichkeit bietet, ein Linter-Plug-in hinzuzufügen, sollten Sie besser zu einer anderen Umgebung wechseln.

Wenn Sie trotz Recherche im Internet keine Lösung zu Ihrem Problem finden können, haben Sie noch die Möglichkeit, Ihre Frage in einem Onlineforum oder per E-Mail zu stellen. Um das möglichst effizient zu tun, sollten Sie die Richtlinien beherzigen, die in diesem Kapitel gegeben wurden. Dazu gehört es, spezifische, gut formulierte Fragen zu stellen, den kompletten Quellcode und die vollständige Fehlermeldung mitzuteilen, Ihre bisherigen Lösungsversuche zu beschreiben und Ihr Betriebssystem und Ihre Python-Version anzugeben. Die Antworten, die Sie erhalten, werden nicht nur Ihnen helfen, Ihr Problem zu lösen, sondern auch anderen Programmierern, die in Zukunft vor derselben Frage stehen und auf Ihren Beitrag aufmerksam werden.

Lassen Sie sich nicht entmutigen, falls es so aussehen sollte, als ob Sie ständig etwas nachschlagen und um Hilfe bitten müssten. Programmierung ist ein weites Feld, und niemand kann alles im Kopf parat haben. Auch erfahrene Softwareentwickler müssen täglich online in der Dokumentation nachschlagen und nach Lösungen suchen. Verbessern Sie Ihre Fähigkeiten, Antworten zu finden. Das bringt Sie auf den Weg, ein tüchtiger Pythonista zu werden.

2

Die Einrichtung der Umgebung und die Befehlszeile

Um auf Ihrem Computer Code schreiben zu können, müssen Sie zunächst die *Umgebung einrichten*. Dazu gehört es, alle erforderlichen Tools zu installieren und zu konfigurieren und alle Störungen zu beseitigen, die dabei auftreten mögen. Es gibt keinen festgelegten Einrichtungsprozess, da Programmierer unterschiedliche Computer mit unterschiedlichen Betriebssystemen, Betriebssystemversionen und Versionen des Python-Interpreters nutzen. In diesem Kapitel sehen wir uns daher einige Grundprinzipien zur Verwendung der Befehlszeile, von Umgebungsvariablen und des Dateisystems an.

Es kann lästig erscheinen, diese Prinzipien und Werkzeuge zu lernen. Schließlich wollen Sie Code schreiben und nicht an Konfigurationseinstellungen herumbasteln oder rätselhafte Konsolenbefehle verstehen. Allerdings helfen Ihnen diese Fähigkeiten langfristig, Zeit zu sparen. Wenn Sie Fehlermeldungen ignorieren oder Konfigurationseinstellungen willkürlich ändern, um Ihr System ans Laufen zu bekommen, können Sie Probleme dadurch zwar unterdrücken, aber nicht lösen. Nehmen Sie sich jetzt die Zeit, um diese Schwierigkeiten zu verstehen, sodass Sie später nicht wieder auftreten.

Das Dateisystem

Im *Dateisystem* gliedert das Betriebssystem Daten, um sie speichern und wieder abrufen zu können. Eine Datei zeichnet sich durch zwei Haupteigenschaften aus: den *Dateinamen* (der gewöhnlich in einem Wort geschrieben wird) und den *Pfad*, der den Speicherort der Datei auf dem Computer angibt. Beispielsweise hat eine Datei auf meinem Windows-10-Laptop den Namen *project.docx* und den Pfad *C:\Users\Al\Documents*. Der Teil des Dateinamens hinter dem letzten Punkt ist die *Erweiterung* oder *Endung* und gibt den Typ der Datei an. Bei *project.docx* handelt es sich um ein Word-Dokument, und *Users*, *Al* und *Documents* sind die Bezeichnungen von *Ordnern* (oder *Verzeichnissen*). Ordner können Dateien und wiederum andere Ordner enthalten. Beispielsweise befindet sich *project.docx* im Ordner *Documents*, der wiederum im Ordner *Al* steckt, und dieser schließlich liegt im Ordner *Users*. Abbildung 2–1 zeigt diese Ordnerstruktur.

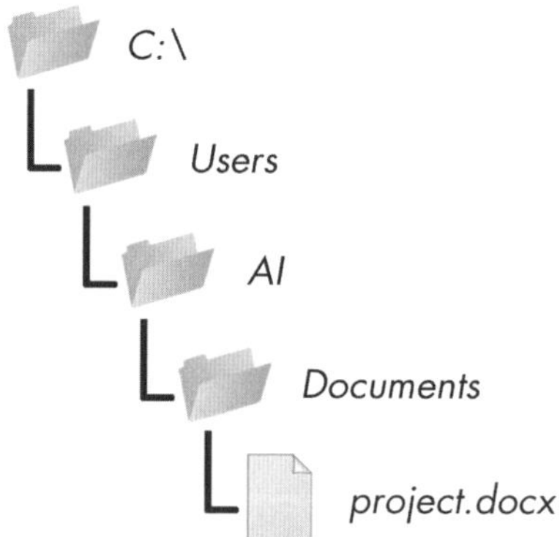

Abb. 2–1 *Eine Datei in einer Hierarchie von Ordnern*

Bei der Angabe C:\ im Pfad handelt es sich um den *Stammordner* (oder *Wurzelordner*, wie er in anderen Betriebssystemen genannt wird), der alle anderen Ordner enthält. In Windows heißt er C:\ und wird auch als »Laufwerk C:« bezeichnet, in macOS und Linux heißt er /. In diesem Buch verwende ich bei Pfadangaben den Windows-Stammordner C:\. Wenn Sie die Beispiele zur interaktiven Shell unter macOS oder Linux ausprobieren wollen, müssen Sie stattdessen / eingeben.

Andere Datenträger, etwa DVD-Laufwerke oder USB-Sticks, werden je nach Betriebssystem unterschiedlich dargestellt. In Windows erscheinen sie als neue, mit den im Alphabet nachfolgenden Buchstaben bezeichnete Stammordner, also etwa *D:* und *E:*. In macOS werden sie als neue Ordner innerhalb des Ordners */Volumes* angezeigt, und in Linux als neue Ordner innerhalb von */mnt* (»mount«). Beachten Sie, dass Linux bei Ordner- und Dateinamen zwischen Groß- und Kleinschreibung unterscheidet, Windows und macOS aber nicht.

Pfade in Python

In Windows werden Ordner- und Dateinamen durch Backslashes (\) getrennt, in macOS und Linux durch normale Schrägstriche (/). Anstatt Ihren Code in zwei Versionen zu schreiben, damit Ihre Python-Skripte plattformübergreifend funktionieren, können Sie das Modul `pathlib` und den Operator / verwenden.

Um `pathlib` zu importieren, verwenden Sie gewöhnlich die Anweisung `from pathlib import Path`. Dadurch können Sie in Ihrem Code einfach `Path` statt `pathlib.Path` schreiben, was sehr praktisch ist, da es sich bei `Path` um die am häufigsten verwendete Klasse dieses Moduls handelt. Wenn Sie den String eines Ordner- oder Dateinamens an `Path()` übergeben, wird ein `Path`-Objekt für diesen Namen erstellt. Solange das Objekt am Anfang eines Ausdrucks ein `Path`-Objekt ist, können Sie zum Verknüpfen der `Path`-Objekte und Strings darin den Operator / verwenden. Geben Sie Folgendes in die interaktive Shell ein:

```
>>> from pathlib import Path
>>> Path('spam') / 'bacon' / 'eggs'
WindowsPath('spam/bacon/eggs')
>>> Path('spam') / Path('bacon/eggs')
WindowsPath('spam/bacon/eggs')
>>> Path('spam') / Path('bacon', 'eggs')
WindowsPath('spam/bacon/eggs')
```

Da ich diesen Code auf einem Windows-Rechner ausgeführt habe, hat `Path()` hier `WindowsPath`-Objekte zurückgegeben. Auf macOS- und Linux-Computern dagegen werden `PosixPath`-Objekte zurückgegeben. (POSIX ist ein Standard für Unix-artige Betriebssysteme, den wir in diesem Buch nicht behandeln werden.) Für unsere Zwecke gibt es keinen Unterschied zwischen diesen beiden Typen.

`Path`-Objekte können Sie an jegliche Funktionen aus der Python-Standardbibliothek übergeben, die einen Dateinamen erwarten. Beispielsweise ist der Funktionsaufruf `open(Path('C:\\') / 'Users' / 'Al' / 'Desktop' / 'spam.py')` gleichwertig mit `open(r'C:\Users\Al\Desktop\spam.py')`.

Das Benutzerverzeichnis

Alle Benutzer haben einen *Benutzerordner* oder ein *Benutzerverzeichnis* für ihre Dateien auf dem Computer. Das `Path`-Objekt für diesen Ordner können Sie mit `Path.home()` abrufen:

```
>>> Path.home()
WindowsPath('C:/Users/Al')
```

Die Benutzerverzeichnisse befinden sich an einem festen Speicherort, der vom Betriebssystem abhängt:

- In Windows befinden sich die Benutzerverzeichnisse in *C:\Users*.
- In macOS befinden sich die Benutzerverzeichnisse in */Users*.
- In Linux befinden sich die Benutzerverzeichnisse meistens in */home*.

Sehr wahrscheinlich werden Ihre Skripte die Berechtigung haben, Dateien in Ihrem Benutzerverzeichnis zu lesen und zu schreiben. Daher ist dieser Ordner der ideale Platz, um die Dateien zu speichern, mit denen Ihre Python-Programme arbeiten.

Das aktuelle Arbeitsverzeichnis

Jedes Programm, das auf Ihrem Rechner läuft, hat ein *aktuelles Arbeitsverzeichnis*. Wenn ein Dateiname oder Pfad nicht mit dem Stammordner beginnt, können Sie davon ausgehen, dass er sich in diesem Arbeitsverzeichnis befindet. Normalerweise ist »Ordner« die moderne Bezeichnung für ein Verzeichnis, doch in diesem Fall ist »Arbeitsverzeichnis« der übliche Begriff und nicht etwa »Arbeitsordner«.

Das aktuelle Arbeitsverzeichnis können Sie mit der Funktion `Path.cwd()` als `Path`-Objekt abrufen (wobei *cwd* für »current working directory« steht) und mit `os.chdir()` ändern. Probieren Sie das wie folgt in der interaktiven Shell aus:

```
>>> from pathlib import Path
>>> import os
>>> Path.cwd()      ❶
WindowsPath('C:/Users/Al/AppData/Local/Programs/Python/Python38')
>>> os.chdir('C:\\Windows\\System32')      ❷
>>> Path.cwd()
WindowsPath('C:/Windows/System32')
```

Hier war das aktuelle Arbeitsverzeichnis zu Anfang auf *C:\Users\Al\AppData\Local\Programs\Python\Python38* gesetzt ❶, sodass der Dateiname *project.docx* auf *C:\Users\Al\AppData\Local\Programs\Python\Python38\project.docx* verweist. Nach der Änderung des Arbeitsverzeichnisses in *C:\Windows\System32* ❷ verweist derselbe Dateiname auf *C:\Windows\System32\project.docx*.

Wenn Sie versuchen, ein Verzeichnis zu ändern, das nicht existiert, zeigt Python eine Fehlermeldung an:

```
>>> os.chdir('C:/ThisFolderDoesNotExist')
Traceback (most recent call last):
  File "<stdin>", line 1, in <module>
FileNotFoundError: [WinError 2] The system cannot find the file specified:
'C:/ThisFolderDoesNotExist'
```

Die Funktion `os.getcwd()` im Modul `os` stellt eine ältere Möglichkeit dar, um das aktuelle Arbeitsverzeichnis als String abzurufen.

Absolute und relative Pfade

Es gibt zwei Möglichkeiten, um einen Dateipfad anzugeben:

- Als absoluter Pfad, der mit dem Stammordner beginnt
- Als relativer Pfad in Bezug auf das aktuelle Arbeitsverzeichnis

Darüber hinaus gibt es noch zwei besondere Ordner, die nur durch einen einzelnen Punkt (`.`) bzw. zwei Punkte (`..`) bezeichnet werden. Dabei handelt es sich nicht um echte Ordner, sondern um besondere Bezeichnungen, die Sie in einem Pfad verwenden können. Der einzelne Punkt steht für »dieses Verzeichnis« und die beiden Punkte für »der Elternordner«.

Abbildung 2–2 zeigt ein Beispiel mit mehreren Ordnern und Dateien. Wenn das aktuelle Arbeitsverzeichnis auf *C:\bacon* gesetzt ist, lauten die relativen Pfade für die anderen Ordner und Dateien wie in der Abbildung angegeben.

Die Angabe .\ am Anfang eines relativen Pfads ist optional. So beziehen sich beispielsweise *.\spam.txt* und `spam.txt` beide auf dieselbe Datei.

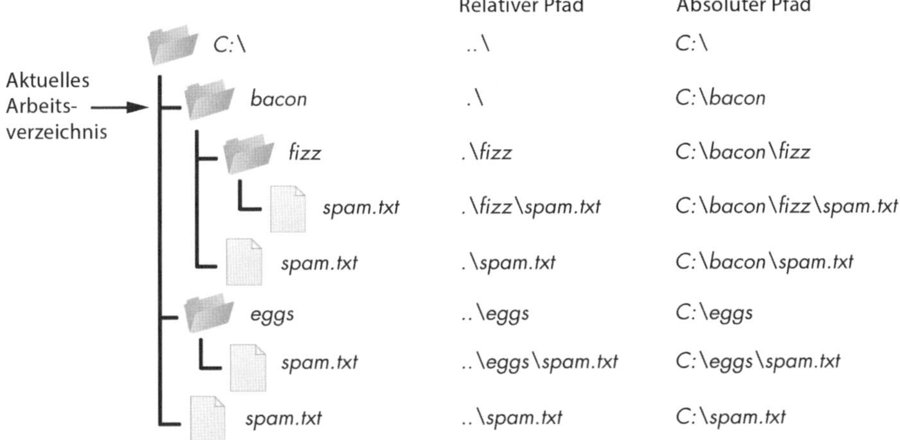

Abb. 2–2 *Relative Pfade für Ordner und Dateien im Arbeitsverzeichnis* C:\bacon

Programme und Prozesse

Ein *Programm* ist eine ausführbare Softwareanwendung, z.B. ein Webbrowser, ein Tabellenkalkulations- oder Textverarbeitungsprogramm, und ein *Prozess* ist eine laufende Instanz eines Programms. Abbildung 2–3 zeigt fünf laufende Prozesse desselben Taschenrechnerprogramms.

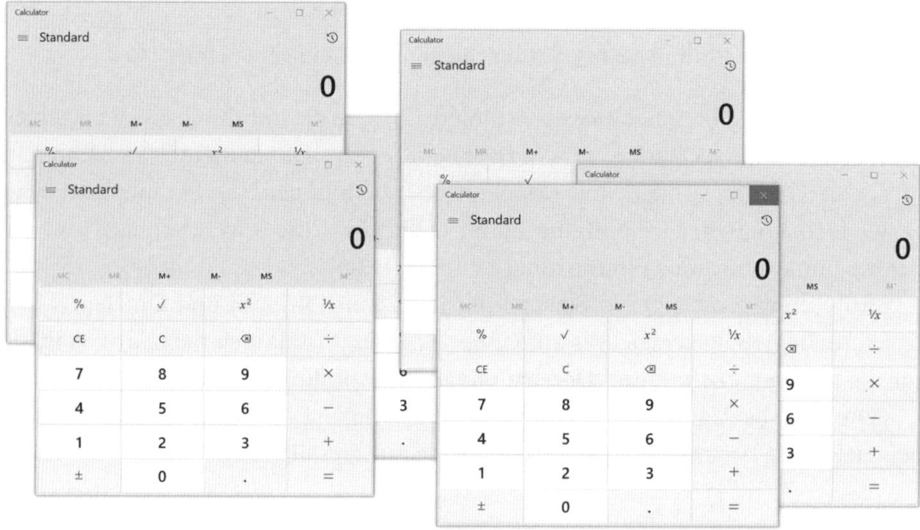

Abb. 2–3 *Das Taschenrechnerprogramm läuft in mehreren voneinander getrennten Prozessen.*

Prozesse werden unabhängig voneinander ausgeführt, selbst diejenigen desselben Programms. Wenn Sie beispielsweise gleichzeitig mehrere Instanzen eines Python-Programms ausführen, können die Variablen in den einzelnen Prozessen unterschiedliche Werte aufweisen. Jeder Prozess hat auch sein eigenes Arbeitsverzeichnis und seine eigenen Umgebungsvariablen. Eine Befehlszeile führt grundsätzlich immer nur einen Prozess auf einmal aus (wobei Sie jedoch mehrere Befehlszeilen gleichzeitig geöffnet haben können).

Alle Betriebssysteme bieten eine Möglichkeit, um sich eine Liste der laufenden Prozesse anzusehen. In Windows müssen Sie dazu `Strg` + `⇧` + `Esc` drücken, um den Task-Manager aufzurufen. In macOS führen Sie *Programme > Dienstprogramme > Aktivitätsanzeige* aus. In Ubuntu Linux öffnen Sie mit `Strg` + `Alt` + `Entf` eine Anwendung, die ebenfalls als Task-Manager bezeichnet wird. Mit diesen Verwaltungsprogrammen können Sie auch laufende Prozesse beenden, die nicht mehr reagieren.

Die Befehlszeile

Die *Befehlszeile* ist ein textgestütztes Programm, in dem Sie Befehle eingeben können, um mit dem Betriebssystem zu arbeiten und andere Programme auszuführen. Sie wird auch als Kommandozeile, Terminal, Shell, Konsole oder CLI (Command Line Interface) bezeichnet und stellt eine Alternative zur grafischen Benutzerschnittstelle (Graphical User Interface, GUI) dar. Eine GUI bietet Ihnen für die Arbeit mit dem Computer mehr als nur Textangabe und gibt optische Anhaltspunkte, die Ihnen die Arbeit erleichtern. Für die meisten Benutzer stellt die Befehlszeile eine Funktion für Fortgeschrittene dar, die sie niemals anrühren. Was die Befehlszeile so abschreckend macht, ist der völlige Mangel an Hinweisen zu ihrer Verwendung. In einer GUI werden Ihnen beispielsweise Schaltflächen angezeigt, sodass Sie wissen, wo Sie zu klicken haben, aber ein leeres Terminalfenster sagt Ihnen nicht, was Sie eingeben müssen.

Es gibt jedoch gute Gründe, um sich mit der Befehlszeile vertraut zu machen. Erstens ist es für die Einrichtung der Umgebung oft erforderlich, die Befehlszeile statt eines grafischen Fensters zu nutzen. Zweitens geht es viel schneller, Befehle einzugeben, als in Fenstern herumzuklicken. Bei Befehlen in Textform wird auch deutlicher, was sie bewirken, als dabei, irgendein Symbol auf ein anderes zu ziehen. Sie lassen sich überdies besser automatisieren, da es möglich ist, mehrere einzelne Befehle zu einem Skript zu kombinieren, mit dem Sie dann anspruchsvolle Aufgaben ausführen können.

Das Befehlszeilenprogramm befindet sich in einer ausführbaren Datei auf Ihrem Computer. In diesem Zusammenhang wird sie oft als Shell oder Shellprogramm bezeichnet. Wenn Sie dieses Programm ausführen, erscheint das Terminalfenster.

- In Windows befindet sich das Shellprogramm unter *C:\Windows\System32\cmd.exe*.
- In macOS befindet sich das Shellprogramm in */bin/bash*.
- In Ubuntu Linux befindet sich das Shellprogramm ebenfalls in */bin/bash*.

Im Laufe der Zeit haben Programmierer viele Shellprogramme für das Betriebssystem Unix entwickelt, darunter die Bourne-Shell (in der ausführbaren Datei *sh*) und später die Bourne-Again-Shell (*Bash*). Linux verwendet standardmäßig Bash, macOS dagegen ab Version Catalina die ähnliche Zsh- oder Z-Shell. Aufgrund der völlig anderen Entwicklungsgeschichte nutzt Windows eine eigene Shell, die als *Eingabeaufforderung* bezeichnet wird. All diese verschiedenen Programme machen aber im Grunde genommen das Gleiche: Sie zeigen ein Terminalfenster mit einer textgestützten Befehlszeile an, in der Sie Befehle eingeben und Programme ausführen können.

In diesem Abschnitt lernen Sie einige der Grundprinzipien und gängigen Befehle der Befehlszeile kennen. Sie könnten zwar eine große Menge der kryptischen Befehle lernen, um zu einem echten Computermagier zu werden, aber etwa ein Dutzend Befehle reichen schon aus, um die meisten Probleme zu lösen. Die genauen Namen der Befehle unterscheiden sich ein wenig von einem Betriebssystem zum anderen, aber die Grundprinzipien sind überall gleich.

Ein Terminalfenster öffnen

Um ein Terminalfenster zu öffnen, gehen Sie wie folgt vor:

- In Windows klicken Sie auf die Startschaltfläche, geben **cmd** ein und drücken die [↵]-Taste.
- In macOS klicken Sie auf das Spotlight-Symbol oben rechts, geben **Terminal** ein und drücken die [↵]-Taste.
- In Ubuntu-Linux drücken Sie die [WIN]-Taste, um Dash aufzurufen, geben **Terminal** ein und drücken die [↵]-Taste. Alternativ können Sie auch das Tastenkürzel [Strg] + [Alt] + [T] verwenden.

Ähnlich wie die interaktive Shell, die die Eingabeaufforderung >>> anzeigt, gibt ein Terminal eine *Shell-Eingabeaufforderung* zur Eingabe von Befehlen aus. In Windows besteht diese Eingabeaufforderung aus dem vollständigen Pfad zu dem Ordner, in dem Sie sich gerade befinden:

```
C:\Users\Al>geben Sie hier Ihre Befehle ein
```

In macOS besteht die Eingabeaufforderung aus dem Computernamen, einem Doppelpunkt und dem aktuellen Arbeitsverzeichnis, wobei der Benutzerordner durch eine Tilde (~) dargestellt ist. Darauf folgen Ihr Benutzername und ein Dollarzeichen:

```
Als-MacBook-Pro:~ al$ geben Sie hier Ihre Befehle ein
```

Die Eingabeaufforderung von Ubuntu Linux ähnelt der von macOS, beginnt aber mit dem Benutzernamen und dem At-Symbol:

```
al@al-VirtualBox:~$ geben Sie hier Ihre Befehle ein
```

In vielen Büchern und Anleitungen wird die Eingabeaufforderung der Befehlszeile der Einfachheit halber als $ wiedergegeben. Es ist zwar möglich, das Erscheinungsbild der Eingabeaufforderung zu ändern, aber damit wollen wir uns in diesem Buch nicht belasten.

Programme an der Befehlszeile ausführen

Um ein Programm oder einen Befehl auszuführen, müssen Sie seinen Namen in der Befehlszeile eingeben. Sehen wir uns das am Beispiel des Taschenrechnerprogramms an, das zum Lieferumfang des Betriebssystems gehört.

Geben Sie Folgendes in die Befehlszeile ein:

- In Windows: **calc.exe**
- In macOS: **open -a Calculator** (dadurch wird das Programm *open* ausgeführt, das wiederum das Taschenrechnerprogramm ausführt)
- In Linux: **gnome-calculator**

Linux unterscheidet bei Programm- und Befehlsnamen zwischen Groß- und Kleinschreibung, Windows und macOS dagegen nicht. Während Sie also in Linux unbedingt **gnome-calculator** eingeben müssen, können Sie in Windows auch **Calc.exe** oder in macOS **OPEN -a Calculator** schreiben.

Durch die Eingabe des Programmnamens in der Befehlszeile wird das Taschenrechnerprogramm genauso ausgeführt wie über das Startmenü, den Finder oder Dash. Die Programmnamen funktionieren wie Befehle, da sich die Programme *calc.exe*, *open* und *gnome-calculator* in Ordnern befinden, die in der Umgebungsvariablen `PATH` verzeichnet sind. Wenn Sie einen Programmnamen in der Befehlszeile eingeben, prüft die Shell, ob es ein Programm mit dieser Bezeichnung in einem der in `PATH` aufgeführten Ordner gibt. (Mehr darüber erfahren Sie im Abschnitt »PATH und andere Umgebungsvariablen« auf Seite 44.) In Windows sucht die Shell das Programm erst im aktuellen Arbeitsverzeichnis (das in der Eingabeaufforderung angegeben ist), bevor sie die in `PATH` genannten Ordner prüft. Um die Befehlszeile in macOS und Linux anzuweisen, zuerst im aktuellen Arbeitsverzeichnis nachzusehen, müssen Sie dem Dateinamen ./ voranstellen.

Befindet sich das Programm nicht in einem der in `PATH` aufgeführten Ordner, haben Sie die folgenden beiden Möglichkeiten:

- Wechseln Sie mit `cd` zu dem Ordner, in dem sich das Programm befindet, und geben Sie dort den Programmnamen ein. Dazu können Sie beispielsweise die folgenden Befehle verwenden:

  ```
  cd C:\Windows\System32
  calc.exe
  ```

- Geben Sie den kompletten Pfad zur ausführbaren Datei des Programms ein, also etwa *C:\Windows\System32\calc.exe* statt einfach nur *calc.exe*.

Die Angabe der Erweiterung *.exe* oder *.bat* ist in Windows optional. Statt **calc.exe** können Sie genauso gut auch **calc** schreiben. In macOS und Linux dagegen haben ausführbare Dateien oft gar keine besondere Endung, sondern zeichnen sich durch die Berechtigungen von ausführbaren Dateien aus. Mehr darüber erfahren Sie im Abschnitt »Python-Programme außerhalb der Befehlszeile ausführen« auf Seite 49.

Befehlszeilenargumente

Befehlszeilenargumente sind Textelemente, die Sie hinter dem Befehlsnamen angeben. Ähnliche wie Argumente, die Sie in einem Python-Funktionsaufruf übergeben, stellen sie besondere Optionen oder zusätzliche Anweisungen für den Befehl bereit. Wenn Sie beispielsweise den Befehl `cd C:\Users` eingeben, ist `C:\Users` ein Argument, das dem Befehl `cd` mitteilt, zu welchem Ordner er wechseln soll. Bei dem Befehl `python yourScript.py` ist `yourScript.py` das Argument, das angibt, in welcher Datei `python` nach den auszuführenden Anweisungen suchen soll.

Bei den *Befehlszeilenoptionen* (die auch als Flags, Schalter oder einfach Optionen bezeichnet werden) handelt es sich um Befehlszeilenargumente in Form einzelner Buchstaben oder kurzer Wörter. In Windows werden Sie oft mit einem Schrägstrich (`/`) eingeleitet, in macOS und Linux mit einem oder zwei Bindestrichen (`-` oder `--`). Bei dem macOS-Befehl `open -a Calculator` haben Sie bereits die Option `-a` kennengelernt. In macOS und Linux wird bei den Optionen oft zwischen Groß- und Kleinschreibung unterschieden, in Windows nicht. Wenn Sie mehrere Befehlszeilenoptionen angeben, müssen Sie sie in Windows durch Leerzeichen trennen.

Ordner- und Dateinamen werden häufig als Befehlszeilenargumente angegeben. Wenn sich innerhalb eines solchen Namens ein Leerzeichen befinden sollte, müssen Sie ihn in doppelte Anführungszeichen einschließen. Nehmen wir beispielsweise an, Sie wollen zum Ordner *Vacation Photos* wechseln. Bei der Eingabe `cd Vacation Photos` würde die Befehlszeile jedoch davon ausgehen, dass Sie zwei Argumente übergeben, nämlich `Vacation` und `Photos`. Stattdessen müssen Sie `cd "Vacation Photos"` schreiben:

```
C:\Users\Al>cd "Vacation Photos"
C:\Users\Al\Vacation Photos>
```

Eine praktische Option für viele Befehle ist `--help` in macOS und Linux bzw. `/?` in Windows. Dadurch werden Informationen über den Befehl angezeigt. Wenn Sie in Windows beispielsweise `cd /?` eingeben, teilt Ihnen die Shell mit, was der Befehl `cd` macht und welche Argumente und Optionen Sie dafür verwenden können:

```
C:\Users\Al>cd /?
Displays the name of or changes the current directory.

CHDIR [/D] [drive:][path]
CHDIR [..]
CD [/D] [drive:][path]
CD [..]

  .. Specifies that you want to change to the parent directory.

Type CD drive: to display the current directory in the specified drive.
Type CD without parameters to display the current drive and directory.

Use the /D switch to change current drive in addition to changing current
directory for a drive.
-- schnipp --
```

Diesen Informationen können Sie entnehmen, dass der Windows-Befehl `cd` auch unter der Bezeichnung `chdir` zu erreichen ist (wobei aber kaum jemand `chdir` schreiben wird, wenn `cd` reicht). In eckigen Klammern sind die optionalen Argumente angegeben. Beispielsweise bedeutet `CD [/D] [drive:][path]`, dass Sie mit der Option `/D` ein Laufwerk oder einen Pfad angeben können.

Während `/?` und `--help` für erfahrene Benutzer zum Nachschlagen und als Gedächtnisstütze sehr wertvoll sind, wirken die gebotenen Erklärungen leider oft ziemlich undurchsichtig und eignen sich daher nicht so gut für Einsteiger. Neulinge sind mit einem Buch oder einem Webtutorial besser bedient, etwa mit *The Linux Command Line* (2. Ausgabe, 2019) von William Shotts, *Linux Basics for Hackers* (2018) von OccupyTheWeb oder *PowerShell for Sysadmins* (2020) von Adam Bertram (alle erschienen bei No Starch Press).

Python-Code mit -c an der Befehlszeile ausführen

Wenn Sie nur wenige Python-Befehle einmalig ausführen wollen, können Sie hinter `python.exe` in Windows bzw. `python3` in macOS und Linux den Schalter `-c` und dahinter den auszuführenden Code in doppelten Anführungszeichen angeben. Betrachten Sie dazu das folgende Beispiel:

```
C:\Users\Al>python -c "print('Hello, world')"
Hello, world
```

Der Schalter `-c` ist praktisch, wenn Sie sich das Ergebnis einer einzelnen Python-Anweisung ansehen möchten, ohne erst die interaktive Shell aufrufen zu müssen. Beispielsweise können Sie sich schnell die Ausgabe der Funktion `help()` ansehen und dann wieder zur Befehlszeile zurückkehren:

```
C:\Users\Al>python -c "help(len)"
Help on built-in function len in module builtins:

len(obj, /)
    Return the number of items in a container.

C:\Users\Al>
```

Python-Programme an der Befehlszeile ausführen

Python-Programme sind Textdateien mit der Erweiterung `.py`. Es handelt sich dabei nicht um ausführbare Dateien. Der Python-Interpreter liest sie und führt die darin enthaltenen Python-Anweisungen aus. Die ausführbare Datei dieses Interpreters heißt in Windows *python.exe* und in macOS und Linux *python3* (während dort die ursprüngliche Datei *python* den Interpreter für Python 2 enthält). Wenn Sie den Befehl `python yourScript.py` bzw. `python3 yourScript.py` geben, werden die in der Datei *IhrSkript.py* gespeicherten Python-Anweisungen ausgeführt.

Py.exe

In Windows installiert Python das Programm *py.exe* im Ordner *C:\Windows*. Es ist identisch mit *python.exe*, akzeptiert aber ein zusätzliches Befehlszeilenargument, mit dem Sie jede beliebige Python-Version ausführen können, die auf Ihrem Rechner installiert ist. Da *C:\Windows* in der Umgebungsvariablen `PATH` aufgeführt ist, können Sie den Befehl `py` von jedem beliebigen Ordner aus ausführen. Sind bei Ihnen mehrere Python-Versionen installiert, so führt `py` standardmäßig die neueste davon aus. Außerdem können Sie das Befehlszeilenargument `-3` oder `-2` übergeben, um die neueste Version von Python 3 bzw. Python 2 zu verwenden. Eine weitere Möglichkeit besteht darin, eine genaue Versionsnummer anzugeben, z. B. `-3.6` oder `-2.7`. Hinter diesem Versionsschalter können Sie dann die gleichen Befehlszeilenargumente verwenden wie bei *python.exe*. Probieren Sie das aus, indem Sie an der Windows-Eingabeaufforderung Folgendes eingeben:

```
C:\Users\Al>py -3.6 -c "import sys;print(sys.version)"
3.6.6 (v3.6.6:4cf1f54eb7, Jun 27 2018, 03:37:03) [MSC v.1900 64 bit (AMD64)]

C:\Users\Al>py -2.7
Python 2.7.14 (v2.7.14:84471935ed, Sep 16 2017, 20:25:58) [MSC v.1500 64 bit
(AMD64)] on win32
Type "help", "copyright", "credits" or "license" for more information.
>>>
```

Das Programm *py.exe* ist praktisch, wenn auf Ihrem Windows-Computer mehrere Python-Versionen installiert sind und Sie eine bestimmte davon ausführen möchten.

Befehle aus einem Python-Programm heraus ausführen

Die Python-Funktion `subprocess.run()` aus dem Modul `subprocess` kann innerhalb eines Python-Programms Shellbefehle ausführen und die Ausgabe dieser Befehle als String darstellen. Das folgende Codebeispiel führt den Befehl `ls -al` aus:

```
>>> import subprocess, locale
>>> procObj = subprocess.run(['ls', '-al'], stdout=subprocess.PIPE)      ❶
>>> outputStr = procObj.stdout.decode(locale.getdefaultlocale()[1])      ❷
>>> print(outputStr)
total 8
drwxr-xr-x 2 al al 4096 Aug 6 21:37 .
drwxr-xr-x 17 al al 4096 Aug 6 21:37 ..
-rw-r--r-- 1 al al 0 Aug 5 15:59 spam.py
```

Bei ❶ übergeben wir die Liste `['ls', '-al']` an `subprocess.run()`. Sie enthält den Befehlsnamen `ls` und dessen Argument in Form einzelner Strings. Einfach `['ls -al']` würde dagegen nicht funktionieren. Bei ❷ speichern wir die Ausgabe des Befehls in `outputStr`. Was die Befehle `subprocess.run()` und `locale.getdefaultlocale()` bewirken, wird in der Onlinedokumentation ausführlicher erklärt. Kurz gesagt sorgen sie dafür, dass der Code auf jedem Betriebssystem funktioniert, das Python ausführt.

Tipparbeit durch Tabulatorvervollständigung sparen

Professionelle Benutzer bringen oft Stunden damit zu, Befehle in Computer einzugeben. Daher bieten moderne Befehlszeilen Möglichkeiten, um die erforderliche Tipparbeit zu verringern. Bei der *Tabulatorvervollständigung* (oder einfach *automatische Vervollständigung*) brauchen Sie lediglich die ersten paar Zeichen eines Ordner- oder Dateinamens einzugeben und dann [Tab] zu drücken, und schon fügt die Shell den Rest des Namens automatisch hinzu.

Wenn Sie in Windows beispielsweise `cd c:\u` eingeben und dann [Tab] drücken, wird geprüft, welche Ordner- oder Dateinamen in *C:* mit *u* beginnen, und das Fragment dann zu *c:\Users* vervollständigt. Das kleine *u* wird dabei auch gleich automatisch in ein großes *U* umgewandelt. (In macOS und Linux ändert die automatische Vervollständigung dagegen nichts an der Groß- und Kleinschreibung.) Wenn es in *C:* mehrere Ordner oder Dateien gibt, deren Namen mit *U* beginnen, dann können Sie sie durch wiederholtes Drücken von [Tab] alle durchlaufen. Um die Suche weiter einzuengen, können Sie `cd c:\us` eingeben, sodass nur noch die Namen berücksichtigt werden, die mit *us* anfangen.

Die mehrfache Betätigung von [Tab] funktioniert auch in macOS und Linux. Im folgenden Beispiel hat der Benutzer `cd D` eingegeben und dann zweimal [Tab] gedrückt:

```
al@al-VirtualBox:~$ cd D
Desktop/ Documents/ Downloads/
al@al-VirtualBox:~$ cd D
```

Dadurch zeigt die Shell alle möglichen Übereinstimmungen und dann eine neue Eingabeaufforderung mit dem Befehl in der bisher eingegebenen Form an. Wenn Sie als Nächstes ein `e` eingeben und [Tab] drücken, vervollständigt die Shell den Befehl zu `cd Desktop/`.

Die Tabulatorvervollständigung ist so praktisch, dass viele GUI-IDEs und Texteditoren diese Funktion ebenfalls bieten. Im Gegensatz zu Befehlszeilen zeigen diese GUI-Programme jedoch unter den Wörtern, die Sie gerade eingeben, ein kleines Menü an, aus dem Sie eine Wahl treffen können, um den Befehl zu vervollständigen.

Der Befehlsverlauf

Moderne Shells zeichnen im *Befehlsverlauf* auf, welche Befehle Sie eingegeben haben. Wenn Sie im Terminal die Taste mit dem aufwärts weisenden Pfeil drücken, wird dadurch der zuletzt eingegebene Befehl wieder in die Befehlszeile geschrieben. Um noch ältere Befehle zu finden, drücken Sie die Taste mit dem Aufwärtspfeil mehrmals. Mit dem Abwärtspfeil dagegen kehren Sie zu den später gegebenen Befehlen zurück. Wollen Sie den aktuellen Befehl abbrechen und mit einer frischen Eingabeaufforderung weitermachen, drücken Sie [Strg] + [C].

In Windows können Sie sich den Befehlsverlauf ansehen, indem Sie `doskey /history` ausführen. (Der eigenartige Programmname *doskey* geht auf MS-DOS zurück, das Microsoft-Betriebssystem vor Windows.) In macOS und Unix verwenden Sie dazu den Befehl `history`.

Gebräuchliche Befehle

In diesem Abschnitt lernen Sie einige der gebräuchlichsten Befehle kennen. Es gibt jedoch noch viel mehr. Was Sie hier sehen, ist das Minimum, das Sie kennen müssen, um sich an der Befehlszeile zurechtzufinden.

Die Argumente für die Befehle werden in diesem Abschnitt in eckigen Klammern angegeben. So bedeutet beispielsweise `cd [Zielordner]`, dass Sie erst `cd` und dann den Namen des gewünschten Ordners eingeben müssen.

Platzhalterzeichen für Ordner- und Dateinamen

Viele Befehle akzeptieren Ordner- und Dateinamen als Argumente. Häufig können Sie in diesen Namen auch die Platzhalter- oder Jokerzeichen `*` und `?` verwenden, um mehrere Dateien oder Ordner anzugeben. Dabei steht `*` für eine beliebige Anzahl von Zeichen, `?` dagegen für ein einzelnes Zeichen.

Damit können Sie Muster angeben, mit denen die gesuchten Dateinamen übereinstimmen müssen. Die Befehle `dir` und `ls` zeigen Ihnen alle Dateien und Ordner im aktuellen Arbeitsverzeichnis an, aber wenn Sie nur die Python-Dateien sehen wollen, können Sie die Anzeige mit `dir *.py` oder `ls *.py` auf Dateien mit der Endung *.py* einschränken. Das Muster `*.py` bedeutet »beliebige Zeichen gefolgt von *.py*«.

```
C:\Users\Al>dir *.py
 Volume in drive C is Windows
 Volume Serial Number is DFF3-8658

 Directory of C:\Users\Al

03/24/2019  10:45 PM             8,399 conwaygameoflife.py
03/24/2019  11:00 PM             7,896 test1.py
10/29/2019  08:18 PM            21,254 wizcoin.py
               3 File(s)         37,549 bytes
               0 Dir(s)  506,300,776,448 bytes free
```

Das Muster `records201?.txt` dagegen bedeutet »*records201* gefolgt von einem einzelnen Zeichen gefolgt von *.txt*«. Damit können Sie die Berichtsdateien von *records2010.txt* bis *records2019.txt* finden (sowie Dateien mit Namen wie *records201X.txt*). Beim Muster `records20??.txt` müssen zwischen *record20* und *.txt* genau zwei Zeichen stehen, z. B. *records2021.txt* oder *records20AB.txt.*

Verzeichniswechsel mit cd

Mit `cd [Zielordner]` ändern Sie das aktuelle Arbeitsverzeichnis der Shell in den angegebenen Zielordner:

```
C:\Users\Al>cd Desktop
C:\Users\Al\Desktop>
```

Die Shell zeigt das aktuelle Arbeitsverzeichnis als Teil der Eingabeaufforderung an. Jegliche in Befehlen genannten Datei- und Ordnernamen werden relativ zu diesem Verzeichnis aufgefasst. Wenn der Name des Zielordners Leerzeichen enthält, müssen Sie ihn in doppelte Anführungszeichen einschließen. Um zum Benutzerordner zu wechseln, geben Sie in macOS und Linux `cd ~` und in Windows `cd %USERPROFILE%` ein.

Wenn Sie in Windows zu einem anderen Laufwerk wechseln möchten, müssen Sie dabei zuerst das neue Laufwerk in einem separaten Befehl angeben:

```
C:\Users\Al>d:
D:\>cd BackupFiles
D:\BackupFiles>
```

Um zum Elternverzeichnis des aktuellen Arbeitsverzeichnisses zu wechseln, geben Sie den Ordnernamen `..` an:

```
C:\Users\Al>cd ..
C:\Users>
```

Den Ordnerinhalt mit dir und ls auflisten

Um alle Dateien und Ordner im aktuellen Arbeitsverzeichnis aufzulisten, verwenden Sie in Windows den Befehl `dir` und in macOS und Linux `ls`. Mit `dir [anderer Ordner]` bzw. `ls [anderer Ordner]` können Sie sich auch den Inhalt eines anderen Ordners anzeigen lassen.

Die Schalter `-l` und `-a` sind nützliche Argumente für `ls`. Standardmäßig zeigt `ls` nur die Namen der Dateien und Ordner an. Um auch die Dateigrößen, die Berechtigungen, die Zeit der letzten Änderung und andere Informationen zu sehen, geben Sie `-ls` an. Vereinbarungsgemäß behandeln macOS und Linux Dateien, deren Namen mit einem Punkt beginnen, als Konfigurationsdateien und verstecken sie vor regulären Befehlen. Mit `-a` können Sie dafür sorgen, dass `ls` sämtliche Dateien anzeigt, auch die versteckten. Wollen Sie sowohl alle Dateien als auch ausführliche Informationen darüber sehen, können Sie die beiden Schalter zu `-al` kombinieren. Betrachten Sie dazu das folgende Beispiel:

```
al@ubuntu:~$ ls
Desktop    Downloads         mu_code  Pictures  snap       Videos
Documents  examples.desktop  Music    Public    Templates
al@ubuntu:~$ ls -al
total 112
drwxr-xr-x 18 al   al   4096 Aug  4 18:47 .
drwxr-xr-x  3 root root 4096 Jun 17 18:11 ..
-rw-------  1 al   al   5157 Aug  2 20:43 .bash_history
-rw-r--r--  1 al   al    220 Jun 17 18:11 .bash_logout
-rw-r--r--  1 al   al   3771 Jun 17 18:11 .bashrc
drwx------ 17 al   al   4096 Jul 30 10:16 .cache
drwx------ 14 al   al   4096 Jun 19 15:04 .config
drwxr-xr-x  2 al   al   4096 Aug  4 17:33 Desktop
-- schnipp --
```

Das Gegenstück zu `ls -al` in Windows ist der Befehl `dir`:

```
C:\Users\Al>dir
 Volume in drive C is Windows
 Volume Serial Number is DFF3-8658
```

```
 Directory of C:\Users\Al

06/12/2019  05:18 PM     <DIR> .
06/12/2019  05:18 PM     <DIR> ..
12/04/2018  07:16 PM     <DIR>        .android
-- schnipp --
08/31/2018  12:47 AM           14,618 projectz.ipynb
10/29/2014  04:34 PM          121,474 foo.jpg
```

Unterordner mit dir /s und find auflisten

In Windows zeigt der Befehl `dir /s` nicht nur die Ordner im aktuellen Arbeitsverzeichnis an, sondern auch deren Unterordner. Beispielsweise kann ich mir mit dem folgenden Befehl alle *.py*-Dateien anzeigen lassen, die sich in meinem Ordner *C:\github\ezgmail* und dessen Unterordnern befinden:

```
C:\github\ezgmail>dir /s *.py
 Volume in drive C is Windows
 Volume Serial Number is DEE0-8982

 Directory of C:\github\ezgmail

06/17/2019 06:58 AM                 1,396 setup.py
               1 File(s)             1,396 bytes

 Directory of C:\github\ezgmail\docs

12/07/2018 09:43 PM                 5,504 conf.py
               1 File(s)             5,504 bytes

 Directory of C:\github\ezgmail\src\ezgmail

06/23/2019 07:45 PM                23,565 __init__.py
12/07/2018 09:43 PM                    56 __main__.py
               2 File(s)            23,621 bytes

     Total Files Listed:
                4 File(s)         30,521 bytes
                0 Dir(s)   505,407,283,200 bytes free
```

In macOS und Linux verwenden Sie für diesen Zweck `find . -name`:

```
al@ubuntu:~/Desktop$ find . -name "*.py"
./someSubFolder/eggs.py
./someSubFolder/bacon.py
./spam.py
```

Der Punkt weist `find` an, die Suche im aktuellen Arbeitsverzeichnis zu beginnen, und die Option `-name` sorgt dafür, dass nur die Dateien und Ordner mit dem gewünschten Namen angezeigt werden, wobei als Name hier das Muster `"*.py"` angegeben ist. Wie Sie sehen, muss das Argument hinter `-name` in doppelte Anführungszeichen eingeschlossen werden.

Dateien und Ordner mit copy und cp kopieren

Um eine Kopie einer Datei oder eines Ordners in einem anderen Verzeichnis anzulegen, führen Sie den Befehl `copy [Quelldatei oder -ordner] [Zielordner]` bzw. `cp [Quelldatei oder -ordner] [Zielordner]` aus. Das folgende Beispiel veranschaulicht diesen Vorgang in einem Linux-Terminalfenster:

```
al@ubuntu:~/someFolder$ ls
hello.py someSubFolder
al@ubuntu:~/someFolder$ cp hello.py someSubFolder
al@ubuntu:~/someFolder$ cd someSubFolder
al@ubuntu:~/someFolder/someSubFolder$ ls
hello.py
```

> **Kurze Befehlsnamen**
>
> Als ich den Umgang mit dem Betriebssystem Linux lernte, war ich überrascht, dass der bekannte Windows-Befehl `copy` hier `cp` heißt. Schließlich ist `copy` doch ein viel aussagekräftigerer Name als `cp`. Ist die Einsparung von zwei Tastenanschlägen es wirklich wert, dafür einen knappen, aber kryptischen Namen in Kauf zu nehmen?
>
> Nachdem ich etwas mehr Erfahrung in der Benutzung der Befehlszeile gesammelt hatte, erkannte ich, dass die Antwort darauf definitiv Ja lautet. Wir lesen Quellcode viel häufiger, als dass wir ihn schreiben, weshalb längere, aussagekräftige Namen für Variablen und Funktionen sehr hilfreich sind. Befehle für die Befehlszeile aber geben wir häufiger ein, als wir sie schreiben, weshalb hier das Gegenteil gilt: Kurze Befehlsnamen erleichtern die Arbeit an der Befehlszeile und verringern die Belastung Ihrer Handgelenke.

Dateien und Ordner mit move und mv verschieben

Um eine Datei oder einen Ordner zu einem anderen Ordner zu verschieben, verwenden Sie in Windows `move [Quelldatei oder -ordner] [Zielordner]` und in macOS und Linux `mv [Quelldatei oder -ordner] [Zielordner]`.

Das folgende Beispiel veranschaulicht diesen Vorgang in einem Linux-Terminalfenster:

```
al@ubuntu:~/someFolder$ ls
hello.py someSubFolder
al@ubuntu:~/someFolder$ mv hello.py someSubFolder
al@ubuntu:~/someFolder$ ls
```

```
someSubFolder
al@ubuntu:~/someFolder$ cd someSubFolder/
al@ubuntu:~/someFolder/someSubFolder$ ls
hello.py
```

Die Datei *hello.py* wurde hier von *~/someFolder* zu *~/someFolder/someSubFolder* verschoben und erscheint nicht mehr am ursprünglichen Speicherort.

Dateien und Ordner mit ren und mv umbenennen

Um eine Datei oder einen Ordner umzubenennen, verwenden Sie in Windows den Befehl `ren [Datei oder Ordner] [neuer Name]` und in macOS und Linux `mv [Datei oder Ordner] [neuer Name]`. Wie Sie sehen, dient der Befehl `mv` in macOS und Linux sowohl zum Verschieben als auch zum Umbenennen von Dateien. Wenn Sie als zweites Argument den Namen eines vorhandenen Ordners angeben, verschiebt `mv` die Datei oder den Ordner dorthin. Geben Sie dagegen einen Namen an, den es noch nicht gibt, wird die Datei oder der Ordner umbenannt. Das folgende Beispiel führt diesen Vorgang in einem Linux-Terminalfenster vor:

```
al@ubuntu:~/someFolder$ ls
hello.py someSubFolder
al@ubuntu:~/someFolder$ mv hello.py goodbye.py
al@ubuntu:~/someFolder$ ls
goodbye.py someSubFolder
```

Die Datei *hello.py* heißt jetzt *goodbye.py*.

Dateien und Ordner mit del und rm löschen

Um eine Datei oder einen Ordner zu löschen, verwenden Sie in Windows den Befehl `del [Datei oder Ordner]` und in macOS und Linux den Befehl `rm [Datei]` (wobei `rm` für *remove* steht).

Diese beiden Befehle unterscheiden sich jedoch ein wenig in ihrer Wirkung. Wenn Sie in Windows `del` auf einen Ordner anwenden, werden die darin enthaltenen Dateien gelöscht, aber nicht der Quellordner. Dazu müssen Sie den Befehl `rd` oder `rmdir` verwenden (siehe den Abschnitt »Ordner mit rd und rmdir löschen« auf Seite 43). Auch die Unterordner und jegliche Dateien darin werden von `del [Ordner]` nicht entfernt. Um auch Dateien in Unterordnern zu löschen, müssen Sie `del /s /q [Ordner]` verwenden. Dabei sorgt der Schalter `/s` dafür, dass der Befehl `del` auf die Unterordner angewendet wird, während `/q` im Grunde genommen bedeutet: »Sei still und bitte mich nicht um Bestätigung.« Abbildung 2–4 illustriert diesen Unterschied.

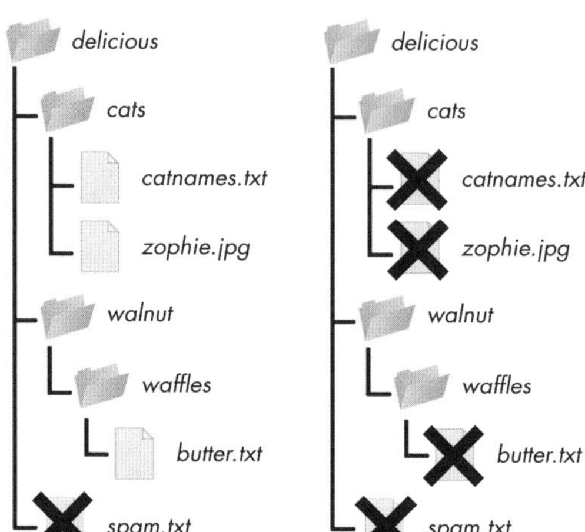

Abb. 2–4 *Die Dateien, die bei der Ausführung von* del delicious *(links) bzw.* del /s /q delicious *(rechts) gelöscht werden*

In macOS und Linux können Sie den Befehl `rm` nicht verwenden, um Ordner zu löschen. Allerdings können Sie mit `rm -r [Ordner]` einen Ordner und seinen gesamten Inhalt entfernen. In Windows verwenden Sie dazu `rd /s /q [Ordner]` (siehe Abb. 2–5).

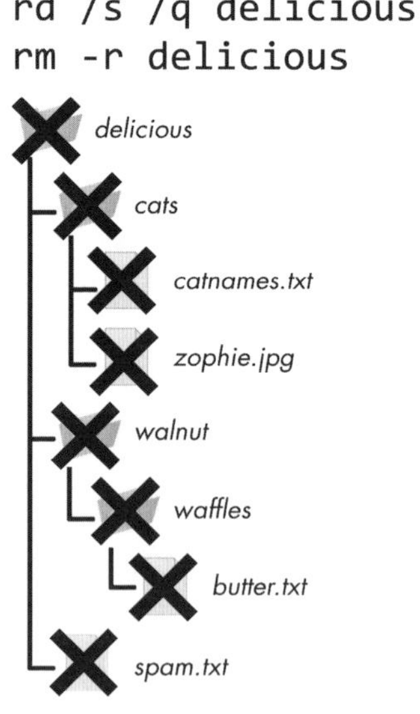

Abb. 2–5 *Die Dateien, die bei der Ausführung von* rd /s /q delicious *bzw.* rm -r delicious *gelöscht werden*

Ordner mit md und mkdir erstellen

Mit dem Befehl `md [neuer Ordner]` erstellen Sie in Windows einen neuen, leeren Ordner. Die gleiche Wirkung hat `mkdir [neuer Ordner]` in macOS und Linux. Die Schreibweise `mkdir` funktioniert zwar auch in Windows, allerdings ist `md` leichter zu tippen. Das folgende Beispiel zeigt den Vorgang in einem Linux-Terminalfenster:

```
al@ubuntu:~/Desktop$ mkdir yourScripts
al@ubuntu:~/Desktop$ cd yourScripts
al@ubuntu:~/Desktop/yourScripts$ ls        ❶
al@ubuntu:~/Desktop/yourScripts$
```

Der neu erstellte Ordner *yourScripts* ist leer. Wenn Sie den Befehl `ls` ausführen ❶, um sich seinen Inhalt anzusehen, wird nichts ausgegeben.

Ordner mit rd und rmdir löschen

Der Befehl `rd [Quellordner]` löscht den Quellordner in Windows und der Befehl `rmdir [Quellordner]` in macOS und Linux. Ebenso wie `mkdir` funktioniert auch `rmdir` in Windows, wobei sich `rd` aber leichter schreiben lässt. Der Ordner muss leer sein, damit Sie ihn löschen können. Das folgende Beispiel zeigt den Vorgang in einem Linux-Terminalfenster:

```
al@ubuntu:~/Desktop$ mkdir yourScripts
al@ubuntu:~/Desktop$ ls
yourScripts
al@ubuntu:~/Desktop$ rmdir yourScripts
al@ubuntu:~/Desktop$ ls
al@ubuntu:~/Desktop$
```

Hier haben wir den leeren Ordner *yourScripts* erstellt und anschließend wieder entfernt.

Um Ordner zu löschen, die nicht leer sind (zusammen mit allen darin enthaltenen Ordnern und Dateien), müssen Sie in Windows `rd /s /q [Quellordner]` ausführen und in macOS und Linux `rm -rf [Quellordner]`.

Programme mit where und which finden

Mit dem Befehl `where [Programm]` in Windows bzw. `which [Programm]` in macOS und Linux können Sie den genauen Speicherort des angegebenen Programms in Erfahrung bringen. Wenn Sie in der Befehlszeile einen Befehl eingeben, sucht der Computer in den Ordnern, die in der Umgebungsvariablen `PATH` aufgeführt sind, nach dem zugehörigen Programm (wobei Windows jedoch als Erstes das aktuelle Arbeitsverzeichnis durchsucht).

Mit diesen Befehlen können Sie in Erfahrung bringen, welche Python-Version ausgeführt wird, wenn Sie in der Shell `python` eingeben. Falls Sie mehrere Python-Versionen installiert haben, können mehrere Programme desselben Namens vorhanden sein. Welches davon ausgeführt wird, hängt von der Reihenfolge der Ordner in der Umgebungsvariablen `PATH` ab. Die Befehle `where` und `which` zeigen Ihnen, welches das ist:

```
C:\Users\Al>where python
C:\Users\Al\AppData\Local\Programs\Python\Python38\python.exe
```

Der Ordnername in diesem Beispiel zeigt, dass von der Shell aus die Python-Version in *C:\Users\Al\AppData\Local\Programs\Python\Python38* ausgeführt wird.

Das Terminalfenster mit cls und clear leeren

Mit `cls` in Windows und `clear` in macOS und Linux wird der gesamte bisherige Text aus dem Terminalfenster entfernt. Das ist praktisch, wenn Sie mit einem übersichtlich wirkenden Fenster weiterarbeiten wollen.

PATH und andere Umgebungsvariablen

Alle laufenden Prozesse eines Programms (gleich, welcher Sprache) verfügen über einen Satz von sogenannten *Umgebungsvariablen*, in denen Strings gespeichert werden können. Diese Variablen enthalten oft systemweite Einstellungen, die für alle Programme nützlich sind. Beispielsweise gibt die Umgebungsvariable `TEMP` den Dateipfad an, in dem Programme temporäre Dateien speichern können. Wenn das Betriebssystem ein Programm ausführt (etwa die Befehlszeile), dann erhalten die neu erstellten Prozesse ihre eigene Kopie der Umgebungsvariablen des Betriebssystems mit ihren Werten. Die Umgebungsvariablen eines Prozesses können Sie unabhängig von denen des Betriebssystems ändern, wobei die Änderungen dann aber ausschließlich für den Prozess gelten und nicht für das Betriebssystem oder andere Prozesse.

Ich spreche hier über Umgebungsvariablen, weil eine davon, nämlich `PATH`, für die Ausführung von Programmen an der Befehlszeile von Bedeutung ist.

Umgebungsvariablen anzeigen

Um die Umgebungsvariablen des Terminalfensters einzusehen, führen Sie an der Befehlszeile `set` (Windows) bzw. `env` (macOS und Linux) aus:

```
C:\Users\Al>set
ALLUSERSPROFILE=C:\ProgramData
APPDATA=C:\Users\Al\AppData\Roaming
```

```
CommonProgramFiles=C:\Program Files\Common Files
-- schnipp --
USERPROFILE=C:\Users\Al
VBOX_MSI_INSTALL_PATH=C:\Program Files\Oracle\VirtualBox\
windir=C:\WINDOWS
```

Auf der linken Seite des Gleichheitszeichens steht hier jeweils der Name der Umgebungsvariablen und auf der rechten Seite der Stringwert. Da jeder Prozess über seinen eigenen Satz von Umgebungsvariablen verfügt, können unterschiedliche Befehlszeileninstanzen jeweils verschiedene Werte für die Variablen aufweisen.

Mit `echo` können Sie sich auch den Wert einer einzelnen Umgebungsvariablen ansehen. Um sich beispielsweise den Wert der Variablen `HOMEPATH` bzw. `HOME` anzusehen, die den Benutzerordner des aktuellen Benutzers angibt, führen Sie in Windows `echo %HOMEPATH%` und in macOS und Linux `echo $HOME` aus. In Windows sieht das wie folgt aus:

```
C:\Users\Al>echo %HOMEPATH%
\Users\Al
```

In macOS oder Linux läuft der Vorgang folgendermaßen ab:

```
al@al-VirtualBox:~$ echo $HOME
/home/al
```

Wenn ein Prozess einen weiteren Prozess erstellt (etwa wenn die Befehlszeile den Python-Interpreter ausführt), dann erhält der Kindprozess seine eigene Kopie der Umgebungsvariablen des Elternprozesses. Der Kindprozess kann die Werte seiner Variablen ändern, ohne dadurch die Umgebungsvariable des Elternprozesses zu beeinflussen und umgekehrt.

Den Satz der Umgebungsvariablen des Betriebssystems können Sie sich dabei als das Originalexemplar vorstellen, von dem die Kopien der einzelnen Prozesse gezogen werden. Die Umgebungsvariablen des Betriebssystems ändern sich weniger häufig als die eines Python-Programms. Nur die wenigsten Benutzer müssen jemals Einstellungen der Umgebungsvariablen direkt anfassen.

Die Umgebungsvariable PATH

Wenn Sie einen Befehl wie `python` oder `python3` eingeben, prüft das Terminal, ob ein Programm dieses Namens in dem Ordner existiert, in dem Sie sich gerade befinden. Wenn nicht, schaut es in den Ordnern nach, die in der Umgebungsvariablen `PATH` aufgeführt sind.

Beispielsweise befindet sich die Programmdatei *python.exe* auf meinem Computer im Ordner *C:\Users\Al\AppData\Local\Programs\Python\Python38*. Um sie auszuführen, muss ich entweder `C:\Users\Al\AppData\Local\Programs\Python\Python38\python.exe` eingeben oder erst in diesen Ordner wechseln und dann `python.exe` eingeben.

Weil dieser lange Pfadname jedoch viel Schreibarbeit erfordert, füge ich ihn zur Umgebungsvariablen `PATH` hinzu. Wenn ich dann `python.exe` eingebe, sucht die Befehlszeile nach einem Programm dieses Namens in allen in `PATH` genannten Ordnern, was es mir erspart, den kompletten Pfad nennen zu müssen.

Da Umgebungsvariablen nur einen einzigen Stringwert festhalten können, ist ein besonderes Format erforderlich, um `PATH` mehrere Pfadnamen hinzuzufügen. In Windows werden die einzelnen Pfade daher durch Semikolons getrennt.

Den aktuellen Wert von `PATH` können Sie mit dem Befehl `path` abrufen:

```
C:\Users\Al>path
C:\Path;C:\WINDOWS\system32;C:\WINDOWS;C:\WINDOWS\System32\Wbem;
-- schnipp --
C:\Users\Al\AppData\Local\Microsoft\WindowsApps
```

In macOS und Linux dagegen dienen Doppelpunkte als Trennzeichen:

```
al@ubuntu:~$ echo $PATH
/home/al/.local/bin:/usr/local/sbin:/usr/local/bin:/usr/sbin:/usr/bin:/sbin:/
bin:/usr/games:/usr/local/games:/snap/bin
```

Die Reihenfolge der Pfadnamen ist wichtig. Wenn es sowohl in *C:\WINDOWS\system32* als auch in *C:\WINDOWS* jeweils eine Datei namens *someProgram.exe* gibt, so führt die Eingabe von `someProgram.exe` dazu, dass die Version aus *C:\WINDOWS\system32* ausgeführt wird, da dieser Ordner in der Umgebungsvariablen `PATH` weiter vorn steht.

Ist der von Ihnen eingegebene Programm- oder Befehlsname weder im aktuellen Arbeitsverzeichnis noch in irgendeinem der in `PATH` aufgeführten Verzeichnisse vorhanden, gibt die Befehlszeile eine Fehlermeldung wie `command not found` oder `not recognized as an internal or external command` aus. Sofern Ihnen kein Tippfehler unterlaufen ist, sollten Sie in einem solchen Fall nachsehen, in welchem Ordner sich das Programm befindet, und dann prüfen, ob er in `PATH` aufgeführt ist.

Die Umgebungsvariable PATH in der Befehlszeile ändern

Sie können der Umgebungsvariablen `PATH` des aktuellen Terminalfensters weitere Ordner hinzufügen. Je nachdem, ob Sie Windows oder macOS/Linux verwenden, müssen Sie dazu unterschiedlich vorgehen. In Windows verwenden Sie wie folgt den Befehl path:

```
C:\Users\Al>path C:\newFolder;%PATH%        ❶
C:\Users\Al>path      ❷
C:\newFolder;C:\Path;C:\WINDOWS\system32;C:\WINDOWS;C:\WINDOWS\System32\Wbem;
-- schnipp --
C:\Users\Al\AppData\Local\Microsoft\WindowsApps
```

Die Angabe %PATH% ❶ wird dabei zu dem aktuellen Wert der Umgebungsvariablen PATH ausgewertet, sodass der neue Ordner und ein Semikolon am Anfang der bestehenden Variablen eingefügt werden. Wenn Sie nun path erneut ausführen, sehen Sie den neuen Wert von PATH ❷.

Um die Umgebungsvariable PATH in macOS und Linux zu ändern, verwenden Sie dagegen eine Syntax, die einer Zuweisungsanweisung in Python ähnelt:

```
al@al-VirtualBox:~$ PATH=/newFolder:$PATH       ❶
al@al-VirtualBox:~$ echo $PATH      ❷
/newFolder:/home/al/.local/bin:/usr/local/sbin:/usr/local/bin:/usr/sbin:/usr/
bin:/sbin:/bin:/usr/games:/usr/local/games:/snap/bin
```

Auch hier wird $PATH ❶ wieder zum aktuellen Wert von PATH ausgewertet, sodass der neue Ordner und der Doppelpunkt am Anfang des bisherigen Werts eingefügt werden. Mit echo $PATH können Sie sich anschließend den neuen Wert ansehen ❷.

Bei beiden Methoden wirken sich die Änderungen jedoch nur auf das aktuelle Terminalfenster und die anschließend von dort aus gestarteten Programme aus. Wenn Sie ein neues Terminalfenster öffnen, gelten die Änderungen dort nicht. Um Ordner dauerhaft hinzuzufügen, müssen Sie die Umgebungsvariablen des Betriebssystems bearbeiten.

Ordner in Windows dauerhaft zu PATH hinzufügen

In Windows gibt es zwei Gruppen von Umgebungsvariablen, nämlich die *Systemvariablen* (die für alle Benutzer gelten) und die *Benutzervariablen* (die nur für den aktuellen Benutzer gelten und dabei die Systemvariablen außer Kraft setzen). Um Letztere zu bearbeiten, öffnen Sie das Startmenü und geben *Umgebungsvariablen für dieses Konto bearbeiten* ein. Dadurch wird das Fenster *Umgebungsvariablen* geöffnet (siehe Abb. 2–6).

Wählen Sie *Path* in der Liste *Benutzervariablen für <Benutzer>* aus, klicken Sie auf *Bearbeiten* und geben Sie in dem daraufhin eingeblendeten Textfeld den gewünschten neuen Pfad ein. Geben Sie ein Semikolon als Trennzeichen an. Klicken Sie anschließend auf *OK*.

Die Arbeit in diesem Fenster ist jedoch nicht sehr komfortabel. Wenn Sie in Windows häufiger Umgebungsvariablen bearbeiten, sollen Sie den kostenlosen Rapid Environment Editor von *https://www.rapidee.com/* installieren. Um damit Systemvariablen zu verarbeiten, müssen Sie die Software als Administrator ausführen. Öffnen Sie dazu das Startmenü, geben Sie *Rapid Environment Editor* ein, rechtsklicken Sie auf das Programmsymbol und wählen Sie *Als Administrator ausführen.*

An der Befehlszeile können Sie den Befehl `setx` nutzen, um die Systemvariable `PATH` dauerhaft zu ändern:

```
C:\Users\Al>setx /M PATH "C:\neuerOrdner;%PATH%"
```

Um `setx` zu verwenden, müssen Sie die Eingabeaufforderung als Administrator ausführen.

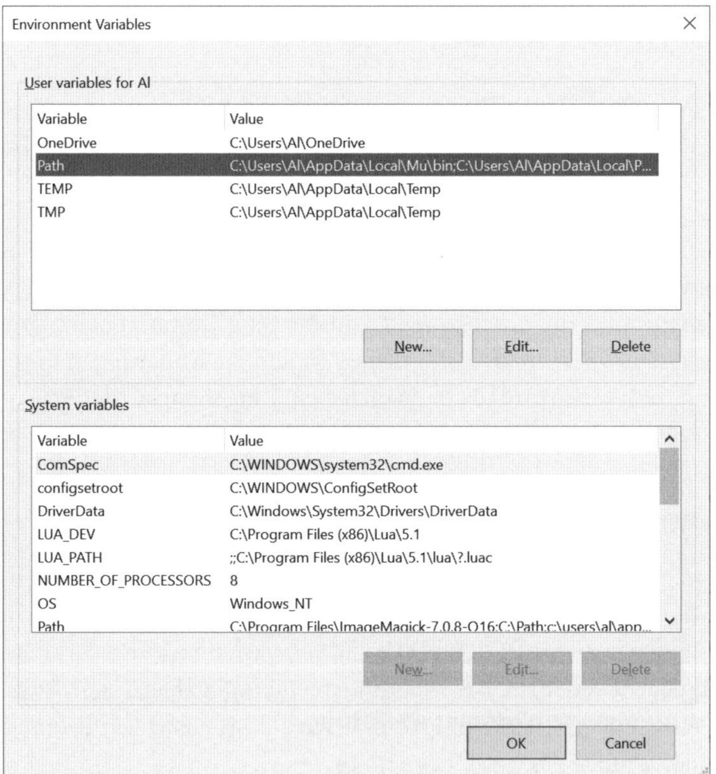

Abb. 2–6 *Das Fenster* Umgebungsvariablen *in Windows*

Ordner in macOS und Linux dauerhaft zu PATH hinzufügen

Um der Umgebungsvariablen `PATH` in macOS und Linux Ordner für alle Terminalfenster hinzuzufügen, müssen Sie der Textdatei *.bashrc* in Ihrem Benutzerordner die folgende Zeile hinzufügen:

```
export PATH=/neuerOrdner:$PATH
```

Dadurch wird `PATH` für alle zukünftigen Terminalfenster geändert. In macOS Catalina und höher ist jedoch nicht mehr Bash die Standardshell, sondern Z-Shell, weshalb Sie stattdessen *.zshrc* in Ihrem Benutzerordner bearbeiten müssen.

Python-Programme außerhalb der Befehlszeile ausführen

Die einzelnen Betriebssysteme stellen unterschiedliche Starteinrichtungen bereit, um Programme auszuführen. In Windows gibt es dazu das Startmenü, in macOS den Finder und das Dock und in Ubuntu Linux Dash. Wenn Sie ein Programm installieren, wird es automatisch zu diesen Einrichtungen hinzugefügt. Sie können auch auf das Programmsymbol im jeweiligen Dateimanager doppelklicken (im Windows-Explorer, im Finder von macOS oder im Fenster *Dateien* in Ubuntu Linux).

Allerdings funktionieren alle diese Methoden nicht bei Python-Programmen. Wenn Sie auf eine *.py*-Datei doppelklicken, wird das Programm meistens nicht ausgeführt, sondern im Editor oder der IDE geöffnet, und wenn Sie versuchen, Python direkt auszuführen, wird dadurch nur die interaktive Shell gestartet. Die gängige Methode, um ein Python-Programm auszuführen, besteht darin, es in einer IDE zu öffnen und den Menübefehl *Run* zu wählen oder es in der Befehlszeile zu starten. Das sind aber beides ziemlich umständliche Vorgehensweisen, um lediglich ein Programm laufen zu lassen.

Stattdessen können Sie Ihre Python-Programme auch so einrichten, dass sie sich wie alle anderen installierten Programme von der Starteinrichtung Ihres Betriebssystems aus ausführen lassen. In den folgenden Abschnitten erfahren Sie, wie Sie das bei den einzelnen Betriebssystemen jeweils machen.

Python-Programme in Windows ausführen

Windows bietet verschiedene Möglichkeiten, um Python-Programme auszuführen. Anstatt ein Terminalfenster zu öffnen, können Sie mit [Windows] + [R] das Dialogfeld *Ausführen* öffnen und `py C:\`*`Pfad\zu\IhremSkript`*`.py` eingeben (siehe Abb. 2–7). Das Programm *py.exe* befindet sich an dem bereits in `PATH` enthaltenen Speicherort *C:\Windows\py.exe*, und zur Ausführung von Programmen ist die Angabe der Endung *.exe* optional.

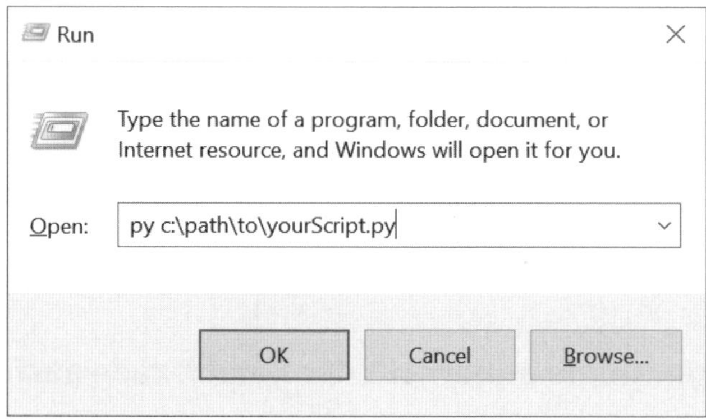

Abb. 2–7 *Das Dialogfeld* Ausführen *in Windows*

Allerdings müssen Sie bei dieser Vorgehensweise immer noch den kompletten Pfad des Skripts eingeben. Außerdem wird das Terminalfenster mit den Ausgaben des Programms nach dessen Beendigung automatisch geschlossen, sodass Sie einige der letzten Ausgaben gar nicht mehr wahrnehmen.

Diese Probleme können Sie mit einem *Batchskript* lösen, einer kleinen Textdatei mit der Endung *.bat*, die ähnlich wie ein Shellskript in macOS und Linux eine Folge von Terminalbefehlen ausführt. Eine solche Datei können Sie mit einem Texteditor erstellen. Dazu reicht schon der eingebaute Editor von Windows. Legen Sie eine neue Textdatei mit dem folgenden Inhalt an:

```
@py.exe C:\Pfad\zu\IhremSkript.py %*
@pause
```

Geben Sie statt des Platzhalters den absoluten Pfad zu Ihrem Programm an und speichern Sie die Datei mit der Endung *.bat*. Das Zeichen `@` zu Beginn der einzelnen Befehle verhindert, dass sie im Terminalfenster angezeigt werden, und die Zeichenfolge `%*` sorgt dafür, dass alle Befehlszeilenargumente, die Sie hinter dem Namen der Batchdatei angeben, an das Python-Skript weitergeleitet werden. Das Skript wiederum liest diese Argumente in die Liste *sys.argv* ein. Diese Batchdatei erspart es Ihnen, jedes Mal den kompletten absoluten Pfad des Python-Programms eingeben zu müssen, um es auszuführen. Durch den Befehl `@pause` wird am Ende des Python-Skripts die Anzeige *Press any key to continue* eingefügt, damit das Programmfenster nicht sofort verschwindet.

Ich rate Ihnen dazu, alle Batch- und *.py*-Dateien in einem einzigen Ordner unterzubringen, der in der Umgebungsvariablen `PATH` aufgeführt ist, z. B. in Ihrem

Benutzerordner *C:\Users\<BENUTZERNAME>*. Um ein Python-Skript auszuführen, müssen Sie dann lediglich `Windows` + `R` drücken, den Namen der Batchdatei eingeben (wobei die Angabe der Endung *.bat* optional ist) und die `Enter`-Taste drücken.

Python-Programme in macOS ausführen

In macOS können Sie ein Shellskript erstellen, um Ihre Python-Skripte auszuführen. Dazu legen Sie in einem Texteditor wie TextEdit eine Textdatei mit der Endung *.command* an und fügen folgenden Inhalt ein:

```
#!/usr/bin/env bash
python3 /Pfad/zu/IhremSkript.py
```

Speichern Sie die Datei in Ihrem Benutzerordner und machen Sie sie anschließend ausführbar, indem Sie `chmod u+x` *Shellskript*`.command` ausführen. Anschließend können Sie auf das Spotlight-Symbol klicken (oder `cmd` + `Leertaste` drücken) und den Namen des Shellskripts eingeben, um es auszuführen. Das Shellskript wiederum startet dann Ihr Python-Skript.

Python-Programme in Ubuntu Linux ausführen

Im Gegensatz zu Windows und macOS bringt Ubuntu Linux keine Möglichkeit mit, um Python-Skripte rasch auszuführen, allerdings können Sie das Verfahren ein bisschen abkürzen. Erstens sollten Sie Ihre *.py*-Dateien dazu in Ihrem Benutzerordner speichern und ihnen zweitens ganz am Anfang die folgende Zeile hinzufügen:

```
#!/usr/bin/env python3
```

Diese sogenannte *Shebang-Zeile* teilt Ubuntu mit, dass Sie diese Datei mit `python3` ausführen möchten. Drittens müssen Sie der Datei Ausführungsberechtigungen gewähren, indem Sie im Terminal den Befehl `chmod` wie folgt verwenden:

```
al@al-VirtualBox:~$ chmod u+x IhrSkript.py
```

Um Ihr Python-Skript auszuführen, öffnen Sie zunächst mit `Strg` + `Alt` + `T` ein neues Terminalfenster. Da dieses Terminal auf Ihren Benutzerordner eingestellt ist, können Sie nun einfach `./IhrSkript.py` eingeben, um das Skript zu starten. Die Zeichenfolge ./ ist erforderlich, damit Ubuntu weiß, dass sich *IhrSkript.py* im aktuellen Arbeitsverzeichnis (also in dem Benutzerordner) befindet.

Zusammenfassung

Zur Einrichtung der Umgebung gehören alle Schritte, die erforderlich sind, um Ihren Rechner in einen Zustand zu versetzen, in dem er Ihre Programme ohne Schwierigkeiten ausführen kann. Dazu müssen Sie sich mit einigen eher maschinennahen Funktionsprinzipien des Computers auskennen, z. B. mit dem Dateisystem, den Prozessen, der Befehlszeile und Umgebungsvariablen.

Im Dateisystem gliedert der Computer alle auf ihm vorhandenen Dateien. Eine Datei wird durch einen vollständigen absoluten Dateipfad oder durch einen Dateipfad relativ zum aktuellen Arbeitsverzeichnis bestimmt. An der Befehlszeile können Sie das Dateisystem durchsuchen. Die Befehlszeile wird auch als Eingabeaufforderung, Terminal, Shell oder Konsole bezeichnet, aber alle diese Begriffe beziehen sich auf dieselbe Einrichtung: ein textgestütztes Programm, in dem Sie Befehle eingeben können. Das Erscheinungsbild und die Namen der gängigen Befehle unterscheiden sich zwar ein wenig zwischen Windows und macOS/Linux, doch die Funktionsprinzipien sind identisch.

Wenn Sie einen Befehl oder einen Programmnamen eingeben, durchsucht die Befehlszeile die in der Umgebungsvariablen `PATH` aufgeführten Ordner danach. Es ist wichtig, das zu wissen, um die Ursache von Fehlermeldung wie »*command not found*« erkennen zu können. Die Vorgehensweise, um weitere Ordner zu `PATH` hinzuzufügen, ist auch je nach Betriebsystem leicht unterschiedlich.

Es braucht etwas Zeit, um sich an die Benutzung der Befehlszeile zu gewöhnen, da es so viele Befehle und Argumente zu lernen gibt. Machen Sie sich keine Sorgen, wenn Sie viel Zeit aufbringen, um online nach Hilfe zu suchen. Das ist etwas, was auch erfahrene Softwareentwickler täglich tun.

3 Codeformatierung mit Black

Codeformatierung bedeutet, dem Quellcode ein regelkonformes Erscheinungsbild zu geben. Für die Analyse des Codes durch den Parser ist diese Formatierung zwar ohne Belang, doch für die Lesbarkeit und damit für die Wartungsfreundlichkeit ist sie von entscheidender Bedeutung. Wenn Ihr Code für Menschen schwer verständlich ist – also für Sie oder Ihre Kollegen –, dann wird es schwierig, Bugs zu beheben und neue Merkmale hinzuzufügen. Die Codeformatierung ist daher mehr als nur Kosmetik. Die gute Lesbarkeit von Python ist ein wichtiger Grund für die Beliebtheit dieser Sprache.

In diesem Kapitel lernen Sie Black kennen, ein Werkzeug, das Quellcode automatisch in ein konsistentes, gut lesbares Format bringt, ohne das Verhalten des Programms zu ändern. Da es mühselig sein kann, Code in einem Texteditor oder einer IDE manuell zu formatieren, ist Black äußerst praktisch. Als Erstes lernen Sie im Folgenden die Begründung für die Art und Weise kennen, in der Black Ihren Code formatiert. Anschließend erfahren Sie, wie Sie dieses Tool installieren, verwenden und anpassen.

Wie man Freunde und Kollegen vergrault

Code lässt sich auf verschiedene Weisen schreiben, ohne dass sich dabei etwas am Verhalten ändert. Beispielsweise können wir in einer Liste hinter jedem Komma ein Leerzeichen einfügen und durchgehend dieselbe Form von Anführungszeichen verwenden:

```
spam = ['dog', 'cat', 'moose']
```

Aber auch wenn wir unterschiedliche Anführungszeichen verwenden und die Leerzeichen willkürlicher setzen, erhalten wir gültigen Python-Code:

```
spam= [ 'dog' ,'cat',"moose"]
```

Programmierer schätzen die optische Gliederung durch die Leerzeichen und die Einheitlichkeit der Anführungszeichen in der ersten Version. Manche aber schreiben trotzdem auf die zweite Weise, da sie sich nicht um Äußerlichkeiten kümmern wollen, die keinen Einfluss darauf haben, ob das Programm funktioniert.

Anfänger ignorieren oft die Codeformatierung, da sie noch mit den Grundprinzipien und der Syntax der Sprache zu kämpfen haben. Es ist jedoch gerade für Einsteiger wichtig, sich eine gute Formatierung anzugewöhnen. Programmierung ist schon knifflig genug, und Code zu schreiben, der verständlich ist (sowohl für andere als auch für Sie selbst, wenn Sie ihn sich später noch einmal ansehen), hilft, Schwierigkeiten zu verringern.

Als Neuling schreiben Sie Ihren Code möglicherweise allein, aber sehr oft ist Programmierung Teamarbeit. Wenn mehrere Programmierer an denselben Quellcodedateien arbeiten und dabei jeweils ihrem eigenen Stil folgen, kann das Ergebnis zwar durchaus fehlerfrei laufen, ist aber ein konfuses Durcheinander. Noch schlimmer wird es, wenn die einzelnen Programmierer ständig den Code von anderen umformatieren, um ihn ihrem eigenen Stil anzupassen, denn das ist nicht nur Zeitverschwendung, sondern kann auch Streitigkeiten verursachen. Die Entscheidung, ob etwa hinter einem Komma ein oder zwei Leerzeichen stehen sollen, ist Geschmackssache. Die Entscheidung über den Formatierungsstil ähnelt in gewisser Weise der Entscheidung, ob nun auf der linken oder der rechten Straßenseite gefahren werden soll. Für die Sicherheit spielt es keine Rolle, ob nun Rechts- oder Linksverkehr herrscht, solange nur alle Verkehrsteilnehmer auf derselben Seite fahren.

PEP 8 und andere Stilrichtlinien

Eine einfache Möglichkeit, um dafür zu sorgen, dass Ihr Code gut lesbar ist, besteht darin, einer *Stilrichtlinie* (»Style Guide«) zu folgen, die die Formatierungsregeln für ein Softwareprojekt vorgibt. Eine solche Stilrichtlinie ist *PEP 8* (*Python Enhancement Proposal 8*), verfasst vom Kernentwicklungsteam von Python. Softwareentwicklungsunternehmen können jedoch auch ihre eigenen Richtlinien aufstellen.

PEP 8 ist online auf *https://www.python.org/dev/peps/pep-0008/* zu finden. Viele Python-Programmierer betrachten PEP 8 als maßgebliches Regelwerk, obwohl sich die Autoren von PEP 8 selbst dagegen aussprechen. Im Abschnitt »A Foolish Consistency Is the Hobgoblin of Little Minds« ihrer Richtlinie erklären sie, dass der wahre Grund für Stilrichtlinien darin besteht, die Konsistenz und Lesbarkeit innerhalb eines Projekts sicherzustellen, und nicht, sich nach einer bestimmten Formatierungsregel zu richten.

In PEP 8 ist sogar der folgende Ratschlag zu finden: »Machen Sie sich klar, wann Sie inkonsistent sein müssen. Manchmal sind die Empfehlungen der Stilrichtlinie einfach nicht angebracht. Folgen Sie im Zweifelsfall Ihrem eigenen Urteilsvermögen.« Ganz unabhängig davon, ob Sie PEP 8 ganz, zum Teil oder überhaupt nicht folgen wollen, lohnt es sich auf jeden Fall, die Richtlinie zu lesen.

Da wir in diesem Buch den Codeformatierer Black verwenden, wird unser Code dessen Stilrichtlinie folgen, die von PEP 8 abgeleitet wurde. Machen Sie sich die Mühe, diese Richtlinien zu lernen, da Sie möglicherweise nicht immer Black zur Hand haben werden. Die Richtlinien für Python-Code, die Sie in diesem Kapitel lernen, gelten im Großen und Ganzen auch für andere Sprachen, für die es möglicherweise gar keine automatischen Formatierer gibt.

Ich bin zwar nicht mit allen Aspekten der Formatierung einverstanden, die Black vornimmt, aber sie bildet für mich dennoch einen guten Kompromiss. Black wendet Formatierungsregeln an, mit denen Programmierer gut leben können, sodass wir weniger Zeit auf Diskussionen verschwenden und mehr Zeit zum Programmieren gewinnen.

Horizontale Abstände

Für die Lesbarkeit ist Weißraum ebenso wichtig wie der eigentliche Code, denn dadurch setzen Sie die einzelnen Bestandteile voneinander ab, sodass sie sich leichter erkennen lassen. In diesem Abschnitt geht es dabei um *horizontale Abstände*, also um Weißraum innerhalb einer einzelnen Codezeile. Dazu gehören auch die Einrückungen am Zeilenanfang.

Leerzeichen zur Einrückung verwenden

Bei der *Einrückung* handelt es sich um den Weißraum am Anfang einer Codezeile. Für diesen Zweck können Sie zwei verschiedene Weißraumzeichen verwenden, nämlich Leerzeichen und Tabulatoren. Beides funktioniert, allerdings ist es empfehlenswert, Leerzeichen zu nehmen.

Der Grund dafür liegt in dem unterschiedlichen Verhalten der beiden Zeichen. Ein Leerzeichen wird auf dem Bildschirm immer als Stringwert mit einer einzigen Leerstelle wiedergegeben, also `' '`. Ein Tabulator, dargestellt als Stringwert mit dem Maskierungszeichen `'\t'`, ist mehrdeutig. Tabulatoren werden oft (aber nicht immer) durch Weißraum variabler Länge wiedergegeben, sodass der nachfolgende Text am nächsten Tabulatorstopp beginnt, wobei diese Stopps immer im Abstand von acht Zeichen aufeinanderfolgen. Das können Sie in dem folgenden Beispiel aus der interaktiven Shell erkennen. Hier werden die Wörter zuerst durch Leerzeichen und dann durch Tabulatoren getrennt:

```
>>> print('Hello there, friend!\nHow are you?')
Hello there, friend!
How are you?
>>> print('Hello\tthere,\tfriend!\nHow\tare\tyou?')
Hello   there,  friend!
How     are     you?
```

Da Tabulatoren Weißraum unterschiedlicher Breite darstellen, sollten Sie sie in Ihrem Quellcode vermeiden. Die meisten Codeeditoren und IDEs fügen anstelle eines Tabulators automatisch vier oder acht Leerzeichen ein, wenn Sie die Taste [⇆] drücken.

Außerdem dürfen Sie die Einrückungen in einem Codeblock nicht abwechselnd mit Leerzeichen und Tabulatoren gestalten. Eine solche gemischte Einrückung hat in älteren Python-Programmen schon zu so ärgerlichen Bugs geführt, dass Python 3 solchen Code gar nicht erst ausführt, sondern die Ausnahme `TabError: inconsistent use of tabs and spaces in indentation` auslöst. Black wandelt zur Einrückung verwendete Tabulatoren automatisch in vier Leerzeichen um.

Die Verwendung von vier Leerzeichen als Einrückung pro Ebene ist gängige Python-Praxis. Im folgenden Beispiel sind die Leerzeichen durch Punkte dargestellt, um sie sichtbar zu machen:

```
def getCatAmount():
....numCats = input('How many cats do you have?')
....if int(numCats) < 6:
........print('You should get more cats.')
```

Der Standard von vier Leerzeichen pro Ebene bietet praktische Vorteile. Bei acht Leerzeichen würde der Code sehr schnell die Grenzen für die Zeilenlänge erreichen, während die Einrückung bei nur zwei Leerzeichen unter Umständen schwer zu erkennen sein mag. Da Programmierer eine Vorliebe für Zweierpotenzen wie

2, 4, 8, 16 usw. haben, ziehen sie andere Werte wie etwa drei oder sechs Leerzeichen nur selten in Betracht.

Abstände innerhalb einer Zeile

Bei den horizontalen Abständen geht es jedoch nicht nur um die Einrückung. Leerzeichen dienen auch dazu, die einzelnen Bestandteile einer Codezeile grafisch voneinander abzusetzen. Ohne Leerzeichen würde eine Codezeile vollgestopft und schwer verständlich wirken. In den folgenden Abschnitten finden Sie einige beachtenswerte Regeln.

Ein Leerzeichen zwischen Operatoren und Bezeichnern

Wenn Sie zwischen Operatoren und Bezeichnen keine Leerzeichen setzen, sieht der Code zu gedrängt aus. In dem folgenden Beispiel sind die Operatoren und Variablen durch Leerzeichen getrennt:

```
JA: blanks = blanks[:i] + secretWord[i] + blanks[i + 1 :]
```

Ohne Leerzeichen sieht diese Zeile wie folgt aus:

```
NEIN: blanks=blanks[:i]+secretWord[i]+blanks[i+1:]
```

In beiden Fällen werden mit dem Operator + drei Werte addiert, allerdings kann es ohne Leerzeichen auf den ersten Blick so aussehen, als würde mit dem + in `blanks[i+1:]` noch ein vierter Wert addiert. Die Leerzeichen machen deutlich, dass dieses + zu dem Slice für die Werte in `blanks` gehört.

Ein Leerzeichen hinter Trennzeichen, aber keines davor

Einträge in Listen und Dictionarys sowie die Parameter in den `def`-Anweisungen einer Funktion trennen wir durch Kommas voneinander. Setzen Sie immer wie folgt ein einzelnes Leerzeichen hinter diese Trennzeichen, aber keines davor:

```
JA: def spam(eggs, bacon, ham):
JA:     weights = [42.0, 3.1415, 2.718]
```

Andererseits erhalten Sie »ineinandergelaufenen« Code, der nur schwer lesbar ist:

```
NEIN: def spam(eggs,bacon,ham):
NEIN:     weights = [42.0,3.1415,2.718]
```

Fügen Sie auch keine Leerzeichen vor den Trennzeichen ein, denn das würde diesen übermäßig viel Gewicht geben:

```
NEIN: def spam(eggs , bacon , ham):
NEIN:     weights = [42.0 , 3.1415 , 2.718]
```

Black entfernt automatisch Leerzeichen vor Kommas und fügt sie hinter Kommas ein.

Keine Leerzeichen vor und hinter Punkten

Python erlaubt es Ihnen zwar, Leerzeichen vor und hinter Punkten einzufügen, die vor einem Python-Attribut stehen, aber Sie sollten trotzdem darauf verzichten. Auf diese Weise wird der Zusammenhang zwischen dem Objekt und seinem Attribut deutlicher:

```
JA: 'Hello, world'.upper()
```

Mit Leerzeichen vor und hinter dem Punkt würde es so wirken, als gehörten das Objekt und das Attribut gar nicht zusammen:

```
NEIN: 'Hello, world' . upper()
```

Black entfernt automatisch Leerzeichen vor und hinter Punkten.

Keine Leerzeichen hinter Funktions-, Methoden- und Containernamen

Funktions- und Methodennamen lassen sich leicht daran erkennen, dass ihnen ein Paar von Klammern folgt. Daher sollten Sie auch kein Leerzeichen zwischen den Namen und die öffnende Klammer einschalten. Normalerweise schreiben wir einen Funktionsaufruf wie folgt:

```
JA: print('Hello, world!')
```

Mit einem Leerzeichen jedoch sähe der Funktionsaufruf aus, als handelte es sich um zwei separate Dinge:

```
NEIN: print ('Hello, world!')
```

Black entfernt jegliche Leerzeichen zwischen einem Funktions- oder Methodennamen und der öffnenden Klammer.

Sie sollten auch keine Leerzeichen vor die öffnende eckige Klammer eines Index, Slice oder Schlüssels stellen. Normalerweise greifen wir auf die Elemente innerhalb eines Containertyps (also einer Liste, eines Dictionarys oder Tupels) zu, ohne Leerzeichen zwischen den Variablennamen und die öffnende Klammer zu setzen:

```
JA: spam[2]
JA: spam[0:3]
JA: pet['name']
```

Leerzeichen erwecken auch hier den Eindruck, als handelte es sich um zwei voneinander getrennte Dinge:

```
NEIN: spam [2]
NEIN: spam    [0:3]
NEIN: pet ['name']
```

Black entfernt jegliche Leerzeichen zwischen Variablennamen und öffnenden eckigen Klammern.

Keine Leerzeichen hinter öffnenden und vor schließenden Klammern

Es sollten auch keine Leerzeichen zwischen Klammern – runden, eckigen oder geschweiften – und ihrem Inhalt stehen. Beispielsweise sollten die Parameter in einer `def`-Anweisung oder die Werte in einer Liste unmittelbar hinter der öffnenden Klammer beginnen und unmittelbar vor der schließenden enden:

```
JA: def spam(eggs, bacon, ham):
JA:     weights = [42.0, 3.1415, 2.718]
```

Stellen Sie keine Leerzeichen hinter die öffnende oder vor die schließende Klammer:

```
NEIN: def spam( eggs, bacon, ham ):
NEIN:     weights = [ 42.0, 3.1415, 2.718 ]
```

Solche Leerzeichen machen den Code nicht besser lesbar und sind daher unnötig. Black entfernt sie aus Ihren Programmen.

Zwei Leerzeichen vor Kommentaren am Zeilenende

Wenn Sie Kommentare an das Ende einer Zeile setzen, sollten Sie sie mit zwei Leerzeichen vor dem # vom Code absetzen:

```
JA: print('Hello, world!')  # Zeigt den Gruß an.
```

Durch die zwei Leerzeichen lässt sich der Code besser vom Kommentar unterscheiden. Ein einzelnes Leerzeichen oder gar keines macht die Trennung weniger offensichtlich:

```
NEIN: print('Hello, world!') # Zeigt den Gruß an.
NEIN: print('Hello, world!')# Zeigt den Gruß an.
```

Black fügt zwischen dem Ende des Codes und dem Beginn des Kommentars zwei Leerzeichen ein.

Im Allgemeinen rate ich jedoch davon ab, Kommentare hinten in eine Codezeile zu stellen, da die Zeile dadurch zu lang werden kann, um sie noch bequem am Bildschirm zu lesen.

Vertikale Abstände

Die *vertikalen Abstände* sind Leerzeilen, die Sie zwischen den Codezeilen einschalten. Ebenso wie die Absätze in einem Buch verhindern, dass sich eine Textwüste ergibt, sorgen vertikale Abstände dafür, dass die Codezeilen sinnvoll gruppiert und die einzelnen Gruppen voneinander abgesetzt werden.

PEP 8 umfasst mehrere Regeln für die Verwendung von Leerzeilen. Danach sollten Sie sowohl Funktionen als auch Klassen durch jeweils zwei Leerzeichen absetzen und die Methoden innerhalb einer Klasse mit einer Leerzeile. Black fügt nach diesen Regeln Leerzeilen hinzu bzw. entfernt sie. Nehmen wir an, Sie haben folgenden Code geschrieben:

```
NEIN: class ExampleClass:
          def exampleMethod1():
              pass
          def exampleMethod2():
              pass
      def exampleFunction():
          pass
```

Daraus macht Black Folgendes:

```
JA: class ExampleClass:
        def exampleMethod1():
            pass

        def exampleMethod2():
            pass


    def exampleFunction():
        pass
```

Beispiel für vertikale Abstände

Eines jedoch kann Black *nicht* tun, nämlich entscheiden, wo Leerzeilen innerhalb einer Funktion, einer Methode oder eines globalen Gültigkeitsbereichs stehen sollen. In diesen Fällen ist die Gruppierung der Zeilen eine subjektive Entscheidung, die der Programmierer treffen muss.

Betrachten wir dazu die Klasse `EmailValidator` in der Datei *validators.py* des Web-App-Frameworks Django. Wie der Code im Einzelnen funktioniert, ist hier nicht von Belang. Achten Sie aber auf die Leerzeilen, die den Code der Methode `__call__()` in vier Gruppen aufteilen:

```
-- schnipp --
    def __call__(self, value):
        if not value or '@' not in value:  ❶
            raise ValidationError(self.message, code=self.code)

        user_part, domain_part = value.rsplit('@', 1)  ❷

        if not self.user_regex.match(user_part):  ❸
            raise ValidationError(self.message, code=self.code)

        if (domain_part not in self.domain_whitelist and  ❹
                not self.validate_domain_part(domain_part)):
            # Versucht es mit dem möglichen IDN-Domänenteil
            try:
                domain_part = punycode(domain_part)
            except UnicodeError:
                pass
            else:
                if self.validate_domain_part(domain_part):
                    return
            raise ValidationError(self.message, code=self.code)
-- schnipp --
```

Auch wenn es keine Kommentare gibt, die die einzelnen Teile beschreiben, machen die Leerzeilen deutlich, dass die vier Gruppen voneinander getrennten Zwecken dienen. Die erste Gruppe ❶ sucht nach dem Symbol `@` im Parameter `value`. Das ist eine ganz andere Aufgabe als die der zweiten Gruppe ❷, die den in `value` enthaltenen String mit der E-Mail-Adresse in die beiden neuen Variablen `user_part` und `domain_part` aufteilt. In der dritten ❸ und vierten Gruppe ❹ werden diese Variablen dann dazu herangezogen, den Benutzer- bzw. Domänennamen in der Adresse zu validieren.

Die vierte Gruppe umfasst elf Zeilen, also weit mehr als die anderen, doch diese Zeilen gehören alle zu derselben Aufgabe, nämlich zur Validierung des Domänenteils der E-Mail-Adresse. Wenn Sie das Gefühl haben, dass diese Aufgabe in Wirklichkeit aus mehreren Teilaufgaben besteht, können Sie diese ebenfalls durch Leerzeilen trennen.

Für den Programmierer dieses Teils von Django gehörten alle Zeilen für die Domänenvalidierung zu einer Gruppe. Andere Programmierer können jedoch abweichender Ansicht sein. Da diese Entscheidungen subjektiv sind, führt Black keine Änderungen an den vertikalen Abständen innerhalb von Funktionen und Methoden durch.

Empfohlene Vorgehensweisen für vertikale Abstände

Eine der weniger bekannten Möglichkeiten in Python besteht darin, mehrere Anweisungen in eine einzelne Zeile zu schreiben und durch Semikolons zu trennen. Betrachten Sie die folgenden beiden Zeilen:

```
print('What is your name?')
name = input()
```

Mithilfe eines Semikolons können Sie sie auch in eine einzige Zeile schreiben:

```
print('What is your name?'); name = input()
```

Ebenso wie bei Kommas sollten Sie ein Leerzeichen hinter das Semikolon stellen, aber keines davor.

Eine ähnliche Möglichkeit gibt es auch für Anweisungen mit einem Doppelpunkt am Ende, also etwa `if`-, `while`-, `for`-, `def`- und `class`-Anweisungen:

```
if name == 'Alice':
    print('Hello, Alice!')
```

Hier können Sie den einzeiligen Block, also etwa den Aufruf von `print()` im vorstehenden Beispiel, in dieselbe Zeile schreiben wie die `if`-Anweisung:

```
if name == 'Alice': print('Hello, Alice!')
```

Aber die Tatsache, dass Python es Ihnen erlaubt, mehrere Anweisungen in eine Zeile zu packen, heißt noch lange nicht, dass das auch eine sinnvolle Vorgehensweise ist, denn dies führt zu übermäßig langen Zeilen mit zu viel Inhalt. Black teilt solche Anweisungen daher in mehrere Zeilen auf.

Sie können auch mehrere Module mit einer einzigen `import`-Anweisung importieren:

```
import math, os, sys
```

Trotzdem empfiehlt PEP 8, diesen Vorgang in je eine `import`-Anweisung pro Modul aufzuteilen:

```
import math
import os
import sys
```

Wenn Sie die Importe jeweils in eigene Zeilen schreiben, können Sie bei einem Versionsvergleich mit dem Diff-Werkzeug eines Versionssteuerungssystems viel leichter erkennen, welche Module neu hinzugefügt oder weggelassen wurden. (Versionssteuerungssysteme wie Git sehen wir uns in Kapitel 12 genauer an.)

PEP 8 empfiehlt außerdem, `import`-Anweisungen in der folgenden Reihenfolge in drei Gruppen anzuordnen:

1. Module aus der Python-Standardbibliothek wie `math`, `os` und `sys`
2. Drittanbietermodule wie Selenium, Requests oder Django
3. Lokale Module, die zu dem Programm selbst gehören

Diese Richtlinien sind optional. Black ändert nichts an der Formatierung Ihrer `import`-Anweisungen.

Black: Der kompromisslose Codeformatierer

Black formatiert automatisch den Code in Ihren *.py*-Dateien. Sie sollten die in diesem Kapitel dargelegten Formatierungsregeln kennen, aber die eigentliche Formatierung kann Black für Sie erledigen. Wenn Sie mit anderen an einem Programmierprojekt arbeiten, können Sie viele Streitigkeiten über die Codeformatierung im Keim ersticken, indem Sie einfach Black entscheiden lassen.

Black wird als »kompromisslos« bezeichnet, da sich viele der Regeln, die das Tool anwendet, nicht ändern lassen. Der Name spielt übrigens auf das berühmte Zitat von Henry Ford über die Farben an, die seinen Kunden zur Auswahl standen: »Sie können jede Farbe haben, die Sie wollen, vorausgesetzt, es ist Schwarz.«

Die komplette Stilrichtlinie von Black finden Sie auf *https://black.readthedocs.io/en/stable/the_black_code_style.html.*

Black installieren

Zur Installation von Black verwenden Sie das im Lieferumfang von Python enthaltene Werkzeug `pip`. In Windows öffnen Sie dazu eine Eingabeaufforderung und geben Folgendes ein:

```
C:\Users\Al\>python -m pip install --user black
```

In macOS und Linux müssen Sie statt `python` den Befehl `python3` verwenden (das gilt übrigens für alle Anweisungen in diesem Buch, in denen `python` vorkommt):

```
Als-MacBook-Pro:~ al$ python3 -m pip install --user black
```

Die Option `-m` weist Python an, das Modul `pip` als Anwendung auszuführen, wozu einige Python-Module eingerichtet sind. Um zu prüfen, ob die Installation erfolgreich war, führen Sie `python -m black` aus. Daraufhin sollte die Meldung `No paths given. Nothing to do.` erscheinen statt `No module named black`.

Black an der Befehlszeile ausführen

Sie können Black für jede beliebige Python-Datei an der Eingabeaufforderung oder in einem Terminalfenster ausführen. Außerdem kann Ihre IDE oder Ihr Codeeditor Black im Hintergrund ausführen. Anweisungen zur Verwendung von Black in Jupyter Notebook, Visual Studio Code, PyCharm und anderen Editoren erhalten Sie auf der Black-Website unter *https://github.com/psf/black/*.

Nehmen wir an, Sie möchten eine Datei namens *yourScript.py* automatisch formatieren lassen. Dazu können Sie in der Befehlszeile von Windows folgenden Befehl ausführen (wobei Sie in macOS und Linux `python` durch `python3` ersetzen müssen):

```
C:\Users\Al>python -m black yourScript.py
```

Daraufhin wird der Inhalt von *yourScript.py* nach den Stilrichtlinien von Black formatiert.

Wenn die Umgebungsvariable `PATH` bereits so eingerichtet ist, dass sich Black direkt ausführen lässt, können Sie *yourScript.py* auch durch folgende Eingabe formatieren:

```
C:\Users\Al>black yourScript.py
```

Wollen Sie Black für jede *.py*-Datei in einem Ordner ausführen, geben Sie diesen Ordner statt einer einzelnen Datei an. Das folgende Windows-Beispiel formatiert sämtliche Dateien im Ordner *C:\yourPythonFiles* und seiner Unterordner:

```
C:\Users\Al>python -m black C:\yourPythonFiles
```

Die Angabe eines Ordners bietet sich an, wenn Ihr Projekt mehrere Python-Dateien umfasst und Sie nicht für jede davon einen eigenen Befehl geben wollen. Black geht bei der Codeformatierung ziemlich streng vor, aber dennoch finden Sie in den nächsten drei Abschnitten einige Optionen, die Sie ändern können. Um sich alle Einstellungsmöglichkeiten von Black anzusehen, führen Sie `python -m black --help` aus.

Die Zeilenlängeneinstellung von Black ändern

Die Standardzeile für Python-Code ist 80 Zeichen lang. Dieser Wert geht noch auf die Programmierung mit Lochkarten zurück: 1920 führte IBM Lochkarten mit 80 Spalten und 12 Zeilen an. Der 80-Spalten-Standard wurde für die Drucker,

Monitore und Befehlszeilenfenster beibehalten, die in den folgenden Jahrzehnten entwickelt wurden.

Im 21. Jahrhundert jedoch sind hochauflösende Bildschirme in der Lage, Text mit einer Breite von mehr als 80 Zeichen anzuzeigen. Bei längeren Zeilen müssen Sie nicht so viel scrollen, um sich eine ganze Datei anzusehen. Kürzere Zeilen verhindern, dass sich zu viel Code in einer Zeile drängt, und ermöglichen es, Quellcodedateien nebeneinander zu vergleichen, ohne horizontal scrollen zu müssen.

Die Standardzeile von Black ist 88 Zeichen lang, weil willkürlich entschieden wurde, sie 10 % länger zu machen als die 80-Zeichen-Standardzeile. Ich persönlich bevorzuge eine Länge von 120 Zeichen. Um Black anzuweisen, den Code mit einer Zeilenlänge von 120 Zeichen zu formatieren, geben Sie die Befehlszeilenoption `-l 120` an (wobei es sich bei `l` um den Kleinbuchstaben »l« und nicht um die Ziffer Eins handelt). In Windows sieht der entsprechende Befehl wie folgt aus:

```
C:\Users\Al>python -m black -l 120 yourScript.py
```

Welche maximale Zeilenlänge Sie wählen, ist Ihre Sache, allerdings sollte der Wert für alle *.py*-Dateien eines Projekts gleich sein.

Die Einstellung für Strings in doppelten Anführungszeichen ausschalten

Wenn Sie Stringliterale in Ihrem Code in einfache Anführungszeichen stellen, ändert Black sie in doppelte. Eine Ausnahme besteht, wenn sich innerhalb des Strings doppelte Anführungszeichen befinden; in diesem Fall bleiben die äußeren einfachen Anführungszeichen enthalten. Nehmen wir an, Ihre Datei enthält folgende Zeilen:

```
a = 'Hello'
b = "Hello"
c = 'Al\'s cat, Zophie.'
d = 'Zophie said, "Meow"'
e = "Zophie said, \"Meow\""
f = '''Hello'''
```

Black formatiert dies wie folgt um:

```
a = "Hello"  ❶
b = "Hello"
c = "Al's cat, Zophie."
d = 'Zophie said, "Meow"'  ❷
e = 'Zophie said, "Meow"'
f = """Hello"""  ❸
```

Durch die Vorliebe von Black für doppelte Anführungszeichen wirkt der Python-Code eher wie der anderer Programmiersprachen, in denen für Stringliterale häufig doppelte Anführungszeichen verwendet werden. Für die Stringvariablen a, b und c verwendet Black doppelte Anführungszeichen. Bei der Variablen d dagegen wurden die ursprünglichen einfachen Anführungszeichen beibehalten, damit die doppelten Anführungszeichen innerhalb des Strings nicht maskiert werden müssen ❷. Beachten Sie, dass Black auch für die dreifachen Anführungszeichen für mehrzeilige Strings je drei doppelte Anführungszeichen verwendet ❸.

Soll Black dagegen die Stringliterale so stehen lassen, wie Sie sie geschrieben haben, ohne die Anführungszeichen zu ändern, übergeben Sie die Befehlszeichenoption *-S* (großes S). Wenn Sie Black in Windows wie folgt auf die ursprüngliche Datei anwenden, ergibt sich Folgendes:

```
C:\Users\Al>python –m black -S yourScript.py
All done!
1 file left unchanged.
```

Sie können die Optionen -l und -S für die maximale Zeilenlänge und die Anführungszeichen auch in einem Befehl kombinieren:

```
C:\Users\Al>python –m black –l 120 -S yourScript.py
```

Eine Vorschau der Änderungen anzeigen

Auch wenn Black keine Variablen umbenennt oder das Verhalten des Programms ändert, kann es sein, dass Ihnen einige der Formatierungsänderungen nicht zusagen. Wenn Sie Ihre ursprüngliche Formatierung beibehalten wollen, können Sie entweder eine Versionssteuerung für den Quellcode einsetzen oder eigene Sicherungsdateien pflegen. Eine weitere Möglichkeit besteht darin, sich die Änderungen anzusehen, die Black vornehmen möchte, ohne sie tatsächlich ausführen zu lassen. Dazu müssen Sie Black mit der Befehlszeilenoption --diff ausführen. In Windows sieht das wie folgt aus:

```
C:\Users\Al>python -m black --diff yourScript.py
```

Hierbei werden die Änderungen im Diff-Format ausgegeben, das oft von Versionssteuerungssoftware genutzt wird, aber auch für Menschen lesbar ist. Wenn *yourScript.py* beispielsweise die Zeile weights=[42.0,3.1415,2.718] enthält, erhalten Sie bei der Ausführung von Black mit der Option --diff folgendes Ergebnis:

```
C:\Users\Al\>python -m black --diff yourScript.py
--- yourScript.py       2020-12-07 02:04:23.141417 +0000
+++ yourScript.py       2020-12-07 02:08:13.893578 +0000
@@ -1 +1,2 @@
-weights=[42.0,3.1415,2.718]
+weights = [42.0, 3.1415, 2.718]
```

Dies bedeutet, dass Black die Zeile mit dem Minuszeichen entfernt, also `weights=[42.0,3.1415,2.718]`, und durch die mit dem Pluszeichen ersetzt: `weights = [42.0, 3.1415, 2.718]`. Sobald Sie Black ausführen, um die Quellcodedateien zu ändern, gibt es keine Möglichkeit mehr, die Änderungen rückgängig zu machen. Dazu müssen Sie entweder vorher Sicherungskopien Ihres Quellcodes anlegen oder eine Versionssteuerungssoftware wie Git verwenden.

Black für einzelne Abschnitte Ihres Codes ausschalten

So großartig Black auch sein mag, kann es manchmal sein, dass Sie einzelne Abschnitte Ihres Codes nicht umformatieren wollen. Beispielsweise möchte ich immer meine ganz besondere Art von Spationierung anwenden, wenn ich mehrere zusammengehörige Zuweisungsanweisungen untereinanderschreibe:

```
# Richtet die Konstanten für verschiedene Zeiträume ein:
SECONDS_PER_MINUTE = 60
SECONDS_PER_HOUR   = 60 * SECONDS_PER_MINUTE
SECONDS_PER_DAY    = 24 * SECONDS_PER_HOUR
SECONDS_PER_WEEK   = 7  * SECONDS_PER_DAY
```

Black würde die zusätzlichen Leerzeichen vor dem Zuweisungsoperator `=` entfernen, was den Code meiner Meinung nach weniger übersichtlicher macht:

```
# Richtet die Konstanten für verschiedene Zeiträume ein:
SECONDS_PER_MINUTE = 60
SECONDS_PER_HOUR = 60 * SECONDS_PER_MINUTE
SECONDS_PER_DAY = 24 * SECONDS_PER_HOUR
SECONDS_PER_WEEK = 7 * SECONDS_PER_DAY
```

Mit den Kommentaren `# fmt: off` und `# fmt: on` können Sie Black anweisen, die darin eingeschlossenen Zeilen von der Formatierung auszunehmen und erst danach wieder weiterzumachen:

```
# Richtet die Konstanten für verschiedene Zeiträume ein:
# fmt: off
SECONDS_PER_MINUTE = 60
SECONDS_PER_HOUR   = 60 * SECONDS_PER_MINUTE
SECONDS_PER_DAY    = 24 * SECONDS_PER_HOUR
SECONDS_PER_WEEK   = 7  * SECONDS_PER_DAY
# fmt: on
```

Wenn Sie nun Black auf diese Datei anwenden, bleibt die besondere Formatierung zwischen den beiden Kommentaren erhalten. Es werden auch keine anderen Formatierungsänderungen darauf angewendet.

Zusammenfassung

Gute Formatierung fällt kaum auf, aber schlecht formatierten Code zu lesen, kann eine wahre Plage sein. Guter Stil ist zwar Geschmackssache, aber im Bereich der Softwareentwicklung gibt es eine allgemeine Übereinkunft darüber, was gute und was schlechte Formatierung ist, wobei genügend Spielraum für persönliche Vorlieben bleibt.

Die Syntax von Python ist ziemlich flexibel, um sich an unterschiedliche Stile anzupassen. Wenn Sie Code schreiben, den außer Ihnen kaum jemand zu Gesicht bekommen wird, können Sie ihn schreiben, wie Sie wollen. Allerdings ist Softwareentwicklung oft Teamarbeit. Wenn Sie mit anderen an einem Projekt arbeiten oder wenn Sie erfahrene Programmierer bitten, Ihren Code zu prüfen, ist es unverzichtbar, ihn nach akzeptierten Richtlinien zu formatieren.

Die saubere Formatierung Ihres Codes in einem Editor ist eine mühselige Aufgabe, die Sie aber mit einem Werkzeug wie Black automatisieren können. In diesem Kapitel haben Sie einige der Richtlinien kennengelernt, die Black befolgt, um Ihren Code übersichtlicher zu gestalten. Dazu gehören u.a. horizontale und vertikale Abstände, die einer zu dicht gepackten und damit schlecht lesbaren Codewüste entgegenwirken, und ein Höchstwert für die Zeilenlänge. Black setzt diese Regeln für Sie durch und erspart Ihnen damit auch Diskussionen über den Stil mit Ihren Kollegen.

Stil erschöpft sich jedoch nicht in Abständen und der Entscheidung für einfache oder doppelte Anführungszeichen. Auch die Verwendung von beschreibenden Namen für Variablen ist von entscheidender Bedeutung für die Lesbarkeit des Codes. Automatisierungswerkzeuge wie Black können zwar *syntaktische* Entscheidungen treffen, also etwa über die Abstände, aber keine *semantischen*, z.B. über Variablennamen. Dafür sind Sie selbst verantwortlich, und damit wollen wir uns im nächsten Kapitel befassen.

4

Aussagekräftige Namen

»Die beiden kniffligsten Probleme der Informatik sind die Wahl von Namen, die Cache-Invalidierung und Abweichungen um 1.« Dieser klassische Scherz, der Leon Bambrick zugeschrieben wird und auf ein Zitat von Phil Karlton zurückgeht, enthält ein Körnchen Wahrheit: Es ist tatsächlich schwer, sich gute Namen – formal *Bezeichner* genannt – für Variablen, Funktionen, Klassen und andere Dinge in der Programmierung auszudenken. Knappe und doch beschreibende Namen sind für verständlichen Code unverzichtbar. Das ist aber leichter gesagt als getan. Wenn Sie umziehen und alle Kartons mit »Sachen« beschriften, wäre das zwar knapp, aber alles andere als beschreibend. Ein Titel wie *Eigene Spiele programmieren: Python lernen* für ein Programmierbuch ist zwar beschreibend, aber nicht knapp.

Sofern Sie keinen Wegwerfcode schreiben, den Sie nur einmal ausführen und dann nicht mehr pflegen wollen, müssen Sie etwas Überlegung in die Namen investieren, die Sie in dem Programm benutzen. Wenn Sie Variablen schlicht `a`, `b`, `c` und `d` nennen, werden Sie später große Mühe haben, sich wieder darüber klarzuwerden, wozu diese Variablen da sind.

Die Wahl von Namen ist eine subjektive Entscheidung. Ein Werkzeug zur automatischen Formatierung wie Black aus Kapitel 3 kann Ihnen nicht vorschreiben, wie Sie Ihre Variablen benennen sollen. In diesem Kapitel lernen Sie einige Richtlinien kennen, die Ihnen dabei helfen, geeignete Namen zu wählen und ungeeignete zu vermeiden. Wie immer gilt auch hier, dass diese Richtlinien nicht in Stein gemeißelt sind. Verlassen Sie sich auf Ihr eigenes Urteil, um zu erkennen, wann Sie sie in Ihrem Code nutzen sollten.

Metasyntaktische Variablen

In Anleitungen und Codebeispielen werden oft *metasyntaktische Variablen* als allgemeine Variablennamen verwendet, wenn es auf den eigentlichen Namen nicht ankommt. In Python wird dabei gern auf die Namen `spam`, `eggs`, `bacon` und `ham` zurückgegriffen. Aus diesem Grund finden Sie diese Namen auch in den Codebeispielen. In Ihren Programmen sollten Sie sie dagegen nicht einsetzen. Sie stammen aus dem Spam-Sketch von Monty Python (*https://de.wikipedia.org/wiki/Spam-Sketch*). Weitere gebräuchliche Namen für metasyntaktische Variablen sind `foo` und `bar`. Sie gehen auf den Begriff *FUBAR* aus dem US-Army-Slang im Zweiten Weltkrieg zurück, ein Akronym für »f[...]ed up beyond all recognition« (»bis zur Unkenntlichkeit versaubeutelt«).

Groß- und Kleinschreibung

Python-Bezeichner dürfen keine Leerzeichen enthalten, weshalb Programmierer andere Möglichkeiten für Bezeichner benötigen, die aus mehreren Wörtern bestehen. Da bei Python zwischen Groß- und Kleinschreibung unterschieden wird, gibt es mehrere Lösungen:

- Bei der sogenannten *snake_case*-Schreibweise werden die einzelnen Wörter durch Unterstriche getrennt, sodass das Ergebnis einer Schlange ähnelt, die platt im Gras liegt. Meistens werden dabei ausschließlich Kleinbuchstaben verwendet, wobei Konstanten jedoch oft in `SNAKE_CASE_IN_GROSSBUCHSTABEN` geschrieben werden.
- Bei der *camelCase*-Schreibweise werden die Anfangsbuchstaben aller Wörter mit Ausnahme des ersten großgeschrieben. Der Name rührt daher, dass die Binnenmajuskeln wie Kamelhöcker wirken.
- Die *PascalCase*-Schreibweise ist nach ihrer Verwendung in der Programmiersprache Pascal benannt. Sie ähnelt *camelCase*, allerdings wird hier auch das erste Wort mit großem Anfangsbuchstaben geschrieben.

Am gebräuchlichsten sind *snake_case* und *camelCase*. Beides ist in Ordnung, allerdings sollten Sie innerhalb eines Projekts bei einer Schreibweise bleiben und die verschiedenen Varianten nicht mischen.

Namenskonventionen in PEP 8

Die in Kapitel 3 vorgestellte Richtlinie PEP 8 gibt auch einige Empfehlungen für Namen in Python:

- Es sollten ausschließlich ASCII-Buchstaben verwendet werden, also lateinische Groß- und Kleinbuchstaben ohne diakritische Zeichen.
- Module sollten kurze, komplett kleingeschriebene Namen haben.
- Klassennamen sollten in *PascalCase* geschrieben werden.
- Namen von Konstanten sollten in *SNAKE_CASE* in Großbuchstaben geschrieben werden.
- Funktions-, Methoden- und Variablennamen sollten in *snake_case* in Kleinbuchstaben geschrieben werden.
- Das erste Argument einer Methode sollte immer `self` heißen (kleingeschrieben).
- Das erste Argument einer Klassenmethode sollte immer `cls` heißen (kleingeschrieben).
- Die Namen von privaten Attributen in Klassen sollten stets mit einem Unterstrich beginnen.
- Die Namen von öffentlichen Attributen in Klassen sollten niemals mit einem Unterstrich beginnen.

Diese Regeln können Sie nach Bedarf anpassen oder sogar brechen. Beispielsweise können Sie, auch wenn Englisch die vorherrschende Sprache in der Programmierung ist, Buchstaben aus anderen Sprachen als Bezeichner verwenden. So ist `コンピューター = 'laptop'` durchaus gültiger Python-Code. Wie Sie in diesem Buch sehen werden, weiche ich bei den Variablennamen von PEP 8 ab, da ich *camelCase* gegenüber *snake_case* bevorzuge. PEP 8 sagt auch ausdrücklich aus, dass sich Programmierer nicht strikt daran halten müssen. Wichtig für die Lesbarkeit ist nicht, dass Sie einem bestimmten Stil folgen, sondern dass Sie durchgängig bei einem Stil bleiben.

Den Abschnitt von PEP 8 zur Namenskonvention können Sie online auf *https://www.python.org/dev/peps/pep-0008/#naming-conventions* lesen.

Namen geeigneter Länge

Namen sollten selbstverständlich weder zu lang noch zu kurz sein. Lange Variablennamen sind mühselig einzugeben, wogegen zu kurze Variablennamen missverständlich oder rätselhaft wirken. Da Code öfter gelesen als geschrieben wird, ist es besser, die Namen eher zu lang als zu kurz zu wählen. Schauen wir uns dazu einige Beispiele an.

Zu kurze Namen

Der häufigste Fehler bei der Wahl von Namen besteht darin, sie zu kurz zu machen. Die Bedeutung sehr kurzer Name kann Ihnen völlig klar sein, wenn Sie sie schreiben, aber nach einiger Zeit verblassen. Sehen wir uns einige Arten von kurzen Namen etwas genauer an.

- Ein Name aus *ein oder zwei Buchstaben*, etwa `g`, steht gewöhnlich für ein Wort, das mit diesem Buchstaben beginnt, aber davon gibt es eine ganze Menge. Abkürzung und Namen, die nur ein oder zwei Buchstaben lang sind, lassen sich zwar sehr leicht eingeben, sind für andere aber oft schwer verständlich. Das Gleiche gilt auch für die folgende Art von Bezeichnungen:
- *Abkürzungen* wie `mon`. Das kann für *Monitor* stehen, für *Monat*, für *Monster* und noch vieles mehr.
- Ein Name aus einem *einzelnen Wort* wie `start` kann sehr vage sein, denn es ist nicht klar, *was* hier startet. Solche Namen sind ohne Kontext schwer zu begreifen, und wenn eine andere Person den Code liest, steht ihr dieser Kontext nicht unbedingt zur Verfügung.

Namen aus ein oder zwei Buchstaben, Abkürzungen oder einzelnen Wörtern können für Sie völlig verständlich sein, wenn Sie sie schreiben. Denken Sie aber immer daran, dass es anderen schwerfallen kann, die Bedeutung dieser Namen zu erkennen (und sogar Ihnen selbst, wenn Sie den Code später lesen).

Es gibt jedoch einige Ausnahmen, in denen kurze Variablennamen völlig akzeptabel sind. Beispielsweise ist es üblich, `i` (für *Index*) als Variablenname in `for`-Schleifen zu verwenden, die einen Bereich von Zahlen oder Indizes in einer Liste durchlaufen, und `j` und `k` (die im Alphabet auf `i` folgen) in verschachtelten Schleifen:

```
>>> for i in range(10):
...     for j in range(3):
...         print(i, j)
...
0 0
```

```
0 1
0 2
1 0
-- schnipp --
```

Eine weitere Ausnahme bilden die Bezeichnungen `x` und `y` für kartesische Koordinaten. In den meisten anderen Fällen rate ich jedoch dringend von der Verwendung von Ein-Buchstaben-Variablennamen ab. Es mag zwar verlockend erscheinen, `w` und `h` für Breite und Höhe (`width/height`) zu verwenden oder `n` für Nummer, allerdings kann es sein, dass die Bedeutungen für andere nicht unbedingt ersichtlich sind.

Lssn Sie in Ihrm Cde kne Bchstbn weg!

Lassen Sie in Ihrem Code keine Buchstaben weg! Diese Vorgehensweise war zwar vor den 1990ern in C beliebt, wie etwa die Befehle `memcpy` (*memory copy*) und `strcmp` (*string compare*) zeigen, aber heutzutage sollten Sie diesen schwer lesbaren Stil nicht mehr anwenden. Ein Name, der nicht leicht auszusprechen ist, ist auch nicht leicht verständlich.

Sie können im Gegenteil sogar vollständige Wendungen benutzen, mit denen sich Ihr Code fast wie korrektes Englisch liest. So ist beispielsweise `number_of_trials` leichter verständlich als einfach `number_trials`.

Zu lange Namen

Je umfangreicher der Gültigkeitsbereich eines Namens ist, umso aussagekräftiger sollte er im Allgemeinen sein. Ein kurzer Name wie `payment` kann für eine lokale Variable in einer einzelnen, kurzen Funktion geeignet sein, aber nicht für eine globale Variable in einem Programm von 10.000 Zeilen, in dem es um verschiedenste Arten von Zahlungen gehen kann. Ein konkreterer Name wie `salesClientMonthlyPayment` oder `annual_electric_bill_payment` ist dort besser geeignet. Die zusätzlichen Wörter im Namen bieten mehr Kontext und verhindern Mehrdeutigkeit.

Es ist besser, wenn die Namen etwas zu ausführlich beschreiben als zu knapp. Es gibt jedoch auch Richtlinien, um zu erkennen, wann lange Namen unnötig sind.

Präfixe

Offensichtliche Präfixe bieten keinen Mehrwert. Präfixe für Variablen, die Attribute einer Klasse sind, geben oft nur Informationen, die gar nicht benötigt werden. Wenn `weight` beispielsweise ein Attribut der Klasse `Cat` ist, dann ist es offensichtlich, dass sich `weight` auf das Gewicht der Katze bezieht. Der Name `catWeight` wäre überbestimmt und unnötig lang.

Ähnlich verhält es sich mit der mittlerweile veralteten *ungarischen Notation*, also der Einbindung einer Abkürzung des Datentyps in den Namen. In dieser Schreibweise geben Namen wie `strName` oder `iVacationDays` an, dass die betreffende Variable einen Stringwert bzw. einen Integer enthält. Moderne Sprachen und IDEs können Programmierern aber Informationen über den Datentyp auch ohne Zuhilfenahme solcher Präfixe vermittelt, weshalb die ungarische Notation heutzutage überflüssig ist. Wenn Sie sich dabei ertappen, die Bezeichnung des Datentyps in Namen aufzunehmen, sollten Sie sich das lieber abgewöhnen.

Dagegen machen die Präfixe `is` und `has` die Namen von Variablen mit booleschen Werten und von Funktionen und Methoden, die boolesche Werte zurückgeben, leichter verständlich. Betrachten Sie dazu das folgende Beispiel mit der Variablen `is_vehicle` und der Methode `has_key()`:

```
if item_under_repair.has_key('tires'):
    is_vehicle = True
```

Dank dieser Namen ist es möglich, den Code wie einen englischen Satz zu lesen: »If the item under repair has a key named `'tires'`, then it's true that the item is a vehicle.« (Aufgrund der unterschiedlichen Syntax funktioniert das im Deutschen jedoch nicht, was neben internationaler Verständlichkeit ein weiterer Grund dafür ist, englische Bezeichnungen zu verwenden: »Wenn der in Reparatur befindliche Gegenstand über den Schlüsselnamen `'tires'` [Reifen] verfügt, dann ist es wahr, dass es sich bei dem Gegenstand um ein Fahrzeug handelt.«)

Auch die Angabe von Maßeinheiten in den Namen kann nützliche Informationen vermitteln. Eine Variable namens `weight` zur Speicherung von Fließkommawerten ist mehrdeutig, denn es bleibt die Frage, ob das Gewicht nun in Kilogramm, Pfund oder Tonnen angegeben wird. Die Einheit hat nichts mit dem Datentyp zu tun, weshalb ein Präfix oder Suffix wie `kg`, `lbs` oder `tons` etwas ganz anderes ist als die ungarische Notation. Wenn Sie keinen gewichtsspezifischen Datentyp verwenden, der selbst Informationen über die Maßeinheit macht, kann es sinnvoll sein, einen Variablennamen wie `weight_kg` zu verwenden. Im Jahre 1999 ging die Sonde Mars Climate Orbiter verloren, weil die von Lockheed Martin gelieferte Software Berechnungen in britischen Maßeinheiten durchführte, während die NASA-Software metrische Einheiten verwendete. Dadurch kam es zu einer Kursabweichung. Die Sonde hatte einen Wert von 125 Millionen Dollar.

Suffixe zur Nummerierung

Wenn Sie Namen mit Suffixen durchnummerieren, ist das ein Zeichen dafür, dass Sie den Datentyp ändern oder die Namen aussagekräftiger machen sollten. Zahlen allein bieten nicht genügend Informationen zur Unterscheidung.

Variablennamen wie `payment1`, `payment2` und `payment3` machen nicht klar, worin sich diese Zahlungen unterscheiden. In einem solchen Fall kann es besser sein, die drei Variablen in eine einzige Listen- oder Tupelvariable namens `payments` mit drei Werten umzuwandeln.

Auch Funktionen mit Aufrufen wie `makePayment1(amount)`, `makePayment2(amount)` usw. sollten zu einer einzigen Funktion umgeschrieben werden, die ein Integerargument annimmt: `makePayment(1, amount)`, `makePayment(2, amount)` usw. Wenn diese Funktionen jedoch ein unterschiedliches Verhalten aufweisen, die ihre Trennung erforderlich macht, dann muss dies im Namen zum Ausdruck kommen, z.B. als `makeLowPriorityPayment(amount)` und `makeHighPriorityPayment(amount)` oder `make1stQuarterPayment(amount)` und `make2ndQuarterPayment(amount)`.

Wenn Sie einen guten Grund dafür haben, Namen mit Suffixen zur Nummerierung zu versehen, dann ist das in Ordnung. Sollten Sie solche Suffixe dagegen nur verwenden, weil es bequem ist, dann ist es besser, die Namen zu ändern.

Leicht zu findende Namen

Außer bei ganz kleinen Programmen werden Sie wahrscheinlich immer irgendwann mit der Suchfunktion (Strg + F) des Editors oder der IDE arbeiten, um herauszufinden, wo auf bestimmte Variablen- oder Funktionsnamen verwiesen wird. Bei kurzen, nichtssagenden Namen wie `num` oder `a` werden Sie dabei jedoch mit großen Mengen an unbrauchbaren Suchergebnissen konfrontiert. Damit sich Namen leichter finden lassen, müssen Sie sie eindeutiger gestalten, indem Sie darin konkrete Angaben machen.

Einige IDEs verfügen über Refactoring-Funktionen, die Namen aufgrund ihrer Verwendung im Programm finden können. Sehr häufig gibt es Umbenennungswerkzeuge, die zwischen den Variablen `num` und `number` oder zwischen lokalen und globalen `num`-Variablen unterscheiden können. Trotzdem sollten Sie Namen stets so gestalten, als stünden Ihnen diese Werkzeuge nicht zur Verfügung.

Die Beachtung dieser Regel hilft Ihnen, beschreibende statt allgemeiner Namen zu verwenden. Der Name `email` ist schwammig. Nehmen Sie stattdessen lieber einen aussagekräftigeren Namen wie `emailAddress`, `downloadEmailAttachment`, `emailMessage` oder `replyToAddress`. Solche Namen sind nicht nur konkreter, sondern lassen sich in den Quellcodedateien auch besser finden.

Scherze, Wortspiele und Anspielungen vermeiden

Bei einer meiner früheren Tätigkeiten in der Softwareentwicklung enthielt unser Codestamm eine Funktion namens `gooseDownload()`. Ich hatte keine Ahnung, was das bedeuten sollte, da unser Produkt nichts mit Federvieh oder dem Herunterladen von Vögeln zu tun hatte. Der dienstältere Kollege, der die Funktion geschrieben hatte, erklärte mir, das *goose* in diesem Fall als Verb gemeint war, wie in dem Ausdruck »to goose the engine«. Diese Wendung war mir jedoch ebenfalls unbekannt. Daraufhin erklärte der Kollege mir, dass sie aus dem Autojargon stammte und so viel bedeutete wie das Gaspedal niederzudrücken, damit der Motor schneller läuft. Die Funktion `gooseDownload()` diente also dazu, Downloads zu beschleunigen. Ich nickte nur und kehrte an meinen Schreibtisch zurück. Als der Kollege das Unternehmen einige Jahre später verließ, benannte ich die Funktion in `increaseDownloadSpeed()` um.

Vielleicht sind auch Sie versucht, in die Namen in Ihrem Programm zur Auflockerung kleine Scherze, Wortspiele oder Anspielungen einzuflechten. Geben Sie dieser Versuchung nicht nach! Solche Scherze können in Textform oft schwer erkennbar sein und sind irgendwann nicht mehr witzig. Auch Wortspiele sind nicht immer unmittelbar einsichtig. Ständig Bugmeldungen von Mitarbeitern bearbeiten zu müssen, die ein Wortspiel für einen Tippfehler halten, ist nicht gerade amüsant.

Anspielungen erschweren es, die Absicht hinter Ihrem Code zu verstehen. Dank des Internets ist es leichter als je zuvor, Ihren Code wildfremden Personen in aller Welt zur Verfügung zu stellen, die nicht unbedingt den kulturellen Hintergrund solcher Anspielungen kennen. Wie bereits weiter vorn erwähnt, gehen die Namen `spam`, `eggs` und `bacon` in der Python-Dokumentation auf einen Sketch von Monty Python zurück. Allerdings werden sie ausschließlich als metasyntaktische Variablen verwendet. Es ist nicht ratsam, solche Anspielungen in Code in der Praxis unterzubringen.

Die beste Vorgehensweise besteht darin, Ihren Code auf eine Weise zu schreiben, dass ihn auch Personen mit anderen Muttersprachen und einem anderen kulturellen Hintergrund verstehen können, also anständig, geradeheraus und sachlich. Mein ehemaliger Kollege mag `gooseDownload()` für einen witzigen Einfall gehalten haben, aber nichts ist weniger lustig als ein Witz, den man erst erklären muss.

Integrierte Namen nicht überschreiben

Benutzen Sie niemals die integrierten Namen in Python für Ihre eigenen Variablen! Wenn Sie beispielsweise eine Variable `list` oder `set` nennen, dann überschreiben Sie dadurch die Python-Funktionen `list()` bzw. `set()`, was Bugs hervorrufen kann. Die Funktion `list()` erstellt Listenobjekte. Sie zu überschreiben, kann den folgenden Fehler verursachen:

```
>>> list(range(5))
[0, 1, 2, 3, 4]
>>> list = ['cat', 'dog', 'moose']  ❶
>>> list(range(5))  ❷
```

```
Traceback (most recent call last):
  File "<stdin>", line 1, in <module>
TypeError: 'list' object is not callable
```

Wenn wir dem Namen `list` einen Listenwert zuweisen ❶, verlieren wir die ursprüngliche Funktion `list()`. Der Versuch, `list()` aufzurufen ❷, führt dann zu einem Typfehler. Um herauszufinden, ob ein bestimmter Name bereits von Python verwendet wird, geben Sie ihn in die interaktive Shell ein oder versuchen ihn zu importieren. Wenn der Name nicht bereits vorhanden ist, erhalten Sie dabei die Fehlermeldung `NameError` bzw. `ModuleNotFoundError`. Wie das folgende Beispiel zeigt, verwendet Python die Namen `open` und `test`, aber nicht `spam` und `eggs`:

```
>>> open
<built-in function open >
>>> import test
>>> spam
Traceback (most recent call last):
  File "<stdin>", line 1, in <module>
NameError: name 'spam' is not defined
>>> import eggs
Traceback (most recent call last):
  File "<stdin>", line 1, in <module>
ModuleNotFoundError: No module named 'eggs'
```

Zu den am häufigsten überschriebenen Python-Namen gehören `all`, `any`, `date`, `email`, `file`, `format`, `hash`, `id`, `input`, `list`, `min`, `max`, `object`, `open`, `random`, `set`, `str`, `sum`, `test` und `type`. Verwenden Sie diese Namen nicht für Ihre eigenen Bezeichner!

Ein weiteres gängiges Problem besteht darin, seinen eigenen *.py*-Dateien denselben Namen zu geben wie Drittanbietermodulen. Nehmen wir an, Sie haben das Modul Pyperclip installiert, aber auch eine Datei namens *pyperclip.py* geschrieben. In diesem Fall importiert die Anweisung `import pyperclip` nicht das Modul, sondern *pyperclip.py*. Wenn Sie nun versuchen, Pyperclip-Funktionen wie `copy()` oder `paste()` aufzurufen, erhalten Sie die Fehlermeldung, dass diese Funktionen nicht existieren:

```
>>> # Im aktuellen Ordner muss sich eine Datei namens pyperclip.py befinden
>>> import pyperclip # Importiert Ihre Datei pyperclip.py, nicht das Modul
>>> pyperclip.copy('hello')
Traceback (most recent call last):
  File "<stdin>", line 1, in <module>
AttributeError: module 'pyperclip' has no attribute 'copy'
```

Vergewissern Sie sich immer, dass Sie in Ihrem Python-Code keine vorhandenen Namen überschreiben, insbesondere, wenn Sie unerwartet die Fehlermeldung `has no attribute` erhalten.

Die allerschlechtesten Variablennamen

Der Name `data` ist ein ganz furchtbarer, viel zu allgemeinen Variablenname. Schließlich enthalten alle Variablen Daten. Ebenso verhält sich mit dem Variablennamen `var`. Das ist ungefähr so, als würden Sie Ihrem Hund den Namen Hund geben. Sehr oft wird für Variablen, die Daten nur vorübergehend festhalten, auch der Name `temp` verwendet. Allerdings ist auch das eine schlechte Wahl. Schließlich sind aus dem Blickwinkel des Zen alle Variablen temporär. Leider finden sich solche Variablennamen trotz ihrer Ungenauigkeit sehr häufig. Vermeiden Sie sie jedoch in Ihrem eigenen Code.

Wenn Sie in einer Variablen die statistische Varianz von Temperaturdaten festhalten wollen, dann nennen Sie sie `temperatureVariance`. Ein Name wie `tempVarData` ist eine äußerst schlechte Wahl.

Zusammenfassung

Die Wahl angemessener Namen hat nichts mit Algorithmen und Informatik zu tun, ist aber von entscheidender Bedeutung, um verständlichen Code zu schreiben. Letzten Endes ist es Ihre Entscheidung, was für Namen Sie verwenden, allerdings sollten Sie sich der vielen vorhandenen Richtlinien bewusst sein. Der Standard PEP 8 empfiehlt verschiedene Namenskonventionen, z.B. kleingeschriebene Namen für Module und Namen in *PascalCase* für Klassen. Namen sollten auch nicht zu lang oder zu kurz sein. Allerdings ist es meistens besser, die Namen eher zu ausführlich zu gestalten als zu allgemein.

Namen sollten knapp, aber aussagekräftig sind. Wenn sich ein Name mit der Suchfunktion leicht finden lässt, ist das schon ein Hinweis darauf, dass er eindeutig und konkret ist. Um zu bestimmen, ob ein möglicher Name zu allgemein ist, überlegen Sie, wie gut er sich finden lässt. Denken Sie auch daran, dass Programmierer mit einem anderen sprachlichen und kulturellen Hintergrund die von Ihnen verwendeten Namen verstehen müssen, und vermeiden Sie Scherze, Wortspiele und Anspielungen. Gestalten Sie Namen daher anständig, geradeheraus und sachlich.

Viele der Ratschläge in diesem Kapitel sind lediglich Ratschläge. Allerdings müssen Sie unbedingt jegliche Namen vermeiden, die bereits in der Python-Standardbibliothek verwendet werden, z.B. `all`, `any`, `date`, `email`, `file`, `format`, `hash`, `id`, `input`, `list`, `min`, `max`, `object`, `open`, `random`, `set`, `str`, `sum`, `test` und `type`, da sie erhebliche Fehler hervorrufen können.

Ihrem Computer ist es egal, ob die Namen aussagekräftig oder schwammig sind. Eine gute Namenswahl sorgt aber dafür, dass Ihr Code für Menschen besser verständlich ist. Das macht ihn leichter zu ändern, was es wiederum vereinfacht, Bugs zu korrigieren und neue Merkmale hinzuzufügen. Die Verwendung verständlicher Namen ist ein wesentlicher Schritt auf dem Weg zu hochwertiger Software.

5 Codegerüche

Mit Code, der zum Absturz eines Programms führt, ist offensichtlich etwas nicht in Ordnung, aber Abstürze sind nicht die einzigen Anzeichen für Probleme in Programmen. Es gibt auch Hinweise auf subtilere Bugs oder schlicht unverständlichen Code. So wie Gasgeruch auf ein Leck in der Leitung oder Rauchgeruch auf ein Feuer hindeutet, gibt es auch Codegerüche – gemeinhin mit dem englischen Begriff *Code Smells* bezeichnet –, also Muster im Quellcode, die das Vorhandensein möglicher Bugs signalisieren. Ein Code Smell bedeutet nicht zwangsläufig, dass ein Problem vorliegt, sollte Sie aber dazu veranlassen, Ihr Programm zu untersuchen.

In diesem Kapitel lernen Sie verschiedene solcher »Gerüche« kennen. Es kostet viel weniger Zeit und Mühe, einen Bug zu verhindern, als ihn zu erkennen, zu verstehen und zu korrigieren. Programmierer können viele Geschichten darüber erzählen, wie sie Stunden mit Debugging zugebracht haben, um dann festzustellen, dass sie zur Korrektur lediglich eine einzige Zeile ändern mussten. Aus diesem Grund sollte Sie schon der Hauch eines möglichen Bugs innehalten und sich vergewissern lassen, dass Sie keine Probleme für die Zukunft schaffen.

Ein Code Smell ist nicht unbedingt ein Problem. Letzten Endes müssen Sie im konkreten Fall selbst entscheiden, ob Sie sich um einen »Geruch« kümmern oder ihn ignorieren.

Duplizierter Code

Der am häufigsten auftretende Code Smell ist *duplizierter Code*. Dabei handelt es sich um jeglichen Code, den Sie aus einer anderen Stelle in Ihrem Programm kopiert haben. Das folgende kurze Beispielprogramm, das den Benutzer dreimal fragt, wie es ihm geht, enthält solchen duplizierten Code:

```
print('Good morning!')
print('How are you feeling?')
feeling = input()
print('I am happy to hear that you are feeling ' + feeling + '.')
print('Good afternoon!')
print('How are you feeling?')
feeling = input()
print('I am happy to hear that you are feeling ' + feeling + '.')
print('Good evening!')
print('How are you feeling?')
feeling = input()
print('I am happy to hear that you are feeling ' + feeling + '.')
```

Duplizierter Code ist ein Problem, weil er Änderungen daran erschwert, denn dabei müssen Sie jegliche Modifikationen an sämtlichen Stellen vornehmen, an denen der Code in dem Programm vorkommt. Wenn Sie dabei auch nur ein einziges Vorkommnis auslassen oder wenn Sie die einzelnen Stellen jeweils unterschiedlich ändern, führen Sie mit hoher Wahrscheinlichkeit Bugs in das Programm ein.

Die Lösung besteht darin, den Code zu *deduplizieren*, also dafür zu sorgen, dass er nur ein einziges Mal in dem Programm vorkommt, indem Sie ihn in eine Funktion oder eine Schleife stellen. Im folgenden Beispiel habe ich den duplizierten Code in eine Funktion geschrieben, die mehrfach aufgerufen wird:

```
def askFeeling():
    print('How are you feeling?')
    feeling = input()
    print('I am happy to hear that you are feeling ' + feeling + '.')

print('Good morning!')
askFeeling()
print('Good afternoon!')
askFeeling()
print('Good evening!')
askFeeling()
```

Im folgenden Beispiel habe ich den duplizierten Code in eine Schleife verschoben:

```
for timeOfDay in ['morning', 'afternoon', 'evening']:
    print('Good ' + timeOfDay + '!')
    print('How are you feeling?')
    feeling = input()
    print('I am happy to hear that you are feeling ' + feeling + '.')
```

Sie können diese beiden Techniken auch kombinieren und sowohl eine Funktion als auch eine Schleife verwenden:

```
def askFeeling(timeOfDay):
    print('Good ' + timeOfDay + '!')
    print('How are you feeling?')
    feeling = input()
    print('I am happy to hear that you are feeling ' + feeling + '.')

for timeOfDay in ['morning', 'afternoon', 'evening']:
    askFeeling(timeOfDay)
```

Die Abschnitte des Codes, die jeweils die Meldungen »Good morning/afternoon/evening!« ausgeben, sind sich zwar ähnlich, aber nicht völlig identisch. In der dritten Version des Programms habe ich diesen Code parametrisiert, um die identischen Teile zu deduplizieren und die abweichenden Teile durch den Parameter `timeOfDay` und die Schleifenvariable `timeOfDay` zu ersetzen. Wenn jetzt Änderungen erforderlich sind, muss ich sie nur noch an einer einzigen Stelle durchführen.

Wie bei allen anderen Code Smells gilt auch hier, dass die Vermeidung von dupliziertem Code keine feste Regel ist, die Sie unter allen Umständen befolgen müssen. Je länger der duplizierte Abschnitt ist oder je mehr Exemplare es davon in Ihrem Programm gibt, umso sinnvoller ist es im Allgemeinen, ihn zu deduplizieren. Meistens habe ich kein Problem damit, Code ein- oder vielleicht auch zweimal zu kopieren. Wenn sich in meinem Programm aber drei oder vier Kopien tummeln, mache ich mir in der Regel Gedanken, wie ich ihn deduplizieren kann.

Manchmal ist der doppelte Code auch nicht die Mühe einer Deduplizierung wert. Wenn Sie das erste und das letzte Codebeispiel in diesem Abschnitt vergleichen, werden Sie feststellen, dass die ursprüngliche Version zwar länger ist, aber auch einfacher. Die deduplizierte Version erfüllt denselben Zweck, benötigt dazu aber eine Schleife, die neue Schleifenvariable `timeOfDay` und eine neue Funktion mit einem Parameter, der ebenfalls `timeOfDay` heißt.

Duplizierter Code gilt als Code Smell, da er eine konsistente Änderung Ihres Codes erschwert. Wenn sich in einem Programm mehrere Duplikate befinden, besteht die Lösung darin, den Code in eine Funktion oder Schleife zu stellen.

Magische Zahlen

Dass in Programmen Zahlen verwendet werden, sollte nicht weiter überraschen. Es kommt jedoch vor, dass im Quellcode Zahlen erscheinen, deren Bedeutung für andere Programmierer rätselhaft ist (und auch für Sie selbst, wenn Sie sich den Code später noch einmal ansehen). Ein Beispiel dafür ist die Zahl `604800` in der folgenden Zeile:

```
expiration = time.time() + 604800
```

Die Funktion `time.time()` gibt einen Integer zurück, der die aktuelle Uhrzeit darstellt. Daher können wir davon ausgehen, dass die Variable `expiration` für einen Zeitpunkt 604.800 Sekunden in der Zukunft steht. Aber welche Bedeutung hat dieses Ablaufdatum? Ein Kommentar kann hier für Klärung sorgen:

```
expiration = time.time() + 604800  # Läuft in einer Woche ab
```

Das ist zwar eine gute Lösung, aber noch besser ist es, solche »magischen« Zahlen durch *Konstanten* zu ersetzen. Dabei handelt es sich um Variablen, deren Namen in Großbuchstaben geschrieben sind, um anzuzeigen, dass ihr Wert nach der ursprünglichen Zuweisung nicht mehr geändert werden soll. Gewöhnlich werden Konstanten am Anfang der Quellcodedatei als globale Variable definiert:

```
# Richtet die Konstanten für verschiedene Zeiträume ein:
SECONDS_PER_MINUTE = 60
SECONDS_PER_HOUR   = 60 * SECONDS_PER_MINUTE
SECONDS_PER_DAY    = 24 * SECONDS_PER_HOUR
SECONDS_PER_WEEK   = 7  * SECONDS_PER_DAY

-- schnipp --

expiration = time.time() + SECONDS_PER_WEEK  # Läuft in einer Woche ab
```

Wenn Sie magische Zahlen verwenden, die zwar den gleichen Wert, aber eine unterschiedliche Bedeutung haben, sollten Sie dafür auch unterschiedliche Konstanten definieren. Beispielsweise gibt es sowohl 52 Karten in einem Deck als auch 52 Wochen in einem Jahr. Wenn Sie in einem Programm beide Werte verwenden, sollten Sie die Konstanten dafür unbedingt wie folgt festlegen:

```
NUM_CARDS_IN_DECK = 52
NUM_WEEKS_IN_YEAR = 52

print('This deck contains', NUM_CARDS_IN_DECK, 'cards.')
print('The 2-year contract lasts for', 2 * NUM_WEEKS_IN_YEAR, 'weeks.')
```

Die Ausgabe dieses Codes sieht wie folgt aus:

```
This deck contains 52 cards.
The 2-year contract lasts for 104 weeks.
```

Die Verwendung separater Konstanten erlaubt es, die Werte unabhängig voneinander zu ändern. Zwar dürfen sich die Werte von Konstanten im laufenden Programm niemals ändern, doch das heißt nicht, dass Sie als Programmierer sie nicht im Quellcode anpassen können. Nehmen wir an, in einer zukünftigen Version Ihres Codes wird auch eine Jokerkarte verwendet. In diesem Fall können Sie die Konstante für die Karten ohne Auswirkungen auf die Konstante für die Kalenderwochen ändern:

```
NUM_CARDS_IN_DECK = 53
NUM_WEEKS_IN_YEAR = 52
```

Magische Zahlen können dabei auch nicht numerische Werte sein, also etwa Stringwerte. Das folgende Programm fordert den Benutzer auf, eine Richtung einzugeben, und gibt eine Warnung aus, wenn dabei die Nordrichtung gewählt wird. Der Tippfehler `'nrth'` statt `'north'` verhindert jedoch, dass das Programm diese Warnung tatsächlich anzeigt:

```
while True:
    print('Set solar panel direction:')
    direction = input().lower()
    if direction in ('north', 'south', 'east', 'west'):
        break

print('Solar panel heading set to:', direction)
if direction == 'nrth':  ❶
    print('Warning: Facing north is inefficient for this panel.')
```

Dieser Bug ist nur schwer zu erkennen, denn auch mit dem Tippfehler im String `'nrth'` ❶ ist der Code syntaktisch korrektes Python. Das Programm stürzt nicht ab, weshalb das Fehlen der Warnung nur allzu leicht übersehen werden kann. Wenn wir dagegen Konstanten verwenden, führt derselbe Tippfehler zu einem Absturz, da Python bemerkt, dass es die Konstante `NRTH` nicht gibt:

```
# Richtet Konstanten für die Himmelsrichtungen ein:
NORTH = 'north'
SOUTH = 'south'
EAST = 'east'
WEST = 'west'

while True:
    print('Set solar panel direction:')
```

```
        direction = input().lower()
        if direction in (NORTH, SOUTH, EAST, WEST):
            break

print('Solar panel heading set to:', direction)
if direction == NRTH:  ❶
    print('Warning: Facing north is inefficient for this panel.')
```

Die Codezeile mit dem Tippfehler `NRTH` ❶ löst die Ausnahme `NameError` aus. Dadurch fällt der Fehler bei der Ausführung des Programms sofort auf:

```
Set solar panel direction:
west
Solar panel heading set to: west
Traceback (most recent call last):
  File "panelset.py", line 14, in <module>
    if direction == NRTH:
NameError: name 'NRTH' is not defined
```

Magische Zahlen gelten als Code Smell, da ihre Bedeutung unklar ist. Sie machen Ihren Code schwerer verständlich, schwerer zu aktualisieren und anfällig für unerkannte Tippfehler. Die Lösung besteht darin, stattdessen Konstanten zu verwenden.

Auskommentierter und toter Code

Als vorübergehende Maßnahme ist es völlig legitim, Code auszukommentieren, sodass er nicht ausgeführt wird. Das kann sinnvoll sein, wenn Sie einige Zeilen auslassen wollen, um eine andere Funktionalität zu testen. Da Sie die Zeilen nur auskommentieren, können Sie sie später problemlos wiederherstellen. Wenn auskommentierter Code aber im Programm verbleibt, dann fragt sich der Leser, warum er deaktiviert wurde und unter welchen Umständen er wieder gebraucht werden könnte. Betrachten Sie dazu das folgende Beispiel:

```
doSomething()
#doAnotherThing()
doSomeImportantTask()
doAnotherThing()
```

Dieser Code wirft viele Fragen auf: Warum wurde `doAnotherThing()` auskommentiert? Wird diese Funktion jemals wieder in den Code aufgenommen? Warum wurde der zweite Aufruf von `doAnotherThing()` nicht ebenfalls auskommentiert? Gab es ursprünglich zwei Aufrufe dieser Funktion oder nur einen, der dann hinter `doSomeImportantTask()` verschoben wurde? Gibt es einen Grund dafür, dass der auskommentierte Code nicht entfernt wurde? Antworten lassen sich aus dem Code jedoch nicht ablesen.

Toter Code ist unerreichbar und kann niemals ausgeführt werden. Das kann beispielsweise Code sein, der in einer Funktion hinter der Anweisung `return` steht, Code in einem Block einer `if`-Anweisung, deren Bedingung immer `False` ist, oder Code in einer Funktion, die niemals aufgerufen wird. Um sich das an einem praktischen Beispiel anzusehen, geben Sie Folgendes in die interaktive Shell ein:

```
>>> import random
>>> def coinFlip():
...     if random.randint(0, 1):
...         return 'Heads!'
...     else:
...         return 'Tails!'
...     return 'The coin landed on its edge!'
...
>>> print(coinFlip())
Tails!
```

Die Zeile `return 'The coin landed on its edge!'` ist toter Code, da der Code in den `if`- und `else`-Blöcken die Steuerung zurückgibt, bevor die Ausführung jemals diese Zeile erreichen kann. Toter Code ist irreführend, da er den Eindruck erweckt, er sei ein aktiver Bestandteil des Programms. Tatsächlich aber ist er praktisch das Gleiche wie auskommentierter Code.

Eine Ausnahme von diesen Regeln bilden *Stubs* (»Stummel«). Dabei handelt es sich um Platzhalter für zukünftigen Code, z.B. für Funktionen oder Klassen, die erst noch geschrieben werden müssen. Anstelle von echtem Code enthalten Stubs `pass`-Anweisungen, die gar nichts tun (auch als *no-op* für »no operation« bezeichnet). Die Anweisung `pass` ist eigens dafür da, Stubs an Stellen vorzusehen, an denen aus syntaktischen Gründen Code stehen muss:

```
>>> def exampleFunction():
... pass
...
```

Beim Aufruf dieser Funktion geschieht nichts. Ihr Vorhandensein zeigt jedoch an, dass hier später noch Code hinzugefügt wird.

Um zu verhindern, dass eine noch nicht implementierte Funktion versehentlich aufgerufen wird, können Sie den Stub alternativ auch mit der Anweisung `raise NotImplementedError` versehen. Dadurch wird sofort angezeigt, dass die Funktion noch nicht aufgerufen werden kann:

```
>>> def exampleFunction():
... raise NotImplementedError
```

```
...
>>> exampleFunction()
Traceback (most recent call last):
  File "<stdin>", line 1, in <module>
  File "<stdin>", line 2, in exampleFunction
NotImplementedError
```

Die Fehlermeldung `NotImplementedError` warnt Sie, wenn das Programm versehentlich eine Stubfunktion oder -methode aufruft.

Auskommentierter Code und toter Code gelten als Code Smells, da sie Programmierer zu der irrigen Annahme verleiten können, dass es sich dabei um einen ausführbaren Teil des Programms handelt. Entfernen Sie solchen Code und verwenden Sie ein Versionssteuerungssystem wie Git oder Subversion, um Änderungen zu verfolgen. Mit Versionssteuerung werden wir uns in Kapitel 12 eingehender befassen. Damit ist es möglich, Code aus einem Programm zu entfernen und später problemlos wieder einzufügen.

Print-Debugging

Beim *Print-Debugging* werden vorübergehend `print()`-Aufrufe in ein Programm eingebaut, um die Werte von Variablen auszugeben. Diese Vorgehensweise läuft gewöhnlich wie folgt ab:

1. Sie bemerken einen Bug in Ihrem Programm.
2. Sie fügen `print()`-Aufrufe für einige Variablen ein, um deren Werte festzustellen.
3. Sie führen das Programm aus.
4. Sie fügen weitere `print()`-Aufrufe hinzu, da die bisherigen nicht genügend Informationen liefern.
5. Sie führen das Programm abermals aus.
6. Sie wiederholen die beiden vorherigen Schritte mehrere Male, bis Sie den Fehler endlich gefunden haben.
7. Sie führen das Programm wieder aus.
8. Sie stellen fest, dass Sie vergessen haben, einige der `print()`-Aufrufe zu entfernen, und löschen sie.

Print-Debugging ist scheinbar schnell und einfach, allerdings müssen Sie Ihr Programm dabei meistens mehrere Male ausführen, bis Ihnen endlich die Informationen angezeigt werden, die Sie zur Behebung des Fehlers benötigen. Eine bessere Lösung besteht darin, einen Debugger zu nutzen oder eine Protokollierung für das Programm einzurichten. In einem Debugger können Sie Ihr Programm Zeile für

Zeile ausführen und sich dabei alle Variablen ansehen. Das mag langsamer erscheinen, als einfach `print()`-Aufrufe einzufügen, spart langfristig aber Zeit.

In Protokolldateien können Sie große Mengen an Informationen über Ihr Programm aufzeichnen, um verschiedene Durchläufe zu vergleichen. In Python bietet das im Lieferumfang enthaltene Modul `logging` die erforderliche Funktionalität, um mit nur drei Codezeilen Protokolldateien anzulegen:

```
import logging
logging.basicConfig(filename='log_filename.txt', level=logging.DEBUG,
format='%(asctime)s - %(levelname)s - %(message)s')
logging.debug('This is a log message.')
```

Nachdem Sie das Modul `logging` importiert und die grundlegende Konfiguration festgelegt haben, können Sie `logging.debug()` aufrufen, um Informationen in eine Textdatei zu schreiben, anstatt sie nur am Bildschirm anzuzeigen wie mit `print()`. Im Gegensatz zum Print-Debugging ist es bei der Verwendung von `logging.debug()` auch klar, welche Ausgaben Debugginginformationen enthalten und welche zu den Ergebnissen der normalen Ausführung des Programms gehören. Mehr über Debugging erfahren Sie in Kapitel 11 von *Routineaufgaben mit Python automatisieren* (2., aktualisierte und erweiterte Auflage, dpunkt.verlag, 2020).

Variablen mit numerischen Suffixen

Beim Programmieren kann es vorkommen, dass Sie in mehreren Variablen die gleiche Art von Daten speichern müssen. In solchen Fällen könnten Sie versucht sein, den Variablen einfach denselben Namen zu geben und sie durchzunummerieren. Wenn beispielsweise Benutzer in einem Registrierungsformular aufgefordert werden, ihr Passwort zweimal einzugeben, um Tippfehler zu vermeiden, dann könnten Sie die betreffenden Passwortstrings in zwei Variablen namens `password1` und `password2` ablegen. Solche numerischen Suffixe machen aber nicht klar, was in den Variablen gespeichert wird und worin sie sich unterscheiden. Sie zeigen auch nicht, wie viele Variablen dieser Art vorhanden sind. Gibt es vielleicht auch noch `password3` und `password4`? Denken Sie sich konkrete Namen aus, anstatt einfach auf numerische Suffixe auszuweichen. In dem Passwortbeispiel wären die Bezeichnungen `password` und `confirm_password` die bessere Wahl.

Betrachten wir als weiteres Beispiel eine Funktion, die Start- und Zielkoordinaten verarbeitet. Sie könnte Parameter wie `x1`, `y1`, `x2` und `y2` haben. Solche numerischen Suffixe vermitteln aber viel weniger Informationen als Namen wie `start_x`, `start_y`, `end_x` und `end_y`. Außerdem wird bei Bezeichnungen wie `start_x` und `start_y` der Bezug zwischen den beiden Variablen viel deutlicher als bei `x1` und `y1`.

Wenn Sie mehr als zwei gleichartige Variablen haben, bietet es sich an, eine Liste oder Menge zur Speicherung der Daten zu verwenden. Beispielsweise können Sie die Werte von pet1Name, pet2Name, pet3Name usw. in einer Liste namens petNames ablegen.

Das heißt jedoch nicht, dass Variablennamen grundsätzlich nicht in Ziffern enden dürfen. Beispielsweise ist es völlig in Ordnung, eine Variable enableIPv6 zu nennen, da die 6 hier zu dem Namen des Protokolls IPv6 gehört und nicht zum Durchnummerieren dient. Wenn Sie sich dagegen dabei ertappen, numerische Suffixe für eine Gruppe von Variablen zu verwenden, sollten Sie stattdessen lieber eine Datenstruktur wie eine Liste oder ein Dictionary verwenden.

Klassen statt Funktionen oder Module

Programmierer, die Sprachen wie Java verwenden, sind daran gewöhnt, Klassen zur Gliederung Ihres Codes zu erstellen. Das folgende Beispiel zeigt die Klasse Dice mit der Methode roll():

```
>>> import random
>>> class Dice:
...     def __init__(self, sides=6):
...         self.sides = sides
...     def roll(self):
...         return random.randint(1, self.sides)
...
>>> d = Dice()
>>> print('You rolled a', d.roll())
You rolled a 1
```

Das mag auf den ersten Blick wie sauber gegliederter Code aussehen. Überlegen Sie aber, was wir hier wirklich benötigen: eine Zufallszahl von 1 bis 6. Wir könnten die ganze Klasse daher durch einen einfachen Funktionsaufruf ersetzen:

```
>>> print('You rolled a', random.randint(1, 6))
You rolled a 6
```

Im Vergleich zu anderen Sprachen erfolgt die Gliederung des Codes in Python auf eher zwanglose Weise. Der Code muss sich nicht in Klassen oder anderen Standardstrukturen befinden. Objekte zu erstellen, nur um eine Funktion aufrufen zu können, und Klassen zu schreiben, die lediglich statische Methoden enthalten, gilt beides als Code Smell. Sehr wahrscheinlich sind Sie besser bedient, wenn Sie stattdessen Funktionen schreiben.

In Python verwenden wir zur Gruppierung von Funktionen auch eher Module als Klassen. Da Klassen ohnehin in einem Modul untergebracht werden müssen, stellt es nur eine unnötige Gliederungsebene dar, wenn Sie den Code der Funktionen zusätzlich in eine Klasse stellen. In Kapitel 15 bis 17 sehen wir uns solche objektorientierten Verfahren ausführlicher an. In seinem Vortrag »Stop Writing Classes« auf der PyCon 2012 hat Jack Diederich noch weitere Vorgehensweisen beschrieben, die Python-Code nur übermäßig kompliziert machen.

Verschachtelte Listennotation

Die Listennotation ist eine knappe Schreibweise, um komplexe Listenwerte zu erstellen. Wenn Sie beispielsweise eine Liste von Ziffernstrings für die Zahlen von 0 bis 100 mit Ausnahme der Vielfachen von 5 erstellen wollen, müssten Sie dazu normalerweise eine `for`-Schleife verwenden:

```
>>> spam = []
>>> for number in range(100):
...     if number % 5 != 0:
...         spam.append(str(number))
...
>>> spam
['1', '2', '3', '4', '6', '7', '8', '9', '11', '12', '13', '14', '16', '17',
-- schnipp --
'86', '87', '88', '89', '91', '92', '93', '94', '96', '97', '98', '99']
```

Die Listennotation bietet jedoch eine Möglichkeit, dieselbe Liste mit einer einzigen Codezeile anzulegen:

```
>>> spam = [str(number) for number in range(100) if number % 5 != 0]
>>> spam
['1', '2', '3', '4', '6', '7', '8', '9', '11', '12', '13', '14', '16', '17',
-- schnipp --
'86', '87', '88', '89', '91', '92', '93', '94', '96', '97', '98', '99']
```

Python bietet eine entsprechende Schreibweise auch für Mengen und Dictionarys:

```
>>> spam = {str(number) for number in range(100) if number % 5 != 0}  ❶
>>> spam
{'39', '31', '96', '76', '91', '11', '71', '24', '2', '1', '22', '14', '62',
-- schnipp --
'4', '57', '49', '51', '9', '63', '78', '93', '6', '86', '92', '64', '37'}
>>> spam = {str(number): number for number in range(100) if number % 5 != 0}  ❷
>>> spam
{'1': 1, '2': 2, '3': 3, '4': 4, '6': 6, '7': 7, '8': 8, '9': 9, '11': 11,
-- schnipp --
'92': 92, '93': 93, '94': 94, '96': 96, '97': 97, '98': 98, '99': 99}
```

Bei der Mengennotation ❶ werden geschweifte statt eckiger Klammern verwendet, um einen Mengenwert zu erzeugen. Die Dictionarynotation ❷ erstellt Dictionarywerte, wobei die Schlüssel und Werte jeweils durch Doppelpunkte getrennt werden.

Diese Schreibweisen sind kurz und knapp und machen Ihren Code übersichtlicher. Wie Sie sehen, erzeugen Sie damit eine Liste, eine Menge oder ein Dictionary auf der Grundlage eines iterierbaren Objekts (in diesem Fall auf der Grundlage des `range`-Objekts, das von dem Aufruf `range(100)` zurückgegeben wird). Da Listen, Mengen und Dictionarys aber selbst iterierbare Objekte sind, könnten Sie eine solche Notation auch wie im folgenden Beispiel in einer anderen verschachteln:

```
>>> nestedIntList = [[0, 1, 2, 3], [4], [5, 6], [7, 8, 9]]
>>> nestedStrList = [[str(i) for i in sublist] for sublist in nestedIntList]
>>> nestedStrList
[['0', '1', '2', '3'], ['4'], ['5', '6'], ['7', '8', '9']]
```

Verschachtelte Listennotationen (ebenso wie verschachtelte Mengen- und Dictionarynotationen) packen jedoch sehr viele komplexe Zusammenhänge in ein kurzes Stück Code und machen ihn dadurch schwer verständlich. Es ist besser, die Listennotation in einem solchen Fall zu einer oder mehreren `for`-Schleifen zu erweitern:

```
>>> nestedIntList = [[0, 1, 2, 3], [4], [5, 6], [7, 8, 9]]
>>> nestedStrList = []
>>> for sublist in nestedIntList:
...     nestedStrList.append([str(i) for i in sublist])
...
>>> nestedStrList
[['0', '1', '2', '3'], ['4'], ['5', '6'], ['7', '8', '9']]
```

Eine Listen-, Mengen- oder Dictionarynotation kann auch mehrere `for`-Ausdrücke enthalten, was den Code jedoch gewöhnlich ebenfalls unübersichtlich macht. Die Listennotation im folgenden Beispiel generiert aus einer verschachtelten Liste eine lineare:

```
>>> nestedList = [[0, 1, 2, 3], [4], [5, 6], [7, 8, 9]]
>>> flatList = [num for sublist in nestedList for num in sublist]
>>> flatList
[0, 1, 2, 3, 4, 5, 6, 7, 8, 9]
```

Diese Listennotation enthält zwei `for`-Ausdrücke und ist selbst für erfahrene Python-Entwickler nur schwer verständlich. Die erweiterte Form mit zwei `for`-Schleifen erzeugt dieselbe lineare Liste und lässt sich viel leichter lesen:

```
>>> nestedList = [[0, 1, 2, 3], [4], [5, 6], [7, 8, 9]]
>>> flatList = []
>>> for sublist in nestedList:
...     for num in sublist:
...         flatList.append(num)
...
>>> flatList
[0, 1, 2, 3, 4, 5, 6, 7, 8, 9]
```

Die Listennotation ist eine Kurzschreibweise, die dabei hilft, den Code kurz und knapp zu fassen. Sie sollten es jedoch nicht übertreiben und diese Schreibweisen ineinander verschachteln.

Leere except-Blöcke und nichtssagende Fehlermeldungen

Eine der grundlegenden Möglichkeiten, um dafür zu sorgen, dass Ihr Programm auch beim Auftreten von Problemen weiterläuft, besteht darin, Ausnahmen abzufangen. Wenn eine Ausnahme ausgelöst wird, es aber keinen `except`-Block gibt, um sie zu handhaben, hält das Python-Programm sofort an und stürzt ab. Das kann dazu führen, dass nicht gespeicherte Ergebnisse verloren gehen oder Dateien in einem inkonsistenten Zustand zurückbleiben.

Um einen solchen Absturz zu verhindern, fügen Sie einen `except`-Block mit Code zur Behandlung des Fehlers hinzu. Da es jedoch schwierig sein kann, sich zu überlegen, wie diese Fehlerbehandlung aussehen soll, sind Programmierer manchmal versucht, lediglich eine `pass`-Anweisung in den `except`-Block zu schreiben und ihn damit faktisch leer zu lassen. Der `except`-Block in dem folgenden Beispiel tut gar nichts:

```
>>> try:
...     num = input('Enter a number: ')
...     num = int(num)
... except ValueError:
...     pass
...
Enter a number: forty two
>>> num
'forty two'
```

Dieser Code stürzt nicht ab, wenn `'forty two'` an `int()` übergeben wird, da die von `int()` ausgelöste Ausnahme `ValueError` von der `except`-Anweisung abgefangen wird. Allerdings kann es schlimmer sein, nicht auf einen Fehler zu reagieren, als das Programm abstürzen zu lassen. Wenn ein Programm abstürzt, dann arbeitet es wenigstens nicht mit fehlerhaften Daten oder unvollständigen Zuständen weiter, die später noch schlimmere Bugs verursachen können. Unser Code stürzt nicht ab, wenn der Benutzer nicht numerische Zeichen eingibt, enthält jetzt aber in der Variablen num einen String statt eines Integers, was bei der späteren Weiterverarbeitung von num Probleme hervorrufen kann. Unsere except-Anweisung behandelt den Fehler nicht, sondern versteckt ihn.

Auch die Ausnahmebehandlung mit nichtssagenden Fehlermeldungen ist ein Code Smell. Betrachten Sie dazu das folgende Beispiel:

```
>>> try:
...     num = input('Enter a number: ')
...     num = int(num)
... except ValueError:
...     print('An incorrect value was passed to int()')
...
Enter a number: forty two
An incorrect value was passed to int()
```

Dieser Code stürzt nicht ab, was schon einmal gut ist, aber er gibt dem Benutzer nicht genügend Informationen, um das Problem zu beheben. Fehlermeldungen sind für die Benutzer da, nicht für die Programmierer. Die hier gezeigte Fehlermeldung erwähnt technische Einzelheiten, die für den Benutzer unverständlich sind, etwa die Funktion int(). Vor allem aber sagt sie dem Benutzer nicht, wie das Problem zu lösen ist. Fehlermeldungen sollen erklären, was geschehen ist, dem Benutzer aber auch sagen, was er tun soll.

Für Programmierer ist es natürlich einfacher, eine kurze, wenig hilfreiche Beschreibung des Vorfalls zu verfassen, als ausführlich zu erklären, wie der Benutzer den Fehler beheben kann. Solange Ihr Programm aber nicht alle Ausnahmen behandelt, die auftreten können, ist es nicht vollständig.

Legenden über Code Smells

Manche angeblichen Code Smells sind gar keine. Im Bereich der Programmierung kursieren viele halbgare Ratschläge, die entweder aus dem Zusammenhang gerissen wurden oder schon längst veraltet sind. Die Schuld liegt meiner Meinung nach an Fachbuchautoren, die Ihren persönlichen Stil als »Best Practices« verkaufen wollen.

Vielleicht haben auch Sie schon gehört, dass die folgenden Vorgehensweisen als Code Smells bezeichnet wurden. Im Großen und Ganzen sind sie jedoch nicht zu beanstanden. In diesen Fällen spreche ich von *Legenden über Code Smells*, die Sie ruhig ignorieren können und sollten. Sehen wir uns einige davon an.

Legende: Funktionen sollten nur eine return-Anweisung am Ende aufweisen

Die Weisheit »ein Eintrittspunkt, ein Austrittspunkt« rührt von einem missdeuteten Ratschlag aus den Tagen der Programmierung in Assembler und FORTRAN her. In diesen Sprachen war es möglich, an jedem beliebigen Punkt in eine Subroutine (eine Struktur ähnlich einer Funktion) einzutreten, auch in der Mitte, was es beim Debugging erschwerte, zu erkennen, welche Teile dieser Subroutine ausgeführt worden waren. Bei Funktionen besteht dieses Problem nicht, da die Ausführung immer an deren Anfang beginnt. Der Ratschlag wurde jedoch weiterkolportiert und entwickelte sich zu der Behauptung: »Funktionen und Methoden sollten nur eine einzige `return`-Anweisung haben, und die muss am Ende stehen.«

Der Versuch, mit einer einzigen `return`-Anweisung pro Funktion oder Methode auszukommen, erfordert of verwickelte Folgen von `if`-`else`-Anweisungen, die viel verwirrender sind als mehrere `return`-Anweisungen. Tatsächlich besteht überhaupt kein Problem darin, in eine Funktion oder Methode mehrere `return`-Anweisungen aufzunehmen.

Legende: Funktionen mit einer try-Anweisung dürfen keine anderen Anweisungen enthalten

»Funktionen und Methoden sollten nur eine Sache erledigen« ist im Allgemeinen ein guter Ratschlag. Diese Regel jedoch auch auf die Ausnahmebehandlung zu beziehen, führt zu weit. Betrachten Sie als Beispiel die folgende Funktion, die angibt, ob die Datei, die Sie löschen wollen, gar nicht existiert:

```
>>> import os
>>> def deleteWithConfirmation(filename):
...     try:
...         if (input('Delete ' + filename + ', are you sure? Y/N') == 'Y'):
...             os.unlink(filename)
...     except FileNotFoundError:
...         print('That file already did not exist.')
...
```

Verfechter der Ansicht, dass dies ein Code Smell sei, argumentieren, dass Funktionen immer nur eine Sache erledigen sollen und dass die Fehlerbehandlung eine Sache ist, weshalb wir diese Funktion in zwei aufteilen müssten. Sie fordern, dass eine `try`-`except`-Anweisung die erste in der Funktion sein und deren gesamten Code enthalten soll:

```
>>> import os
>>> def handleErrorForDeleteWithConfirmation(filename):
...     try:
...         _deleteWithConfirmation(filename)
```

```
...     except FileNotFoundError:
...         print('That file already did not exist.')
...
>>> def _deleteWithConfirmation(filename):
...     if (input('Delete ' + filename + ', are you sure? Y/N') == 'Y'):
...         os.unlink(filename)
...
```

Dieser Code ist jedoch unnötig kompliziert. Der Unterstrich kennzeichnet die Funktion `_deleteWithConfirmation()` als privat, um deutlich zu machen, dass sie niemals direkt aufgerufen werden darf, sondern nur indirekt über einen Aufruf von `handleErrorForDeleteWithConfirmation()`. Der Name der neuen Funktion ist außerdem unglücklich, da wir sie aufrufen, um eine Datei zu löschen, und nicht, um einen Fehler beim Löschen einer Datei zu behandeln.

Funktionen sollten klein und einfach sein, aber das heißt nicht, dass sie immer nur auf »eine Sache« beschränkt sein dürfen (wie immer Sie das auch definieren). Es ist völlig in Ordnung, wenn eine Funktion mehr enthält als eine `try`-`except`-Anweisung und wenn die Anweisungen nicht den gesamten Code der Funktion einschließen.

Legende: Flag-Argumente sind schlecht

Boolesche Argumente für Funktionen oder Methoden werden manchmal auch als *Flag-Argumente* bezeichnet. In der Programmierung ist ein *Flag* ein Wert, der eine binäre Einstellung anzeigt, etwa »aktiviert« und »deaktiviert«. Gewöhnlich werden solche Flags durch boolesche Werte dargestellt. Die betreffende Einstellung kann dann festgelegt sein (`True`) oder aufgehoben (`False`).

Der Irrglaube, dass Flag-Argumente für Funktionsaufrufe etwas Schlechtes seien, beruht auf der Vorstellung, dass die Funktion dann wie im folgenden Beispiel je nach Flag-Wert zwei völlig verschiedene Dinge tut:

```
def someFunction(flagArgument):
    if flagArgument:
        # Führt bestimmten Code aus
    else:
        # Führt völlig anderen Code aus
```

Wenn Sie eine solche Funktion schreiben, sollten Sie sie in der Tat in zwei getrennte Funktionen aufteilen, anstatt mithilfe eines Arguments zu entscheiden, welcher Teil des Codes ausgeführt werden soll. Die meisten Funktionen mit Flag-Argumenten aber sehen gar nicht so aus. Beispielsweise können wir für das Schlüsselwortargument `reverse` der Funktion `sorted()` einen booleschen Wert übergeben, um die Sortierrichtung festzulegen. Eine Aufteilung der Funktion in zwei Funktionen namens `sorted()` und `reverseSorted()` würde den Code nicht besser machen (sondern eine Verdoppelung der erforderlichen Dokumentation nach sich ziehen). Die Behauptung, Flag-Argumente wären stets etwas Schlechtes, ist daher eine Legende.

Legende: Globale Variablen sind schlecht

Funktionen und Methoden ähneln Miniprogrammen innerhalb eines Programms: Sie enthalten Code, und darunter befinden sich auch lokale Variablen, die verschwinden, wenn die Funktion die Steuerung zurückgibt. Das ähnelt dem Verschwinden der Variablen des Programms nach dessen Beendigung. Funktionen sind isoliert: Je nach den Argumenten, die bei ihrem Aufruf übergeben werden, laufen sie entweder korrekt oder weisen einen Bug auf.

Wenn Funktionen und Methoden globale Variablen verwenden, verlieren sie jedoch einen Teil dieser hilfreichen Isolierung. Eine globale Variable, die Sie in einer Funktion nutzen, wird praktisch zu einer weiteren Eingabe der Funktion wie deren Argumente. Mehr Argumente bedeuten aber höhere Komplexität und damit eine höhere Wahrscheinlichkeit für Bugs. Wenn ein Bug in einer Funktion auf einen ungeeigneten Wert einer globalen Variablen zurückgeht, dann kann dieser Wert irgendwo in dem Programm festgelegt worden sein. Um die wahrscheinliche Herkunft dieses Werts zu finden, reicht es nicht aus, den Code in der Funktion zu analysieren oder die Codezeile zu untersuchen, in der die Funktion aufgerufen wurde. Stattdessen müssen Sie den gesamten Programmcode unter die Lupe nehmen. Aus diesem Grund sollten Sie die Verwendung von globalen Variablen einschränken.

Sehen wir uns als Beispiel die Funktion `calculateSlicesPerGuest()` des fiktionalen Programms *partyPlanner.py* an, das Tausende von Zeilen umfasst. Um Ihnen eine Vorstellung von der Größe des Programms zu vermitteln, habe ich Zeilennummern eingefügt:

```
1504. def calculateSlicesPerGuest(numberOfCakeSlices):
1505.     global numberOfPartyGuests
1506.     return numberOfCakeSlices / numberOfPartyGuests
```

Nehmen wir an, bei der Ausführung dieses Programms erhalten wir die folgende Fehlermeldung:

```
Traceback (most recent call last):
  File "partyPlanner.py", line 1898, in <module>
    print(calculateSlicesPerGuest(42))
  File "partyPlanner.py", line 1506, in calculateSlicesPerGuest
    return numberOfCakeSlices / numberOfPartyGuests
ZeroDivisionError: division by zero
```

Im Programm ist eine Division durch null erfolgt, hervorgerufen durch die Zeile `return numberOfCakeSlices / numberOfPartyGuests`. Um das zu verursachen, muss `numberOfPartyGuests` irgendwo auf `0` gesetzt worden sein, aber wo wurde dieser Variablen der Wert zugewiesen? Da es sich um eine globale Variable handelt, kann das irgendwo in den Tausenden von Codezeilen des Programms geschehen sein! Der Ablaufverfolgung können wir entnehmen, dass `calculateSlicesPerGuest()` in Zeile 1898 des Programms aufgerufen wurde. Wenn wir dort nachschlagen, können wir erkennen, welche Argumente als Parameter `numberOfCakeSlices` übergeben wurden. Die globale Variable `numberOfPartyGuests` aber kann jederzeit vor diesem Funktionsaufruf gesetzt worden sein.

Globale Konstanten dagegen werden nicht als schlechte Programmierpraktik angesehen. Da sich ihre Werte niemals ändern, führen sie keine komplexen Zusammenhänge in den Code ein wie veränderliche globale Variablen. Wenn Programmierer sagen, dass globale Variablen schlecht seien, dann meinen sie damit keine Konstanten.

Globale Variablen vergrößern den erforderlichen Aufwand, um beim Debugging, wo ein Wert, der eine Ausnahme ausgelöst hat, gesetzt wurde. Die großzügige Verwendung von globalen Variablen ist tatsächlich eine schlechte Idee. Dass aber *alle* globalen Variablen schlecht sind, ist eine Legende. Sie können in kleineren Programmen nützlich sein oder auch um Einstellungen zu verfolgen, die im gesamten Programm gültig sind. Wenn Sie eine globale Variable vermeiden können, ist das ein Zeichen dafür, dass Sie sie auch tatsächlich vermeiden sollten. Die Behauptung, globale Variablen seien grundsätzlich schlecht, ist jedoch eine zu starke Vereinfachung.

Legende: Kommentare sind unnötig

Schlechte Kommentare sind tatsächlich schlimmer als gar keine. Ein Kommentar mit veralteten oder irreführenden Informationen trägt nicht zu einem besseren Verständnis bei, sondern kann sogar Mehrarbeit verursachen. Dieses Problem wird jedoch manchmal zu der Behauptung verallgemeinert, dass Kommentare grundsätzlich schlecht seien. Dabei wird gefordert, dass alle Kommentare durch verständlicheren Code ersetzt werden sollten, bis in dem Programm kein einziger Kommentar mehr übrig ist.

Kommentare werden in Englisch (oder Deutsch oder einer anderen Sprache, die der Programmierer spricht) verfasst und können daher Informationen vermitteln, die sich durch Variablen-, Funktions- und Klassennamen nicht ausdrücken lassen. Prägnante und informative Kommentare zu schreiben, ist jedoch schwierig. Wie beim Code sind dabei oft Umformulierungen und mehrere Durchgänge erforderlich, um es richtig hinzubekommen. Da uns der Code völlig einleuchtet, wenn wir ihn gerade geschrieben haben, mag es als sinnloser Mehraufwand erscheinen, noch Kommentare anzubringen. Daher sind Programmierer nur zu geneigt, den Standpunkt zu verfechten, dass Kommentare unnötig seien.

Tatsächlich aber enthalten Programme gewöhnlich eher zu wenige oder gar keine Kommentare als zu viele oder irreführende. Kommentare abzulehnen, ist ungefähr so, als würden Sie sagen: »Mit dem Flugzeug über den Atlantik zu reisen, ist nur zu 99.999991 % sicher, daher schwimme ich die Strecke lieber.«

In Kapitel 10 erfahren Sie mehr darüber, wie Sie sinnvolle Kommentare schreiben.

Zusammenfassung

Code Smells sind ein Hinweis darauf, dass es eventuell eine bessere Möglichkeit gibt, den Code zu schreiben. In einem solchen Fall ist zwar nicht zwangsläufig eine Änderung erforderlich, allerdings sollten Sie den Code genauer untersuchen. Der am häufigsten auftretende Code Smell ist duplizierter Code. Dies ist oft ein Zeichen dafür, dass Sie den Code besser in eine Funktion oder Schleife stellen sollten. Damit sorgen Sie auch dafür, dass Sie zukünftige Codeänderungen nur an einer einzigen Stelle vornehmen müssen. Einen weiteren Code Smell stellen magische Zahlen dar, also Werte, die ohne Erklärung im Code auftauchen und die besser durch Konstanten mit beschreibenden Namen ersetzt werden sollten. Auskommentierter und toter Code werden vom Computer niemals ausgeführt und können Personen, die das Programm später lesen, verwirren. Es ist daher am besten, sie zu entfernen. Wenn Sie Code vorübergehend entfernen, aber später möglicherweise wieder zu dem Programm hinzufügen möchten, verwenden Sie stattdessen ein Versionssteuerungssystem wie Git.

Beim Print-Debugging werden Aufrufe von `print()` verwendet, um Informationen für das Debugging anzuzeigen. Das ist zwar eine einfache Vorgehensweise zur Fehlersuche, aber langfristig ist es meistens schneller, stattdessen einen Debugger oder Protokolle zu verwenden.

Wenn Sie Variablen mit numerischen Suffixen wie z.B. `x1`, `x2`, `x3` usw. haben, ist es meistens am besten, sie durch eine einzelne Variable mit einer Liste zu ersetzen. Im Gegensatz zu Sprachen wie Java verwendet Python zur Gruppierung von Funktionen Module statt Klassen. Eine Klasse, die nur eine einzige Methode oder nur statische Methoden enthält, ist ein Code Smell und ein Hinweis darauf, den Code besser in ein Modul statt in eine Klasse zu stellen. Während die Listennotation eine kurze und knappe Möglichkeit darstellt, um Listenwerte zu erzeugen, machen verschachtelte Listennotationen den Code gewöhnlich unübersichtlich.

Auch Ausnahmen, die mit einem leeren `except`-Block abgefangen werden, stellen einen Code Smell dar, da Sie damit den Fehler nur verbergen, anstatt ihn zu behandeln. Kurze, kryptische Fehlermeldungen sind für die Benutzer ebenso nutzlos wie gar keine.

Daneben gibt es jedoch auch eine ganze Reihe von Legenden über Code Smells. Dabei handelt es sich um Ratschläge, die längst nicht mehr gültig sind oder die sich im Laufe der Zeit als kontraproduktiv herausgestellt haben. Dazu gehören etwa die Forderungen, nur eine einzige `return`-Anweisung oder ausschließlich einen `try-except`-Block in eine Funktion zu stellen und niemals Flag-Argumente oder globale Variablen zu verwenden, sowie die Ansicht, Kommentare seien überflüssig.

Wie bei allen Ratschlägen zur Programmierung gilt auch hier, dass die in diesem Kapitel dargelegten Richtlinien zu Code Smells nicht unbedingt auf Ihr Projekt oder Ihren persönlichen Stil anwendbar sein mögen. Empfohlene Vorgehensweisen sind keine objektiven, festen Regeln. Mit zunehmender Erfahrung werden Sie sich Ihre eigene Meinung darüber bilden, was gut lesbaren Code auszeichnet. Betrachten Sie die Ratschläge in diesem Kapitel als Hinweise auf Probleme, die Sie berücksichtigen sollten.

6
Pythonischer Code

»Leistungsfähig« (»powerful«) ist ein nichtssagendes Adjektiv für Programmiersprachen (und die groteske, aber leider weit verbreitete Übersetzung »mächtig« erst recht). Jede Programmiersprache wird von ihren Erfindern als leistungsfähig beschrieben. Das offizielle Python-Tutorial beginnt sogar mit dem Satz: »Python ist eine leicht zu lernende, leistungsfähige Programmiersprache.« Es gibt aber keinen Algorithmus, den nur eine Programmiersprache beherrscht und keine andere, und keine Maßeinheit, um die »Leistungsfähigkeit« von Programmiersprachen zu messen. (Was Sie allerdings messen können, ist die Lautstärke, mit der manche Programmierer ihre bevorzugte Sprache verfechten.)

Dafür weist jede Sprache ihre eigenen Entwurfsmuster und kleinen Macken auf, die ihre Stärken und Schwächen ausmachen. Um Python-Code zu schreiben wie echte *Pythonistas*, müssen Sie mehr als nur die Syntax und die Standardbibliothek kennen. Wichtig ist es auch, die *Idiome* zu lernen, also die Python-spezifischen Programmierpraktiken. Bestimmte Merkmale von Python bieten sich besonders an, um Code auf *pythonische* Weise zu schreiben.

In diesem Kapitel stelle ich verschiedene gängige Formen von idiomatischem Python-Code zusammen mit ihren unpythonischen Gegenstücken vor. Was genau als pythonisch gilt, ist zum Teil Ansichtssache, aber die Beispiele und Praktiken, die ich hier bespreche, werden gewöhnlich dazugerechnet. Diese Techniken werden auch von erfahrenen Python-Programmierern benutzt. Machen Sie sich daher mit ihnen vertraut, um sie in der Praxis wiedererkennen zu können.

Python-Zen

»The Zen of Python« von Tim Peters ist eine Sammlung von 20 Richtlinien für den Umgang mit Python und zum Schreiben von Python-Programmen. In Ihrem eigenen Python-Code müssen Sie diese Richtlinien nicht unbedingt befolgen, aber es ist gut, sie im Hinterkopf zu behalten. Der Text ist auch als Easter Egg in der Sprache enthalten und erscheint, wenn Sie `import this` ausführen:

```
>>> import this
The Zen of Python, by Tim Peters

Beautiful is better than ugly.
Explicit is better than implicit.
-- schnipp --
```

Hinweis

Seltsamerweise sind nur 19 der Richtlinien schriftlich niedergelegt. Guido van Rossum, der Erfinder von Python, soll gesagt haben, dass der fehlende 20. Aphorismus »ein absonderlicher Insiderwitz von Tim Peters« sei. Peters hatte die Stelle freigelassen, damit van Rossum sie ausfüllte, wozu dieser aber offensichtlich nie gekommen ist.

Letzten Endes sind diese Richtlinien Meinungen, über die sich Programmierer streiten können. Wie alle guten Verhaltensgrundsätze sind sie in sich widersprüchlich, um ein Höchstmaß an Flexibilität zu bieten. Im Folgenden finden Sie die einzelnen Aphorismen und dazu jeweils meine Interpretation:

- **Schön ist besser als hässlich.** Unter »schönem Code« lässt sich Code verstehen, der gut lesbar und leicht verständlich ist. Programmierer schreiben ihren Code oft flott dahin, ohne sich um die Lesbarkeit zu kümmern. Computer führen solchen Code zwar aus, aber für Menschen ist er nur schwer zu pflegen und zu debuggen. Schönheit ist subjektiv, aber Code, der ohne Rücksicht auf Verständlichkeit geschrieben wurde, wirkt auf andere oft hässlich. Ein Grund für die Beliebtheit von Python ist die Tatsache, dass die Syntax nicht mit rätselhaften Satzzeichen vollgestopft ist wie in anderen Sprachen, weshalb man leicht mit dem Code arbeiten kann.

- **Explizit ist besser als implizit.** Ich könnte jetzt einfach schreiben: »Das ist selbsterklärend!«, aber das wäre natürlich eine furchtbar schlechte Erklärung für diesen Aphorismus. Auch im Code ist es am besten, auf ausführliche und ausdrückliche Weise vorzugehen. Verschleiern Sie die Funktionalität Ihres Codes nicht durch obskure Sprachmerkmale, für deren Verständnis sehr detaillierte Kenntnisse von Python erforderlich sind.

- **Einfach ist besser als komplex. Komplex ist besser als kompliziert.** Diese beiden Aphorismen sollen uns vor Augen halten, dass wir für alles sowohl einfache als auch komplexe Techniken verwenden können. Wenn Sie eine einfache Aufgabe haben, die sich mit einer Schaufel erledigen lässt, wäre es zu viel des Guten, einen 50 Tonnen schweren Bulldozer dafür einzusetzen. Bei einer groß angelegten Aufgabe dagegen kann die Komplexität, die der Betrieb eines Bulldozers mit sich bringt, gegenüber der komplizierten Koordination eines Teams von 100 Leuten mit Schaufeln zu bevorzugen sein. Zwar sollten Sie Einfachheit vorziehen, aber auch deren Grenzen kennen.

- **Linear ist besser als verschachtelt.** Programmierer gliedern ihren Code gern in Kategorien, vor allem in Kategorien mit Unterkategorien, die selbst wiederum Unter-Unterkategorien aufweisen. Solche Hierarchien tragen meistens jedoch nicht so sehr zu einer sauberen Gliederung bei, sondern vielmehr zu einem bürokratischen Überbau. Es ist völlig in Ordnung, den Code lediglich in einem Modul oberster Ebene oder einer Datenstruktur unterzubringen. Wenn Sie etwas wie `spam.eggs.bacon.ham()` oder `spam['eggs']['bacon']['ham']` schreiben, ist Ihr Code zu kompliziert.

- **Dünn besetzt ist besser als dicht.** Programmierer neigen dazu, so viel Funktionalität wie möglich in so wenig Code wie möglich zu packen, z.B. wie in der folgenden Zeile: `print('\n'.join("%i bytes = %i bits which has %i possiblevalues." % (j, j*8, 256**j-1) for j in (1 << i for i in range(8))))`. Mit solchem Code können Sie vielleicht Ihre Freunde beeindrucken, allerdings werden Sie Kollegen, die ihn verstehen müssen, damit in Rage versetzen. Versuchen Sie nicht, Ihren Code zu viel auf einmal tun zu lassen. Code, der über mehrere Zeilen läuft, ist oft einfacher zu verstehen als ein dicht gepackter Einzeiler. Dieser Aphorismus zielt in die gleiche Richtung wie »einfach ist besser als komplex«.

- **Lesbarkeit ist Trumpf.** Für Personen, die seit den 1970ern in C programmieren, mag es klar sein, dass `strcmp()` eine Funktion zum Vergleichen von Strings ist (»string compare«). Moderne Computer haben allerdings so viel Arbeitsspeicher, dass Sie es sich leisten können, Funktionsnamen auszuschreiben. Lassen Sie keine Buchstaben in Namen aus und schreiben Sie keinen übermäßig knappen Code. Nehmen Sie sich stattdessen die Zeit, sich aussagekräftige, konkrete Namen für Variablen und Funktionen auszudenken. Eine Leerzeile zwischen Codeabschnitten kann denselben Zweck erfüllen wie die Einteilung eines Buchtexts in Absätze, nämlich die Leser erkennen lassen, welche Teile zusammengehören. Dieser Aphorismus zielt in die gleiche Richtung wie »schön ist besser als hässlich«.

- **Sonderfälle sind nicht besonders genug, um die Regeln zu brechen. Allerdings ist Zweckmäßigkeit wichtiger als Reinheit.** Diese beiden Aphorismen widersprechen einander. In der Programmierung gibt es viele »empfohlene Vorgehensweisen«, die Programmierer in Ihrem Code möglichst umsetzen sollten. Die Versuchung kann groß sein, solche Regeln zu unterlaufen, um schnell ein bestimmtes Ziel zu erreichen, allerdings kann das in einem Wirrwarr von inkonsistentem und schwer verständlichem Code resultieren. Aber auch der Versuch, sich krampfhaft irgendwelche Regeln zu setzen, kann extrem abstrakten und schwer verständlichen Code nach sich ziehen. Beispielsweise führt die Neigung von Java, sämtlichen Code in das Korsett der Objektorientierung zu zwängen, dazu, dass selbst die kleinsten Programme voller Standardcode stecken. Die Balance zwischen diesen beiden Extremen zu halten, wird mit zunehmender Erfahrung einfacher. Mit der Zeit lernen Sie nicht nur, wie die Regeln lauten, sondern auch, wann Sie sie brechen sollten.

- **Fehler sollten niemals still durchlaufen, es seit denn, sie wurden ausdrücklich stumm geschaltet.** Programmierer ignorieren Fehlermeldungen zwar oft, aber das ist kein Grund dafür, dass Programme aufhören sollten, sie auszugeben. Fehler können still durchlaufen, wenn Funktionen Fehlercodes oder `None` zurückgeben, anstatt Ausnahmen auszulösen. Diese beiden Aphorismen besagen, dass es besser ist, wenn ein Programm schnell abstürzt, als den Fehler zu ignorieren und einfach weiterzumachen, denn die Bugs, die dann später unvermeidlich auftreten, sind viel schwerer zu debuggen, da sie erst lange nach der Ursache in Erscheinung treten. Natürlich können Sie sich immer bewusst dafür entscheiden, Fehler im Programm zu ignorieren, allerdings sollten Sie sich das gut überlegen.

- **Widerstehen Sie bei Mehrdeutigkeiten der Versuchung, zu raten.** Computer haben Menschen wieder abergläubisch gemacht: Um aus unseren Rechnern

Dämonen auszutreiben, führen wir das heilige Ritual aus, sie aus- und wieder einzuschalten. Angeblich soll das jegliche merkwürdigen Probleme lösen. Computer haben aber nichts mit Zauberei zu tun. Wenn Ihr Code nicht funktioniert, dann gibt es dafür einen Grund. Nur sorgfältiges, kritisches Nachdenken hilft Ihnen dann, das Problem zu lösen. Widerstehen Sie der Versuchung, blind Lösungen auszuprobieren, bis irgendetwas zu funktionieren scheint. Meistens verschleiern Sie das Problem dadurch nur, anstatt es zu lösen.

- **Es sollte eine – und vorzugsweise eine einzige – offensichtliche Möglichkeit geben, etwas zu tun.** Das ist ein Frontalangriff auf das Motto der Programmiersprache Perl: »Es gibt mehr als eine Möglichkeit, etwas zu tun.« Drei oder vier verschiedene Möglichkeiten zur Verfügung zu haben, um Code zur Lösung einer bestimmten Aufgabe zu schreiben, ist ein zweischneidiges Schwert: Damit gewinnen Sie zwar Flexibilität für Ihren eigenen Code, aber gleichzeitig müssen Sie auch alle Möglichkeiten kennen, um den Code anderer Programmierer zu verstehen. Diese Flexibilität ist den zusätzlichen Aufwand beim Lernen der Sprache nicht wert.
- **Allerdings kann es sein, dass diese Möglichkeit zunächst nicht offensichtlich erscheint – es sei denn, Sie sind Holländer.** Diese Zeile ist ein Scherz und bezieht sich auf die niederländische Herkunft von Guido van Rossum, dem Erfinder von Python.
- **Jetzt ist besser als nie. Allerdings ist nie oft besser als genau jetzt.** Diese beiden Aphorismen besagen, dass langsam laufender Code zwar schlechter ist als schneller Code, dass es aber besser ist, auf die Beendigung eines Programms zu warten, als es zu früh mit unrichtigen Ergebnissen zu beenden.
- **Wenn die Implementierung schwer zu erklären ist, handelt es sich um eine schlechte Idee. Wenn die Implementierung leicht zu erklären ist, kann es eine gute Idee sein.** Viele Dinge werden im Laufe der Zeit immer komplizierter: Steuergesetze, Liebesbeziehungen und Python-Programmierbücher. Mit Software verhält es sich nicht anders. Code, der zu kompliziert ist, um ihn zu verstehen und zu debuggen, ist schlechter Code. Allerdings heißt es noch lange nicht, dass Code unbedingt gut ist, wenn Sie ihn jemand anderem leicht erklären können. Leider ist es ziemlich schwer, herauszufinden, wie man Code so einfach wie möglich gestaltet, aber nicht einfacher.
- **Namensräume sind eine verteufelt gute Idee – nutzen wir sie häufiger!** Namensräume oder Namespaces sind voneinander getrennte Behälter für Bezeichner zur Vermeidung von Namenskonflikten. So haben beispielsweise

open() und webbrowser.open() denselben Namen, obwohl es sich bei ihnen um unterschiedliche Funktionen handelt. Beim Import von webbrowser wird die integrierte Funktion open() nicht überschrieben, da sich die beiden open()-Funktionen in unterschiedlichen Namensräumen befinden, nämlich im integrierten Namensraum und dem Namensraum des Moduls webbrowser. Denken Sie aber immer daran, dass linear besser ist als verschachtelt: So großartig Namensräume auch sind, so sollten Sie sie nur zur Vermeidung von Namenskonflikten einsetzen und nicht zu einer unnötigen Einteilung in Kategorien.

Wie bei allen Ansichten über Programmierung ist es auch hier möglich, Einwände gegen die genannten Ratschläge vorzubringen. Es kann auch sein, dass Sie in einer bestimmten Situation irrelevant sind. Sich darüber zu streiten, wie Code geschrieben werden sollte und was »pythonisch« ist und was nicht, ist alles andere als produktiv. (Es sei denn, Sie schreiben ein ganzes Buch voller Ansichten über Programmierung.)

Aussagekräftige Einrückungen

Programmierer, die an andere Sprachen gewöhnt sind, beschweren sich am häufigsten über die *aussagekräftigen Einrückungen* (oft auch irrtümlich als *aussagekräftiger Weißraum* bezeichnet), die ihnen ungewohnt und eigenartig vorkommen. In Python haben die Einrückungen am Zeilenanfang eine Bedeutung: Sie bestimmen, welche Codezeilen zu demselben Codeblock gehören.

Die Gruppierung von Codeblöcken durch Einrückungen erscheint deshalb merkwürdig, weil Blöcke in anderen Sprachen mit geschweiften Klammern eingeleitet werden. Allerdings rücken Programmierer Codeblöcke in anderen Sprachen gewöhnlich ebenso ein wie Python-Programmierer, um den Code übersichtlicher zu gestalten. So gibt es beispielsweise in Java keine aussagekräftige Einrückung. Java-Programmierer müssen Codeblöcke nicht einrücken, machen es der Lesbarkeit halber aber oft dennoch. Das folgende Beispiel zeigt die Java-Funktion main(), die nur einen Aufruf der Funktion println() enthält:

```
// Java-Beispiel
public static void main(String[] args) {
    System.out.println("Hello, world!");
}
```

Dieser Java-Code würde ohne die Einrückung genauso gut laufen, da Start und Ende des Blocks durch geschweifte Klammern gekennzeichnet sind. In Python dagegen sind die Einrückungen nicht optional; stattdessen werden Sie dazu gezwungen, Ihren Code lesbar zu gestalten. Beachten Sie aber, dass es in Python keinen *aussagekräftigen Weißraum* gibt, denn Python schreibt Ihnen nicht vor, wie Sie Weißraum außerhalb von Einrückungen handhaben sollten. Sowohl `2 + 2` als auch `2+2` sind gültige Python-Ausdrücke.

Manche Programmierer sagen, dass die öffnende geschweifte Klammer in derselben Zeile stehen sollte wie die eröffnende Anweisung, während andere darauf bestehen, dass sie in die nächste Zeile gehört. Über die jeweiligen Vorzüge ihres Stils werden sie sich wohl noch bis ans Ende aller Zeiten streiten. Python umgeht dieses Problem geschickt durch den völligen Verzicht auf geschweifte Klammern, sodass sich Pythonistas produktiver Arbeit zuwenden können. Ich wünschte mir, dass alle Programmiersprachen das Verfahren von Python zur Gruppierung von Codeblöcken übernehmen würden!

Manche Leute sehnen sich trotzdem nach geschweiften Klammern und würden sie gern in einer zukünftigen Version von Python sehen, obwohl sie ausgesprochen unpythonisch sind. Das Python-Modul `__future__` kann moderne Merkmale in ältere Python-Versionen übernehmen. Es enthält ein Easter Egg, das Sie finden, wenn Sie versuchen, geschweifte Klammern in Python zu importieren:

```
>>> from __future__ import braces
SyntaxError: not a chance
```

Ich würde nicht darauf hoffen, dass geschweifte Klammern in absehbarer Zeit zu Python hinzugefügt werden.

Leistung mit dem Modul timeit messen

»Vorzeitige Optimierung ist die Wurzel allen Übels«, sagte Donald Knuth, Informatiker an der Stanford-Universität. Programmierer nehmen eine solche *vorzeitige Optimierung* – also eine Optimierung der Leistung, bevor die Leistung bekannt ist – oft vor, wenn sie mithilfe »cleverer« Programmiertricks versuchen, Arbeitsspeicher zu sparen oder schnelleren Code zu schreiben. Beispielsweise verwenden einige Programmierer den XOR-Algorithmus (Exclusive OR), um zwei Integerwerte zu vertauschen, ohne eine temporäre dritte Variable nutzen zu müssen, wodurch sie Arbeitsspeicher einzusparen hoffen:

```
>>> a, b = 42, 101  # Legt die beiden Variablen fest
>>> print(a, b)
42 101
>>> a = a ^ b
>>> b = a ^ b
>>> a = a ^ b
>>> print(a, b)  # Die Werte sind jetzt vertauscht
101 42
```

Auf jeden, der nicht mit dem XOR-Algorithmus vertraut ist, wirkt dieser Code ziemlich rätselhaft. (Bei dem ^ handelt es sich um den bitweisen XOR-Operator. Mehr über diese Technik erfahren Sie auf *https://en.wikipedia.org/wiki/XOR_swap_algorithm*.) Das Problem bei der Verwendung solcher Tricks besteht darin, dass sie komplizierten, unverständlichen Code hervorrufen. Wie »The Zen of Python« sagt, ist Lesbarkeit aber Trumpf.

Was aber noch schlimmer ist: Der Trick ist möglicherweise gar nicht mal so clever. Sie können nicht einfach davon ausgehen, dass der Code damit schneller wird. Die einzige Möglichkeit, das herauszufinden, besteht darin, die Ausführungszeiten zu messen und zu vergleichen. Wie ein anderer Aphorismus aus »The Zen of Python« besagt, sollten Sie bei Mehrdeutigkeiten der Versuchung widerstehen, zu raten.

Profiling ist ein Verfahren, um die Geschwindigkeit, die Speichernutzung und andere Aspekte Ihres Programms systematisch zu analysieren. Mit dem Modul `timeit` aus der Python-Standardbibliothek können Sie die Ausführungsgeschwindigkeit auf eine Weise messen, bei der verschiedene Einflussfaktoren berücksichtigt werden, weshalb das Ergebnis genauer ist, als wenn Sie lediglich die Zeit zwischen Start und Ende des Programms stoppen. Verzichten Sie daher darauf, eigenen, unpythonischen Profilingcode wie den folgenden zu schreiben:

```
import time
startTime = time.time() # Record the start time.
for i in range(1000000): # Run the code 1,000,000 times.
    a, b = 42, 101
    a = a ^ b
    b = a ^ b
    a = a ^ b
print(time.time() - startTime, 'seconds') # Calculate the elapsed time.
```

Auf meinem Computer führt dieser Code zu folgendem Ergebnis:

```
0.28080058097839355 seconds
```

Übergeben Sie stattdessen den zu untersuchenden Python-Code als Stringargument an die Funktion `timeit.timeit()`. Sie gibt dann die durchschnittliche Zeit dafür zurück, eine Codezeile eine Million Mal auszuführen. Wenn Sie mehrere Zeilen testen wollen, trennen Sie sie jeweils durch Semikolons:

```
>>> timeit.timeit('a, b = 42, 101; a = a ^ b; b = a ^ b; a = a ^ b')
0.19474047500000324
```

Auf meinem Computer dauert es also etwa eine Fünftelsekunde, um diesen Code auszuführen. Ist das schnell? Vergleichen wir das mit Code, der zum Vertauschen zweier Integer eine temporäre dritte Variable nutzt:

```
>>> timeit.timeit('a, b = 42, 101; temp = a; a = b; b = temp')
0.09632604099999753
```

Überraschung! Der Code mit der temporären dritten Variablen ist nicht nur besser lesbar, sondern auch doppelt so schnell wie die XOR-Methode! Mit der anscheinend so cleveren Vorgehensweise können Sie vielleicht ein paar Bytes an Arbeitsspeicher einsparen, was aber auf Kosten sowohl der Geschwindigkeit als auch der Lesbarkeit geht. Sofern Sie nicht Software für ein riesiges Rechenzentrum schreiben, lohnt es sich nicht, die Lesbarkeit zu opfern, nur um einige Bytes an Arbeitsspeicher oder Nanosekunden an CPU-Zeit zu sparen. Schließlich ist Arbeitsspeicher billig, und außerdem haben Sie gerade schon Milliarden von Nanosekunden aufgewendet, um diesen Absatz zu lesen.

Es geht aber noch besser: Sie können zwei Variablen auch mit einer *Mehrfachzuweisung* (oder durch *Entpacken von iterierbaren Objekten*) vertauschen. Das läuft wie folgt ab:

```
>>> timeit.timeit('a, b = 42, 101; a, b = b, a')
0.08467035000001033
```

Dieser Code ist nicht nur der verständlichste, sondern auch der schnellste, wie wir objektiv messen können.

Die Funktion `timeit.timeit()` kann auch ein zweites Stringargument mit Einrichtungscode entgegennehmen. Dieser Code wird nur einmalig vor dem Code aus dem ersten String ausgeführt, um jegliche vorbereitenden Arbeiten für den zu messenden Code zu erledigen. Beispielsweise kann dieser Code Module importieren, Variablen auf bestimmte Anfangswerte setzen o.Ä. Es ist auch möglich, die vorgegebene Anzahl der Durchläufe zu ändern, indem Sie einen Integer für das Schlüsselwortargument `number` übergeben. Beispielsweise misst der folgende Test, wie schnell das Python-Modul `random` 10.000.000 Zufallszahlen zwischen 1 und 100 generieren kann (was auf meinem Rechner zehn Sekunden dauert):

```
>>> timeit.timeit('random.randint(1, 100)', 'import random', number=10000000)
10.020913950999784
```

Sorgen Sie erst dafür, dass Ihr Code läuft, und kümmern Sie sich dann darum, dass er schnell läuft. Erst wenn Sie ein funktionierendes Programm haben, können Sie sich darauf konzentrieren, es effizienter zu machen.

Häufig falsch angewendete Syntax

Wenn Python nicht Ihre erste Programmiersprache ist, sind Sie womöglich versucht, Python-Code auf die Weise zu schreiben, die Sie aus anderen Sprachen kennen. Vielleicht haben Sie sich auch angewöhnt, Python-Code auf eine ungewöhnliche Art zu schreiben, weil Ihnen die empfohlenen Vorgehensweisen unbekannt waren. Wenn solcher ungeschickter Code auch funktionieren mag, so können Sie sich doch viel Zeit und Mühe sparen, indem Sie die üblichen Vorgehensweisen zum Schreiben von pythonischem Code lernen. Dieser Abschnitt führt einige häufige Fehlgriffe vor, die sich Programmierer leisten, und erklärt Ihnen, wie Sie den Code stattdessen schreiben sollten.

Verwenden Sie enumerate() statt range()

Beim Durchlaufen von Listen und anderen Folgen verwenden Programmierer manchmal die Funktionen `range()` und `len()`, um die ganzzahligen Indizes von `0` bis zur Länge der Folge (ausschließlich) zu erzeugen. In `for`-Schleifen ist es dabei üblich, die entsprechende Variable `i` (für `index`) zu nennen. Um sich das an einem Beispiel anzusehen, geben Sie den folgenden unpythonischen Code in die interaktive Shell ein:

```
>>> animals = ['cat', 'dog', 'moose']
>>> for i in range(len(animals)):
...     print(i, animals[i])
...
0 cat
1 dog
2 moose
```

Die Schreibweise `range(len())` ist zwar logisch, aber alles andere als ideal, denn sie ist nicht unmittelbar einsichtig. Besser ist es, die Liste oder Folge an die integrierte Funktion `enumerate()` zu übergeben, die einen Integer für den Index und das Element an diesem Index zurückgibt. Auf diese Weise können Sie den folgenden pythonischen Code schreiben:

```
>>> # Pythonisches Beispiel
>>> animals = ['cat', 'dog', 'moose']
>>> for i, animal in enumerate(animals):
...     print(i, animal)
...
0 cat
1 dog
2 moose
```

Mit enumerate() statt range(len()) wird der Code klarer. Wenn Sie nur die Elemente, aber nicht die Indizes brauchen, können Sie auch auf pythonische Weise unmittelbar die Liste durchlaufen:

```
>>> # Pythonisches Beispiel
>>> animals = ['cat', 'dog', 'moose']
>>> for animal in animals:
...     print(animal)
...
cat
dog
moose
```

Die Verwendung von enumerate() und das unmittelbare Durchlaufen einer Folge sind gegenüber der veralteten Vorgehensweise mit range(len()) zu bevorzugen.

Verwenden Sie with statt open() und close()

Die Funktion open() gibt ein Dateiobjekt zurück, das die Methoden zum Lesen und Schreiben in einer Datei enthält. Wenn Sie die Arbeit mit der Datei abgeschlossen haben, machen Sie sie mit der Methode close() wieder für andere Programme verfügbar. Diese beiden Funktionen können Sie jeweils einzeln einsetzen. Allerdings ist diese Vorgehensweise unpythonisch. Um sich das an einem Beispiel anzusehen, geben Sie den folgenden Code in die interaktive Shell ein, um den Text »Hello, world!« in eine Datei namens *spam.txt* zu schreiben:

```
>>> # Unpythonisches Beispiel
>>> fileObj = open('spam.txt', 'w')
>>> fileObj.write('Hello, world!')
13
>>> fileObj.close()
```

Diese Vorgehensweise kann jedoch dazu führen, dass Dateien ungeschlossen zurückbleiben, wenn etwa ein Fehler in einem try-Block auftritt und das Programm den Aufruf von close() überspringt, wie das folgende Beispiel zeigt:

```
>>> # Unpythonisches Beispiel
>>> try:
... fileObj = open('spam.txt', 'w')
...     eggs = 42 / 0    # Division durch null
...     fileObj.close()  # Diese Zeile wird nie ausgeführ
... except:
...     print('Some error occurred.')
...
Some error occurred.
```

Bei Erreichen der Division durch null springt die Ausführung zu dem except-Block. Dabei wird der Aufruf von call() übersprungen, sodass die Datei geöffnet bleibt. Dies kann weiter hinten zu Fehlern aufgrund einer beschädigten Datei führen, die sich nur schwer zu diesem try-Block zurückverfolgen lassen.

Verwenden Sie stattdessen eine with-Anweisung, um close() automatisch aufzurufen, wenn die Ausführung den with-Block verlässt. Die folgende pythonische Version erfüllt die gleiche Aufgabe wie das erste Beispiel:

```
>>> # Pythonisches Beispiel
>>> with open('spam.txt', 'w') as fileObj:
...     fileObj.write('Hello, world!')
...
```

Die Methode close() wird hier zwar nicht ausdrücklich aufgerufen, doch die with-Anweisung sorgt dafür, dass dies geschieht, wenn die Ausführung den Block verlässt.

Verwenden Sie is statt == zum Vergleich mit None

Der Gleichheitsoperator == vergleicht die Werte zweier Objekte, der Identitätsoperator is dagegen ihre Identitäten. Kapitel 7 geht genauer auf diesen Unterschied ein. Zwei Objekte können dieselben Werte enthalten, aber da es sich um zwei getrennte Objekte handelt, haben sie trotzdem unterschiedliche Identitäten. Beim Vergleich eines Werts mit None sollten Sie dennoch in praktisch allen Fällen den Operator is und nicht == verwenden.

Es kann vorkommen, dass der Ausdruck spam == None zu True ausgewertet wird, auch wenn spam lediglich None enthält. Das ist aufgrund der Überladung des Operators == möglich, mit der wir uns in Kapitel 17 noch eingehender beschäftigen werden. Dagegen prüft spam is None, ob der Wert in der Variablen spam tatsächlich None ist. Da None der einzige Wert des Datentyps NoneType ist, gibt es in Python-Programmen immer nur ein None-Objekt. Wird eine Variable auf None gesetzt, so ergibt der Vergleich is None stets True. Die Einzelheiten der Überladung lernen Sie wie bereits erwähnt in Kapitel 17 noch kennen, aber im folgenden Code sehen Sie bereits ein Beispiel für dieses Verhalten:

```
>>> class SomeClass:
...     def __eq__(self, other):
...         if other is None:
...             return True
...
>>> spam = SomeClass()
>>> spam == None
True
```

```
>>> spam is None
False
```

Die Wahrscheinlichkeit dafür, dass eine Klasse den Operator `==` auf diese Weise überlädt, ist zwar sehr gering, aber es gilt trotzdem als idiomatisches Python, für alle Fälle `is None` statt `== None` zu verwenden.

Umgekehrt sollten Sie den Operator `is` nicht für Vergleiche mit `True` und `False` verwenden. Dazu können Sie den Gleichheitsoperator `==` nehmen, z.B. `spam == True` oder `spam == False`. Noch gebräuchlicher ist es allerdings, den Operator und den booleschen Wert ganz wegzulassen und Code wie `if spam:` oder `if not spam:` zu schreiben statt `if spam == True:` bzw. `if spam == False`.

Stringformatierung

Strings kommen in praktisch jedem Computerprogramm gleich welcher Programmiersprache vor. Dieser Datentyp ist so gebräuchlich, dass es nicht verwundert, wie viele Vorgehensweisen zur Bearbeitung und Formatierung von Strings es gibt. In diesem Abschnitt lernen Sie einige der empfohlenen Vorgehensweisen dafür kennen.

Verwenden Sie Rohstrings bei einer großen Anzahl von Backslashes

Maskierungszeichen machen es möglich, Zeichen in Stringliterale einzufügen, die sich ansonsten nicht darin aufnehmen ließen. Beispielweise ist der Backslash \ in `'Zophie\'s chair'` erforderlich, damit Python das zweite Anführungszeichen als Teil des Strings ansieht und nicht als das Symbol, um das Ende des Strings zu markieren. Da der Backslash diese besondere Bedeutung als Maskierungszeichen hat, müssen Sie ihn selbst maskieren und als \\ eingeben, wenn Sie einen Backslash als solchen in einen String aufnehmen wollen.

Rohstrings sind Stringliterale, die mit dem Präfix `r` gekennzeichnet werden und Backslashes nicht als Maskierungszeichen deuten, sondern unmittelbar als Backslashes. Der folgende String mit einem Windows-Dateipfad enthält mehrere maskierte Backslashes, was nicht sehr pythonisch aussieht:

```
>>> # Unpythonisches Beispiel
>>> print('The file is in C:\\Users\\Al\\Desktop\\Info\\Archive\\Spam')
The file is in C:\Users\Al\Desktop\Info\Archive\Spam
```

Der folgende Rohstring (eingeleitet mit dem Präfix `r`) erzeugt denselben Stringwert, ist aber viel leichter lesbar:

```
>>> # Pythonisches Beispiel
>>> print(r'The file is in C:\Users\Al\Desktop\Info\Archive\Spam')
The file is in C:\Users\Al\Desktop\Info\Archive\Spam
```

Rohstrings sind keine andere Art von Stringdatentyp, sondern lediglich eine bequeme Schreibweise für Stringliterale, die mehrere Backslashes enthalten. Sie werden häufig zur Eingabe von Strings für reguläre Ausdrücke und Windows-Dateipfade verwendet, da es ziemlich mühselig wäre, all die darin enthaltenen Backslashes einzeln mit \\ zu maskieren.

F-Strings

Die *Stringformatierung* oder *Stringinterpolation*, also die Erzeugung von Strings, die andere Strings enthalten, blickt in Python schon auf eine lange Geschichte zurück. Ursprünglich wurde der Operator + verwendet, um Strings zu verketten, aber das führte zu Code mit vielen Anführungs- und Pluszeichen: `'Hello, ' + name + '. Today is ' + day + ' and it is ' + weather + '.'`. Mit dem Formatspezifizierer `%s` wurde die Syntax schon etwas einfacher: `'Hello, %s. Today is %s and it is %s.' % (name, day, weather)`. Bei beiden Techniken werden die Strings aus den Variablen `name`, `day` und `weather` zwischen den Stringliteralen eingefügt, um einen neuen String zu ergeben: `'Hello, Al. Today is Sunday and it is sunny.'`

Mit der Stringmethode `format()` wird Python um eine *Minisprache zur Spezifizierung der Formatierung* ergänzt (*https://docs.python.org/3/library/string.html#formatspec*). Dabei werden geschweifte Klammern auf ähnliche Weise verwendet wie der Formatspezifizierer `%s`. Allerdings ist diese Methode kompliziert und kann zu unübersichtlichem Code führen, weshalb ich davon abrate.

Seit Python 3.6 jedoch gibt es *F-Strings* (kurz für *Formatstrings*), die eine bequemere Möglichkeit bieten, um Strings in andere Strings aufzunehmen. Ebenso, wie R-Strings durch ein `r` vor dem ersten Anführungszeichen gekennzeichnet sind, werden F-Strings mit dem Präfix `f` eingeleitet. In einen F-String können Sie Variablennamen in geschweiften Klammern aufnehmen, um die in den betreffenden Variablen gespeicherten Strings in den Gesamtstring einzufügen:

```
>>> name, day, weather = 'Al', 'Sunday', 'sunny'
>>> f'Hello, {name}. Today is {day} and it is {weather}.'
'Hello, Al. Today is Sunday and it is sunny.'
```

Die geschweiften Klammern können sogar ganze Ausdrücke enthalten:

```
>>> width, length = 10, 12
>>> f'A {width} by {length} room has an area of {width * length}.'
'A 10 by 12 room has an area of 120.'
```

Um in einen F-String eine geschweifte Klammer als Literal aufzunehmen, maskieren Sie sie mit einer weiteren geschweiften Klammer:

```
>>> spam = 42
>>> f'This prints the value in spam: {spam}'
'This prints the value in spam: 42'
>>> f'This prints literal curly braces: {{spam}}'
'This prints literal curly braces: {spam}'
```

Da Sie hierbei die Variablennamen und Ausdrücke direkt in den String schreiben können, wird der Code leichter verständlich als bei den älteren Methoden der Stringformatierung.

Diese Vielzahl von Möglichkeiten zur Formatierung von Strings widerspricht dem Python-Zen-Aphorismus, dass es eine – und vorzugsweise nur eine – offensichtliche Vorgehensweise geben sollte, um etwas zu tun. F-Strings stellen jedoch eine erhebliche Verbesserung dar (jedenfalls meiner Meinung nach), und wie eine andere Richtlinie besagt, ist Zweckmäßigkeit wichtiger als Reinheit. Wenn Sie Code für Python 3.6 oder höher schreiben, sollten Sie F-Strings verwenden. Bei Code, der möglicherweise auch von früheren Python-Versionen ausgeführt wird, bleiben Sie dagegen bei der Stringmethode `format()` oder dem Formatspezifizierer `%s`.

Flache Kopien von Listen

Mit der *Slice*-Syntax können Sie auf einfache Weise neue Strings und Listen aus bestehenden erstellen. Geben Sie folgenden Code in die interaktive Shell ein, um zu sehen, wie das funktioniert:

```
>>> 'Hello, world!'[7:12]  # Neuer String aus längerem String
'world'
>>> 'Hello, world!'[:5]    # Neuer String aus längerem String
'Hello'
>>> ['cat', 'dog', 'rat', 'eel'][2:]  # Neue Liste aus längerer Liste
['rat', 'eel']
```

Dabei geben Sie getrennt durch einen Doppelpunkt den ersten und den letzten Index der Elemente an, die sie in die neue Liste aufnehmen wollen. Wenn Sie wie in `'Hello, wordl!'[:5]` den Anfangsindex vor dem Doppelpunkt weglassen, wird stattdessen `0` verwendet, und wenn Sie wie in `['cat', 'dog', 'rat', 'eel'][2:]` den Endindex weglassen, geht der Slice bis zum Ende der Liste.

Sie können sogar beide Indizes weglassen. Dann wird als Anfangsindex `0` gewählt (also der Anfang der Liste) und als Endindex das Ende der Liste. Im Grunde genommen wird dadurch also die Liste kopiert:

```
>>> spam = ['cat', 'dog', 'rat', 'eel']
>>> eggs = spam[:]
>>> eggs
['cat', 'dog', 'rat', 'eel']
>>> id(spam) == id(eggs)
False
```

Beachten Sie aber, dass die Listen in `spam` und `eggs` unterschiedliche Identitäten aufweisen. Der Code `eggs = spam[:]` erstellt eine *flache Kopie* der Liste in `spam`, wohingegen `eggs = spam` nur den Verweis auf die Liste kopiert. Allerdings sieht `[:]` etwas merkwürdig ist. Besser lesbar wird der Code, wenn Sie die Funktion `copy()` des Moduls `copy` verwenden, um eine flache Kopie einer Liste anzulegen:

```
>>> # Pythonisches Beispiel
>>> import copy
>>> spam = ['cat', 'dog', 'rat', 'eel']
>>> eggs = copy.copy(spam)
>>> id(spam) == id(eggs)
False
```

Trotzdem sollten Sie die merkwürdige Syntax mit `[:]` kennen, da sie Ihnen in Python-Code von anderen Programmierern über den Weg laufen kann. Ich rate Ihnen jedoch davon ab, sie in Ihrem eigenen Code zu verwenden. Merken Sie sich, dass sowohl `[:]` als auch `copy.copy()` flache Kopien erstellen.

Pythonischer Umgang mit Dictionarys

Dictionarys bilden das Herz vieler Python-Programme. Das liegt an der Flexibilität, die Schlüssel-Wert-Paare durch die Zuordnung von Daten zu anderen Daten bieten (siehe Kapitel 7). Daher ist es sinnvoll, einige der Dictionary-Idiome kennenzulernen, die in Python-Code häufig eingesetzt werden.

Weitere Informationen über Dictionarys erhalten Sie in zwei hervorragenden Vorträgen des Python-Programmierers Brando Rhodes, nämlich »The Mighty Dicitonary«, gehalten auf der PyCon 2010 und zu sehen auf *https://invpy.com/mightydictionary*, sowie »The Dictionary Even Mightier« von der PyCon 2017 auf *https://invpy.com/dictionaryevenmightier*.

Verwenden Sie get() und setdefault() für Dictionarys

Der Versuch, auf einen Dictionaryschlüssel zuzugreifen, den es gar nicht gibt, führt zu dem Fehler `KeyError`. Um das zu verhindern, schreiben Programmierer oft unpythonischen Code wie den folgenden:

```
>>> # Unpythonisches Beispiel
>>> numberOfPets = {'dogs': 2}
>>> if 'cats' in numberOfPets:  # Prüft, ob Schlüssel 'cats' vorhanden ist
...     print('I have', numberOfPets['cats'], 'cats.')
... else:
...     print('I have 0 cats.')
...
I have 0 cats.
```

Dieser Code prüft, ob der String `'cats'` als Schlüssel im Dictionary `numberOfPets` enthalten ist. Wenn ja, greift ein Aufruf von `print()` im Rahmen der Meldung an den Benutzer auf `numberOfPets['cats']` zu. Wenn nicht, wird mit einem anderen Aufruf von `print()` ein String ausgegeben, ohne auf `numberOfPets['cats']` zuzugreifen, damit der Fehler `KeyError` nicht ausgelöst wird.

Solche Situationen kommen so häufig vor, dass Dictionarys eigens dafür über die Methode `get()` verfügen, bei der Sie einen Standardwert angeben können, der zurückgegeben werden soll, wenn der Schlüssel nicht existiert. Der folgende Code stellt das pythonische Gegenstück zu dem vorherigen Beispiel dar:

```
>>> # Pythonisches Beispiel
>>> numberOfPets = {'dogs': 2}
>>> print('I have', numberOfPets.get('cats', 0), 'cats.')
I have 0 cats.
```

Der Aufruf `numberOfPets.get('cats', 0)` prüft, ob der Schlüssel `'cats'` im Dictionary `numberOfPets` vorhanden ist. Wenn ja, gibt die Methode den Wert für diesen Schlüssel zurück, und wenn nicht, das zweite Argument, in diesem Fall also `0`. Die Verwendung der Methode `get()` zur Festlegung eines Standardwerts, der bei nicht vorhandenen Schlüsseln zurückgegeben werden soll, ist viel kürzer und übersichtlicher als die Vorgehensweise mit `if-else`-Anweisungen.

Umgekehrt kann es auch vorkommen, dass Sie einen Standardwert nicht zurückgeben, sondern schreiben wollen, wenn ein Schlüssel nicht existiert. Wenn `numberOfPets` keinen Schlüssel namens `'cats'` enthält, würde die Anweisung `numberOfPets['cats']` wiederum zum Fehler `KeyError` führen. In einem solchen Fall könnten Sie Code hinzufügen, der wiederum das Vorhandensein des Schlüssels prüft und gegebenenfalls einen Standardwert festlegt:

```
>>> # Unpythonisches Beispiel
>>> numberOfPets = {'dogs': 2}
>>> if 'cats' not in numberOfPets:
...     numberOfPets['cats'] = 0
...
>>> numberOfPets['cats'] += 10
>>> numberOfPets['cats']
10
```

Dieses Muster ist zwar gebräuchlich, allerdings bieten Dictionarys die pythonischere Methode `setdefault()`. Der folgende Code macht das Gleiche wie das vorherige Beispiel:

```
>>> # Pythonisches Beispiel
>>> numberOfPets = {'dogs': 2}
>>> numberOfPets.setdefault('cats', 0)  # Tut nichts, wenn es 'cats' nicht
gibt
0
>>> workDetails['cats'] += 10
>>> workDetails['cats']
10
```

Anstatt `if`-Anweisungen zu schreiben, um zu prüfen, ob ein Schlüssel in einem Dictionary vorhanden ist, und einen Standardwert für fehlende Schlüssel festzulegen, sollten Sie die Methode `setdefault()` verwenden.

Verwenden Sie collections.defaultdict für Standardwerte

Mithilfe der Klasse `collections.defaultdict` können Sie `KeyError`-Fehler komplett ausmerzen, indem Sie ein Standarddictionary erstellen. Dazu müssen Sie das Modul `collections` importieren und `collections.defaultdict()` aufrufen, wobei Sie den Datentyp für die Standardwerte übergeben. Wenn Sie beispielsweise `int` an `collections.defaultdict()` übergeben, können Sie ein dictionaryartiges Objekt erstellen, das `0` als Standardwert für nicht vorhandene Schlüssel verwendet. Probieren Sie das wie folgt in der interaktiven Shell aus:

```
>>> import collections
>>> scores = collections.defaultdict(int)
>>> scores
defaultdict(<class 'int'>, {})
>>> scores['Al'] += 1  # Nicht nötig, erst einen Wert für 'Al' festzulegen
>>> scores
defaultdict(<class 'int'>, {'Al': 1})
>>> scores['Zophie']  # Nicht nötig, erst einen Wert für 'Zophie' festzulegen
0
>>> scores['Zophie'] += 40
>>> scores
defaultdict(<class 'int'>, {'Al': 1, 'Zophie': 40})
```

Da Sie die Funktion `int()` hier nicht aufrufen, sondern übergeben, können Sie in `collections.defaultdict(int)` die Klammern hinter `int` weglassen. Sie können auch `list` übergeben, um als Standardwert eine leere Liste zu verwenden. Geben Sie dazu Folgendes in die interaktive Shell ein:

```
>>> import collections
>>> booksReadBy = collections.defaultdict(list)
>>> booksReadBy['Al'].append('Oryx and Crake')
>>> booksReadBy['Al'].append('American Gods')
>>> len(booksReadBy['Al'])
2
>>> len(booksReadBy['Zophie'])  # Der Standardwert ist eine leere Liste
0
```

Wenn Sie Standardwerte für alle möglichen Schlüssel benötigen, ist es viel einfacher, `collections.defaultdict()` zu verwenden, als ständig die Methode `setdefault()` für ein reguläres Dictionary aufzurufen.

Verwenden Sie Dictionarys statt switch-Konstruktionen

In Sprachen wie Java gibt es die `switch`-Anweisung. Dabei handelt es sich um eine Art von `if-elif-else`-Anweisung, die je nachdem, welchen von vielen möglichen Werten eine bestimmte Variable enthält, unterschiedlichen Code ausführt. In Python gibt es keine `switch`-Anweisung, allerdings schreiben Python-Programmierer manchmal Code wie den folgenden, der je nachdem, welchen der vielen Werte die Variable `season` enthält, unterschiedliche Zuweisungsanweisungen ausführt:

```
# Alle folgenden if- und elif-Bedingungen enthalten "season ==":
if season == 'Winter':
    holiday = 'New Year\'s Day'
elif season == 'Spring':
    holiday = 'May Day'
elif season == 'Summer':
    holiday = 'Juneteenth'
elif season == 'Fall':
    holiday = 'Halloween'
else:
    holiday = 'Personal day off'
```

Dieser Code ist nicht unbedingt unpythonisch, aber ziemlich weitschweifig. Die Menge an `if-elif`-Anweisungen in unserem Python-Beispiel kann ziemlich unübersichtlich wirken. Manche Python-Programmierer richten daher anstelle all dieser `if-elif`-Anweisungen lieber ein Dictionary ein. Der folgende kurze und pythonische Code macht genau das Gleiche wie der aus dem vorherigen Beispiel:

```
holiday = {'Winter': 'New Year\'s Day',
           'Spring': 'May Day',
           'Summer': 'Juneteenth',
           'Fall':   'Halloween'}.get(season, 'Personal day off')
```

Dieser Code kommt mit einer einzigen Zuweisungsanweisung aus. Die Methode `get()` gibt den Wert zurück, der in `holiday` unter dem Schlüssel gespeichert ist, auf den `season` gesetzt wird. Existiert dieser Schlüssel nicht, gibt `get()` den Standardwert `'Personal day off'` zurück. Die Verwendung eines Dictionarys führt zu Code, der kurz und bündig ist, möglicherweise aber auch schwerer zu lesen. Es ist Ihre Entscheidung, ob Sie diese Vorgehensweise nutzen möchten oder nicht.

Bedingte Ausdrücke: Pythons »hässlicher« ternärer Operator

Ternäre Operatoren (in Python offiziell als *bedingte Ausdrücke* oder manchmal auch *ternäre Auswahlausdrücke* bezeichnet) werten einen Ausdruck aufgrund einer Bedingung zu einem von zwei möglichen Werten aus. Normalerweise erledigen Sie so etwas mit einer pythonischen `if`-`else`-Anweisung:

```
>>> # Pythonisches Beispiel
>>> condition = True
>>> if condition:
...     message = 'Access granted'
... else:
...     message = 'Access denied'
...
>>> message
'Access granted'
```

Ternär bezeichnet lediglich einen Operator mit drei Eingaben, allerdings ist der Begriff in der Programmierung zu einem Synonym für *bedingte Ausdrücke* geworden. Damit ist es auch möglich, das vorstehende Muster in einer knapperen, einzeiligen Form zu schreiben. In Python geht das mit einer merkwürdigen Anordnung der Schlüsselwörter `if` und `else`:

```
>>> valueIfTrue = 'Access granted'
>>> valueIfFalse = 'Access denied'
>>> condition = True
>>> message = valueIfTrue if condition else valueIfFalse   ❶
>>> message
'Access granted'
>>> print(valueIfTrue if condition else valueIfFalse)   ❷
'Access granted'
>>> condition = False
>>> message = valueIfTrue if condition else valueIfFalse
>>> message
'Access denied'
```

Der Ausdruck `valueIfTrue if condition else valueIfFalse` ❶ wird zu `valueIfTrue` ausgewertet, wenn die Variable `condition` den Wert `True` hat, anderenfalls zu `valueIfFalse`. Guido van Rossum hat diese Syntax selbst scherzhaft als »absichtlich hässlich« bezeichnet. In den meisten Sprachen mit einem ternären Operator wird erst die Bedingung aufgeführt, dann der Wert für `True` und zuletzt der für `False`. Einen bedingten Ausdruck können Sie überall dort einsetzen, wo ein Ausdruck oder ein Wert stehen darf, auch im Argument eines Funktionsaufrufs ❷.

Warum wurde diese Syntax in Python 2.5 eingeführt, obwohl sie gegen die erste Richtlinie verstößt, dass schön besser ist als hässlich? Leider wollten viele Programmierer ternäre Operatoren trotz ihrer Unübersichtlichkeit verwenden und wünschten sich daher, dass Python diese Vorgehensweise unterstützt. Es ist möglich, das Kurzschließen von booleschen Operatoren zu missbrauchen, um eine *Art* von ternärem Operator zu konstruieren. So wird der Ausdruck `condition and valueIfTrue or valueIfFalse` zu `valueIfTrue` ausgewertet, wenn `valueIfTrue` wahr ist, und anderenfalls zu `valueIfFalse` (außer in einem wichtigen Sonderfall). Probieren Sie das wie folgt in der interaktiven Shell aus:

```
>>> # Unpythonisches Beispiel
>>> valueIfTrue = 'Access granted'
>>> valueIfFalse = 'Access denied'
>>> condition = True
>>> condition and valueIfTrue or valueIfFalse
'Access granted'
```

Dieser pseudoternäre Operator `condition and valueIfTrue or valueIfFalse` weist jedoch einen schwer erkennbaren Bug auf: Wenn `valueIfTrue` ein Falsy-Wert ist (wie `0`, `False`, `None` oder ein leerer String), dann wird der Ausdruck unerwartet zu `valueIfFalse` ausgewertet, auch wenn `condition` wahr ist.

Trotzdem setzten Programmierer weiterhin solche simulierten ternären Operatoren ein und plagten die Entwickler von Python über Jahre hinweg mit der Frage: »Warum gibt es in Python keinen ternären Operator?« Die bedingten Ausdrücke wurden in die Sprache eingeführt, um diesen Fragen ein Ende zu machen und zu verhindern, dass Programmierer den fehleranfälligen Pseudooperator verwendeten. Allerdings ist er hässlich genug, um Programmierer von seiner Nutzung abzuschrecken. Auch wenn schön besser ist als hässlich, so ist der »hässliche« ternäre Operator von Python doch ein Beispiel für einen Fall, in dem Zweckmäßigkeit Reinheit schlägt.

Bedingte Ausdrücke sind nicht gerade pythonisch, aber auch nicht unpythonisch. Wenn Sie sie verwenden, sollten Sie es jedoch vermeiden, bedingte Ausdrücke in anderen bedingten Ausdrücken zu verschachteln:

```
>>> # Unpythonisches Beispiel
>>> age = 30
>>> ageRange = 'child' if age < 13 else 'teenager' if age >= 13 and age < 18
else 'adult'
>>> ageRange
'adult'
```

Verschachtelte bedingte Ausdrücke sind ein gutes Beispiel für dicht gepackte Einzeiler, die zwar technisch korrekt, aber beim Lesen nur sehr mühselig zu verstehen sind.

Variablenwerte

Es kommt oft vor, dass Sie die in Variablen gespeicherten Werte prüfen oder ändern müssen. In Python gibt es dazu verschiedene Möglichkeiten. Sehen wir uns das anhand einiger Beispiele an.

Zuweisungs- und Vergleichsoperatoren verketten

Wenn Sie prüfen wollen, ob eine Zahl in einen bestimmten Bereich fällt, können Sie dazu wie folgt den booleschen Operator `and` verwenden:

```
# Unpythonisches Beispiel
if 42 < spam and spam < 99:
```

In Python können Sie Vergleichsoperatoren jedoch verketten, sodass Sie den Operator `and` gar nicht benötigen. Der folgende Code macht genau das Gleiche:

```
# Pythonisches Beispiel
if 42 < spam < 99:
```

Auch den Zuweisungsoperator `=` können Sie auf diese Weise verketten. Damit können Sie in einer einzigen Codezeile mehrere Variablen auf denselben Wert setzen:

```
# Pythonisches Beispiel
>>> spam = eggs = bacon = 'string'
>>> print(spam, eggs, bacon)
string string string
```

Um zu prüfen, ob die drei Variablen gleich sind, können Sie ebenfalls den Operator `and` verwenden oder einfach den Vergleichsoperator `==` verketten:

```
# Pythonisches Beispiel
>>> spam = eggs = bacon = 'string'
>>> spam == eggs == bacon == 'string'
True
```

Die Operatorenverkettung bietet eine kleine, aber praktische Abkürzung. Bei inkorrekter Anwendung können sich jedoch Probleme ergeben. Kapitel 8 beschreibt einige Fälle, in denen Sie damit Bugs in Ihren Code einführen können.

Eine Variable auf Gleichheit mit mehreren Werten prüfen

Auch das Gegenteil der Situation aus dem letzten Abschnitt kann vorkommen, nämlich wenn Sie prüfen wollen, ob eine Variable einen von mehreren möglichen Werten aufweist. Das könnten Sie mit dem Operator `or` tun, z.B. mit dem Ausdruck `spam == 'cat' or spam == 'dog' or spam == moose'`. All die vielen `spam ==` machen den Ausdruck jedoch unübersichtlich.

Stattdessen können Sie die verschiedenen Werte in ein Tupel aufnehmen und mit dem Operator `in` prüfen, ob sich der Wert der Variablen in diesem Tupel befindet:

```
>>> # Pythonisches Beispiel
>>> spam = 'cat'
>>> spam in ('cat', 'dog', 'moose')
True
```

Dieses Idiom ist nicht nur leichter verständlich, sondern laut Messung mit `timeit` auch schneller.

Zusammenfassung

Alle Programmiersprachen weisen jeweils ihre eigenen Idiome und bewährten Verfahren auf. In diesem Kapitel ging es um die besonderen Vorgehensweisen, die Programmierer entwickelt haben, um »pythonischen« Code zu schreiben, der die Syntax von Python bestmöglich nutzt.

Die Grundlage dafür, was pythonischen Code ausmacht, bilden die 20 Aphorismen aus dem Text »The Zen of Python«, die grobe Richtlinien zum Schreiben von Python darstellen. Auch wenn es sich dabei um Meinungen handelt, deren Beachtung nicht gefordert wird, ist es gut, sie zu kennen und im Hinterkopf zu behalten.

Die aussagekräftigen Einrückungen in Python (nicht zu verwechseln mit aussagekräftigem Weißraum!) rufen die meisten Proteste von Python-Neulingen hervor. Zwar werden in praktisch allen Programmiersprachen Einrückungen genutzt, um den Code übersichtlicher zu gestalten, doch in Python werden sie statt der in anderen Sprachen gebräuchlichen geschweiften Klammern verwendet und sind daher erforderlich.

Mit dem Python-Modul `timeit` können Sie die Ausführungszeit von Code ohne großen Aufwand messen, was besser ist, als einfach nur anzunehmen, dass Code in einer bestimmten Form besser läuft.

Viele Programmierer verwenden zwar die Schreibweise `range(len())` in `for`-Schleifen, doch ermöglicht die Funktion `enumerate()` eine sauberere Vorgehensweise, um beim Durchlaufen einer Folge die Indizes und Werte abzurufen. Ebenso bietet eine `with`-Anweisung eine sauberere und weniger fehleranfällige Möglichkeit für den Umgang mit Dateien als ein manueller Aufruf von `open()` und `close()`. Eine `with`-Anweisung stellt sicher, dass `close()` aufgerufen wird, wenn die Ausführung ihren Block verlässt.

Python bietet auch verschiedene Möglichkeiten zur Stringinterpolation. Bei der ursprünglichen Vorgehensweise wurden die Stellen, an denen Teilstrings in einen umfassenderen String eingefügt werden sollen, mit dem Formatspezifizierer `%s` markiert. Das moderne Verfahren ab Python 3.6 besteht jedoch darin, F-Strings zu verwendet. Dabei werden in einem mit dem Präfix `f` versehenen Stringliteral geschweifte Klammern eingesetzt, um die Stellen zu kennzeichnen, an denen Teilstrings (oder ganze Ausdrücke) eingefügt werden sollen.

Die Syntax `[:]` zum Anlegen flacher Kopien von Listen sieht merkwürdig aus und ist auch nicht unbedingt pythonisch, aber ziemlich gängig.

Für den Umgang mit fehlenden Schlüsseln bieten Dictionarys die Methoden `get()` und `setdefault()`. Alternativ verwendet ein `collections.defaultdict`-Dictionary Standardwerte für nicht vorhandene Schlüssel. Während es in Python keine `switch`-Anweisung gibt, bieten Dictionarys außerdem eine Möglichkeit, um entsprechenden Code auf knappe Weise und ohne mehrere `if`-`elif`-`else`-Anweisungen zu schreiben. Zur Auswahl zwischen zwei Werten können Sie den ternären Operator verwenden.

Mit verketteten Gleichheitsoperatoren (`==`) können Sie prüfen, ob mehrere Variablen gleich sind. Wollen Sie dagegen herausfinden, ob eine Variable einen von mehreren möglichen Werten hat, verwenden Sie den Operator `is`.

In diesem Kapitel haben Sie verschiedene Idiome von Python kennengelernt und Tipps erhalten, um pythonischeren Code zu schreiben. Im übernächsten Kapitel werden wir uns einige der Eigenarten von Python und die Fallstricke ansehen, über die Neulinge oft stolpern. Zuvor wollen wir uns jedoch noch mit dem Fachjargon von Python beschäftigen.

7
Programmierjargon

In dem XKCD-Comic »Up Goer Five« (*https://xkcd.com/1133/*) beschreibt Randall Munroe die Schemazeichnung der Saturn V ausschließlich unter Verwendung der 1.000 häufigsten englischen Wörter. Der gesamte Fachjargon wird dadurch in eine Sprache umgewandelt, die selbst kleine Kinder verstehen können. Allerdings zeigt dieses Beispiel auch, warum sich nicht alles mit einfachen Begriffen erklären lässt. Nehmen wir nur die folgende Definition: »Teil, das um die andere Welt fliegt und mit den Leuten darin zurückkehrt und dann ins Wasser fällt.« Das mag für Laien leichter verständlich sein als der Fachbegriff Kommandomodul, ist für NASA-Ingenieure bei der täglichen Arbeit aber zu lang.

Auch Computerjargon kann für Neulinge verwirrend und abschreckend wirken, ist aber nötig, um sich kurzfassen zu können. Zwischen manchen Begriffen von Python und der Programmierung im Allgemeinen, die selbst von erfahrenen Entwicklern synonym verwendet werden, gibt es in Wirklichkeit feine Bedeutungsunterschiede. Die genaue Definition kann je nach Programmiersprache schwanken, aber in diesem Kapitel sehen wir uns die Begriffe im Zusammenhang mit

Python an. Sie werden dabei auch ein zwar nicht tief gehendes, aber breit gefächertes Verständnis der Konzepte erhalten, die jeweils hinter den Begriffen stehen.

Bei diesem Kapitel gehe ich davon aus, dass Sie mit Klassen und objektorientierter Programmierung (OOP) vertraut sind, und halte die Erklärungen zu diesen Themen daher kurz. Eine ausführlichere Darstellung der betreffenden Fachausdrücke erhalten Sie in Kapitel 15 bis 17.

Definitionen

Wenn sich die Anzahl der Programmierer in einem Raum 2 nähert, geht die Wahrscheinlichkeit für Streitigkeiten über Semantik gegen 100 %. Sprache ist formbar, und wir Menschen beherrschen das Wort statt umgekehrt. Auch wenn Entwickler einige Begriffe jeweils auf leicht unterschiedliche Weise verwenden, ist es sinnvoll, sich mit diesen Wörtern vertraut zu machen. In diesem Kapitel sehen wir uns die verschiedenen Begriffe und ihre Beziehungen zueinander an. Ein alphabetisch sortiertes Glossar der englischen Originalbegriffe mit den kanonischen Definitionen finden Sie auf der offiziellen Python-Website auf *https://docs.python.org/3/glossary.html.*

Zweifellos werden Programmierer zu den Definitionen in diesem Kapitel Sonderfälle oder Ausnahmen vorbringen, über die sich endlos Haare spalten lassen. Dieses Kapitel ist nicht als maßgebliches Wörterbuch gedacht, sondern soll Ihnen verständliche Definitionen vermitteln. Ebenso erhebt es keinen Anspruch auf Vollständigkeit. Wie immer in der Programmierung gibt es auch hier noch viel mehr zu lernen.

Die Sprache Python und der Interpreter Python

Das Wort *Python* hat verschiedene Bedeutungen. Die Programmiersprache Python ist nach der britischen Komikertruppe Monty Python benannt und nicht nach der Schlange (wobei es in Python-Tutorials und in der Python-Dokumentation Anspielungen auf beides gibt). Auch auf dem Gebiet der Programmierung hat *Python* zwei verschiedene Bedeutungen.

In Wendungen wie »Python führt ein Programm aus« oder »Python löst eine Ausnahme aus« sprechen wir über den *Interpreter* Python, also die Software, die den Text in einer **.py*-Datei liest und die darin enthaltenen Anweisungen ausführt. Wenn wir »Python-Interpreter« sagen, meinen wir damit fast immer *CPython*, also den von der Python Software Foundation unterhaltenen Interpreter, der auf *https://www.python.org* erhältlich ist. CPython ist eine *Implementierung* der Sprache Python – also eine Software, die ihrer Spezifikation folgt –, aber es gibt noch andere. CPython selbst ist in C geschrieben. Ein anderer Interpreter ist *Jython*, geschrieben in Java und dazu gedacht, mit Java-Programmen interoperable Python-Skripte auszuführen. *PyPy*, ein *Just-in-time-Compiler* für Python, der die Kompilierung durchführt, während das Programm läuft, ist in Python geschrieben.

All diese Implementierungen führen Quellcode aus, der in der *Programmiersprache* Python geschrieben wurde. Sie ist es, worauf wir uns in Wendungen wie »ein Python-Programm« oder »ich lerne Python« beziehen. Im Idealfall sollte jeder Python-Interpreter in der Lage sein, jeglichen in der Sprache Python geschriebenen Quellcode auszuführen. In der Realität gibt es jedoch einige Inkompatibilitäten und Unterschiede zwischen den Interpretern. CPython wird als die *Referenzimplementierung* der Sprache Python bezeichnet. Das bedeutet, dass bei Unterschieden zwischen der Interpretation von Python-Code durch CPython und andere Interpreter das Verhalten von CPython als kanonisch und korrekt gilt.

Garbage Collection

In vielen Programmiersprachen der Frühzeit mussten Programmierer ihre Programme anweisen, Arbeitsspeicher für Datenstrukturen nach Bedarf zuzuweisen und freizugeben. Diese manuelle Speicherzuweisung war die Quelle für zahlreiche Bugs wie *Speicherlecks* (wenn vergessen wurde, Speicher freizugeben) oder *doppelte Freigaben* (wenn derselbe Arbeitsspeicher zweimal freigegeben wurde, was zu Datenbeschädigungen führte).

Um solche Bugs zu vermeiden, gibt es in Python eine *Garbage Collection*. Diese automatische Form der Speicherverwaltung erkennt, wann Speicher zugewiesen und freigegeben werden soll, sodass sich die Programmierer nicht darum kümmern müssen. Sie können sich diese Garbage Collection wie ein Recyclingsystem für Arbeitsspeicher vorstellen, da sie den Arbeitsspeicher wieder für neue Daten verfügbar macht. Probieren Sie das wie folgt in der interaktiven Shell aus:

```
>>> def someFunction():
...     print('someFunction() called.')
...     spam = ['cat', 'dog', 'moose']
...
>>> someFunction()
someFunction() called.
```

Beim Aufruf von `someFunction()` weist Python Speicher für die Liste `['cat', 'dog', 'moose']` zu. Als Programmierer müssen Sie nicht ausknobeln, wie viele Byte an Arbeitsspeicher Sie anfordern müssen, da sich Python automatisch darum kümmert. Der Garbage Collector von Python gibt die lokalen Variablen frei, wenn eine Funktion die Steuerung zurückgibt, und macht den betreffenden Arbeitsspeicher wieder für andere Daten verfügbar. Durch Garbage Collection wird Programmierung viel einfacher und weniger fehleranfällig.

Literale

Ein *Literal* ist Text im Quellcode für einen festen, ausgeschriebenen Wert. Betrachten Sie dazu das folgende Beispiel:

```
>>> age = 42 + len('Zophie')
```

Hier ist `42` ein Integer- und `'Zophie'` ein Stringliteral. Sie können sich ein Literal als einen Wert vorstellen, der *buchstäblich* (»literal«) im Quellcode erscheint. In Python-Quellcode können nur integrierte Datentypen Literalwerte haben. Die Variable `age` ist daher kein Literalwert. Tabelle 7–1 enthält einige Beispiele für Python-Literale.

Literal	Datentyp
`42`	Integer
`3.14`	Fließkommazahl
`1.4886191506362924e+36`	Fließkommazahl
`"""Howdy!"""`	String
`r'Green\Blue'`	String
`[]`	Liste
`{'name':'Zophie'}`	Dictionary
`b'\x41'`	Bytewert
`True`	Boolescher Wert
`None`	NoneType

Tab. 7–1 *Beispiele für Literale in Python*

Erbsenzähler werden einwenden, dass einige meiner Beispiele gemäß der Definition in der offiziellen Python-Dokumentation gar keine Literale seien. So ist `-5` eigentlich kein Literal in Python, da das Negationszeichen `-` als Operator definiert ist, der hier auf das Literal `5` angewendet wird. Außerdem werden `True`, `False` und `None` in Python eher als Schlüsselwörter angesehen und weniger als Literale. Je nachdem, welchen Teil der Dokumentation Sie konsultieren, werden auch `[]` und `{}` nicht als Literale, sondern als *Displays* oder *Atome* bezeichnet. Trotzdem ist Literal der gängige Begriff, den Softwarefachleute für all diese Beispiele verwenden.

Schlüsselwörter

Jede Programmiersprache verfügt über ihre eigenen *Schlüsselwörter*. Es handelt sich dabei um eine Reihe von Namen, die als Teil der Sprache reserviert sind und nicht als Variablennamen (also als Bezeichner) verwendet werden können. Beispielsweise ist es nicht möglich, eine Variable `while` zu nennen, da `while` bereits als Schlüsselwort für `while`-Schleifen reserviert ist. Die folgende Aufstellung gibt die Python-Schlüsselwörter mit Stand von Python 3.9 an:

and	continue	finally	is	raise
as	def	for	lambda	return
assert	del	from	None	True
async	elif	global	nonlocal	try
await	else	if	not	while
break	except	import	or	with
class	False	in	pass	yield

Python-Schlüsselwörter haben ausschließlich die englische Form. Es gibt keine »Übersetzungen« dafür in andere Sprachen. Während die folgende Beispielfunktion spanische Bezeichner enthält, bleiben die Schlüsselwörter `def` und `return` auf Englisch:

```
def agregarDosNúmeros(primerNúmero, segundoNúmero):
    return primerNúmero + segundoNúmero
```

Zum Leidwesen der vielleicht 6,5 Milliarden Menschen, die kein Englisch sprechen, ist Englisch die vorherrschende Sprache in der Programmierung.

Objekte, Werte und Identitäten

Ein *Objekt* ist eine Darstellung einzelner Daten, etwa einer Zahl, eines Texts oder einer komplizierteren Datenstruktur wie einer Liste oder eines Dictionarys. Alle Objekte können in Variablen gespeichert, als Argumente an Funktionsaufrufe übergeben und von Funktionsaufrufen zurückgegeben werden.

Jedes Objekt hat einen Wert, eine Identität und einen Datentyp. Der *Wert* besteht aus den Daten, für die das Objekt steht, also etwa dem Integer `42` oder dem String `'hello'`. Verwirrenderweise verwenden manche Programmierer den Begriff Wert auch synonym für Objekt, insbesondere bei einfachen Datentypen wie Integern und Strings. Beispielsweise ist eine Variable, die `42` enthält, eine Variable mit einem Integerwert; wir können aber auch sagen, dass sie ein Integerobjekt mit dem Wert `42` enthält.

Ein Objekt erhält bei seiner Erstellung eine *Identität*. Dabei handelt es sich um einen Integer, den Sie durch Aufruf der Funktion `id()` einsehen können. Probieren Sie das wie folgt in der interaktiven Shell aus:

```
>>> spam = ['cat', 'dog', 'moose']
>>> id(spam)
33805656
```

Die Variable spam speichert ein Objekt vom Datentyp einer Liste. Ihr Wert ist ['cat', 'dog', 'moose'] und ihre Identität 33805656 (wobei sich jedoch bei jeder Ausführung des Programms ein anderer Identitätswert ergibt, weshalb Sie beim Ausprobieren auf Ihrem Rechner auch einen anderen angezeigt bekommen). Nachdem ein Objekt erstellt wurde, ändert sich seine Identität nicht mehr, solange das Programm läuft. Das Gleiche gilt auch für den Datentyp. Der Wert dagegen kann sich ändern, wie das folgende Beispiel zeigt:

```
>>> spam.append('snake')
>>> spam
['cat', 'dog', 'moose', 'snake']
>>> id(spam)
33805656
```

Jetzt enthält die Liste auch 'snake'. Wie der Aufruf von id(spam) zeigt, hat sich jedoch die Identität nicht geändert. Wir haben es immer noch mit derselben Liste zu tun. Sehen wir uns nun aber an, was geschieht, wenn Sie den folgenden Code eingeben:

```
>>> spam = [1, 2, 3]
>>> id(spam)
33838544
```

Der Wert in spam wird hier durch ein neues Listenobjekt mit der neuen Identität 33838544 statt 33805656 überschrieben. Ein *Bezeichner* wie spam ist etwas anderes als eine *Identität*. Es können auch mehrere Bezeichner auf dasselbe Objekt verweisen, wie es in dem folgenden Beispiel bei den beiden Variablen der Fall ist, die demselben Dictionary zugewiesen werden:

```
>>> spam = {'name': 'Zophie'}
>>> id(spam)
33861824
>>> eggs = spam
>>> id(eggs)
33861824
```

Die Bezeichner spam und eggs haben beide die Identität 33861824, da sie beide auf dasselbe Dictionaryobjekt verweisen. Ändern Sie nun aber in der interaktiven Shell den Wert von spam wie folgt:

```
>>> spam = {'name': 'Zophie'}
>>> eggs = spam
>>> spam['name'] = 'Al'   ❶
>>> spam
{'name': 'Al'}
>>> eggs
{'name': 'Al'}   ❷
```

Die Änderungen, die Sie an `spam` vornehmen ❶, erscheinen hier rätselhafterweise auch in `eggs` ❷. Das liegt daran, dass beide Variablen auf dasselbe Objekt verweisen.

Metaphern für Variablen: Kisten oder Etiketten?

Viele Einsteigerbücher erklären Variablen mithilfe der Metapher von Kisten, was jedoch eine übermäßige Vereinfachung darstellt. Es ist zwar leicht, sich eine Variable wie in Abbildung 7–1 als eine Kiste vorzustellen, in der ein Wert gespeichert wird, aber dieser Vergleich funktioniert nicht mehr, wenn es um Verweise geht. In den Variablen `spam` und `eggs` aus dem vorhergehenden Beispiel sind keine verschiedenen Dictionarys gespeichert, sondern *Verweise* auf ein und dasselbe Dictionary im Arbeitsspeicher des Computers.

Abb. 7–1 *In vielen Büchern werden Variablen mit Kisten verglichen, die einen Wert enthalten.*

In Python sind Variablen gleich welchen Datentyps technisch gesehen jedoch keine Behälter für Werte, sondern Verweise. Der Vergleich mit Kisten ist zwar anschaulich, hinkt aber. Stellen Sie sich Variablen lieber wie in Abbildung 7–2 als Etiketten für die Objekte im Arbeitsspeicher vor:

→

Abb. 7–2 *Variablen können auch mit Etiketten an den Werten verglichen werden.*

Da mehrere Variablen auf dasselbe Objekt verweisen können, kann dieses Objekt in mehreren Variablen »gespeichert« sein. Mehrere Kisten können jedoch nicht alle dasselbe Objekt enthalten. Daher ist der Vergleich mit Etiketten besser geeignet. Mehr über dieses Thema erfahren Sie in dem Vortrag »Facts and Myths about Python Names and Values«, den Ned Batchelder auf der PyCon 2015 gehalten hat. Sie können ihn sich als Video auf *https://youtu.be/_AEJHKGk9ns* ansehen.

Wenn Ihnen nicht klar ist, dass der Zuweisungsoperator = nur den Verweis kopiert und nicht das eigentliche Objekt, besteht die Gefahr, dass sich Bugs in Ihre Programme einschleichen, weil Sie glauben, ein Duplikat eines Objekts anzulegen, während Sie in Wirklichkeit nur den Verweis auf das ursprüngliche Objekt kopieren. Zum Glück stellt sich dieses Problem bei unveränderbaren Werten wie Integern, Strings und Tupeln nicht. Die Gründe dafür werde ich im Abschnitt »Veränderbare und unveränderbare Objekte« auf Seite 131 darlegen.

Mit dem Operator `is` vergleichen Sie, ob zwei Objekte dieselbe Identität haben, wohingegen der Operator `==` prüft, ob die Werte der Objekte gleich sind. Der Ausdruck `x is y` ist also praktisch eine Abkürzung für `id(x) == id(y)`. Um sich den Unterschied vor Augen zu führen, geben Sie Folgendes in die interaktive Shell ein:

```
>>> spam = {'name': 'Zophie'}
>>> eggs = spam  ❶
>>> spam is eggs
True
>>> spam == eggs
True
>>> bacon = {'name': 'Zophie'}  ❷
>>> spam == bacon
True
>>> spam is bacon
False
```

Die Variablen `spam` und `eggs` verweisen auf dasselbe Dictionaryobjekt ❶, weshalb sie dieselbe Identität und denselben Wert haben. Dagegen verweist `bacon` auf ein anderes Dictionaryobjekt ❷, auch wenn es die gleichen Daten enthält wie `spam` und `eggs`. Daher hat `bacon` denselben Wert wie `spam` und `eggs`, ist aber ein anderes Objekt mit einer anderen Identität.

Elemente

Ein Objekt innerhalb eines Containerobjekts, also etwa in einer Liste oder einem Dictionary, wird in Python auch als *Element* bezeichnet. Beispielsweise sind die Strings in der Liste `['dog', 'cat', 'moose']` Objekte, aber gleichzeitig auch Elemente.

Veränderbare und unveränderbare Objekte

Wie bereits erwähnt, haben alle Objekte in Python einen Wert, einen Datentyp und eine Identität, wovon sich höchstens der Wert ändern lässt. Wenn das möglich ist, so handelt es sich um ein *veränderbares* Objekt, anderenfalls um ein *unveränderbares*. Tabelle 7–2 führt einige der veränderbaren und unveränderbaren Datentypen in Python auf.

Veränderbare Datentypen	Unveränderbare Datentypen
Listen	Integer
Dictionarys	Fließkommazahlen
Sets	Boolesche Werte
Bytearrays	Strings
Arrays	Eingefrorene Sets
	Bytes
	Tupel

Tab. 7–2 *Einige der veränderbaren und unveränderbaren Datentypen in Python*

Wenn Sie eine Variable überschreiben, mag es so aussehen, als würden Sie ihren Wert ändern, wie das folgende Beispiel in der interaktiven Shell zeigt:

```
>>> spam = 'hello'
>>> spam
'hello'
>>> spam = 'goodbye'
>>> spam
'goodbye'
```

Tatsächlich aber haben Sie den Wert des Objekts 'hello' nicht von 'hello' in 'goodbye' geändert. Es handelt sich dabei um zwei verschiedene Objekte. Sie haben lediglich dafür gesorgt, dass spam nicht mehr auf das Objekt 'hello' verweist, sondern auf das Objekt 'goodbye'. Zum Beweis lassen Sie sich mit der Funktion id() die Identitäten der beiden Objekte anzeigen:

```
>>> spam = 'hello'
>>> id(spam)
40718944
>>> spam = 'goodbye'
>>> id(spam)
40719224
```

Diese beiden Stringobjekte haben unterschiedliche Identitäten (40718944 bzw. 40719224), da es sich um zwei verschiedene Objekte handelt. Bei Variablen, die auf veränderbare Objekte verweisen, können die Werte dagegen *direkt* geändert werden. Probieren Sie das wie folgt in der interaktiven Shell aus:

```
>>> spam = ['cat', 'dog']
>>> id(spam)
33805576
>>> spam.append('moose')  ❶
>>> spam[0] = 'snake'  ❷
>>> spam
['snake', 'dog', 'moose']
>>> id(spam)
33805576
```

Sowohl die Methode ❶ als auch die Elementzuweisung durch Indizierung ❷ bearbeiten den Wert der Liste direkt. Auch wenn sich der *Wert* der Liste geändert hat, bleibt ihre *Identität* erhalten (33805576). Wenn Sie dagegen Listen mit dem Operator + verketten, erstellen Sie ein neues Objekt mit einer neuen Identität, das die alte Liste überschreibt:

```
>>> spam = spam + ['rat']
>>> spam
['snake', 'dog', 'moose', 'rat']
>>> id(spam)
33840064
```

Bei der Listenverkettung wird eine neue Liste mit einer neuen Identität erstellt. Die Garbage Collection wird den Arbeitsspeicher für die alte Liste schließlich freigeben. Um zu sehen, welche Methoden und Operationen Objekte direkt bearbeiten und welche sie überschreiben, ziehen Sie die Python-Dokumentation zuraten. Eine gute Faustregel lautet, dass Python wahrscheinlich ein neues Objekt erstellt, wenn der Code ein Literal enthält, etwa ['rat'] in dem vorherigen Beispiel, wohingegen eine Methode, die wie append() für das Objekt aufgerufen wird, das Objekt meistens direkt bearbeitet.

Bei unveränderbaren Datentypen wie Integern, Strings und Tupeln ist die Zuweisung einfacher. Probieren Sie dazu folgenden Code in der interaktiven Shell aus:

```
>>> bacon = 'Goodbye'
>>> id(bacon)
33827584
>>> bacon = 'Hello'  ❶
>>> id(bacon)
33863820
>>> bacon = bacon + ', world!'  ❷
>>> bacon
'Hello, world!'
>>> id(bacon)
33870056
>>> bacon[0] = 'J'  ❸
Traceback (most recent call last):
  File "<stdin>", line 1, in <module>
TypeError: 'str' object does not support item assignment
```

Strings sind unveränderbar. Es sieht zwar so aus, als würden Sie den Wert des Strings in bacon von 'Goodbye' in 'Hello' ändern ❶, doch in Wirklichkeit wird er durch ein neues Stringobjekt mit einer neuen Identität überschrieben. Auch ein Ausdruck mit Stringverkettung ruft ein neues Stringobjekt mit einer neuen Identität hervor ❷. Die direkte Änderung eines Strings durch Elementzuweisung ist in Python nicht zulässig ❸.

Der Wert eines *Tupels* ist als die Folge der Objekte definiert, die es enthält, und zwar in der angegebenen Reihenfolge, wobei die Objekte in runden Klammern angegeben sind. Da es sich bei Tupeln um unveränderbare Objekte handelt, können ihre Elemente nicht überschrieben werden:

```
>>> eggs = ('cat', 'dog', [2, 4, 6])
>>> id(eggs)
39560896
>>> id(eggs[2])
40654152
>>> eggs[2] = eggs[2] + [8, 10]
Traceback (most recent call last):
  File "<stdin>", line 1, in <module>
TypeError: 'tuple' object does not support item assignment
```

Eine veränderbare Liste innerhalb eines unveränderbaren Tupels lässt sich dagegen direkt ändern:

```
>>> eggs[2].append(8)
>>> eggs[2].append(10)
>>> eggs
('cat', 'dog', [2, 4, 6, 8, 10])
>>> id(eggs)
39560896
>>> id(eggs[2])
40654152
```

Dies ist zwar ein ziemlich obskurer Sonderfall, allerdings ist es wichtig, sich darüber im Klaren zu sein. Das Tupel verweist immer noch auf dieselben Objekte, wie Abbildung 7–3 zeigt. Enthält ein Tupel aber ein veränderbares Objekt und ändert dieses Objekt seinen Wert, dann ändert sich damit auch der Wert des Tupels.

Wie fast alle Pythonistas bezeichne ich Tupel als unveränderbar. Ob manche Tupel aber veränderbar genannt werden können oder nicht, hängt von der Definition ab. Ausführlicher habe ich mich dazu in meinem Vortrag »The Amazing Mutable, Immutable Tuple« auf der PyCascades 2019 geäußert (siehe *https://invpy.com/amazingtuple/*). Lesen Sie zu diesem Thema auch die Erklärung von Luciano Ramalho in Kapitel 2 von *Fluent Python* (O'Reilly Media, 2015).

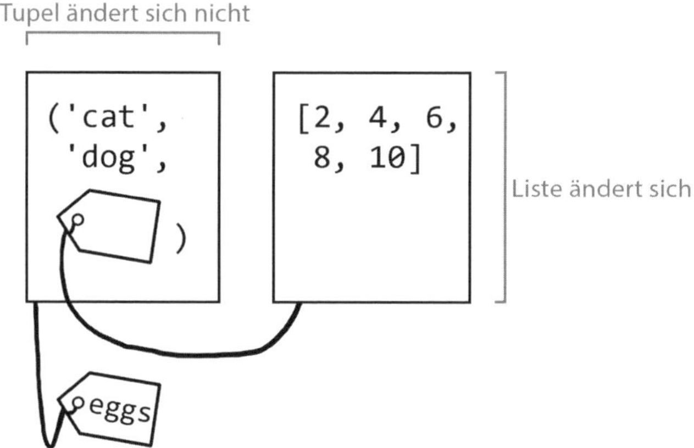

Abb. 7–3 *Auch wenn die Menge der Objekte in einem Tupel unveränderbar ist, können die Objekte selbst veränderbar sein.*

Indizes, Schlüssel und Hashes

Listen und Dictionarys in Python sind Werte, die mehrere andere Werte enthalten können. Für den Zugriff auf diese Werte verwenden Sie den *Indexoperator*, der aus einem Paar eckiger Klammern und einem Integer besteht, nämlich dem sogenannten *Index*, der angibt, an welchem Wert Sie interessiert sind. Um sich das am Beispiel einer Liste anzusehen, geben Sie Folgendes in die interaktive Shell ein:

```
>>> spam = ['cat', 'dog', 'moose']
>>> spam[0]
'cat'
>>> spam[-2]
'dog'
```

Die `0` ist hier ein Index. Ebenso wie in den meisten anderen Sprachen beginnt die Indizierung bei Python mit null, weshalb der erste Index `0` und nicht `1` lautet. Sprachen, bei denen die Indizierung mit eins beginnt, sind selten. Die wichtigsten davon sind Lua und R. In Python können Sie auch negative Indizes angeben, wobei sich `-1` auf das letzte Element der Liste bezieht, `-2` auf das vorletzte usw. Ein negativer Index wie `spam[-n]` ist also gleichbedeutend mit `spam[len(spam) - n]`.

Hinweis

Der Informatiker und Liedermacher Stan Kelly-Bootle hat einmal gewitzelt: »Sollten Arrayindizes bei 0 oder bei 1 beginnen? Mein Kompromissvorschlag 0,5 wurde abgelehnt, ohne ihm meiner Meinung nach gebührende Berücksichtigung zu schenken.«

Sie können den Indexoperator auch auf Listenliterale anwenden, wobei die vielen eckigen Klammern jedoch verwirrend aussehen und diese Vorgehensweise in der Praxis unnötig ist:

```
>>> ['cat', 'dog', 'moose'][2]
'moose'
```

Die Indizierung können Sie auch bei anderen Werten als Listen nutzen, etwa um einzelne Buchstaben aus einem String abzurufen:

```
>>> 'Hello, world'[0]
'H'
```

Dictionarys sind dagegen durch *Schlüssel-Wert-Paare* gegliedert:

```
>>> spam = {'name': 'Zophie'}
>>> spam['name']
'Zophie'
```

Während die Indizes von Listen auf Integer beschränkt sind, ist der Indexoperator eines Dictionarys ein *Schlüssel*, der ein beliebiges hashfähiges Objekt sein kann. Ein *Hash* wiederum ist ein Integer, der als eine Art Fingerabdruck für einen Wert dient. Der Hash eines Objekts ändert sich während der gesamten Lebensdauer dieses Objekts nicht, und Objekte mit demselben Wert müssen auch denselben Hash haben. Der String `'name'` in dem vorstehenden Beispiel ist der Schlüssel für den Wert `'Zophie'`. Die Funktion `hash()` gibt den Hash eines Objekts zurück, sofern dieses *hashfähig* ist. Unveränderbare Objekte wie Strings, Integer, Fließkommazahlen und Tupel können hashfähig sein, Listen sowie andere veränderbare Objekte dagegen nicht. Probieren Sie Folgendes in der interaktiven Shell aus:

```
>>> hash('hello')
-1734230105925061914
>>> hash(42)
42
>>> hash(3.14)
322818021289917443
>>> hash((1, 2, 3))
2528502973977326415
>>> hash([1, 2, 3])
Traceback (most recent call last):
  File "<stdin>", line 1, in <module>
TypeError: unhashable type: 'list'
```

Auf die Einzelheiten kann ich in diesem Buch nicht eingehen. Belassen wir es dabei, dass der Hash eines Schlüssels dazu dient, die Elemente zu finden, die in Dictionarys und Sets gespeichert sind. Aus diesem Grund ist es nicht möglich, eine veränderbare Liste als Schlüssel in einem Dictionary einzusetzen:

```
>>> d = {}
>>> d[[1, 2, 3]] = 'some value'
Traceback (most recent call last):
  File "<stdin>", line 1, in <module>
TypeError: unhashable type: 'list'
```

Ein Hash ist etwas anderes als eine Identität. Zwei verschiedene Objekte mit demselben Wert haben unterschiedliche Identitäten, aber denselben Hash, wie das folgende Beispiel zeigt:

```
>>> a = ('cat', 'dog', 'moose')
>>> b = ('cat', 'dog', 'moose')
>>> id(a), id(b)
(37111992, 37112136)
>>> id(a) == id(b)   ❶
False
>>> hash(a), hash(b)
(-3478972040190420094, -3478972040190420094)
>>> hash(a) == hash(b)   ❷
True
```

Die Tupel, auf die a und b verweisen, haben unterschiedliche Identitäten ❶, doch da sie beide denselben Wert haben, sind auch ihre Hashes identisch ❷. Ein Tupel ist nur dann hashfähig, wenn es ausschließlich hashfähige Elemente enthält. Da Sie nur hashfähige Elemente als Schlüssel in einem Dictionary verwenden können, ist es nicht möglich, ein Tupel als Schlüssel einzusetzen, das eine nicht hashfähige Liste enthält:

```
>>> tuple1 = ('cat', 'dog')
>>> tuple2 = ('cat', ['apple', 'orange'])
>>> spam = {}
>>> spam[tuple1] = 'a value'  ❶
>>> spam[tuple2] = 'another value'  ❷
Traceback (most recent call last):
  File "<stdin>", line 1, in <module>
TypeError: unhashable type: 'list'
```

Hier ist tuple1 hashfähig ❶, wohingegen tuple2 eine nicht hashfähige Liste enthält ❷ und daher selbst nicht hashfähig ist.

Container-, Folgen-, Maps- und Set-Datentypen

Die Begriffe *Container*, *Folge* und *Map* haben in Python nicht unbedingt dieselbe Bedeutung wie in anderen Programmiersprachen. In Python ist ein *Container* ein Objekt eines beliebigen Datentyps, das mehrere andere Datentypen enthalten kann. Listen und Dictionarys sind zwei der gängigen Containertypen in Python.

Eine *Folge* oder *Sequenz* ist ein Containerdatentyp, in dem die Werte geordnet und über ganzzahlige Indizes zugänglich sind. Strings, Tupel, Listen und Byteobjekte gehören in diese Kategorie. Die Werte von Objekten dieses Typs können Sie durch Angabe des entsprechenden Index im Indexoperator (also in eckigen Klammern) ansprechen. Außerdem können Sie diese Objekte an die Funktion len() übergeben. »Geordnet« heißt in diesem Zusammenhang, dass die Werte eine feste Reihenfolge haben. Die folgenden beiden Listenwerte gelten nicht als gleich, weil sie unterschiedlich geordnet sind:

```
>>> [1, 2, 3] == [3, 2, 1]
False
```

Eine *Map* (oder *Zuordnung*) ist ein Containerdatentyp mit Schlüsseln anstelle von Indizes. Maps können geordnet oder ungeordnet sein. Bis einschließlich Python 3.4 waren Dictionarys ungeordnet, da es keine festgelegte Reihenfolge der Schlüssel-Wert-Paare gab:

```
>>> spam = {'a': 1, 'b': 2, 'c': 3, 'd': 4}  # Beispiel aus CPython 3.5
>>> list(spam.keys())
['a', 'c', 'd', 'b']
>>> spam['e'] = 5
>>> list(spam.keys())
['e', 'a', 'c', 'd', 'b']
```

Wenn Sie Elemente aus Dictionarys von älteren Python-Versionen abrufen, erscheinen sie in willkürlicher Reihenfolge. Daher werden zwei Dictionaryliterale als gleich angesehen, wenn sie dieselben Schlüssel-Wert-Paare aufweisen, auch wenn diese in unterschiedlicher Reihenfolge stehen:

```
>>> {'a': 1, 'b': 2, 'c': 3} == {'c': 3, 'a': 1, 'b': 2}
True
```

Ab CPython 3.6 bleiben die Schlüssel-Wert-Paare von Dictionarys jedoch in der Reihenfolge, in der sie eingefügt wurden:

```
>>> spam = {'a': 1, 'b': 2, 'c': 3, 'd': 4}  # Beispiel aus CPython 3.6
>>> list(spam)
['a', 'b', 'c', 'd']
>>> spam['e'] = 5
>>> list(spam)
['a', 'b', 'c', 'd', 'e']
```

Dies ist ein Merkmal des Interpreters CPython 3.6, aber nicht von anderen Interpretern für Python 3.6. Seit Python 3.7 sind geordnete Dictionarys jedoch ein Standardmerkmal der Sprache und werden daher von allen Interpretern unterstützt. Dass Dictionarys jetzt eine feste Reihenfolge haben, heißt jedoch nicht, dass ihre Elemente über Indizes zugänglich wären. Nach wie vor wird `spam[0]` nicht zum ersten Element in einem geordneten Dictionary ausgewertet (es sei denn, dass das erste Element zufällig den Schlüssel `0` hätte). Außerdem werden auch geordnete Dictionarys als gleich angesehen, wenn sie über dieselben Schlüssel-Wert-Paare verfügen, wobei sich die Reihenfolge unterscheiden kann.

Das Modul `collections` enthält noch viele andere Arten von Maps, darunter `OrderedDict`, `ChainMap`, `Counter` und `UserDict`. Eine ausführlichere Beschreibung erhalten Sie in der Onlinedokumentation auf *https://docs.python.org/3/*.

Dunder- oder magische Methoden

Dunder-Methoden, auch als *magische Methoden* bezeichnet, sind besondere Methoden in Python, deren Namen mit je zwei Unterstrichen beginnen und enden. Sie werden zum Überladen von Operatoren verwendet. Die Bezeichnung »dunder«

ist eine Abkürzung für »double underscore«, also »doppelter Unterstrich«. Die gebräuchlichste dieser Methoden ist `__init__()` zur Initialisierung von Objekten. In Python gibt es einige Dutzend Dunder-Methoden, die in Kapitel 17 ausführlicher erklärt werden.

Module und Pakete

Ein *Modul* ist ein Python-Programm, das andere Python-Programme importieren können, um seinen Code zu nutzen. Die im Lieferumfang von Python enthaltenen Module werden gesammelt als *Python-Standardbibliothek* bezeichnet. Daneben können Sie aber auch Ihre eigenen Module erstellen. Wenn Sie ein Python-Programm etwa als *spam.py* speichern, können andere Programme die Anweisung `import spam` ausführen, um auf die Funktionen, Klassen und Variablen der obersten Ebene in *spam.py* zuzugreifen.

Ein *Paket* ist eine Sammlung von Modulen. Um ein solches Paket zu schnüren, stellen Sie eine Datei namens *__init__.py* in einen Ordner. Anschließend können Sie den Ordnernamen als Paketnamen verwenden. Pakete können mehrere Module (also *.py*-Dateien) und andere Pakete enthalten (also andere Ordner jeweils mit einer *__init__.py*-Datei).

Genauere Erklärungen und Einzelheiten über Module und Pakete finden Sie in der offiziellen Python-Dokumentation auf *https://docs.python.org/3/tutorial/modules.html*.

Aufrufbare Objekte und Objekte erster Klasse

In Python können Sie noch mehr Dinge aufrufen als lediglich Funktionen und Methoden. Jedes Objekt, das den *Aufrufoperator* implementiert – also das Klammernpaar `()` –, gilt als *aufrufbar*. Bei einer Anweisung wie beispielsweise `def hello():` können Sie sich `hello` als eine Variable vorstellen, die ein Funktionsobjekt enthält. Durch die Anwendung des Aufrufoperators auf diese Variable rufen Sie die Funktion in der Variablen dann auf: `hello()`.

Das Konzept der Klassen stammt aus der objektorientierten Programmierung. Klassen sind ein Beispiel für aufrufbare Objekte, bei denen es sich nicht um Funktionen oder Methoden handelt. Beispielsweise wird die Klasse `date` aus dem Modul `datetime` mit dem Aufrufoperator aufgerufen, z.B. als `datetime.date(2020, 1, 1)`. Beim Aufruf eines Klassenobjekts wird der Code in der Methode `__init__()` dieser Klasse ausgeführt. Weitere Einzelheiten über Klassen erfahren Sie in Kapitel 15.

Funktionen sind in Python *Objekte erster Klasse*. Das bedeutet, dass Sie sie in Variablen speichern, als Argumente in Funktionsaufrufen übergeben, von Funktionsaufrufen zurückgeben und alles andere mit ihnen anstellen können, was sich mit einem Objekt tun lässt. Denken Sie sich die Anweisung `def` als die Zuweisung eines Funktionsobjekts zu einer Variablen. Beispielsweise erstellen Sie wie folgt die Funktion `spam()` und rufen sie anschließend auf:

```
>>> def spam():
... print('Spam! Spam! Spam!')
...
>>> spam()
Spam! Spam! Spam!
```

Sie können die Funktion `spam()` auch anderen Variablen zuweisen. Wenn Sie dann eine solche Variable aufrufen, führt Python die Funktion aus:

```
>>> eggs = spam
>>> eggs()
Spam! Spam! Spam!
```

Diese Variablen werden als *Aliase* bezeichnet, also als alternative Namen für bestehende Funktionen. Sie werden sie oft benötigen, wenn Sie eine Funktion umbenennen müssen, der alte Name aber in einem so umfangreichen Codestamm vorkommt, dass es zu mühselig wäre, ihn überall zu ändern.

Die häufigste Anwendung von Funktionen erster Klasse besteht darin, Funktionen an andere Funktionen zu übergeben. Beispielsweise können wir die Funktion `callTwice()` definieren und ihr dann eine Funktion übergeben, die zweimal aufgerufen werden muss:

```
>>> def callTwice(func):
...     func()
...     func()
...
>>> callTwice(spam)
Spam! Spam! Spam!
Spam! Spam! Spam!
```

Sie könnten auch einfach zweimal `spam()` in ihren Quellcode schreiben. Allerdings bietet Ihnen die hier gezeigte Vorgehensweise die Möglichkeit, die Funktion `callTWice()` zur Laufzeit auf jegliche Funktionen anzuwenden, anstatt die Funktionsaufrufe vorab zweimal in den Quellcode zu schreiben.

Häufig verwechselte Begriffe

Fachjargon ist schon verwirrend genug, vor allem, wenn Begriffe zwar eng verwandt, aber trotzdem unterschiedlich definiert sind. Um die Sache noch schlimmer zu machen, kann es sein, dass unterschiedliche Begriffe in machen Sprachen, Betriebssystemen oder Fachgebieten als synonym angesehen werden oder dass ein Begriff unterschiedliche Bedeutungen hat. Um mit anderen Programmierern ohne Missverständnisse kommunizieren zu können, müssen Sie die Unterschiede zwischen den folgenden Begriffen kennen.

Anweisungen und Ausdrücke

Ausdrücke sind Instruktionen, die aus Operatoren und Werten bestehen und zu einem einzigen Wert ausgewertet werden. Werte können dabei auch Variablen sein (die einen Wert enthalten) oder Funktionsaufrufe (die einen Wert zurückgeben). So ist `2 + 2` ein Ausdruck, der zu dem einzelnen Wert `4` ausgewertet wird. Aber auch `len(myName) > 4` und `myName.isupper() or myName == 'Zophie'` sind Ausdrücke. Ein Wert an sich ist ebenfalls ein Ausdruck und wird zu sich selbst ausgewertet.

Anweisungen sind letzten Endes alle anderen Instruktionen in Python. Dazu gehören `if`-Anweisungen, `for`-Anweisungen, `def`-Anweisungen, `return`-Anweisungen usw. Sie werden *nicht* zu einem Wert ausgewertet. Anweisungen können auch Ausdrücke enthalten, etwa eine Zuweisungsanweisung wie `spam = 2 + 2` oder eine `if`-Anweisung wie `if myName == 'Zophie':`.

Während es in Python 3 die Funktion `print()` gibt, wird in Python 2 stattdessen die Anweisung `print` verwendet. Es mag so aussehen, als unterschieden sich die beiden nur in dem Klammernpaar. Allerdings hat die `print()`-Funktion von Python 3 einen Rückgabewert (der immer `None` lautet), kann als Argument an andere Funktionen übergeben und einer Variablen zugewiesen werden. All dies ist mit Anweisungen nicht möglich. Dennoch können Sie auch in Python 2 die Klammern verwenden, wie das folgende Beispiel zeigt:

```
>>> print 'Hello, world!'  # Läuft in Python 2
Hello, world!
>>> print('Hello, world!') # Läuft in Python 2   ❶
Hello, world!
```

Auch wenn dies wie ein Funktionsaufruf aussieht ❶, handelt es sich in Wirklichkeit um eine `print`-Anweisung mit einem Stringwert in Klammern. Ebenso ist auch die Schreibweise `spam = (2 + 2)` gleichwertig mit `spam = 2 + 2`. Sowohl in Python 2 als auch in Python 3 ist es möglich, mehrere Werte an die Anweisung `print` bzw. die Funktion `print()` zu übergeben. In Python 3 sieht das wie folgt aus:

```
>>> print('Hello', 'world') # Ausgeführt in Python 3
Hello world
```

In Python 2 würde dieser Code jedoch so aufgefasst, als wollten Sie ein Tupel aus zwei Stringwerten in einer `print`-Anweisung übergeben, was zu folgender Ausgabe führt:

```
>>> print('Hello', 'world') # Ausgeführt in Python 2
('Hello', 'world')
```

Zwischen einer Anweisung und einem Ausdruck mit einem Funktionsaufruf bestehen feine, aber für die Praxis relevante Unterschiede.

Blöcke, Klauseln und Rümpfe

Die Begriffe *Block*, *Klausel* und *Rumpf* werden oft synonym für Gruppen von Python-Instruktionen verwendet. Ein *Block* beginnt mit einer Einrückung und endet, wenn das Format wieder zur vorherigen Einrückungsebene zurückkehrt. Beispielsweise ist der Code, der auf eine `if`- oder `for`-Anweisung folgt, deren Block. Nach Anweisungen, die mit einem Doppelpunkt enden, ist ein neuer Block erforderlich, z.B. nach `if`, `else`, `for`, `while`, `def`, `class` usw.

Allerdings sind in Python auch Blöcke auf derselben Zeile zulässig. Das folgende Beispiel ist daher gültige Python-Syntax, wenn auch keine empfehlenswerte:

```
if name == 'Zophie': print('Hello, kitty!')
```

Mit einem Semikolon können Sie auch mehrere Instruktionen im Block einer `if`-Anweisung kombinieren:

```
if name == 'Zophie': print('Hello, kitty!'); print('Do you want a treat?')
```

Allerdings können Sie in solche Einzeiler keine anderen Anweisungen aufnehmen, die selbst einen neuen Block erfordern. Das folgende Beispiel funktioniert daher nicht:

```
if name == 'Zophie': if age < 2: print('Hello, kitten!')
```

Dieser Code ist ungültig, denn sollte sich in der nächsten Zeile eine `else`-Anweisung befinden, wäre es unklar, zu welcher `if`-Anweisung sie gehört.

In der offiziellen Python-Dokumentation wird statt Block die Bezeichnung *Klausel* bevorzugt (*https://docs.python.org/3/reference/compound_stmts.html*).

Der folgende Code ist eine Klausel:

```
if name == 'Zophie':
    print('Hello, kitty!')
    print('Do you want a treat?')
```

Die `if`-Anweisung ist der *Kopf* der *Klausel*, während die beiden Aufrufe von `print()` darunter den *Rumpf* bilden. In der offiziellen Python-Dokumentation wird mit dem Begriff *Block* Code bezeichnet, der als Einheit ausgeführt wird, also etwa ein Modul, eine Funktion oder eine Klassendefinition (*https://docs.python.org/3/reference/executionmodel.html*).

Variablen und Attribute

Variablen sind lediglich Namen, die auf Objekte verweisen. *Attribute* dagegen sind in den Worten der offiziellen Dokumentation »alle Namen, die auf einen Punkt folgen« (*https://docs.python.org/3/tutorial/classes.html#python-scopes-and-namespaces*). Dabei sind Attribute mit Objekten verknüpft (den Namen vor dem Punkt). Probieren Sie Folgendes in der interaktiven Shell aus:

```
>>> import datetime
>>> spam = datetime.datetime.now()
>>> spam.year
2018
>>> spam.month
1
```

In diesem Codebeispiel ist `spam` eine Variable, die ein `datetime`-Objekt enthält (das von `datetime.datetime.now()` zurückgegeben wurde). Bei `year` und `month` dagegen handelt es sich um Attribute dieses Objekts. In einem Fall wie `sys.exit()` wird sogar die Funktion `exit()` als Attribut des Modulobjekts `sys` betrachtet.

In anderen Sprachen werden Attribute auch als *Felder*, *Eigenschaften* oder *Membervariablen* bezeichnet.

Funktionen und Methoden

Eine *Funktion* ist zusammengehöriger Code, der beim Aufruf der Funktion ausgeführt wird. Eine *Methode* ist eine Funktion (oder ein *aufrufbares Objekt*, wie weiter vorn erklärt), die mit einer Klasse verknüpft ist, so wie ein Attribut eine mit einer Klasse verknüpfte Variable ist. Zu den Funktionen gehören auch die integrierten Funktionen und Funktionen aus Modulen. Geben Sie die folgenden Beispiele in die interaktive Shell ein:

```
>>> len('Hello')
5
>>> 'Hello'.upper()
'HELLO'
>>> import math
>>> math.sqrt(25)
5.0
```

Hier ist `len()` eine Funktion und `upper()` eine Stringmethode. Methoden gelten auch als Attribute der Objekte, zu denen sie gehören. Beachten Sie aber, dass ein Punkt nicht zwangsläufig anzeigt, dass Sie es mit einer Methode statt mit einer Funktion zu tun haben. So gehört die Funktion `sqrt()` zwar zu `math`, aber das ist ein Modul und keine Klasse.

Iterierbare Objekte und Iteratoren

Die `for`-Schleifen von Python sind sehr vielseitig. Die Anweisung `for i in range(3):` führt einen Codeblock dreimal aus. Mit dem Aufruf `range(3)` wird nicht einfach nur die `for`-Schleife angewiesen, den Code dreimal auszuführen. Tatsächlich gibt dieser Aufruf ein Bereichsobjekt zurück, so wie `list('cat')` ein Listenobjekt zurückgibt. Beide sind Beispiele für *iterierbare Objekte*.

Iterierbare Objekte werden in `for`-Schleifen verwenden. Geben Sie den folgenden Code in die interaktive Shell ein, um selbst auszuprobieren, wie eine `for`-Schleife ein Bereichs- und ein Listenobjekt durchläuft:

```
>>> for i in range(3):
...     print(i) # Rumpf der for-Schleife
...
0
1
2
>>> for i in ['c', 'a', 't']:
...     print(i) # Rumpf der for-Schleife
...
c
a
t
```

Zu den iterierbaren Objekten gehören alle Folgentypen, also Bereichs-, Listen-, Tupel- und Stringobjekte, aber auch einige Containerobjekte wie Dictionary-, Set- und Dateiobjekte.

Hinter den Kulissen geschieht aber noch mehr: Python ruft die integrierten Funktionen `iter()` und `next()` für die `for`-Schleife auf. In einer solchen Schleife werden die *iterierbaren Objekte* an die Funktion `iter()` übergeben, die ein *Itera-*

torobjekt zurückgibt. Während die iterierbaren Objekte die Elemente enthalten, merkt sich das Iteratorobjekt, welches Element als Nächstes an der Reihe ist. Bei jedem Schleifendurchlauf wird das Iteratorobjekt an die Funktion `next()` übergeben, die das nächste Element aus dem iterierbaren Objekt zurückgibt. Um uns anzusehen, wie `for`-Schleifen funktionieren, können wir `iter()` und `next()` auch manuell aufrufen. Geben Sie den folgenden Code in die interaktive Shell ein, um denselben Vorgang auszuführen wie in dem vorherigen Beispiel:

```
>>> iterableObj = range(3)
>>> iterableObj
range(0, 3)
>>> iteratorObj = iter(iterableObj)
>>> i = next(iteratorObj)
>>> print(i)  # Rumpf der for-Schleife
0
>>> i = next(iteratorObj)
>>> print(i)  # Rumpf der for-Schleife
1
>>> i = next(iteratorObj)
>>> print(i)  # Rumpf der for-Schleife
2
>>> i = next(iteratorObj)
Traceback (most recent call last):
  File "<stdin>", line 1, in <module>
StopIteration   ❶
```

Wenn Sie `next()` aufrufen, nachdem das letzte Element des iterierbaren Objekts zurückgegeben wurde, löst Python die Ausnahme `StopIteration` aus ❶. Anstatt Programme mit dieser Fehlermeldung abstürzen zu lassen, wird diese Ausnahme in den `for`-Schleifen von Python abgefangen, sodass sie genau wissen, wann sie mit der Iteration aufhören müssen.

Ein Iterator kann die Elemente in einem iterierbaren Objekt nur einmal durchlaufen, ähnlich wie Sie den Inhalt einer Datei mit `open()` und `readlines()` nur einmal lesen können. Zum erneuten Lesen des Inhalts müssen Sie die Datei neu öffnen. Wollen Sie ein iterierbares Objekt erneut durchlaufen, müssen Sie ebenfalls `iter()` erneut aufrufen, um ein neues Iteratorobjekt zu erstellen. Dabei können Sie so viele Iteratorobjekte erstellen, wie Sie wollen. Jedes davon merkt sich unabhängig von den anderen, welches Element es als Nächstes zurückgeben muss. Probieren Sie das wie folgt in der interaktiven Shell aus:

```
>>> iterableObj = list('cat')
>>> iterableObj
['c', 'a', 't']
>>> iteratorObj1 = iter(iterableObj)
>>> iteratorObj2 = iter(iterableObj)
```

```
>>> next(iteratorObj1)
'c'
>>> next(iteratorObj1)
'a'
>>> next(iteratorObj2)
'c'
```

Merken Sie sich, dass ein iterierbares Objekt als Argument an die Funktion `iter()` übergeben wird, die dann ein Iteratorobjekt zurückgibt. Iteratorobjekte werden an die Funktion `next()` übergeben. Wenn Sie mit `class`-Anweisungen Ihre eigenen Datentypen erstellen, können Sie die besonderen Methoden `__iter__()` und `__next__()` implementieren, um Ihre Objekte in `for`-Schleifen verwenden zu können.

Syntax-, Laufzeit- und semantische Fehler

Bugs lassen sich auf verschiedene Weisen einteilen. Grob lassen sich drei Arten von Programmierfehlern unterscheiden: Syntaxfehler, Laufzeitfehler und semantische Fehler.

Die *Syntax* ist die Gesamtheit der Regeln für die gültigen Instruktionen in einer Programmiersprache. Ein *Syntaxfehler*, also etwa eine fehlende Klammer, ein Punkt statt eines Kommas oder ein anderer Tippfehler führt unmittelbar dazu, dass die Ausnahme `SyntaxError` ausgelöst wird. Syntaxfehler werden auch als Parsingfehler bezeichnet, da sie auftreten, wenn der Python-Interpreter den Quellcode zu parsen versucht, aber nicht in gültige Instruktionen umwandeln kann. Solche Fehler sind vergleichbar mit Grammatikfehlern im Deutschen oder einer unsinnigen Aneinanderreihung von Wörtern, etwa »durch nicht kontaminierten Käse sicherlich es ist«. Computer brauchen konkrete Instruktionen. Sie können nicht die Gedanken des Programmierers lesen, um auszuknobeln, was das Programm tun soll. Daher kann ein Programm mit Syntaxfehlern gar nicht erst ausgeführt werden.

Ein *Laufzeitfehler* liegt dagegen vor, wenn ein laufendes Programm eine bestimmte Aufgabe nicht ausführen kann, etwa wenn es versucht, eine Datei zu öffnen, die es gar nicht gibt, oder durch null zu teilen. Das ist etwa vergleichbar damit, im Deutschen unsinnige Anweisungen zu geben wie: »Zeichne ein Quadrat mit drei Seiten.« Wird ein Laufzeitfehler nicht abgefangen, so stürzt das Programm ab und zeigt eine Ablaufverfolgung an. Mithilfe von `try-except`-Anweisungen, die Code zur Fehlerbehandlung ausführen, können Sie Laufzeitfehler abfangen. Probieren Sie das folgende Beispiel in der interaktiven Shell aus:

```
>>> slices = 8
>>> eaters = 0
>>> print('Each person eats', slices / eaters, 'slices.')
```

Wenn Sie versuchen, diesen Code auszuführen, wird eine Ablaufverfolgung angezeigt:

```
Traceback (most recent call last):
  File "<pyshell#4>", line 1, in <module>
    print('Each person eats', slices / eaters, 'slices.')
ZeroDivisionError: division by zero
```

Denken Sie daran, dass die im Traceback erwähnte Zeile lediglich die Stelle angibt, an der der Python-Interpreter den Fehler bemerkt hat. Die eigentliche Ursache kann in der vorhergehenden Zeile liegen oder sich viel weiter vorn im Code verstecken.

Syntaxfehler im Quellcode werden vom Interpreter vor der Ausführung des Programms erfasst, können aber auch zur Laufzeit auftreten. Die Funktion `eval()` nimmt einen String mit Python-Code entgegen und führt ihn aus, was zur Laufzeit einen Syntaxfehler auslösen kann. Beispielsweise fehlt in `eval('print("Hello, world)')` das schließende doppelte Anführungszeichen, was sich jedoch erst bemerkbar macht, wenn der Code `eval()` aufruft.

Semantische Fehler (auch als *logische Fehler* bezeichnet) sind weniger offensichtlich. Sie rufen keine Fehlermeldungen hervor und führen auch nicht zu einem Absturz. Stattdessen führt der Computer die Instruktionen zwar aus, aber nicht so, wie der Programmierer es beabsichtigt hat. Stellen Sie sich etwa vor, Sie würden jemandem sagen: »Kaufe einen Karton Milch im Laden, und wenn es in dem Laden auch Eier gibt, kaufe ein Dutzend.« Wenn die Person diese Anweisung wörtlich nimmt, würde sie in dem Fall, dass der Laden Eier führt, 13 Kartons Milch kaufen. Computer machen genau das, was Sie ihnen befehlen – ob Sie es so beabsichtigt haben oder nicht. Probieren Sie das wie folgt in der interaktiven Shell aus:

```
>>> print('The sum of 4 and 2 is', '4' + '2')
```

Daraufhin erhalten Sie folgende Ausgabe:

```
The sum of 4 and 2 is 42
```

Offensichtlich ist `42` nicht die gewünschte Antwort. Das Programm ist aber nicht abgestürzt. Da der Operator `+` in Python sowohl Integerwerte addiert als auch Stringwerte verkettet, führt die versehentliche Verwendung der Stringwerte `'4'` und `'2'` statt der Integer zu dem unbeabsichtigten Verhalten.

Parameter und Argumente

Parameter sind die Variablen, deren Namen in Klammern in einer `def`-Anweisung stehen. *Argumente* dagegen sind die Werte, die in einem Funktionsaufruf übergeben und dann den Parametern zugewiesen werden. Geben Sie Folgendes in die interaktive Shell ein:

```
>>> def greeting(name, species):   ❶
...     print(name + ' is a ' + description)
...
>>> greeting('Zophie', 'cat')   ❷
Zophie is a cat
```

Bei `name` und `species` in der `def`-Anweisung handelt es sich um Parameter ❶, bei `'Zophie'` und `'cat'` im Funktionsaufruf um Argumente ❷. Diese beiden Begriffe werden oft verwechseln. Merken Sie sich, dass Parameter und Argument lediglich die Bezeichnungen für Variable bzw. Wert in diesem Kontext sind.

Implizite und explizite Typumwandlung

Es ist möglich, ein Objekt eines Typs in ein Objekt eines anderen Typs umzuwandeln. Beispielsweise konvertiert `int('42')` den String `'42'` in den Integer `42`. Tatsächlich wird das Stringobjekt `'42'` jedoch nicht verändert; stattdessen erstellt die Funktion `int()` ein neues Integerobjekt auf der Grundlage des ursprünglichen Objekts. Bei einer *expliziten Typumwandlung* wie hier erfolgt ein *Casting*, wobei Programmierer jedoch trotzdem häufig von Konvertierung sprechen.

Python führt auch oft eine *implizite* Typumwandlung durch, etwa bei der Auswertung eines Ausdrucks wie `2 + 3.0` zu `5.0`. Die Werte `2` und `3.0` werden hier in einen gemeinsamen Datentyp umgewandelt, mit dem der Operator arbeiten kann.

Diese implizite Typumwandlung führt manchmal zu überraschenden Ergebnissen. Die booleschen Werte `True` und `False` können in Python implizit in die Integerwerte `1` und `0` umgewandelt werden. Natürlich würden Sie boolesche Werte in der Praxis niemals dadurch ersetzen wollen. Allerdings hat dies zur Folge, dass ein Ausdruck wie `True + False + True` dem Ausdruck `1 + 0 + 1` entspricht und zu `2` ausgewertet wird. Das könnte Sie dazu verleiten, eine Liste von booleschen Werten an `sum()` zu übergeben, um die Anzahl der `True`-Werte darin zu bestimmen. Tatsächlich aber geht es mit der Listenmethode `count()` schneller.

Eigenschaften und Attribute

In vielen Sprachen werden die Begriffe *Eigenschaft* und *Attribut* synonym verwendet, doch in Python weisen sie unterschiedliche Bedeutungen auf. Wie im Abschnitt »Variablen und Attribute« auf Seite 143 erklärt, ist ein Attribut ein Name, der mit einem Objekt verknüpft ist. So zählen Membervariablen und Methoden eines Objekts zu den Attributen.

Andere Sprachen, darunter Java, haben Get- und Set-Methoden für Klassen. Dort ist es nicht möglich, einem Attribut direkt einen (möglicherweise ungültigen) Wert zuzuweisen. Stattdessen muss die Set-Methode für das Attribut aufgerufen werden. Der Code in dieser Methode kann dann sicherstellen, dass der Membervariablen nur gültige Werte zugewiesen werden. Umgekehrt dient die Get-Methode dazu, den Wert eines Attributs zu lesen. Bei benannten Attributen wie beispielsweise `accountBalance` heißen die Get- und Set-Methoden gewöhnlich `getAccountBalance()` bzw. `setAccountBalance()`.

In Python machen *Eigenschaften* es möglich, Get- und Set-Methoden mit einer viel saubereren Syntax zu verwenden. Mehr darüber erfahren Sie in Kapitel 17.

Bytecode und Maschinencode

Quellcode wird in *Maschinencode* kompiliert, eine Form von Instruktionen, die die CPU unmittelbar ausführen kann. Dieser Maschinencode besteht aus Instruktionen aus dem integrierten *Befehlssatz* der CPU. Ein kompiliertes Programm in Maschinencode hat die Form einer *Binärdatei*. Für altehrwürdige Sprachen wie C gibt es Compiler, die C-Quellcode in Binärdateien für praktisch jede CPU auf dem Markt kompilieren können. Wollen Sie dagegen eine Sprache wie Python auf all diesen CPUs ausführen, müssten Sie sehr viel Mühe aufwenden, um Python-Compiler dafür zu schreiben.

Es gibt jedoch noch eine andere Möglichkeit, um Quellcode in eine maschinengeeignete Form umzuwandeln. Anstatt Maschinencode zu erstellen, der von der CPU unmittelbar ausgeführt werden kann, erzeugen Sie *Bytecode* (auch als *portierbarer Code* oder kurz *P-Code* bezeichnet). Bytecode wird nicht direkt von der CPU ausgeführt, sondern von einem Interpreterprogramm. Auch Python-Bytecode besteht aus Instruktionen eines Befehlssatzes, die aber nicht von der CPU-Hardware ausgeführt werden, sondern von der Interpetersoftware. Dieser Bytecode ist in den *.pyc*-Dateien gespeichert, die Sie manchmal zusammen mit *.py*-Quellcodedateien sehen. Der in C geschriebene Interpreter CPython kann Python-Quellcode in Python-Bytecode kompilieren und die Instruktionen dann ausführen. (Das Gleiche gilt übrigens auch für die Java Virtual Machine, die Java-

Bytecode ausführt.) Da CPython in C geschrieben ist, kann er selbst für jede CPU kompiliert werden, für die es einen C-Compiler gibt.

Eine hervorragende Quelle, um mehr über dieses Thema zu lernen, ist der Vortrag »Playing with Python Bytecode«, den Scott Sanderson auf der PyCon 2016 gehalten hat (*https://youtu.be/mxjv9KqzwjI*).

Skripte und Programme, Skriptsprachen und Programmiersprachen

Die Unterscheidung zwischen Skripten und Skriptsprachen auf der einen Seite und Programmen und Programmiersprachen auf der anderen ist schwammig und willkürlich. Sicherlich ist jedes Skript auch ein Programm und jede Skriptsprache eine Programmiersprache. Allerdings werden Skriptsprachen manchmal als einfacher oder sogar als »keine richtigen Programmiersprachen« angesehen.

Ein Aspekt zur Unterscheidung zwischen Skripten und Programmen ist die Art und Weise, wie der Code ausgeführt wird. In einer *Skriptsprache* geschriebene *Skripte* werden direkt vom Quellcode interpretiert, während in einer *Programmiersprache* geschriebene *Programme* in Binärdateien kompiliert werden. Python wird gewöhnlich als Skriptsprache angesehen, obwohl zur Ausführung eines Python-Programms eine Kompilierung in Bytecode erforderlich ist. Dagegen wird Java meistens nicht zu den Skriptsprachen gerechnet, obwohl es ebenso wie Python Bytecode statt Maschinencode produziert. Genau genommen sind es auch nicht die *Sprachen* selbst, die die Kompilierung oder Interpretation vornehmen, sondern die *Implementierungen* der Sprachen in einem Compiler oder Interpreter, wobei sich für jede Sprache Compiler und Interpreter erstellen lassen.

Über die Unterscheidungen lässt sich streiten, aber letzten Endes sind sie ohne Belang. Skriptsprachen sind nicht zwangsläufig weniger leistungsfähig, noch sind kompilierte Programmiersprachen unbedingt schwieriger.

Bibliotheken, Frameworks, SDKs, Engines und APIs

Den Code anderer Programmierer zu verwenden, kann enorm viel Zeit sparen helfen. Für viele Aufgaben steht vorgefertigter Code in Form von Bibliotheken, Frameworks, SDKs, Engines und APIs zur Verfügung. Zwischen all diesen Einrichtungen bestehen feine, aber wichtige Unterschiede.

Bibliothek ist ein allgemeiner Begriff für eine Zusammenstellung von Code von Dritten. Eine Bibliothek kann Funktionen, Klassen und anderen Code zur Verwendung durch andere Entwickler enthalten. Python-Bibliotheken gibt es in Form von Paketen, Gruppen von Paketen oder einzelnen Modulen. Meistens sind Bibliotheken auf eine bestimmte Sprache zugeschnitten. Entwickler müssen nicht wissen, wie der Code in der Bibliothek funktioniert, sondern nur, wie sie diesen

Code aufrufen oder damit interagieren. Eine *Standardbibliothek* wie die von Python enthält Code, der in allen Implementierungen einer Programmiersprache zur Verfügung stehen soll.

Ein *Framework* dagegen ist eine Zusammenstellung von Code mit *umgekehrter Steuerung*: Bei seiner Verwendung erstellen Entwickler Funktionen, die das Framework bei Bedarf aufruft statt umgekehrt. Wenn Sie beispielsweise Code für ein Web-App-Framework schreiben, müssen Sie Funktionen für die Webseite schreiben, die dann vom Framework aufgerufen wird, wenn Webanforderungen eingehen.

Ein *SDK* (*Software Development Kit*) enthält Codebibliotheken, Dokumentation und Softwaretools, um Entwickler beim Erstellen von Anwendungen für ein bestimmtes Betriebssystem oder eine Plattform zu unterstützen. Beispielsweise dienen das Android SDK und das iOS SDK dazu, Mobil-Apps für Android bzw. iOS zu schreiben. Das Java Development Kit (JDK) ist ein SKD zum Erstellen von Anwendungen für die JVM.

Eine *Engine* ist ein großes, selbstständiges System, das extern von der Software des Entwicklers gesteuert werden kann. Dabei rufen Entwickler gewöhnlich Funktionen in der Engine auf, um umfassende, komplexe Aufgaben zu erledigen. So gibt es beispielsweise Spiel-, Physik-, Empfehlungs-, Datenbank-, Schach- und Such-Engines.

Eine *Anwendungsprogrammierschnittstelle* (*Application Programming Interface*, *API*) ist die Schnittstelle einer Bibliothek, eines SKD, eines Frameworks oder einer Engine zur öffentlichen Außenwelt. Sie gibt an, wie Funktionsaufrufe oder Anforderungen an die Bibliothek für den Ressourcenzugriff erfolgen müssen. Die Autoren von Bibliotheken stellen eine Dokumentation für die zugehörige API zur Verfügung (zumindest sollten sie das tun). Viele beliebte soziale Netzwerke und Websites stellen eine HTTP-API zur Verfügung, über die Programme auf ihre Dienste zugreifen können. Mithilfe dieser APIs können Sie Programme schreiben, die beispielsweise automatisch in Facebook- und Twitter-Chroniken lesen und schreiben können.

Zusammenfassung

Es ist durchaus möglich, jahrelang zu programmieren und manche Begriffe aus der Programmierung trotzdem nicht zu kennen. Die meisten bedeutenden Softwareanwendungen werden jedoch nicht von Einzelpersonen entwickelt, sondern von Teams, und um in einem solchen Team zu arbeiten, ist es wichtig, sich unmissverständlich ausdrücken zu können.

In diesem Kapitel haben Sie gelernt, dass Python-Programme aus Bezeichnern, Variablen, Literalen, Schlüsselwörtern und Objekten bestehen und dass alle Python-Objekte über einen Wert, einen Datentyp und eine Identität verfügen. Die möglichen Datentypen lassen sich in Kategorien wie Container-, Folgen-, Maps-, Set-, integrierte und benutzerdefinierte Typen einteilen.

In bestimmten Zusammenhängen werden Werte, Variablen und Funktionen auch mit anderen Begriffen bezeichnet, etwa als Elemente, Parameter, Argumente und Methoden.

Es gibt auch Begriffe, die sich leicht verwechseln lassen. Bei einigen ist das kein großes Problem, etwa bei Eigenschaft und Attribut, Block und Rumpf oder Ausnahme und Fehler. Das Gleiche gilt auch für die feinen Unterschiede zwischen Bibliothek, Framework, SDK, Engine und API. Andere Begriffsverwechslungen werden auch nicht dazu führen, dass Ihr Code nicht richtig läuft, können Sie aber unprofessionell erscheinen lassen. Gerade Anfänger neigen dazu, Anweisungen und Ausdrücke, Funktionen und Methoden sowie Parameter und Argumente zu verwechseln.

Wieder andere Begriffe haben genau festgelegte Begriffe, weshalb Sie sie niemals verwechseln sollten, um keine Missverständnisse hervorzurufen. Dazu gehören etwa iterierbares Objekt und Iterator, Syntaxfehler und semantischer Fehler oder Bytecode und Maschinencode.

Begriffe werden oft von einer Programmiersprache zur anderen und sogar von einem Programmierer zum anderen unterschiedlich verwendet. Mit zunehmender Erfahrung (und Recherchen im Web) werden Sie immer vertrauter mit dem Jargon.

Literatur

Das offizielle Python-Glossar auf *https://docs.python.org/3/glossary.html* enthält kurze, aber hilfreiche Definitionen von Begriffen, die im Umfeld von Python genutzt werden. Eine genauere Beschreibung von Python-Objekten erhalten Sie in der offiziellen Dokumentation auf *https://docs.python.org/3/reference/datamodel.html.*

Nina Zakharenkos Vortrag »Memory Management in Python – The Basics« auf der PyCon 2016 (*https://youtu.be/F6u5rhUQ6dU*) erklärt ausführlich, wie die Garbage Collection in Python funktioniert. Weitere Informationen über den Garbage Collector erhalten Sie in der offiziellen Python-Dokumentation auf *https://docs.python.org/3/library/gc.html.*

Die Diskussion in der Python-Mailingliste über die Einführung von geordneten Dictionarys in Python 3.6 ist eine aufschlussreiche Lektüre. Zu finden ist sie auf *https://mail.python.org/pipermail/python-dev/2016-September/146327.html.*

8
Häufige Fallstricke in Python

Python ist zwar meine Lieblingsprogrammiersprache, aber auch sie ist nicht ohne Schwächen. Jede Sprache weist ihre Mängel auf (einige mehr als andere), und Python bildet keine Ausnahme. Python-Neulinge müssen lernen, einige häufige Fallstricke zu vermeiden. Gewöhnlich erwerben Programmierer die entsprechenden Kenntnisse nur nach und nach durch Erfahrung. In diesem Kapitel finden Sie sie jedoch gesammelt. Zu wissen, was dahintersteckt, hilft Ihnen, zu verstehen, warum sich Python manchmal seltsam verhält.

In diesem Kapitel erfahren Sie, warum sich veränderbare Objekte wie Listen und Dictionarys manchmal unerwartet verhalten, wenn Sie ihren Inhalt ändern, warum die Methode `sort()` Elemente nicht genau in alphabetischer Reihenfolge sortiert, warum bei Fließkommazahlen Rundungsfehler auftreten können, warum sich der Ungleichheitsoperator `!=` beim Verketten so seltsam verhält, warum Sie bei Tupeln mit nur einem einzigen Element das Komma nicht vergessen dürfen – und wie Sie all diese Fallstricke vermeiden können.

Elemente zu Listen hinzufügen und entfernen

Wenn Sie zu einer Liste Elemente hinzufügen oder von ihr entfernen, während Sie sie in einer `for`- oder `while`-Schleife durchlaufen, führt das mit hoher Wahrscheinlichkeit zu einem Fehler. Nehmen wir an, Sie möchten eine Liste von Strings durchlaufen, die Wäschestücke beschreiben, und dafür sorgen, dass die Anzahl der Socken immer geradzahlig ist, indem Sie jedes Mal, wenn Sie eine Socke finden, eine passende Socke hinzufügen. Diese Aufgabe scheint ganz einfach zu sein: Dazu müssen Sie scheinbar nur die Liste der Strings durchlaufen und bei jedem Vorkommen von `'sock'` in einem String, etwa `'red sock'`, einen gleichnamigen String zu der Liste hinzufügen.

Das funktioniert aber nicht. Der folgende Code gerät in eine Endlosschleife, sodass Sie ihn mit Strg + C abbrechen müssen:

```
>>> clothes = ['skirt', 'red sock']
>>> for clothing in clothes:  # Durchläuft die Liste
...     if 'sock' in clothing:  # Findet Strings mit 'sock'.
...         clothes.append(clothing)  # Fügt die zweite Socke hinzu
...         print('Added a sock:', clothing)  # Informiert den Benutzer
...
Added a sock: red sock
Added a sock: red sock
Added a sock: red sock
--snip--
Added a sock: red sock
Traceback (most recent call last):
  File "<stdin>", line 3, in <module>
KeyboardInterrupt
```

Wie dieser Code ausgeführt wird, können Sie sich auf *https://autbor.com/addingloop/* ansehen.

Das Problem besteht darin, dass die Liste `clothes` durch das Anhängen von `'red sock'` einen neuen, dritten Eintrag erhält, der durchlaufen werden muss: `['skirt', 'red sock', 'red sock']`. Wenn die `for`-Schleife bei der nächsten Iteration auf das zweite Vorkommen von `'red sock'` stößt, fügt sie einen *weiteren* `'red sock'`-String hinzu. Die Liste wird dadurch zu `['skirt', 'red sock', 'red sock', 'red sock']`, sodass Python noch einen String hat, der durchlaufen werden muss. Das geht immer so weiter, wie Abbildung 8–1 zeigt, sodass sich ein endloser Strom von `'Added a sock'`-Meldungen ergibt. Die Schleife endet erst, wenn dem Computer der Arbeitsspeicher ausgeht, das Programm abstürzt oder Sie es mit Strg + C abbrechen.

```
clothing
   ↓
['skirt', 'red sock']

                clothing
                   ↓
['skirt', 'red sock']

                clothing
                   ↓
['skirt', 'red sock', 'red sock']

                              clothing
                                 ↓
['skirt', 'red sock', 'red sock']

                              clothing
                                 ↓
['skirt', 'red sock', 'red sock', 'red sock']

                                          clothing
                                             ↓
['skirt', 'red sock', 'red sock', 'red sock']

                                          clothing
                                             ↓
['skirt', 'red sock', 'red sock', 'red sock', 'red sock']
   ⋮
```

Abb. 8–1 *Bei jedem Durchlauf in der* for*-Schleife wird ein neues Vorkommen von* 'red sock' *zu der Liste hinzugefügt, auf das* clothing *im nächsten Durchlauf verweist. Dieser Zyklus wiederholt sich endlos.*

Merken Sie sich, niemals Elemente zu einer Liste hinzuzufügen, während Sie sie durchlaufen. Verwenden Sie stattdessen für die ergänzten Elemente eine neue Liste wie `newClothes` im folgenden Beispiel:

```
>>> clothes = ['skirt', 'red sock', 'blue sock']
>>> newClothes = []
>>> for clothing in clothes:
...     if 'sock' in clothing:
...         print('Appending:', clothing)
...         newClothes.append(clothing)  # Ändert newClothes, nicht clothes
...
Appending: red sock
Appending: blue sock
>>> print(newClothes)
['red sock', 'blue sock']
>>> clothes.extend(newClothes)  # Ergänzt clothes um Elemente in newClothes
>>> print(clothes)
['skirt', 'red sock', 'blue sock', 'red sock', 'blue sock']
```

Wie dieser Code ausgeführt wird, können Sie sich auf *https://autbor.com/addingloopfixed/* ansehen.

Hier durchläuft die `for`-Schleife die Elemente in der Liste `clothes`, ohne die Liste zu ändern. Stattdessen wird eine weitere Liste namens `newClothes` bearbeitet. Erst nach Beendigung der Schleife ändern wir `clothes`, indem wir sie um den Inhalt von `newClothes` ergänzen. Damit enthält nun auch `clothes` die passenden Socken.

Ebenso sollten Sie auch keine Elemente aus einer Liste entfernen, während diese durchlaufen wird. Nehmen wir an, wir wollen aus einer Liste alle Strings herausnehmen, die nicht `'hello'` lauten. Wir könnten versucht sein, die Liste zu durchlaufen und dabei alle Elemente ungleich `'hello'` zu löschen:

```
>>> greetings = ['hello', 'hello', 'mello', 'yello', 'hello']
>>> for i, word in enumerate(greetings):
...     if word != 'hello': # Entfernt alles, was nicht 'hello' ist
...         del greetings[i]
...
>>> print(greetings)
['hello', 'hello', 'yello', 'hello']
```

Wie dieser Code ausgeführt wird, können Sie sich auf *https://autbor.com/deletingloop/* ansehen.

Trotz unserer Bemühungen ist `'yello'` in der Liste geblieben! Als die `for`-Schleife beim Index `2` angelangt war, wurde `'mello'` von der Liste getilgt, doch dadurch sind alle restlichen Elemente um eine Indexposition in Richtung des Anfangs gerutscht, sodass `'yello'` nicht mehr am Index `3`, sondern am Index `2` steht. Bei der nächsten Iteration der Schleife wird aber das Element an Index `3` untersucht, wobei es sich um das letzte `'hello'` handelt (siehe Abbildung 8–2). Der String `'yello'` dagegen ist unbemerkt durchgerutscht. Entfernen Sie daher keine Elemente aus Listen, während Sie diese durchlaufen.

```
 i
 ↓
['hello', 'hello', 'mello', 'yello', 'hello']

          i
          ↓
['hello', 'hello', 'mello', 'yello', 'hello']

                   i
                   ↓
['hello', 'hello', 'mello', 'yello', 'hello']
                   ⬑ Dieser String wird gelöscht.

                   i
                   ↓
['hello', 'hello', 'yello', 'hello']
                   ⬑ Die anderen Elemente werden
                     zum Anfang verschoben.
        Die Schleifenvariable i rückt vor.→ i
                                            ↓
['hello', 'hello', 'yello', 'hello']
```

Abb. 8–2 *Beim Entfernen von 'mello' ändern sich die Indexpositionen der anderen Elemente, sodass i den String 'yello' überspringt.*

Erstellen Sie stattdessen eine neue Liste, kopieren Sie dort alle Elemente außer denen hinein, die Sie löschen wollen, und ersetzen Sie die ursprüngliche Liste anschließend durch die neue. Der folgende Code ist das fehlerfreie Gegenstück zu dem vorherigen Beispiel:

```
>>> greetings = ['hello', 'hello', 'mello', 'yello', 'hello']
>>> newGreetings = []
>>> for word in greetings:
...     if word == 'hello': # Kopiert alle Vorkommen von 'hello'
...         newGreetings.append(word)
...
>>> greetings = newGreetings  # Ersetzt die ursprüngliche Liste
>>> print(greetings)
['hello', 'hello', 'hello']
```

Wie dieser Code ausgeführt wird, können Sie sich auf *https://autbor.com/deletingloopfixed/* ansehen.

Da es sich bei diesem Code lediglich um eine einfache Schleife zum Erstellen einer Liste handelt, können Sie ihn auch durch eine Listennotation ersetzen. Sie läuft zwar nicht schneller und benötigt auch nicht weniger Arbeitsspeicher, erfordert aber weniger Tipparbeit, ohne an Übersichtlichkeit einzubüßen. Der folgende Code funktioniert genauso wie das letzte Beispiel:

```
>>> greetings = ['hello', 'hello', 'mello', 'yello', 'hello']
>>> greetings = [word for word in greetings if word == 'hello']
>>> print(greetings)
['hello', 'hello', 'hello']
```

Die Listennotation ist nicht nur kürzer, sondern umgeht auch die Fallgrube der Änderung einer Liste während der Iteration.

Speicherbelegung durch Verweise

Eine neue Liste zu erstellen, anstatt die ursprüngliche zu ändern, mag wie Speicherverschwendung wirken. Ebenso wie Variablen, die in Wirklichkeit keine Werte, sondern nur Verweise auf Werte enthalten, bestehen auch Listen nur aus Verweisen auf Werte. Die Zeile `newGreeting.append(word)` aus einem der vorherigen Beispiele legt keine Kopie des Strings in der Variablen `word` an, sondern kopiert lediglich den viel kleineren Verweis auf den String.

Das können Sie mit der Funktion `sys.getsizeof()` sogar genau messen. Sie gibt die Anzahl der Bytes zurück, die das ihr übergebene Objekt im Arbeitsspeicher belegt. In dem folgenden Beispiel nimmt der kurze String `'cat'` 52 Bytes ein, der längere String dagegen 85 Bytes:

→

```
>>> import sys
>>> sys.getsizeof('cat')
52
>>> sys.getsizeof('a much longer string than just "cat"')
85
```

(In der von mir verwendeten Python-Version beträgt der Overhead für das Stringobjekt 49 Bytes, während für die eigentlichen Zeichen in dem String nur je 1 Byte anfällt.) Eine Liste, die einen dieser Strings enthält, nimmt aber unabhängig von dessen Länge immer nur 72 Bytes ein:

```
>>> sys.getsizeof(['cat'])
72
>>> sys.getsizeof(['a much longer string than just "cat"'])
72
```

Das liegt daran, dass diese Listen gar nicht die Strings enthalten, sondern nur Verweise darauf. Alle Verweise aber haben unabhängig von den Daten, auf die sie verweisen, dieselbe Größe. Code wie `newGreetings.append(word)` kopiert nicht den String in `word`, sondern nur den Verweis darauf. Um zu ermitteln, wie viel Arbeitsspeicher ein Objekt sowie alle Objekte, die darauf verweisen, einnehmen, können Sie eine Funktion verwenden, die Raymond Hettinger geschrieben hat und die auf *https://code.activestate.com/recipes/577504-compute-memory-footprint-of-an-object-and-its-cont/* zur Verfügung steht.

Wenn Sie eine neue Liste erstellen, anstatt die ursprüngliche zu ändern, verschwenden Sie also keinen Arbeitsspeicher. Auch wenn Code, der eine Liste während der Iteration ändert, zu funktionieren scheint, kann er Bugs enthalten, die sich erst nach längerer Zeit zeigen und dann schwer zu diagnostizieren sind. Die Zeit eines Programmierers durch so etwas zu vergeuden, ist viel schlimmer, als Arbeitsspeicher zu verschwenden.

Während Sie eine Liste (oder ein anderes iterierbares Objekt) durchlaufen, sollten Sie keine Elemente hinzufügen oder entfernen. Allerdings ist es kein Problem, den Inhalt der Liste zu ändern. Wenn wir eine Liste von Strings für Ziffern wie `['1', '2', '3', '4', '5']` haben, können wir sie in einer Schleife in eine Liste von Integern, also `[1, 2, 3, 4, 5]`, umwandeln:

```
>>> numbers = ['1', '2', '3', '4', '5']
>>> for i, number in enumerate(numbers):
...     numbers[i] = int(number)
...
>>> numbers
[1, 2, 3, 4, 5]
```

Wie dieser Code ausgeführt wird, können Sie sich auf *https://autbor.com/convertstringnumbers/* ansehen. Die Elemente in einer Liste können Sie ruhig ändern; es ist die Änderung der *Anzahl* der Elemente, die zu Fehlern führt.

Eine weitere Möglichkeit, um Elemente in einer Liste gefahrlos hinzuzufügen oder zu entfernen, besteht darin, die Iteration rückwärts durchzuführen, also vom Ende der Liste zu ihrem Anfang. Probieren Sie die beiden folgenden Codebeispiele aus, um gerade Integer aus der Liste `someInts` zu entfernen:

```
>>> someInts = [1, 7, 4, 5]
>>> for i in range(len(someInts)):
...
...     if someInts[i] % 2 == 0:
...         del someInts[i]
...
Traceback (most recent call last):
  File "<stdin>", line 2, in <module>
IndexError: list index out of range
>>> someInts = [1, 7, 4, 5]
>>> for i in range(len(someInts) - 1, -1, -1):
...     if someInts[i] % 2 == 0:
...         del someInts[i]
...
>>> someInts
[1, 7, 5]
```

Die zweite Variante funktioniert, da sich der Index keines der Elemente ändert, die noch in der Schleife durchlaufen werden müssen. Allerdings ist diese Technik bei langen Listen ineffizient, da die Werte nach dem Löschen eines Eintrags immer wieder verschoben werden müssen. Wie dieser Code ausgeführt wird, können Sie sich auf *https://autbor.com/iteratebackwards1/* ansehen. Den Unterschied zwischen Vorwärts- und Rückwärtsiteration zeigt auch Abbildung 8–3.

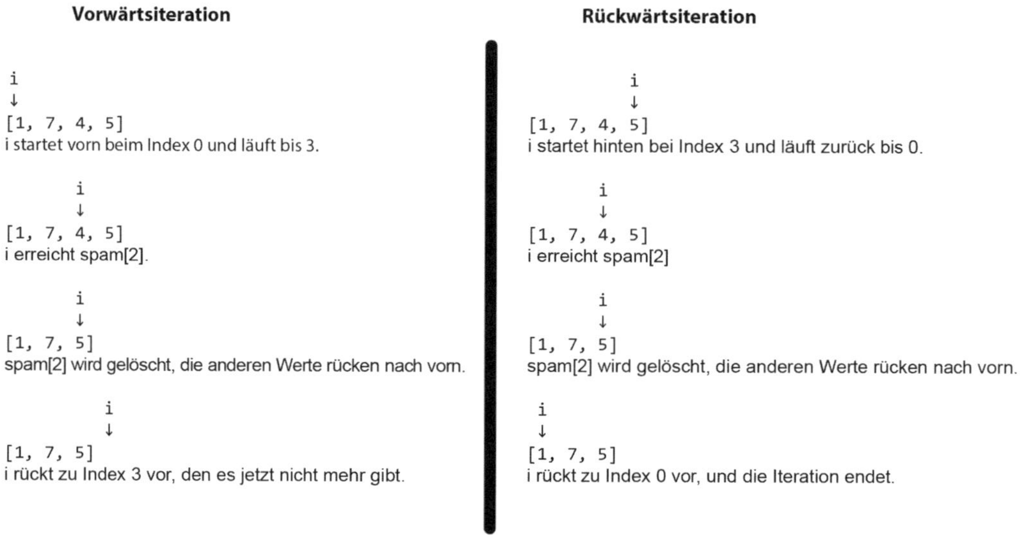

Vorwärtsiteration	Rückwärtsiteration
i ↓ [1, 7, 4, 5] i startet vorn beim Index 0 und läuft bis 3.	i ↓ [1, 7, 4, 5] i startet hinten bei Index 3 und läuft zurück bis 0.
i ↓ [1, 7, 4, 5] i erreicht spam[2].	i ↓ [1, 7, 4, 5] i erreicht spam[2]
i ↓ [1, 7, 5] spam[2] wird gelöscht, die anderen Werte rücken nach vorn.	i ↓ [1, 7, 5] spam[2] wird gelöscht, die anderen Werte rücken nach vorn.
i ↓ [1, 7, 5] i rückt zu Index 3 vor, den es jetzt nicht mehr gibt.	i ↓ [1, 7, 5] i rückt zu Index 0 vor, und die Iteration endet.

Abb. 8–3 *Entfernen von geraden Zahlen aus einer Liste, während sie vorwärts (links) bzw. rückwärts (rechts) durchlaufen wird*

Ebenso können Sie Elemente auch ans Ende einer Liste anhängen, während Sie sie rückwärts durchlaufen. Der folgende Code hängt eine Kopie aller geraden Integer in `someInts` ans Ende der Liste an:

```
>>> someInts = [1, 7, 4, 5]
>>> for i in range(len(someInts) - 1, -1, -1):
...     if someInts[i] % 2 == 0:
...         someInts.append(someInts[i])
...
>>> someInts
[1, 7, 4, 5, 4]
```

Wie dieser Code ausgeführt wird, können Sie sich auf *https://autbor.com/iterate-backwards2/* ansehen. Während einer Rückwärtsiteration ist es möglich, Elemente an eine Liste anzuhängen oder daraus zu entfernen. Allerdings kann es ziemlich knifflig sein, das richtig hinzubekommen, da schon kleine Abweichungen von der grundlegenden Technik Bugs hervorrufen können. Viel einfacher ist es, eine neue Liste zu erstellen, anstatt die ursprüngliche zu bearbeiten. Python-Entwickler Raymond Hettinger hat es wie folgt auf den Punkt gebracht:

Frage: Was ist die beste Vorgehensweise, um eine Liste zu ändern, während sie durchlaufen wird?
Antwort: Es sein zu lassen.

Veränderbare Werte kopieren

Es ist besser, sich Variablen als Etiketten oder Namensschilder vorzustellen, die auf Objekte verweisen, und nicht als Kisten, die Objekte enthalten. Das ist insbesondere dann hilfreich, wenn es darum geht, *veränderbare* Objekte wie Listen oder Dictionarys zu ändern. Programmierer nehmen oft irrtümlich an, dass sie ein Objekt kopieren, wenn sie eine Variable, die auf ein veränderbares Objekt verweist, in eine andere Variable kopieren. Tatsächlich aber werden durch Zuweisungsanweisungen in Python niemals Objekte kopiert, sondern nur Verweise darauf. (Python-Entwickler Ned Batchelder hat auf der PyCon 2015 den großartigen Vortrag »Facts and Myths about Python Names and Values« zu diesem Thema gehalten, den Sie sich auf *https://youtu.be/_AEJHKGk9ns* ansehen können.)

Um sich das an einem Beispiel anzusehen, geben Sie den folgenden Code in die aktive Shell ein. Auch wenn wir nur die Variable `spam` bearbeiten, ändert sich auch die Variable `cheese`:

```
>>> spam = ['cat', 'dog', 'eel']
>>> cheese = spam
>>> spam
['cat', 'dog', 'eel']
>>> cheese
['cat', 'dog', 'eel']
>>> spam[2] = 'MOOSE'
>>> spam
['cat', 'dog', 'MOOSE']
>>> cheese
['cat', 'dog', 'MOOSE']
>>> id(cheese), id(spam)
2356896337288, 2356896337288
```

Wie dieser Code ausgeführt wird, können Sie sich auf *https://autbor.com/listcopygotcha1/* ansehen. Wenn Sie glauben, dass Sie durch `cheese = spam` das Listenobjekt kopiert haben, wird es Sie überraschen, dass sich `cheese` auch dann ändert, wenn wir nur `spam` anfassen. Durch Zuweisungsanweisungen werden jedoch *niemals Objekte kopiert*, sondern immer nur die Verweise darauf. Die Zuweisungsanweisung `cheese = spam` sorgt dafür, dass `cheese` auf dasselbe Listenobjekt im Arbeitsspeicher des Computers verweist wie `spam`. Sie dupliziert dieses Listenobjekt jedoch nicht. Aus diesem Grund wirkt sich eine Änderung von `spam` auch auf `cheese` aus, denn schließlich verweisen beide Variablen auf dasselbe Listenobjekt.

Das gleiche Prinzip gilt auch für veränderbare Objekte, die an Funktionsaufrufe übergeben werden. Wenn Sie den folgenden Code in die interaktive Shell eingeben, werden Sie feststellen, dass sowohl die globale Variable `spam` als auch der lokale Parameter theList (wie bereits gesagt, sind Parameter Variablen, die in der def-Anweisung der Funktion definiert wurden) auf dasselbe Objekt verweisen:

```
>>> def printIdOfParam(theList):
...     print(id(theList))
...
>>> eggs = ['cat', 'dog', 'eel']
>>> print(id(eggs))
2356893256136
>>> printIdOfParam(eggs)
2356893256136
```

Wie dieser Code ausgeführt wird, können Sie sich auf *https://autbor.com/listcopygotcha2/* ansehen. Beachten Sie, dass id() dieselbe Identität für eggs und für theList zurückgibt, was bedeutet, dass die beiden Variablen auf dasselbe Listenobjekt verweisen. Nicht das Listenobjekt der Variablen eggs wurde in theList kopiert, sondern nur der Verweis, weshalb beide Variablen auf dieselbe Liste verweisen. Ein Verweis ist nur wenige Byte groß. Stellen Sie sich dagegen vor, was passieren würde, wenn Python tatsächlich die ganze Liste statt des Verweises kopieren würde – und wenn eggs nicht nur drei Elemente enthielte, sondern eine Milliarde. In einem solchen Fall würde die Übergabe dieser Variablen an die Funktion printIDOfParam() es erfordern, eine riesige Liste zu kopieren. Ein einfacher Funktionsaufruf würde Gigabyte an Arbeitsspeicher fressen. Aus diesem Grund werden bei Zuweisungsanweisungen in Python immer nur Verweise und keine Objekte kopiert.

Eine Möglichkeit, um diese Falle zu vermeiden, besteht darin, zum Kopieren des Listenobjekts selbst (also nicht nur eines Verweises) die Funktion copy.copy() zu verwenden:

```
>>> import copy
>>> bacon = [2, 4, 8, 16]
>>> ham = copy.copy(bacon)
>>> id(bacon), id(ham)
(2356896337352, 2356896337480)
>>> bacon[0] = 'CHANGED'
>>> bacon
['CHANGED', 4, 8, 16]
>>> ham
[2, 4, 8, 16]
>>> id(bacon), id(ham)
(2356896337352, 2356896337480)
```

Wie dieser Code ausgeführt wird, können Sie sich auf *https://autbor.com/copycopy1/* ansehen. Die Variable ham verweist hier auf eine Kopie des Listenobjekts und nicht mehr auf dasselbe Listenobjekt wie bacon.

Eine Liste kann aber auch selbst wiederum Elemente enthalten, die keine Objekte sind, sondern nur Etiketten, die auf Objekte verweisen. Wenn eine Liste Listen enthält, kopiert `copy.copy()` lediglich die Verweise auf diese inneren Listen. Probieren Sie das wie folgt aus:

```
>>> import copy
>>> bacon = [[1, 2], [3, 4]]
>>> ham = copy.copy(bacon)
>>> id(bacon), id(ham)
(2356896466248, 2356896375368)
>>> bacon.append('APPENDED')
>>> bacon
[[1, 2], [3, 4], 'APPENDED']
>>> ham
[[1, 2], [3, 4]]
>>> bacon[0][0] = 'CHANGED'
>>> bacon
[['CHANGED', 2], [3, 4], 'APPENDED']
>>> ham
[['CHANGED', 2], [3, 4]]
>>> id(bacon[0]), id(ham[0])
(2356896337480, 2356896337480)
```

Wie dieser Code ausgeführt wird, können Sie sich auf *https://autbor.com/copycopy2/* ansehen. Zwar sind `bacon` und `ham` zwei unterschiedliche Listenobjekte, allerdings verweisen sie auf dieselben inneren Listen `[1, 2]` und `[3, 4]`, weshalb sich Änderungen an diesen inneren Listen auf beide Variablen auswirken, obwohl wir `copy.copy()` angewendet haben. Die Lösung besteht darin, stattdessen die Funktion `copy.deepcopy()` zu verwenden, die auch Kopien aller in dem zu kopierenden Listenobjekt verschachtelten Listenobjekte erstellt (und der darin verschachtelten Listenobjekte usw.). Probieren Sie das wie folgt in der interaktiven Shell aus:

```
>>> import copy
>>> bacon = [[1, 2], [3, 4]]
>>> ham = copy.deepcopy(bacon)
>>> id(bacon[0]), id(ham[0])
(2356896337352, 2356896466184)
>>> bacon[0][0] = 'CHANGED'
>>> bacon
[['CHANGED', 2], [3, 4]]
>>> ham
[[1, 2], [3, 4]]
```

Wie dieser Code ausgeführt wird, können Sie sich auf *https://autbor.com/copydeepcopy/* ansehen. Zwar wird `copy.deepcopy()` etwas langsamer ausgeführt als copy.copy(), allerdings ist es sicherer, diese Funktion zu verwenden, wenn Sie nicht wissen, ob die zu kopierende Liste selbst weitere Listen enthält (oder andere veränderbare Objekte wie Dictionarys oder Mengen). Im Allgemeinen empfehle ich, grundsätzlich copy.deepcopy() zu verwenden, da Sie dadurch heimtückische Bugs vermeiden können, während die Verlangsamung des Codes sehr wahrscheinlich nicht spürbar ist.

Standardargumente

In Python können Sie *Standardargumente* für die Parameter der von Ihnen definierten Funktionen festlegen. Wenn ein Benutzer den betreffenden Parameter dann nicht ausdrücklich angibt, wird die Funktion mit dem Standardargument ausgeführt. Das ist insbesondere praktisch, wenn die Funktion meistens mit demselben Argument aufgerufen wird: Ein Standardargument macht den Parameter dann optional. Beispielsweise teilt die Methode split() einen String an Weißraumzeichen auf, wenn ihr None übergeben wird. Da None aber auch als Standardargument festgelegt ist, hat 'cat dog'.split() dieselbe Wirkung wie 'cat dog'.split(None).

Allerdings sollten Sie niemals ein *veränderbares* Objekt wie eine Liste oder ein Dictionary als Standardargument festlegen. Warum das zu Fehlern führen kann, zeigt das folgende Beispiel. Der Code definiert die Funktion addIngredient(), die einen String für eine Zutat zu einer Liste für ein Sandwich hinzufügt. Da das erste und das letzte Element dieser Liste meistens 'bread' lauten, wird die veränderbare Liste ['bread', 'bread'] als Standardargument verwendet:

```
>>> def addIngredient(ingredient, sandwich=['bread', 'bread']):
...     sandwich.insert(1, ingredient)
...     return sandwich
...
>>> mySandwich = addIngredient('avocado')
>>> mySandwich
['bread', 'avocado', 'bread']
```

Dabei gibt es jedoch ein Problem. Diese Liste wird nämlich erstellt, wenn die def-Anweisung der Funktion ausgeführt wird, und nicht bei jedem Aufruf der Funktion. Da wir die Funktion addIngredient() nur einmal definieren, wird auch nur ein einziges Listenobjekt der Form ['bread', 'bread'] erstellt und dann bei jedem Aufruf von addIngredient() wiederverwendet. Das führt zu unerwartetem Verhalten:

```
>>> mySandwich = addIngredient('avocado')
>>> mySandwich
['bread', 'avocado', 'bread']
>>> anotherSandwich = addIngredient('lettuce')
```

```
>>> anotherSandwich
['bread', 'lettuce', 'avocado', 'bread']
```

Hier verwendet `addIngredient('lettuce')` dieselbe Liste als Standardargument wie der vorherige Aufruf, allerdings wurde ihr inzwischen bereits `'avocado'` hinzugefügt. Daher gibt die Funktion nun `['bread', 'lettuce', 'avocado', 'bread']` zurück statt `['bread', 'lettuce', 'bread']`. Der String `'avocado'` tritt wieder auf, da die Liste für den Parameter `sandwich` dieselbe ist wie beim letzten Funktionsaufruf. Die Liste `['bread', 'bread']` wurde nur einmal erstellt, denn schließlich wurde die `def`-Anweisung der Funktion nur einmal ausgeführt und nicht bei jedem Funktionsaufruf. Wie dieser Code ausgeführt wird, können Sie sich auf *https://autbor.com/sandwich/* ansehen.

Wenn Sie eine Liste oder ein Dictionary als Standardargument benötigen, besteht die pythonische Lösung darin, das Standardargument auf `None` zu setzen und den Code dann das Argument prüfen und eine neue Liste oder ein neues Dictionarys bereitstellen zu lassen. Dadurch ist sichergestellt, dass die Funktion bei jedem Aufruf ein neues veränderbares Objekt erstellt und nicht lediglich einmalig bei ihrer Definition. Das können Sie anhand des folgenden Beispiels ausprobieren:

```
>>> def addIngredient(ingredient, sandwich=None):
...     if sandwich is None:
...         sandwich = ['bread', 'bread']
...     sandwich.insert(1, ingredient)
...     return sandwich
...
>>> firstSandwich = addIngredient('cranberries')
>>> firstSandwich
['bread', 'cranberries', 'bread']
>>> secondSandwich = addIngredient('lettuce')
>>> secondSandwich
['bread', 'lettuce', 'bread']
>>> id(firstSandwich) == id(secondSandwich)
False ❶
```

Hier verweisen `firstSandwich` und `secondSandwich` nicht auf dieselbe Liste ❶, da `sandwich = ['bread', 'bread']` bei jedem Aufruf von `addIngredient()` ein neues Listenobjekt erstellt und nicht nur bei der Definition der Funktion.

Zu den veränderbaren Datentypen gehören Listen, Dictionarys, Mengen sowie Objekte, die mit der Anweisung `class` erstellt wurden. Verwenden Sie solche Objekte nicht als Standardargumente in einer `def`-Anweisung.

Strings zusammenbauen

In Python sind Strings *unveränderbare Objekte*. Code, der einen String zu ändern scheint, erstellt in Wirklichkeit ein neue's Stringobjekt. So wird im folgenden Beispiel der Stringwert in der Variablen `spam` nicht etwa geändert, sondern durch einen neuen String mit einer neuen Identität ersetzt:

```
>>> spam = 'Hello'
>>> id(spam), spam
(38330864, 'Hello')
>>> spam = spam + ' world!'
>>> id(spam), spam
(38329712, 'Hello world!')
>>> spam = spam.upper()
>>> id(spam), spam
(38329648, 'HELLO WORLD!')
>>> spam = 'Hi'
>>> id(spam), spam
(38395568, 'Hi')
>>> spam = f'{spam} world!'
>>> id(spam), spam
(38330864, 'Hi world!')
```

Jeder Aufruf von `id(spam)` gibt hier eine andere Identität zurück, da das Stringobjekt in `spam` nicht verändert, sondern jeweils durch ein neues Objekt mit einer anderen Identität ersetzt wird. Ebenso wie bei der Stringverkettung werden auch beim Erstellen neuer Strings mithilfe von F-Strings, der Stringmethode `format()` und dem Formatspezifizierer `%s` neue Stringobjekte erstellt. Normalerweise spielen solche technischen Einzelheiten keine Rolle. Schließlich ist Python eine Hochsprache, die sich um viele solcher Details kümmert, sodass Sie sich auf die Funktionalität des Programms konzentrieren können.

Allerdings kann es ein Programm verlangsamen, wenn Sie darin einen String durch viele Verkettungsoperationen aufbauen, denn bei jedem einzelnen Vorgang wird ein neues Stringobjekt erstellt und das alte verworfen. Letzten Endes läuft das genauso ab, als würden Sie die Verkettung wie folgt in einer `for`- oder `while`-Schleife ausführen:

```
>>> finalString = ''
>>> for i in range(100000):
...     finalString += 'spam '
...
>>> finalString
spam spam spam spam spam spam spam spam spam spam spam spam -- schnipp --
```

Da `finalString += 'spam '` in dieser Schleife 100.000 Mal ausgeführt wird, nimmt Python 100.000 Stringverkettungen vor. Um die Zwischenstringwerte zu erstellen, muss die CPU jeweils `'spam '` an den bisherigen Wert von `finalString` anhängen, das Ergebnis in den Arbeitsspeicher stellen und bei der nächsten Iteration dann praktisch sofort wieder verwerfen. Da wir nur am endgültigen String interessiert sind, stellen all die vielen Zwischenstufen verschwendete Mühe dar.

Die pythonische Vorgehensweise, um Strings zu erstellen, besteht darin, die kürzeren Teilstrings zu einer Liste hinzuzufügen und die Listenelemente dann zu einem Gesamtstring zu verknüpfen. Dabei werden zwar immer noch 100.000 Stringobjekte erstellt, aber es wird nur eine einzige Verkettung durchgeführt, nämlich beim Aufruf von `join()`. Der folgende Code ergibt denselben `finalString`, aber ohne die ganzen Zwischenverkettungen:

```
>>> finalString = []
>>> for i in range(100000):
...     finalString.append('spam ')
...
>>> finalString = ''.join(finalString)
>>> finalString
spam spam spam spam spam spam spam spam spam spam spam spam -- schnipp --
```

Eine Messung der Laufzeit beider Varianten auf meinem Computer ergab, dass die Vorgehensweise mit der Liste *zehn Mal schneller* war als die mit Stringverkettung. (Wie Sie die Ausführungsgeschwindigkeit Ihrer Programme messen können, erfahren Sie in Kapitel 13.) Der Unterschied wird umso größer, je mehr Iterationen die `for`-Schleife durchläuft. Bei `range(100)` statt `range(100000)` ist der Geschwindigkeitsunterschied vernachlässigbar. Daher müssen Sie sich nicht zwanghaft bemühen, jedes einzelne Vorkommen von Stringverkettung, F-Strings, der Stringmethode `format()` oder des Formatspezifizierers `%s` auszumerzen. Eine deutliche Verbesserung der Geschwindigkeit ergibt sich nur in Fällen, in denen Sie eine große Anzahl von Stringverkettungen ersetzen.

Python nimmt Ihnen die Mühe ab, sich über solche technischen Einzelheiten Gedanken zu machen. Dadurch können Sie Ihre Software schneller schreiben, und wie bereits erwähnt, ist die Arbeitszeit von Programmierern wertvoller als CPU-Zeit. Es gibt jedoch einige Fälle, in denen es von Vorteil ist, die Einzelheiten zu kennen, etwa den Unterschied zwischen unveränderbaren Strings und veränderbaren Listen, damit Sie nicht in Fallen wie den Aufbau von Strings durch Verkettung tappen.

Sortierung mit sort()

Sortieralgorithmen – also solche, die Werte systematisch in eine bestimmte Reihenfolge bringen – gehören zu den Grundlagen der Informatik. Dies ist jedoch kein Informatiklehrbuch: Wir sind nicht daran interessiert, wie die Algorithmen im Einzelnen aussehen, da wir einfach die Python-Methode `sort()` aufrufen können. Allerdings werden Sie dabei feststellen, dass `sort()` eine etwas merkwürdige Sortierung durchführt, in der das große *Z* vor dem kleinen *a* steht:

```
>>> letters = ['z', 'A', 'a', 'Z']
>>> letters.sort()
>>> letters
['A', 'Z', 'a', 'z']
```

Die Methode `sort()` führt keine alphabetische, sondern eine »ASCII-betische« Sortierung durch. Bei ASCII (American Standard Code for Information Interchange) handelt es sich um eine Zuordnung von Zahlencodes (sogenannten *Codepunkten*) zu Textzeichen. Dabei steht der Codepunkt 65 für *A*, 66 für *B* usw. bis 90 für *Z*. Das kleine *a* wird durch 97 ausgedrückt, *b* durch 98 usw., bis wir *z* mit dem zugehörigen Codepunkt 122 erreichen. Daher kommt bei der ASCII-Sortierung das große *Z* (Codepunkt 90) vor dem kleinen *a* (Codepunkt 97).

Bis in die 90er-Jahre hinein war ASCII im Westen in der Informatik vorherrschend. Allerdings handelt es sich um einen rein amerikanischen Standard. So gibt es etwa einen Codepunkt für das Dollarzeichen (36), aber keinen für das britische Pfund oder den Euro. ASCII wurde inzwischen größtenteils durch Unicode ersetzt, da Unicode sämtliche Codepunkte von ASCII sowie über 100.000 weitere Codepunkte umfasst.

Um den Codepunkt eines Zeichens in Erfahrung zu bringen, übergeben Sie dieses an die Funktion `ord()`. Umgekehrt können Sie auch den Codepunkt als Integer an die Funktion `chr()` übergeben, die dann den String für das zugehörige Zeichen zurückgibt. Probieren Sie das wie folgt in der interaktiven Shell aus:

```
>>> ord('a')
97
>>> chr(97)
'a'
```

Um eine alphabetische Sortierung zu erreichen, übergeben Sie die Methode `str.lower` an den Parameter `key`. Dadurch wird die Liste so sortiert, als hätten Sie die Stringmethode `lower()` für die Werte aufgerufen:

```
>>> letters = ['z', 'A', 'a', 'Z']
>>> letters.sort(key=str.lower)
>>> letters
['A', 'a', 'z', 'Z']
```

Die Strings in der Liste werden dabei nicht tatsächlich in Kleinbuchstaben umgewandelt, sondern nur so sortiert, als würden sie ausschließlich aus Kleinbuchstaben bestehen. Mehr Informationen über Unicode und Codepunkte gibt Ned Batchelder in seinem Vortrag »Pragmatic Unicode, or, How Do I Stop the Pain?«, den Sie auf *https://nedbatchelder.com/text/unipain.html* finden.

Der Sortieralgorithmus, den die Python-Methode `sort()` verwendet, ist übrigens Timsort. Er wurde von Tim Peters entworfen, einem der Python-Hauptentwickler und Autor von »The Zen of Python«. Es handelt sich dabei um eine Kreuzung aus Merge- und Insertion-Sort-Algorithmus. Eine Beschreibung finden Sie auf *https://de.wikipedia.org/wiki/Timsort*.

Genauigkeit von Fließkommazahlen

Computer können nur die Ziffern des Binärsystems speichern, also nur 1 und 0. Um Dezimalzahlen verarbeiten zu können, müssen sie eine Zahl wie `3.14` in eine binäre Folge von Nullen und Einsen umwandeln. Dazu richten sie sich nach dem Standard IEEE 754. Um die Einzelheiten müssen Sie sich als Programmierer nicht kümmern. Sie können einfach Zahlen mit Dezimalpunkten eingeben, ohne sich über die Umwandlung in Binärzahlen Gedanken zu machen:

```
>>> 0.3
0.3
```

Leider entsprechen die IEEE-754-Darstellungen einer Fließkommazahl nicht immer genau der entsprechenden Dezimalzahl. Ein bekanntes Beispiel ist `0.1`:

```
>>> 0.1 + 0.1 + 0.1
0.30000000000000004
>>> 0.3 == (0.1 + 0.1 + 0.1)
False
```

Die eigenartige Summe mit der winzigen Abweichung kommt durch *Rundungsfehler* zustande. Sie entstehen aufgrund der Art und Weise, in der Computer Fließkommazahlen darstellen und verarbeiten. Dies ist jedoch keine Eigentümlichkeit von Python. Bei IEEE 754 handelt es sich um einen *Hardwarestandard*, der unmittelbar in der CPU in den Schaltungen für Fließkommazahlen implementiert ist. Die gleichen Ergebnisse erhalten Sie auch in C++, JavaScript und jeder anderen Sprache, die auf einer CPU nach IEEE 754 läuft (also praktisch jeder CPU der Welt).

Aus technischen Gründen, die in diesem Buch nicht erklärt werden können, ist es mit dem Standard IEEE 754 auch nicht möglich, ganze Zahlen größer als 2^{53} darzustellen. So werden beispielsweise sowohl 2^{53} als auch $2^{53} + 1$ zu derselben Fließkommazahl 9007199254740992.0 gerundet:

```
>>> float(2**53) == float(2**53) + 1
True
```

Leider gibt es bei der Verwendung des Datentyps für Fließkommazahlen keine Lösung für solche Rundungsfehler. Aber keine Sorge: Solange Sie nicht gerade Software für eine Bank, ein Atomkraftwerk oder das Atomkraftwerk einer Bank schreiben, haben die winzigen Rundungsfehler keine spürbaren Auswirkungen. Oft können Sie das Problem umgehen, indem Sie statt der Fließkommazahlen Integer in kleineren Einheiten verwenden, also etwa 133 Cent statt 1.33 Euro oder 200 Millisekunden statt 0.2 Sekunden. Dadurch erhalten Sie bei der Rechnung 10 + 10 + 10 auch tatsächlich 30 Cent oder Millisekunden statt 0.30000000000000004 Dollar oder Sekunden wie bei Addition 0.1 + 0.1 + 0.1.

Brauchen Sie dagegen für wissenschaftliche oder finanzielle Berechnungen genaue Zahlen, können Sie das im Lieferumfang von Python enthaltene Modul decimal verwenden. Die Dokumentation dazu finden Sie auf *https://docs.python.org/3/library/decimal.html*. Decimal-Objekte sind zwar langsamer als Fließkommazahlen, aber dafür genau. Beispielsweise erstellen Sie mit decimal.Decimal('0.1') ein Objekt, das exakt der Zahl 0,1 entspricht und nicht die Ungenauigkeit der Fließkommazahl 0.1 mit sich bringt.

Wenn Sie jedoch den Fließkommawert 0.1 an decimal.Decimal() übergeben, ist das resultierende Decimal-Objekt ebenso ungenau wie der Fließkommawert und damit nicht genau gleich Decimal('0.1'). Stattdessen müssen Sie an decimal.Decimal() einen String des Fließkommawerts übergeben. Probieren Sie das wie folgt in der interaktiven Shell aus:

```
>>> import decimal
>>> d = decimal.Decimal(0.1)
>>> d
Decimal('0.1000000000000000055511151231257827021181583404541015625')
>>> d = decimal.Decimal('0.1')
>>> d
Decimal('0.1')
>>> d + d + d
Decimal('0.3')
```

Da bei Integern keine Rundungsfehler auftreten, können Sie sie immer gefahrlos an decimal.Decimal() übergeben. Probieren Sie Folgendes in der interaktiven Shell aus:

```
>>> 10 + d
Decimal('10.1')
>>> d * 3
Decimal('0.3')
>>> 1 - d
Decimal('0.9')
>>> d + 0.1
Traceback (most recent call last):
  File "<stdin>", line 1, in <module>
TypeError: unsupported operand type(s) for +: 'decimal.Decimal' and 'float'
```

`Decimal`-Objekte weisen jedoch auch keine unbegrenzte Genauigkeit auf, sondern nur einen vorhersehbaren hohen Grad an Genauigkeit:

```
>>> import decimal
>>> d = decimal.Decimal(1) / 3
>>> d
Decimal('0.3333333333333333333333333333')
>>> d * 3
Decimal('0.9999999999999999999999999999')
>>> (d * 3) == 1  # d ist nicht genau 1/3
False
```

Der Ausdruck `decimal.Decimal(1) / 3` wird zu einem Wert ausgewertet, der nicht genau gleich einem Drittel ist. Standardmäßig ist er jedoch auf 28 Nachkommastellen genau. Mit dem Attribut `decimal.getcontext().prec` können Sie die Anzahl der Nachkommastellen herausfinden, die das Modul `decimal` verwendet. (Tatsächlich ist `prec` ein Attribut des von `getcontext()` zurückgegebenen `Context`-Objekts, aber es ist bequemer, alles in eine Zeile zu schreiben.) Sie können dieses Attribut auch ändern, sodass alle anschließend erstellten `Decimal`-Objekte diesen neuen Grad an Genauigkeit übernehmen. In dem folgenden Beispiel senken wir auf diese Weise die ursprüngliche Genauigkeit von 28 auf zwei Stellen:

```
>>> import decimal
>>> decimal.getcontext().prec
28
>>> decimal.getcontext().prec = 2
>>> decimal.Decimal(1) / 3
Decimal('0.33')
```

Bei der Verwendung des Moduls `decimal` können Sie genau steuern, wie Zahlen miteinander in Wechselwirkung treten. Eine ausführliche Dokumentation dieses Moduls finden Sie auf *https://docs.python.org/3/library/decimal.html*.

Verkettung von Ungleichheitsoperatoren

Die Verkettung von Vergleichs- und Zuweisungsoperatoren, also etwa `18 < age < 35` oder `six = halfDozen = 6`, stellt eine praktische Abkürzung dar, hier für `(18 < age) and (age < 35)` bzw. `six = 6; halfDozen = 6`.

Den Ungleichheitsoperator `!=` dürfen Sie dagegen nicht auf diese Weise verketten. Der folgende Code mag so aussehen, als würde er prüfen, ob alle drei Variablen unterschiedliche Werte aufweisen, insbesondere, da der Ausdruck tatsächlich zu `True` ausgewertet wird:

```
>>> a = 'cat'
>>> b = 'dog'
>>> c = 'moose'
>>> a != b != c
True
```

In Wirklichkeit aber ist dieser verkettete Ausdruck gleichwertig mit `(a != b) and (b != c)`. Deshalb ist er auch dann `True`, wenn `c` gleich `a` ist:

```
>>> a = 'cat'
>>> b = 'dog'
>>> c = 'cat'
>>> a != b != c
True
```

Der Code ist irreführend, und ein solcher Bug lässt sich nur schwer finden. Verzichten Sie daher grundsätzlich darauf, den Operator `!=` zu verketten.

Das Komma in einelementigen Tupeln

Bei der Verwendung von Tupelwerten müssen Sie immer daran denken, das abschließende Komma zu setzen, selbst wenn ein Tupel nur ein einziges Element aufweist. Bei `(42, )` handelt es sich um ein Tupel, das den Integer `42` enthält, bei dem Wert `(42)` dagegen nur um diesen Integer. Die Klammern bei `(42)` werden als arithmetische Klammern aufgefasst, also auf die gleiche Weise wie im Ausdruck `(20 + 1) * 2`. Wenn Sie das Komma weglassen, kann Folgendes geschehen:

```
>>> spam = ('cat', 'dog', 'moose')
>>> spam[0]
'cat'
>>> spam = ('cat')
>>> spam[0]    ❶
'c'
>>> spam = ('cat', )    ❷
>>> spam[0]
'cat'
```

Ohne Komma wird `('cat')` zu dem Stringwert ausgewertet. Aus diesem Grund wird `spam[0]` zu dem ersten Zeichen des Strings ausgewertet, also `'c'` ❶. Das abschließende Komma ist erforderlich, damit der Klammerausdruck als Tupelwert erkannt wird ❷. In Python sind nicht die Klammern, sondern ist das Komma ausschlaggebend, um ein Tupel zu erstellen.

Zusammenfassung

Missverständnisse können in allen Sprachen auftreten, auch in Programmiersprachen. Python weist ebenfalls einige Fallstricke auf, über die unachtsame Programmierer stolpern können. Obwohl sie sich nur selten bemerkbar machen, ist es gut, damit vertraut zu sein, damit Sie die dadurch verursachten Probleme schnell erkennen und lösen können.

Es ist zwar möglich, einer Liste Elemente hinzuzufügen oder zu entnehmen, während sie in einer Schleife durchlaufen wird, doch besteht dabei die Gefahr von Bugs. Weit sicherer ist es, eine Kopie der Liste zu durchlaufen und dann die Änderungen am Original vorzunehmen. Wenn Sie eine Liste (oder ein anderes veränderbares Objekt) kopieren, müssen Sie daran denken, dass durch Zuweisungsanweisungen nur die Referenz auf das Objekt kopiert wird und nicht das Objekt selbst. Um tatsächlich das Objekt (und alle von ihm referenzierten Objekte) zu kopieren, verwenden Sie die Funktion `copy.deepcopy()`.

Veränderbare Objekte sollten Sie auch nicht als Standardargumente in `def`-Anweisungen festlegen, da sie nur einmal bei der Ausführung dieser Anweisung erstellt werden und nicht bei jedem Aufruf der Funktion. Besser ist es, `None` als Standardargument anzugeben und im Code zu prüfen, ob dieses Argument vorhanden ist, und in diesem Fall das gewünschte veränderbare Objekt zu erstellen.

Die Verkettung mehrerer kurzer Strings mit dem Operator `+` in einer Schleife kann ebenfalls ein Problem darstellen. Bei einer geringen Anzahl von Iterationen ist diese Syntax völlig in Ordnung. Allerdings erstellt und zerstört Python die Stringobjekte in jeder Iteration. Besser ist es daher, die kurzen Strings zu einer Liste hinzuzufügen und dann den Operator `join()` aufzurufen, um den endgültigen String zu konstruieren.

Die Methode `sort()` sortiert Zeichen nach ihren numerischen Codepunkten und nicht alphabetisch, weshalb *Z* vor *a* steht. Zur Lösung dieses Problems rufen Sie `sort(key=str.lower)` auf.

Bei Fließkommazahlen können kleine Rundungsfehler auftreten. Bei den meisten Programmen spielt das keine Rolle. Wenn Sie jedoch eine hohe Genauigkeit benötigen, verwenden Sie das Python-Modul `decimal`.

Verketten Sie niemals den Operator `!=`, da Ausdrücke wie `'cat' != 'dog' != 'cat'` unerwartet zu `True` ausgewertet werden.

In diesem Kapitel haben Sie einige der Eigenarten von Python kennengelernt, die sich am häufigsten zeigen. Allerdings machen sie sich im Programmieralltag nicht ständig bemerkbar. Python ist sehr gut darin, Überraschungen im Code zu vermeiden. Im nächsten Kapitel lernen Sie einige Besonderheiten kennen, die sogar noch seltener auftreten und völlig bizarr sind. Es ist fast unmöglich, über diese Kuriositäten von Python zu stolpern, wenn Sie nicht danach suchen, aber es kann Spaß machen, herauszufinden, was dahintersteckt.

9

Exotische Eigenarten von Python

Das Regelwerk einer Programmiersprache ist kompliziert, weshalb es möglich ist, Code zu schreiben, der zwar nicht unbedingt falsch ist, aber bizarr und überraschend wirkt. In diesem Kapitel sehen wir uns einige der obskursten Eigenarten von Python an. Es ist zwar äußerst unwahrscheinlich, dass Sie in der Praxis darauf stoßen werden, aber sie stellen interessante Beispiele für die Nutzung (oder den Missbrauch, je nach Sichtweise) der Python-Syntax dar.

Die Beschäftigung der Beispiele in diesem Kapitel gibt Ihnen eine bessere Vorstellung davon, wie Python hinter den Kulissen funktioniert. Sehen wir uns daher einige der exotischeren Eigenarten an.

256 ist 256, aber 257 ist nicht 257

Der Operator `==` prüft, ob zwei Objekte den gleichen Wert hat, der Operator `is`, ob sie die gleiche Identität haben. Der Integerwert `42` und der Fließkommawert `42.0` haben zwar denselben Wert, sind aber zwei verschiedene Objekte und befinden sich an unterschiedlichen Stellen des Arbeitsspeichers. Das können Sie mit der Funktion `id()` überprüfen:

```
>>> a = 42
>>> b = 42.0
>>> a == b
True
>>> a is b
False
>>> id(a), id(b)
(140718571382896, 2526629638888)
```

Wenn Python ein neues Integerobjekt erstellt und im Arbeitsspeicher ablegt, dauert das eine gewisse Zeit. Zur Optimierung legt CPython (der auf *https://python.org* zum Download erhältliche Interpreter) zu Beginn jedes Programms Integerobjekte für die Zahlen –5 bis 256 an, weil diese ziemlich häufig vorkommen. Schließlich ist es viel wahrscheinlicher, dass in einem Programm die Zahl 0 oder 2 verarbeitet wird als 1729. Diese Objekte werden als *vorab zugewiesene Integer* bezeichnet. Wird ein neues Integerobjekt im Arbeitsspeicher erstellt, prüft CPython als Erstes, ob es zwischen `-5` und `256` liegt. Wenn ja, gibt CPython einfach das bereits vorhandene Integerobjekt zurück, anstatt ein neues anzulegen, und spart dadurch Zeit. Da die kleinen Integer nicht dupliziert werden, wird außerdem Arbeitsspeicher eingespart, wie Abbildung 9–1 zeigt.

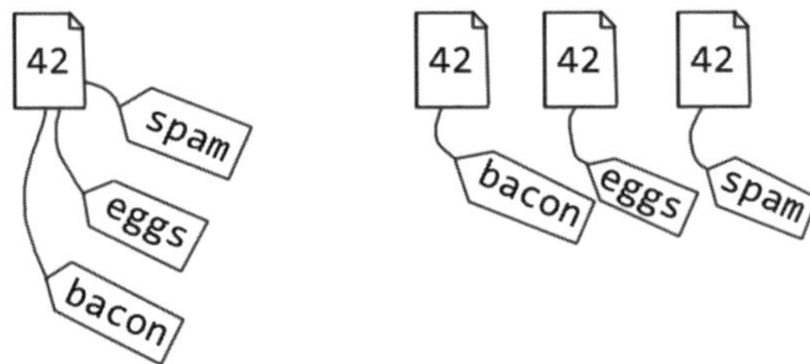

Abb. 9–1 *Um Arbeitsspeicher zu sparen, verwendet Python mehrere Verweise auf dasselbe Integerobjekt (links), anstatt die Integerobjekte für jeden Verweis zu duplizieren (rechts).*

Aufgrund dieser Optimierung kann es in bestimmten (ziemlich weit hergeholten) Situationen zu eigentümlichen Ergebnissen kommen:

```
>>> a = 256
>>> b = 256
>>> a is b   ❶
True
>>> c = 257
>>> d = 257
>>> c is d   ❷
False
```

Alle 256-Objekte sind in Wirklichkeit ein und dasselbe Objekt, weshalb der Operator `is` für `a` und `b` den Wert `True` zurückgibt ❶. Für die Zahl 257 dagegen erstellt Python separate Objekte, weshalb `c is d` zu `False` ausgewertet wird ❷.

Der Ausdruck `257 is 257` dagegen ergibt `True`, weil CPython für identische Literale innerhalb einer Anweisung auf dasselbe Integerobjekt zurückgreift:

```
>>> 257 is 257
True
```

In der Praxis arbeiten Sie gewöhnlich nur mit dem Wert eines Integers und nicht mit seiner Identität und verwenden daher niemals den Operator `is`, um Integer, Fließkommazahlen, Strings, boolesche Werte oder Werte anderer einfacher Datentypen zu vergleichen. Eine Ausnahme besteht bei der Verwendung von `is None` statt `== None`, wie im Abschnitt »Verwenden Sie is statt == zum Vergleich mit None« auf Seite 110 erklärt. Ansonsten aber werden Sie wohl kaum jemals mit diesem Problem konfrontiert.

String-Interning

Auch zur Darstellung identischer Stringliterale verwendet Python dieselben Objekte, anstatt den String zu kopieren. Das können Sie wie folgt in der interaktiven Shell ausprobieren:

```
>>> spam = 'cat'
>>> eggs = 'cat'
>>> spam is eggs
True
>>> id(spam), id(eggs)
(1285806577904, 1285806577904)
```

Python erkennt, dass das zu `eggs` zugewiesene Stringliteral `'cat'` identisch mit dem zu `spam` zugewiesenen ist. Anstatt daher ein zweites, redundantes Stringobjekt zu erstellen, wird `eggs` lediglich ein Verweis auf dasselbe Stringobjekt zugewiesen, das auch schon `spam` nutzt. Daher sind die IDs der beiden Strings identisch.

Diese Optimierung wird als *String-Interning* bezeichnet und ist ebenso wie die vorab zugewiesenen Integer ein Implementierungsaspekt von CPython. Daher dürfen Sie sich in Ihrem Code niemals darauf verlassen. Außerdem erfasst diese Optimierung nicht sämtliche identischen Strings. Der Versuch, jeden Fall zu erkennen, in dem diese Optimierung angewandt werden könnte, würde mehr Zeit in Anspruch nehmen, als die Optimierung spart. Wenn Sie beispielsweise versuchen, den String `cat` in der interaktiven Shell aus `'c'` und `'at'` zusammenzubauen, werden Sie feststellen, dass CPython für den String `'cat'` ein neues Stringobjekt erstellt, anstatt das bereits für `spam` angelegte wiederzuverwenden:

```
>>> bacon = 'c'
>>> bacon += 'at'
>>> spam is bacon
False
>>> id(spam), id(bacon)
(1285806577904, 1285808207384)
```

String-Interning ist eine Optimierungstechnik, die von den Interpretern und Compilern vieler verschiedener Sprachen verwendet wird. Mehr darüber erfahren Sie auf *https://en.wikipedia.org/wiki/String_interning*.

Die Bedeutung von ++ und -- in Python

In Python können Sie mit den erweiterten Zuweisungsoperatoren den Wert einer Variablen um 1 erhöhen oder verringern, z. B. durch `spam += 1` und `spam -= 1`.

In anderen Sprachen, etwa C++ und JavaScript, gibt es den Inkrement- und den Dekrementoperator `++` bzw. `--`. (Der Name C++ selbst ist eine humorvolle Anspielung darauf, dass es sich bei der Sprache um eine erweiterte Form von C handelt.) In C++ und JavaScript können Sie auch Code wie `++spam` und `spam++` schreiben. Da diese Operatoren für ihre Fehlerträchtigkeit berüchtigt sind (siehe die Diskussion auf *https://softwareengineering.stackexchange.com/q/59880*), wurde in Python klugerweise auf sie verzichtet.

Der folgende Python-Code ist jedoch gültig:

```
>>> spam = --spam
>>> spam
42
```

In Python dienen die »Operatoren« `++` und `--` jedoch nicht dazu, den Wert in `spam` zu inkrementieren oder zu dekrementieren. In Wirklichkeit handelt es sich bei `-` um den unären Negationsoperator, mit dem Sie Code wie den folgenden schreiben können:

```
>>> spam = 42
>>> -spam
-42
>>> +spam
-42
```

Allerdings ist die Schreibweise `+42` (oder gar `++42`) ebenso sinnlos wie `--42`. Warum gibt es diesen unären Operator dann überhaupt in Python? Er ist lediglich als Gegenstück zu `-` für den Fall da, dass Sie diese Operatoren in Ihren eigenen Klassen überladen wollen. (Mehr über das Überladen von Operatoren erfahren Sie in Kapitel 17.)

Die unären Operatoren + und - können nur vor einem Python-Wert stehen, nicht dahinter. Während die Schreibweisen spam++ und spam-- in C++ und JavaScript gültig sind, rufen sie in Python Syntaxfehler hervor:

```
>>> spam++
  File "<stdin>", line 1
    spam++
         ^
SyntaxError: invalid syntax
```

In Python gibt es keine Inkrement- und Dekrementoperatoren. Aufgrund einer syntaktischen Eigenart kann es lediglich so aussehen, als gäbe es sie.

Alles von nichts

Die integrierte Funktion all() nimmt einen Folgenwert entgegen, also beispielsweise eine Liste. Sie gibt True zurück, wenn alle Elemente der Folge »Truthy«-Werte sind, und False, wenn mindestens ein »Falsey«-Wert darunter ist. Einen Funktionsaufruf wie all([False, True, True]) können Sie sich daher wie ein Gegenstück zu dem Ausdruck False and True and True vorstellen.

Es ist möglich, all() zusammen mit der Listennotation einzusetzen, um eine Liste boolescher Werte auf der Grundlage einer anderen Liste zu erstellen und dann deren Gesamtwert zu bestimmen:

```
>>> spam = [67, 39, 20, 55, 13, 45, 44]
>>> [i > 42 for i in spam]
[True, False, False, True, False, True, True]
>>> all([i > 42 for i in spam])
False
>>> eggs = [43, 44, 45, 46]
>>> all([i > 42 for i in eggs])
True
```

Die Hilfsfunktion all() gibt hier True zurück, wenn alle Zahlen in spam oder eggs größer als 42 sind.

Wenn Sie all() aber eine leere Folge übergeben, wird immer True zurückgegeben:

```
>>> all([])
True
```

Es ist daher am besten, sich vorzustellen, dass `all([])` die Behauptung »keines der Elemente in der Liste ist falsey« überprüft und nicht »alle Elemente der Liste sind truthy«, denn sonst könnten sich unerwartete Ergebnisse einstellen. Geben Sie beispielsweise folgenden Code in die interaktive Shell ein:

```
>>> spam = []
>>> all([i > 42 for i in spam])
True
>>> all([i < 42 for i in spam])
True
>>> all([i == 42 for i in spam])
True
```

Hier könnte der Eindruck entstehen, dass alle Werte in `spam` (einer leeren Liste) größer als 42, aber gleichzeitig auch kleiner als 42 und gleich 42 sind, was logisch unmöglich ist. Denken Sie aber daran, dass alle drei Listennotationen zu einer leeren Liste ausgewertet werden. Darin befinden sich natürlich keine Falsey-Elemente, weshalb die Funktion `all()` den Wert `True` zurückgibt.

Boolesche Werte als Integer

In Python werden der Fließkommawert `42.0` und der Integerwert `42` als gleich angesehen. Aber auch die booleschen Werte `True` und `False` gelten als gleichwertig zu `1` bzw. `0`. Der Datentyp `bool` ist in Python eine Teilklasse des Datentyps `int`. (Mehr über Klassen und Teilklassen erfahren Sie in Kapitel 16.) Mit `int()` können Sie boolesche Werte in Integer umwandeln:

```
>>> int(False)
0
>>> int(True)
1
>>> True == 1
True
>>> False == 0
True
```

Auch eine Anwendung von `isinstance()` beweist, dass ein boolescher Wert als eine Art von Integer betrachtet wird:

```
>>> isinstance(True, bool)
True
>>> isinstance(True, int)
True
```

Der Wert True ist vom Datentyp bool, aber da es sich bei bool um eine Teilklasse von int handelt, ist True auch ein int. Daher lassen sich True und False fast überall da einsetzen, wo auch Integer stehen dürfen. Allerdings kann das zu ziemlich merkwürdigem Code führen:

```
>>> True + False + True + True  # Entspricht 1 + 0 + 1 + 1
3
>>> -True              # Entspricht -1.
-1
>>> 42 * True          # Entspricht 42 * 1 (Multiplikation)
42
>>> 'hello' * False    # Entspricht 'hello' * 0 (Stringwiederholung)
' '
>>> 'hello'[False]     # Entspricht 'hello'[0]
'h'
>>> 'hello'[True]      # Entspricht 'hello'[1]
'e'
>>> 'hello'[-True]     # Entspricht 'hello'[-1]
'o'
```

Dass es möglich ist, boolesche Werte wie Zahlen zu verwenden, heißt natürlich noch lange nicht, dass Sie das auch tun sollen. Die vorstehenden Beispiele wirken beim Lesen unverständlich, weshalb Sie diese Schreibweisen in der Praxis auf keinen Fall nutzen sollten. Ursprünglich hatte Python keinen booleschen Datentyp. Als er in Python 2.3 hinzukam, wurde er als Teilklasse von int implementiert, um den Vorgang zu vereinfachen. Die Geschichte des Datentyps bool ist in PEP 285 auf *https://www.python.org/dev/peps/pep-0285/* nachzulesen.

Übrigens wurden True und False erst in Python 3 zu Schlüsselwörtern gemacht. Daher war es in Python 2 möglich, True und False als Variablennamen zu verwenden und damit paradoxen Code wie den folgenden zu schreiben:

```
Python 2.7.14 (v2.7.14:84471935ed, Sep 16 2017, 20:25:58) [MSC v.1500 64 bit
(AMD64)] on win32
Type "help", "copyright", "credits" or "license" for more information.
>>> True is False
False
>>> True = False
>>> True is False
True
```

Zum Glück ist verwirrender Code wie dieser in Python 3 nicht mehr möglich. Wenn Sie dort versuchen, die Schlüsselwörter True und False als Variablennamen zu verwenden, wird ein Syntaxfehler ausgelöst.

Verkettung unterschiedlicher Operatoren

In einem Ausdruck unterschiedliche Operatoren zu verketten, kann zu unerwarteten Fehlern führen. Beispielsweise stehen in dem folgenden (zugegeben ziemlich weit hergeholten) Beispiel die Operatoren `==` und `is` im selben Ausdruck:

```
>>> False == False in [False]
True
```

Das Ergebnis `True` ist hier ziemlich überraschend, da man meinen sollte, dass dieser Ausdruck nach einer der beiden folgenden Möglichkeiten ausgewertet wird:

- `(False == False) in [False]`, was `False` ergibt
- `False == (False in [False])`, was ebenfalls `False` ergibt

Tatsächlich aber entspricht `False == False in [False]` keinem dieser beiden Ausdrücke, sondern `(False == False) and (False in [False])` – ebenso, wie `42 < spam < 99` gleichbedeutend mit `(42 < spam) and (spam < 99)` ist. Daher wird der Ausdruck wie folgt ausgewertet:

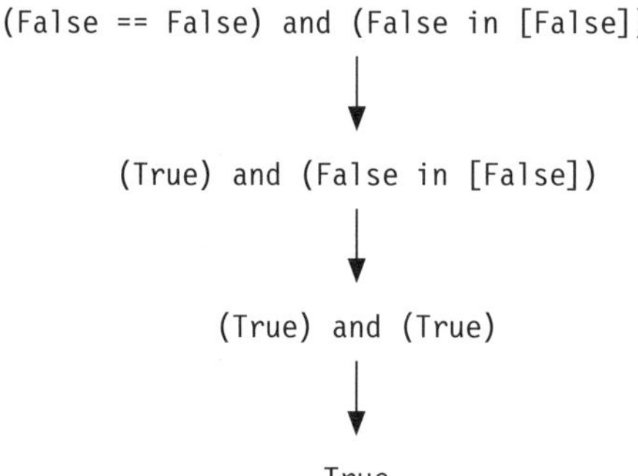

Der Ausdruck `False == False in [False]` eignet sich zwar als amüsante Rätselaufgabe, aber nicht für Code in der Praxis.

Schwerelosigkeit in Python

Um die Schwerelosigkeitseinrichtung von Python einzuschalten, geben Sie in der interaktiven Shell Folgendes ein:

```
>>> import antigravity
```

Dies ist ein Easter egg, durch das der Comicstrip auf *https://xkcd.com/353/* im Webbrowser geöffnet wird. Es mag überraschend klingen, dass Python in der Lage ist, Ihren Browser zu öffnen, allerdings handelt es sich dabei um ein Merkmal des im Lieferumfang enthaltenen Moduls `webbrowser`: Es enthält die Funktion `open()`, die den Standardwebbrowser Ihres Betriebssystems herausfindet und dann ein Browserfenster mit dem angegebenen URL öffnet. Probieren Sie das wie folgt in der interaktiven Shell aus:

```
>>> import webbrowser
>>> webbrowser.open('https://xkcd.com/353/')
```

Das Modul `webbrowser` hat nur einen beschränkten Funktionsumfang, allerdings ist es praktisch, um Benutzer auf zusätzliche Informationen im Internet aufmerksam zu machen.

Zusammenfassung

Man vergisst nur allzu leicht, dass Computer und Programmiersprachen von Menschen konstruiert wurden und daher auch Einschränkungen unterliegen. Sehr viel Software baut auf dem auf, was Sprach- und Hardwareentwickler geschaffen haben. Diese Personen haben viel Arbeit geleistet, sodass Sie bei einem Bug davon ausgehen können, dass er an Ihrem Programm liegt und nicht an der Interpretersoftware oder der CPU. Diese Grundlagen nehmen wir für selbstverständlich.

Daher ist es jedoch auch wichtig, die kleinen Besonderheiten von Computern und Software zu kennen. Wenn Ihr Code Fehlermeldungen ausgibt oder abstürzt (oder sich eigenartig verhält), dann müssen Sie sich, um das Problem beheben zu können, auch mit den häufigsten Fallstricken auskennen.

Es ist extrem unwahrscheinlich, dass Sie den in diesem Kapitel aufgeführten Sonderfällen jemals begegnen werden, allerdings ist es gerade die Kenntnis solcher Einzelheiten, die aus Ihnen einen erfahrenen Python-Programmierer macht.

10

Zweckmäßige Funktionen

Funktionen ähneln Miniprogrammen innerhalb unserer umfassenden Programme. Sie ermöglichen es uns, den Code in kleinere Einheiten zu zerlegen. Dadurch können wir es uns ersparen, Code zu duplizieren, was fehleranfällig ist. Um gute Funktionen zu schreiben, müssen Sie viele Entscheidungen über ihre Namen, ihre Größe, ihre Parameter und ihre Komplexität fällen.

In diesem Kapitel sehen wir uns verschiedene Vorgehensweisen an, um Funktionen zu schreiben. Dabei betrachten wir die jeweiligen Vor- und Nachteile von kurzen und langen Funktionen, die Auswirkungen der Parameteranzahl auf die Komplexität der Funktionen und die Möglichkeit, mithilfe der Operatoren * und ** Funktionen mit einer variablen Anzahl von Argumenten zu schreiben. Außerdem beschäftigen wir uns mit funktionaler Programmierung und den damit verbundenen Vorteilen.

Funktionsnamen

Funktionsnamen sollten den allgemeinen Richtlinien für Bezeichner folgen, die wir schon in Kapitel 4 kennengelernt haben. Da Funktionen normalerweise dazu da sind, irgendeine Aktion durchzuführen, sollten die Namen außerdem ein Verb enthalten. Um anzugeben, woran diese Aktion ausgeführt ist, bietet es sich außerdem an, ein Substantiv in den Namen aufzunehmen. Namen wie `refreshConnection()`, `setPassword()` und `extract_version()` machen deutlich, was eine Funktion macht und woran sie diese Tätigkeit ausführt.

Bei Methoden, die zu einer Klasse oder einem Modul gehören, ist die Angabe eines Substantivs jedoch nicht unbedingt nötig. Beispielsweise ist bei Methoden wie `reset()` in der Klasse `SatelliteConnection` oder `open()` im Modul `webbrowser` schon durch den Zusammenhang klar, dass es sich bei dem Element, das hier zurückgesetzt oder geöffnet wird, um eine Satellitenverbindung bzw. einen Webbrowser handelt.

Denken Sie auch immer daran, für Ihre Funktionen nicht die Namen der integrierten Funktionen und Module von Python zu verwenden, also z. B. `all`, `any`, `date`, `email`, `file`, `format`, `hash`, `id`, `input`, `list`, `min`, `max`, `object`, `open`, `random`, `set`, `str`, `sum`, `test` und `type`.

Der Umfang von Funktionen

Einige Programmierer sagen, dass Funktionen so kurz wie möglich sein und auf einen einzigen Bildschirm passen sollten. Eine Funktion mit einer Länge von nur einem Dutzend Zeilen lässt sich relativ leicht verstehen, zumindest im Vergleich zu einer Funktion mit Hunderten von Zeilen. Allerdings kann es auch Nachteile haben, den Code einer Funktion auf mehrere kleinere aufzuteilen, nur um sie kürzer zu machen. Sehen wir uns zunächst die Vorteile von kleinen Funktionen an:

- Der Code der Funktion lässt sich leichter verstehen.
- Die Funktion benötigt wahrscheinlich weniger Parameter.
- Es besteht eine geringere Wahrscheinlichkeit dafür, dass die Funktion Nebenwirkungen hat (siehe den Abschnitt »Funktionale Programmierung« auf Seite 198).
- Die Funktion lässt sich leichter testen und debuggen.
- Die Funktion löst wahrscheinlich eine geringere Anzahl von Ausnahmen aus.

Dem gegenüber stehen die folgenden Nachteile:

- Kurze Funktionen führen oft zu einer höheren Anzahl von Funktionen in einem Programm.

- Mehr Funktionen machen das Programm komplizierter.
- Mehr Funktionen erfordern es, sich mehr aussagekräftige und präzise Namen auszudenken, was nicht so leicht ist.
- Für mehr Funktionen benötigen Sie auch mehr Dokumentation.
- Die Beziehungen zwischen den Funktionen können kompliziert sein.

Manche treiben die Richtlinie »je kürzer, umso besser« bis ins Extrem und fordern, dass Funktionen grundsätzlich nicht mehr als vier Zeilen umfassen dürfen. Das ist jedoch Irrsinn. Betrachten Sie zum Beispiel die Funktion `getPlayerMove()` aus dem Spiel Turm von Hanoi in Kapitel 14. Wie der Code im Einzelnen funktioniert, interessiert uns hier noch nicht. Schauen Sie sich lediglich die allgemeine Struktur der Funktion an:

```
def getPlayerMove(towers):
    """Fordert den Spieler zum Zug auf. Gibt(fromTower, toTower) zurück."""

    while True:  # Fordert den Spieler auf, bis er einen gültigen Zug macht
        print('Enter the letters of "from" and "to" towers, or QUIT.')
        print("(e.g. AB to moves a disk from tower A to tower B.)")
        print()
        response = input("> ").upper().strip()

        if response == "QUIT":
            print("Thanks for playing!")
            sys.exit()

        # Prüft, ob gültige Turmbuchstaben eingegeben wurden:
        if response not in ("AB", "AC", "BA", "BC", "CA", "CB"):
            print("Enter one of AB, AC, BA, BC, CA, or CB.")
            continue  # Fordert Spieler erneut auf, einen Zug zu machen

        # Macht die Variablennamen aussagekräftiger:
        fromTower, toTower = response[0], response[1]

        if len(towers[fromTower]) == 0:
            # Der "from"-Turm darf nicht leer sein:
            print("You selected a tower with no disks.")
            continue  # Fordert Spieler erneut auf, einen Zug zu machen
        elif len(towers[toTower]) == 0:
            # Alle Scheiben können zu einem leeren "to"-Turm gezogen werden:
            return fromTower, toTower
        elif towers[toTower][-1] < towers[fromTower][-1]:
            print("Can't put larger disks on top of smaller ones.")
            continue # Fordert Spieler erneut auf, einen Zug zu machen
        else:
            # Gültiger Zug; gibt daher die ausgewählten Türme zurück:
            return fromTower, toTower
```

Diese Funktion ist 34 Zeilen lang. Sie umfasst mehrere Einzelaufgaben – die Aufforderung an den Spieler, einen Zug zu machen, die Überprüfung des Zugs auf Gültigkeit und die erneute Aufforderung bei einem ungültigen Zug –, die aber zu der Aktion gehören, den Zug des Spielers abzurufen. Wenn wir `getPlayerMove()` in kürzere Funktionen aufteilen wollen, können wir das wie folgt tun:

```
def getPlayerMove(towers):
    """Fordert den Spieler zum Zug auf. Gibt(fromTower, toTower) zurück."""

    while True:  # Fordert den Spieler auf, bis er einen gültigen Zug macht
        response = askForPlayerMove()
        terminateIfResponseIsQuit(response)
        if not isValidTowerLetters(response):
            continue # Fordert Spieler erneut auf, einen Zug zu machen

        # Macht die Variablennamen aussagekräftiger:
        fromTower, toTower = response[0], response[1]

        if towerWithNoDisksSelected(towers, fromTower):
            continue  # Fordert Spieler erneut auf, einen Zug zu machen
        elif len(towers[toTower]) == 0:
            # Alle Scheiben können auf einen leeren "to"-Turm gezogen werden:
            return fromTower, toTower
        elif largerDiskIsOnSmallerDisk(towers, fromTower, toTower):
            continue # Fordert Spieler erneut auf, einen Zug zu machen
        else:
            # Gültiger Zug; gibt daher die ausgewählten Türme zurück:
            return fromTower, toTower

def askForPlayerMove():
    """Fordert den Spieler auf und gibt die ausgewählten Türme zurück."""
    print('Enter the letters of "from" and "to" towers, or QUIT.')
    print("(e.g. AB to moves a disk from tower A to tower B.)")
    print()
    return input("> ").upper().strip()

def terminateIfResponseIsQuit(response):
    """Beendet das Programm bei der Antwort 'QUIT'"""
    if response == "QUIT":
        print("Thanks for playing!")
        sys.exit()

def isValidTowerLetters(towerLetters):
    """Gibt True zurück, wenn towerLetters gültig ist."""
    if towerLetters not in ("AB", "AC", "BA", "BC", "CA", "CB"):
        print("Enter one of AB, AC, BA, BC, CA, or CB.")
        return False
    return True
```

```
def towerWithNoDisksSelected(towers, selectedTower):
    """Gibt True zurück, wenn selectedTower keine Scheiben aufweist."""
    if len(towers[selectedTower]) == 0:
        print("You selected a tower with no disks.")
        return True
    return False

def largerDiskIsOnSmallerDisk(towers, fromTower, toTower):
    """Gibt True zurück, wenn eine Scheibe auf eine kleinere gelegt wird."""
    if towers[toTower][-1] < towers[fromTower][-1]:
        print("Can't put larger disks on top of smaller ones.")
        return True
    return False
```

Diese sechs Funktionen erledigen dieselben Aufgaben wie der ursprüngliche Code, umfassen aber fast doppelt so viele Zeilen, nämlich 56. Die einzelnen Funktionen lassen sich zwar leichter verstehen als die ursprüngliche Funktion `getPlayerMove()`, doch zusammengenommen erhöhen sie die Komplexität. Beim Lesen dieses Codes wird nicht ganz klar, wie die Funktionen zusammengehören. Die Funktion `getPlayerMove()` ist hier die einzige, die von anderen Teilen des Programms aufgerufen wird. Die anderen fünf dagegen werden nur einmal aufgerufen, nämlich in `getPlayerMove()`. Das aber wird in der Masse der Funktionen nicht klar.

Ich musste mir hier auch für jede neue Funktion einen neuen Namen und einen neuen Docstring ausdenken (die Strings mit den dreifachen Anführungszeichen unter der `def`-Anweisung; mehr darüber erfahren Sie in Kapitel 11). Dadurch haben einige Funktionen verwirrend ähnliche Namen, etwa `getPlayerMove()` und `askForPlayerMove()`. Außerdem umfasst `getPlayerMove()` immer noch deutlich mehr als vier Zeilen. Wenn ich der Richtlinie »je kürzer, desto besser« folgen wollte, müsste ich sie daher in noch kleinere Funktionen aufteilen!

In diesem Fall hat der Grundsatz, nur äußerst kurze Funktion zuzulassen, zwar zu einfacheren Funktionen geführt, die Komplexität des Programms im Ganzen aber drastisch erhöht. Meiner Meinung nach sollten Funktionen im Idealfall weniger als 30 Zeilen umfassen und auf keinen Fall länger als 200 Zeilen sein. Machen Sie Ihre Funktionen so kurz wie sinnvoll möglich, aber nicht kürzer.

Funktionsparameter und -argumente

Die Parameter einer Funktion sind die Variablennamen, die in der `def`-Anweisung in den Klammern stehen. Dagegen stehen die Argumente in den Klammern des Funktionsaufrufs. Je mehr Parameter eine Funktion hat, desto besser lässt sich der Code konfigurieren und umso breiter lässt er sich anwenden. Allerdings bedeuten mehr Parameter auch höhere Komplexität.

Eine gute Faustregel lautet, dass null bis drei Parametern in Ordnung sind, mehr als fünf oder sechs aber wahrscheinlich zu viel. Wenn eine Funktion übermäßig kompliziert wird, ist es am besten, sie in kleinere Funktionen mit weniger Parametern aufzuteilen.

Standardargumente

Eine Möglichkeit, um die Komplexität von Funktionsparametern zu verringern, besteht darin, *Standardargumente* vorzugeben. Dabei handelt es sich um die Werte, die als Argumente verwendet werden sollen, wenn in dem Funktionsaufruf keine angegeben sind. Falls der Parameter bei der Mehrzahl aller Funktionsaufrufe denselben Wert annimmt, können wir diesen Wert als Standardargument festlegen, damit wir ihn nicht bei jedem Aufruf der Funktion angeben müssen.

Ein Standardargument wird in der `def`-Anweisung mit einem Gleichheitszeichen hinter dem Parameternamen angegeben. Beispielsweise erhält in der folgenden Funktion `introduction` der Parameter `greeting` den Wert `'Hello'`, wenn im Funktionsaufruf keiner angegeben ist:

```
>>> def introduction(name, greeting='Hello'):
...     print(greeting + ', ' + name)
...
>>> introduction('Alice')
Hello, Alice
>>> introduction('Hiro', 'Ohiyo gozaimasu')
Ohiyo gozaimasu, Hiro
```

Wird die Funktion `introduction()` ohne Angabe eines zweiten Arguments aufgerufen, wird stattdessen der String `'Hello'` verwendet. Parameter mit Standardargumenten müssen immer hinter denen ohne Standardargumente aufgeführt werden.

Im Abschnitt »Standardargumente« in Kapitel 8 haben Sie bereits erfahren, warum Sie keine veränderbaren Objekte wie Listen oder Dictionarys als Standardwerte verwenden sollten und welche Lösungsmöglichkeiten es für einen solchen Fall gibt.

Argumente mit * und ** an Funktionen übergeben

Mit * und ** können Sie ganze Gruppen von Argumenten an Funktionen übergeben – die Elemente eines iterierbaren Objekts (etwa einer Liste oder eines Tupels) mit * und die Schlüssel-Wert-Paare eines Map-Objekts (etwa eines Dictionarys) mit **. Die einzelnen Elemente werden dabei jeweils als individuelle Argumente übergeben.

Betrachten wir als Beispiel die Funktion print(), die mehrere Argumente annehmen kann und diese Argumente dann standardmäßig mit einem Leerzeichen dazwischen ausgibt:

```
>>> print('cat', 'dog', 'moose')
cat dog moose
```

Es handelt sich hierbei um sogenannte *Positionsargumente*, da ihre Position in dem Funktionsaufruf bestimmt, welchem Parameter sie zugeordnet werden. Wenn Sie die Strings in eine Liste aufnehmen und die Liste als Argument übergeben, würde print() jedoch davon ausgehen, dass Sie die Liste ausgeben wollen:

```
>>> args = ['cat', 'dog', 'moose']
>>> print(args)
['cat', 'dog', 'moose']
```

Hier wird die gesamte Liste einschließlich der eckigen Klammern, der Anführungszeichen und der Kommata als Trennzeichen ausgegeben.

Eine Möglichkeit, um stattdessen die einzelnen Elemente der Liste auszugeben, besteht darin, die Liste in mehrere Argumente aufzuteilen, indem Sie die Indizes der Elemente einzeln an die Funktion übergeben. Solcher Code ist allerdings schwer verständlich:

```
>>> # Schwer verständlicher Code:
>>> args = ['cat', 'dog', 'moose']
>>> print(args[0], args[1], args[2])
cat dog moose
```

Es gibt jedoch eine einfachere Möglichkeit, um die Listenelemente an print() zu übergeben. Durch Voranstellen von * werden die Elemente einer Liste (oder eines anderen iterierbaren Datentyps) als einzelne Positionsargumente angesehen. Probieren Sie das wie folgt in der interaktiven Shell aus:

```
>>> args = ['cat', 'dog', 'moose']
>>> print(*args)
cat dog moose
```

Mit der Schreibweise * können Sie die Elemente in einer Liste einzeln an eine Funktion übergeben, unabhängig davon, wie viele Elemente sie enthält.

Auf ähnliche Weise können Sie mit der Schreibweise ** die einzelnen Elemente von Map-Datentypen (etwa Dictionarys) als *Schlüsselwortargumente* übergeben, denen ein Parametername und ein Gleichheitszeichen voranstehen. Beispielsweise nimmt die Funktion print() das Schlüsselwortargument sep für den String entgegen, der zwischen den ausgegebenen Argumenten stehen soll. Standardmäßig ist dieses Argument auf den leeren String `' '` gesetzt. Mit einer Zuweisungsanweisung und mit ** können Sie Schlüsselwortargumenten jedoch einen anderen Wert zuweisen. Probieren Sie das wie folgt in der interaktiven Shell aus:

```
>>> print('cat', 'dog', 'moose', sep='-')
cat-dog-moose
>>> kwargsForPrint = {'sep': '-'}
>>> print('cat', 'dog', 'moose', **kwargsForPrint)
cat-dog-moose
```

Beide Funktionsaufrufe führen zu den gleichen Ergebnissen. In diesem Beispiel haben wir nur eine einzige Codezeile verwendet, um das Dictionary `kwargsForPrint` für die Schlüsselwortargumente (*key word arguments*, daher *kwargs*) einzurichten. In der Praxis kann dazu jedoch mehr Code erforderlich sein. Die Schreibweise mit ** erlaubt es Ihnen, ein Dictionary mit Konfigurationseinstellungen anzulegen und dann in einem Funktionsaufruf zu übergeben. Das ist insbesondere bei Funktionen und Methoden nützlich, die sehr viele Schlüsselwortargumente entgegennehmen.

Durch die Änderung der Liste oder des Dictionarys zur Laufzeit ist es auch möglich, mithilfe von * und ** eine unterschiedliche Anzahl von Argumenten an eine Funktion zu übergeben.

Variadische Funktionen mit * erstellen

Durch die Verwendung von * in der `def`-Anweisung können Sie auch *variadische Funktionen* schreiben, also solche mit einer variablen Anzahl von Positionsargumenten. Ein Beispiel für eine solche Funktion ist `print()`, da Sie ihr eine beliebige Anzahl von Strings übergeben können, etwa `print('hello!')` oder `print('May name is', name)`. Im vorherigen Abschnitt haben wir * in Funktionsaufrufen angegeben, doch hier verwenden wir diese Schreibweise in den Funktionsdefinitionen.

Als Beispiel wollen wir die Funktion `product()` schreiben, die eine beliebige Anzahl von Argumenten entgegennimmt und multipliziert:

```
>>> def product(*args):
...     result = 1
...     for num in args:
...         result *= num
...     return result
...
>>> product(3, 3)
9
>>> product(2, 1, 2, 3)
12
```

Bei args handelt es sich hier, innerhalb einer Funktion, lediglich um ein reguläres Python-Tupel, das sämtliche Positionsargumente enthält. Sie könnten diesem Parameter auch einen anderen Namen geben, solange Sie ihn mit * einleiten, allerdings hat es sich eingebürgert, ihn args zu nennen.

Wann Sie die Schreibeweise mit * verwenden sollten, bedarf einiger Überlegung. Eine alternative Möglichkeit, um variadische Funktionen zu erstellen, besteht darin, einen einzigen Parameter anzugeben, der eine Liste (oder einen anderen iterierbaren Datentyp) mit einer wechselnden Anzahl von Elementen akzeptiert. Das ist der Fall bei der integrierten Funktion sum():

```
>>> sum([2, 1, 2, 3])
8
```

Diese Funktion erwartet ein einziges iterierbares Argument. Wenn Sie ihr mehrere Argumente übergeben, wird eine Ausnahme ausgelöst:

```
>>> sum(2, 1, 2, 3)
Traceback (most recent call last):
  File "<stdin>", line 1, in <module>
TypeError: sum() takes at most 2 arguments (4 given)
```

Dagegen akzeptieren die integrierten Funktionen min() und max(), die den kleinsten bzw. größten von mehreren Werten zurückgeben, sowohl ein einzelnes iterierbares Argument als auch mehrere getrennte Argumente:

```
>>> min([2, 1, 3, 5, 8])
1
>>> min(2, 1, 3, 5, 8)
1
>>> max([2, 1, 3, 5, 8])
8
>>> max(2, 1, 3, 5, 8)
8
```

All diese Funktionen können eine wechselnde Anzahl von Argumenten entgegennehmen. Warum sind ihre Parameter dann so verschieden gestaltet? Wann sollten Sie Ihre eigenen Funktionen so schreiben, dass sie ein einziges iterierbares Argument entgegennehmen, und wann sollten Sie mit ** dafür sorgen, dass sie mehrere getrennte Argumente akzeptieren?

Bei der Gestaltung der Parameter dieser Funktionen wurde jeweils überlegt, wie sie von Programmierern am wahrscheinlichsten genutzt werden. Die Funktion print() nimmt mehrere Argumente entgegen, da Programmierer viel häufiger eine Folge von Strings oder Stringvariablen übergeben, z.B. in der Form print('My name is', name), als erst alle Strings in mehreren Schritten in eine Liste aufzunehmen und diese zu übergeben. Außerdem würde print() bei der Übergabe einer Liste den Wert im Ganzen ausgeben und nicht die einzelnen Elemente.

Bei sum() dagegen gibt es keinen Grund dafür, getrennte Argumente zu übergeben, da es in Python dafür schon den Operator + gibt. Da wir Code wir 2 + 4 + 8 schreiben können, ist es nicht nötig, Code wie sum(2, 4, 8) zu ermöglichen. Daher ist es im Falle von sum() sinnvoll, die wechselnde Anzahl der Argumente ausschließlich in Form einer Liste zu übergeben.

Die Funktionen min() und max() dagegen erlauben beide Vorgehensweisen. Wenn der Programmierer ein Argument übergibt, geht die Funktion davon aus, dass es sich dabei um eine Liste oder ein Tupel mit den zu untersuchenden Werten handelt. Werden dagegen mehrere Argumente übergeben, so werden diese als die Werte betrachtet. Die beiden Funktionen müssen gewöhnlich Listen von Werten verarbeiten, während das Programm ausgeführt wird, z.B. in einem Funktionsaufruf wie min(allExpenses), aber auch einzelne, vom Programmierer ausgewählte Werte wie in max(0, someNumber). Daher sind sie so gestaltet, dass sie beide Arten von Eingaben akzeptieren. Die folgende Funktion myMinFunction(), meine eigene Implementierung von min(), veranschaulicht dies:

```
def myMinFunction(*args):
    if len(args) == 1:
        values = args[0]  ❶
    else:
        values = args  ❷

    if len(values) == 0:
        raise ValueError('myMinFunction() args is an empty sequence')  ❸

    for i, value in enumerate(values):  ❹
        if i == 0 or value < smallestValue:
            smallestValue = value
    return smallestValue
```

Das * in myMinFunction() sorgt dafür, dass die Funktion eine veränderliche Anzahl von Argumenten in Form eines Tupels entgegennimmt. Enthält das Tupel nur einen Wert, so gehen wir davon aus, dass es sich dabei um die zu untersuchende Folge von Werten handelt ❶. Anderenfalls ist args ein Tupel der zu untersuchenden Werte ❷. In jedem Fall enthält die Variable values nun eine Folge von Werten, die im Rest des Codes untersucht werden. Ebenso wie in der integrierten Funktion min() wird die Ausnahme ValueError ausgelöst, falls der Aufrufer keine Argumente oder eine leere Folge übergeben hat ❸. Der Rest des Codes durchläuft die Werte und gibt den kleinsten zurück ❹. Um das Beispiel einfach zu halten, akzeptiert myMinFunction() nur Listen und Tupel und keine anderen iterierbaren Werte.

Vielleicht fragen Sie sich, warum wir Funktionen nicht immer so schreiben, dass sie auf beide Weisen eine wechselnde Anzahl von Argumenten entgegennehmen können. Der Grund dafür ist, dass Funktionen so einfach wie möglich gestaltet werden sollten. Sofern nicht beide Arten des Funktionsaufrufs gängig sind, sollten Sie sich für eine entscheiden. Wenn eine Funktion gewöhnlich Datenstrukturen verarbeitet, die vom laufenden Programm erstellt werden, ist es besser, wenn sie nur einen einzigen Parameter akzeptiert. Verarbeitet sie dagegen Argumente, die der Programmierer beim Schreiben des Codes vorgibt, so sollten Sie * nutzen, damit sie eine wechselnde Anzahl von Argumenten annehmen kann.

Variadische Funktionen mit ** erstellen

Variadische Funktionen können auch mit ** erstellt werden. Während * in der `def`-Anweisung für eine wechselnde Anzahl von Positionsargumenten steht, gibt ** eine wechselnde Anzahl von optionalen Schlüsselwortargumenten an.

Wenn Sie ohne ** eine Funktion definieren, die zahlreiche optionale Schlüsselwortargumente entgegennehmen kann, besteht die Gefahr, dass die `def`-Anweisung ziemlich unhandlich wird. Betrachten Sie dazu die hypothetische Funktion `formMolecule()`, die Parameter für alle 118 bekannten Elemente hat:

```
>>> def formMolecule(hydrogen, helium, lithium, beryllium, boron, -- schnipp --
```

Um Wasser zurückzugeben, müssten Sie hier nicht nur `2` für den Parameter `hydrogen` und `1` für `oxygen` übergeben, sondern auch alle anderen Elemente auf `0` setzen, was ziemlich mühselig und unübersichtlich wäre:

```
>>> formMolecule(2, 0, 0, 0, 0, 0, 0, 1, 0, 0, 0, 0, 0, 0, 0, 0 -- schnipp --
'water'
```

Um die Funktion besser handhabbar zu machen, können Sie benannte Schlüsselwortparameter verwenden, für die es jeweils ein Standardargument gibt. Dadurch können Sie es sich ersparen, in einem Funktionsaufruf Argumente für alle Parameter zu übergeben.

> **Hinweis**
>
> Während die Begriffe *Argument* und *Parameter* genau definiert sind, verwenden Programmierer die Begriffe *Schlüsselwortargument* und *Schlüsselwortparameter* oft synonym.

So sind in der folgenden def-Anweisung jeweils Standardargumente mit dem Wert 0 für alle Schlüsselwortparameter festgelegt:

```
>>> def formMolecule(hydrogen=0, helium=0, lithium=0, beryllium=0, -- schnipp --
```

Dadurch wird es einfacher, formMolecule() aufzurufen, da Sie nur noch Argumente für die Parameter angegeben müssen, bei denen die Werte von den Standardargumenten abweichen. Außerdem können Sie Schlüsselwortargumente in beliebiger Reihenfolge angeben:

```
>>> formMolecule(hydrogen=2, oxygen=1)
'water'
>>> formMolecule(oxygen=1, hydrogen=2)
'water'
>>> formMolecule(carbon=8, hydrogen=10, nitrogen=4, oxygen=2)
'caffeine'
```

Allerdings ist die def-Anweisung mit ihren 118 Parametern immer noch ziemlich unhandlich. Und was tun Sie, wenn neue Elemente entdeckt werden? In dem Fall müssten Sie die def-Anweisung der Funktion sowie die zugehörige Dokumentation ergänzen.

Stattdessen können Sie mit der Schreibweise ** für Schlüsselwertargumente auch alle Parameter und deren Argumente als Schlüssel-Wert-Paare in einem Dictionary zusammenfassen. Den entsprechenden Parametern könnten Sie im Grunde genommen einen beliebigen Namen geben, allerdings hat sich die Bezeichnung kwargs (*key word arguments*) eingebürgert:

```
>>> def formMolecules(**kwargs):
...     if len(kwargs) == 2 and kwargs['hydrogen'] == 2 and
                                kwargs['oxygen'] == 1:
...         return 'water'
...     # Rest des Funktionscodes
...
>>> formMolecules(hydrogen=2, oxygen=1)
'water'
```

Das vorangestellte ** zeigt dabei an, dass der Parameter kwargs alle in einem Funktionsaufruf übergebenen Schlüsselwortargumente handhaben kann. Sie werden als Schlüssel-Wert-Paare in einem Dictionary gespeichert, das dem Parameter kwargs zugewiesen wird. Wird ein neues chemisches Element entdeckt, müssen Sie lediglich den Code der Funktion anpassen, aber nicht die def-Anweisung, da in kwargs sämtliche Schlüsselwortargumente eingehen:

```
>>> def formMolecules(**kwargs):  ❶
...     if len(kwargs) == 1 and kwargs.get('unobtanium') == 12:  ❷
```

```
...         return 'aether'
...         # Rest des Funktionscodes
...
>>> formMolecules(unobtanium=12)
'aether'
```

Die def-Anweisung ist unverändert ❶; lediglich der Funktionscode wurde aktualisiert ❷. Mit der Schreibweise ** wird es viel einfacher, def-Anweisungen und Funktionsaufrufe auf gut lesbare Weise zu schreiben.

Wrapper-Funktionen mit * und ** erstellen

Häufig werden * und ** in def-Anweisungen angewendet, um Wrapper-Funktionen zu erstellen, die Argumente an andere Funktionen übergeben und deren Ergebnis zurückgeben. Mit * und ** können Sie jegliche Argumente an die innere Funktion übergeben. Nehmen wir an, wir erstellen die Funktion printLowercase() als Wrapper für die integrierte Funktion print(). Die eigentliche Arbeit verrichtet print(), wohingegen printLowercase() dafür sorgt, dass die Stringargumente erst in Kleinbuchstaben umgewandelt werden:

```
>>> def printLower(*args, **kwargs):   ❶
...     args = list(args)   ❷
...     for i, value in enumerate(args):
...         args[i] = str(value).lower()
...     return print(*args, **kwargs)   ❸
...
>>> name = 'Albert'
>>> printLower('Hello,', name)
hello, albert
>>> printLower('DOG', 'CAT', 'MOOSE', sep=', ')
dog, cat, moose
```

In der Funktion printLower() ❶ weist * beliebige viele Positionsargumente in einem Tupel dem Parameter args zu und ** jegliche Schlüsselwortargumente in einem Dictionary dem Parameter kwargs. Wird in einer Funktion sowohl *args als auch **kwargs verwendet, dann muss *args vor **kwargs stehen. Diese Parameter geben wir an die innere Funktion print() weiter. Da die Funktion aber einige der Argumente ändern muss, wandeln wir das Tupel args zunächst in eine Liste um ❷.

Nach der Umwandlung der Strings in args in Kleinbuchstaben übergeben wir die Elemente in args und die Schlüssel-Wert-Paare in kwargs mithilfe von * und ** als einzelne Argumente an print()❸. Der Rückgabewert von print() wird auch von printLower() zurückgegeben. Dadurch wird printLower() zu einem Wrapper von print().

Funktionale Programmierung

Bei der funktionalen Programmierung liegt der Schwerpunkt darauf, Funktionen zu schreiben, die Berechnungen vornehmen, ohne globale Variablen oder externe Zustände zu ändern (etwa Dateien auf einer Festplatte, Internetverbindungen oder Datenbanken). Programmiersprachen wie Erlang, Lisp und Haskell stützen sich sehr stark auf die Konzepte der funktionalen Programmierung. Python ist zwar nicht streng auf diese Art der Programmierung ausgerichtet, bietet aber einige Merkmale dafür. Die wichtigsten davon sind nebenwirkungsfreie Funktionen, Funktionen höherer Ordnung und Lambda-Funktionen.

Nebenwirkungen

Bei *Nebenwirkungen* (manchmal auch aufgrund allzu wörtlicher Übersetzung als »Seiteneffekte« bezeichnet) handelt es sich um jegliche Änderungen, die eine Funktion an Teilen des Programms außerhalb ihres eigenen Codes und ihrer lokalen Variablen vornimmt. Zur Veranschaulichung wollen wir die Funktion `subtract()` als Implementierung des Subtraktionsoperators (`-`) von Python schreiben:

```
>>> def subtract(number1, number2):
...     return number1 - number2
...
>>> subtract(123, 987)
-864
```

Die Funktion `subtract()` ist nebenwirkungsfrei, d.h., sie wirkt sich auf keine Teile des Programms außerhalb ihres eigenen Codes auf. Am Zustand des Programms oder des Computers lässt sich nicht ablesen, ob die Funktion `subtract()` einmal, zweimal oder eine Million Mal aufgerufen wurde. Eine nebenwirkungsfreie Funktion kann auch ihre internen lokalen Variablen ändern, wenn diese Änderungen vom Rest des Programms abgeschottet bleiben.

Betrachten Sie dagegen die Funktion `addToTotal()`, die ihr numerisches Argument zu der globalen Variablen `TOTAL` addiert:

```
>>> TOTAL = 0
>>> def addToTotal(amount):
...     global TOTAL
...     TOTAL += amount
...     return TOTAL
...
>>> addToTotal(10)
10
>>> addToTotal(10)
20
>>> addToTotal(9999)
```

```
10019
>>> TOTAL
10019
```

Die Funktion `addToTotal()` weist eine Nebenwirkung auf, da sie ein Element außerhalb ihres Codes ändert, nämlich die globale Variable `TOTAL`. Nebenwirkungen können jedoch noch mehr Auswirkungen haben als nur globale Variablen zu ändern: Sie können auch Dateien ändern und löschen, Text auf dem Bildschirm ausgeben, Datenbankverbindungen öffnen, eine Authentifizierung an einem Server vornehmen usw. Jede Spur, die ein Funktionsaufruf nach der Rückgabe der Steuerung zurücklässt, stellt eine Nebenwirkung dar.

Zu den Nebenwirkungen zählen auch direkte Änderungen an veränderbaren Objekten, auf die außerhalb der Funktion verwiesen wird. Im folgenden Beispiel ändert die Funktion `removeLastCatFromList()` das Listenargument direkt:

```
>>> def removeLastCatFromList(petSpecies):
...     if len(petSpecies) > 0 and petSpecies[-1] == 'cat':
...         petSpecies.pop()
...
>>> myPets = ['dog', 'cat', 'bird', 'cat']
>>> removeLastCatFromList(myPets)
>>> myPets
['dog', 'cat', 'bird']
```

Hier enthalten die Variable `myPets` und der Parameter `petSpecies` Verweise auf dieselbe Liste. Jegliche direkte Änderung an dem Listenobjekt in der Funktion wirkt sich auch außerhalb der Funktion aus und ist daher eine Nebenwirkung.

Damit verwandt ist das Konzept der *deterministischen Funktionen*, die bei Übergabe derselben Argumente stets denselben Wert zurückgeben. So gibt etwa der Aufruf `subtract(123, 987)` immer `-864` zurück. Auch die integrierte Funktion `round()` ergibt stets `3`, wenn ihr `3.14` übergeben wird. Bei einer *nicht deterministischen Funktion* ist das jedoch nicht der Fall. Beispielsweise wird beim Aufruf von `random.randint(1, 10)` ein beliebiger Integer zwischen 1 und 10 zurückgegeben. Die Funktion `time.time()` hat keine Argumente, gibt aber jedes Mal einen anderen Wert an, der von der Uhrzeit auf der Computeruhr abhängt. Hier wird eine externe Ressource, nämlich die Uhr, wie ein Argument als Funktionseingabe verwendet. Funktionen, die von externen Ressourcen abhängen (etwa globalen Variablen, Dateien auf der Festplatte, Datenbanken und Internetverbindungen), werden als nicht deterministisch angesehen.

Ein Vorteil deterministischer Funktionen besteht darin, dass Sie ihre Werte zwischenspeichern können. Es ist nicht nötig, die Differenz von 123 und 987 mehr als einmal mit `subtract()` zu berechnen, wenn es möglich ist, sich das Ergebnis des ersten Aufrufs zu merken. Deterministische Funktionen ermöglichen daher eine Verkürzung der Laufzeit einer Funktion durch Zwischenspeichern vorheriger Ergebnisse (was allerdings mehr Arbeitsspeicher kostet).

Eine Funktion, die sowohl deterministisch als auch nebenwirkungsfrei ist, wird als *reine Funktion* bezeichnet. Das Ideal der funktionalen Programmierung besteht darin, ausschließlich reine Funktionen zu verwenden. Neben dem bisher Gesagten bieten sie noch die folgenden Vorteile:

- Da keine externen Ressourcen dafür eingerichtet werden müssen, eignen sie sich sehr gut für Unit-Tests.
- Bugs in reinen Funktionen lassen sich durch Aufruf mit denselben Argumenten leicht reproduzieren.
- Reine Funktionen können andere reine Funktionen aufrufen und dabei rein bleiben.
- Reine Funktionen in Multithreadprogrammen sind threadsicher und können gefahrlos parallel ausgeführt werden. (Multithreading ist jedoch kein Thema für dieses Buch.)
- Mehrere Aufrufe von reinen Funktionen können parallel auf verschiedenen CPU-Kernen und in Multithreadprogrammen ausgeführt werden, da sie nicht auf externe Ressourcen angewiesen sind und daher in beliebiger Reihenfolge laufen können.

Wann immer möglich, sollten Sie in Python reine Funktionen schreiben. Der Python-Interpreter tut jedoch nichts, um die Reinheit von Funktionen durchzusetzen. Die wichtigsten Techniken, um Funktionen rein zu gestalten, bestehen darin, globale Variablen zu vermeiden und dafür zu sorgen, dass sie nicht mit Zufallszahlen, Dateien, dem Internet, der Systemuhr und anderen externen Ressourcen arbeiten.

Funktionen höherer Ordnung

Funktionen höherer Ordnung können andere Funktionen als Argumente entgegennehmen und zurückgeben. Im folgenden Beispiel sehen Sie die Funktion `callItTwice()`, die eine gegebene Funktion zweimal aufruft:

```
>>> def callItTwice(func, *args, **kwargs):
...     func(*args, **kwargs)
...     func(*args, **kwargs)
...
>>> callItTwice(print, 'Hello, world!')
Hello, world!
Hello, world!
```

Die Funktion `callItTwice()` kann jede Funktion verarbeiten, die ihr übergeben wird. In Python gelten Funktionen als *Objekte erster Klasse*, was bedeutet, dass sie sich wie jegliche anderen Objekte verhalten. Daher können Sie Funktionen in Variablen speichern, als Argumente übergeben und als Rückgabewerte nutzen.

Lambda-Funktionen

Lambda-Funktionen werden auch als *anonyme Funktionen* bezeichnet. Es handelt sich dabei um vereinfachte Funktionen ohne Namen, deren Code nur aus einer `return`-Anweisung besteht. Lambda-Funktionen werden oft eingesetzt, wenn Funktionen als Argumente an andere Funktionen übergeben werden sollen.

Nehmen wir beispielsweise die folgende reguläre Funktion, die eine Liste mit der Breite und Höhe eines Rechtecks entgegennimmt:

```
>>> def rectanglePerimeter(rect):
...     return (rect[0] * 2) + (rect[1] * 2)
...
>>> myRectangle = [4, 10]
>>> rectanglePerimeter(myRectangle)
28
```

Die entsprechende Lambda-Funktion sieht wie folgt aus:

```
lambda rect: (rect[0] * 2) + (rect[1] * 2)
```

Um in Python eine Lambda-Funktion zu definieren, verwenden Sie das Schlüsselwort `lambda`. Darauf folgen eine durch Kommata getrennte Liste von Parametern (falls vorhanden), ein Doppelpunkt und schließlich der Ausdruck, der als Rückgabewert dienen soll. Da Funktionen Objekte erster Klasse sind, können Sie eine Lambda-Funktion auch einer Variablen zuweisen und damit letztlich nachbilden, was eine `def`-Anweisung tut:

```
>>> rectanglePerimeter = lambda rect: (rect[0] * 2) + (rect[1] * 2)
>>> rectanglePerimeter([4, 10])
28
```

Hier haben wir die Lambda-Funktion der Variablen `rectanglePerimeter` zugewiesen und damit letzten Endes eine Funktion namens `rectanglePerimeter()` konstruiert. Wie Sie sehen, verhalten sich mit `lambda` erstellte Funktionen genauso wie die mit `def` erstellten.

Hinweis

Wenn Sie eine benannte Funktion benötigen, verwenden Sie in der Praxis natürlich eine def-Anweisung, anstatt eine Lambda-Funktion einer Konstante zuzuweisen. Lambda-Funktionen sind für Situationen gedacht, in denen eine Funktion keinen Namen benötigt.

Die Syntax für Lambda-Funktionen ist sehr praktisch, um kleine Funktionen zu schreiben, die sich als Argumente für andere Funktionsaufrufe eigenen. Beispielsweise können Sie für das Schlüsselwortargument key der Funktion sorted() eine Funktion angeben. Anstatt die Elemente in einer Liste nach deren Wert zu sortieren, können Sie sie damit nach dem Rückgabewert der Funktion ordnen. Im folgenden Beispiel übergeben wir sorted() eine Lambda-Funktion, die den Umfang des gegebenen Rechtecks zurückgibt. Dadurch sortiert sorted() die Elemente in der Liste der Breiten und Höhen nicht mehr anhand von deren Größe, sondern auf der Grundlage des jeweils aus diesen Werten berechneten Umfangs:

```
>>> rects = [[10, 2], [3, 6], [2, 4], [3, 9], [10, 7], [9, 9]]
>>> sorted(rects, key=lambda rect: (rect[0] * 2) + (rect[1] * 2))
[[2, 4], [3, 6], [10, 2], [3, 9], [10, 7], [9, 9]]
```

Die Funktion betrachtet zur Sortierung jetzt nicht mehr die einzelnen Werte wie [10, 2] oder [3, 6], sondern die zurückgegebenen Integer für den Umfang wie 24 und 18. Lambda-Funktionen bieten eine komfortable syntaktische Abkürzung: Anstatt eine neue benannte Funktion mit def zu definieren, geben Sie einfach eine einzeilige Lambda-Funktion an.

Zuordnung und Filterung mit Listennotation

In früheren Python-Versionen waren map() und filter() häufig genutzte Funktionen höherer Ordnung zur Transformation und Filterung von Listen, wobei oft Lambda-Funktionen eingesetzt wurden. So konnten Sie mit map() eine Liste von Werten auf der Grundlage der Werte einer anderen Liste erstellen und mit filter() eine Liste aus den Werten einer anderen Liste zusammenstellen, die bestimmten Kriterien genügen.

Wenn Sie beispielsweise eine neue Liste erstellen wollten, die anstelle der Integer [8, 16, 18, 19, 12, 1, 6, 7] Strings enthielt, konnten Sie die ursprüngliche Liste und lambda n: str(n) an die Funktion map() übergeben:

```
>>> mapObj = map(lambda n: str(n), [8, 16, 18, 19, 12, 1, 6, 7])
>>> list(mapObj)
['8', '16', '18', '19', '12', '1', '6', '7']
```

Die Funktion `map()` gibt ein `map`-Objekt zurück, das wir an `list()` übergeben können, um es in Listenform zu bringen. Die neue Liste enthält jetzt die Stringwerte, die den Integerwerten der ursprünglichen Liste entsprechen. Die Funktion `filter()` verhält sich ähnlich, allerdings bestimmt die als Argument übergebene Lambda-Funktion dabei, welche Elemente in der Liste verbleiben (diejenigen, für die die Lambda-Funktion `True` zurückgibt) und welche ausgefiltert werden (`False`). Beispielsweise können wir mit `lambda n: n % 2 == 0` ungerade Integer herausfiltern:

```
>>> filterObj = filter(lambda n: n % 2 == 0, [8, 16, 18, 19, 12, 1, 6, 7])
>>> list(filterObj)
[8, 16, 18, 12, 6]
```

Die Funktion `filter()` gibt ein Filterobjekt zurück, das wir wiederum an `list()` übergeben können. In der gefilterten Liste sind dann nur noch die geraden Integer übrig.

Mittlerweile sind die Funktionen `map()` und `filter()` jedoch veraltet. Um Zuordnungen oder gefilterte Listen in Python zu erstellen, können Sie jetzt die Listennotation verwenden. Das geht schneller als mit `map()` und `filter()`, allerdings müssen Sie dazu immer noch eine Lambda-Funktion schreiben.

Der folgende Code macht das Gleiche wie das `map()`-Beispiel, allerdings mithilfe der Listennotation:

```
>>> [str(n) for n in [8, 16, 18, 19, 12, 1, 6, 7]]
['8', '16', '18', '19', '12', '1', '6', '7']
```

Der Teil der Listennotation mit `str(n)` ähnelt der Funktion `lambda n: str(n)`.

Das Filterbeispiel können wir mithilfe der Listennotation wie folgt nachbauen:

```
>>> [n for n in [8, 16, 18, 19, 12, 1, 6, 7] if n % 2 == 0]
[8, 16, 18, 12, 6]
```

Auch hier ähnelt `if n % 2 == 0` wiederum `lambda n: n % 2 == 0`.

In vielen Sprachen gibt es ein ähnliches Konzept wie das der Funktionen als Objekte erster Klasse, was es ermöglicht, Funktionen höherer Ordnung wie Zuordnungen und Filter zu erstellen.

Der Datentyp von Rückgabewert

Da Python eine dynamisch typisierte Sprache ist, können die Rückgabewerte von Python-Funktionen und -Methoden jeden beliebigen Datentyp aufweisen. Um Ihre Funktionen vorhersehbarer zu gestalten, sollten Sie dafür sorgen, dass ihr Rückgabewert immer denselben Datentyp aufweist.

Bei der folgenden Funktion ist das nicht der Fall. Sie gibt in Abhängigkeit von einer Zufallszahl entweder einen Integer- oder einen Stringwert zurück:

```
>>> import random
>>> def returnsTwoTypes():
...     if random.randint(1, 2) == 1:
...         return 42
...     else:
...         return 'forty two'
```

Wenn Sie Code schreiben, der diese Funktion aufruft, müssen Sie darin beide mögliche Datentypen vorsehen, was man allerdings schnell vergessen kann. Nehmen wir an, wir wollen die von `returnTwoTypes()` zurückgegebene *Zahl* in eine Hexadezimalzahl umwandeln:

```
>>> hexNum = hex(returnsTwoTypes())
>>> hexNum
'0x2a'
```

Die integrierte Python-Funktion `hex()` gibt einen String mit der Hexadezimalzahl zurück, die dem übergebenen Integerwert entspricht. Solange `returnsTwoTypes()` einen Integer zurückgibt, funktioniert dieser Code problemlos, was uns zu der irrigen Annahme verleiten kann, dass er keinerlei Bugs aufweist. Sobald `returnsTwoTypes()` aber einen String zurückgibt, wird eine Ausnahme ausgelöst:

```
>>> hexNum = hex(returnsTwoTypes())
Traceback (most recent call last):
  File "<stdin>", line 1, in <module>
TypeError: 'str' object cannot be interpreted as an integer
```

Natürlich sollten wir immer daran denken, alle möglichen Datentypen zu berücksichtigen, die ein Rückgabewert haben kann. In der Praxis ist das aber leicht zu vergessen. Um solche Bugs zu verhindern, versuchen Sie stets dafür zu sorgen, dass eine Funktion immer nur Werte eines einzigen Datentyps zurückgibt. Das ist keine strenge Notwendigkeit, und manchmal lässt es sich auch nur schwer vermeiden, dass eine Funktion Werte unterschiedlicher Typen zurückgibt. Je näher Sie aber dem Ideal eines einzigen Datentyps kommen, umso einfacher und weniger fehleranfällig werden Ihre Funktionen sein.

Lassen Sie eine Funktion auch niemals `None` zurückgeben (es sei denn, sie gibt immer `None` zurück). `None` ist der einzige Wert des Datentyps `NoneType`. Die Versuchung ist groß, eine Funktion `None` zurückgeben zu lassen, um das Vorliegen eines Fehlers zu signalisieren (mehr darüber erfahren Sie weiter hinten in dem Abschnitt »Ausnahmen auslösen oder Fehlercodes zurückgeben«). Allerdings sollten Sie die

Rückgabe von None für Funktionen reservieren, die keinen sinnvollen Rückgabewert haben.

Der Grund dafür ist, dass die Rückgabe von None zur Anzeige eines Fehlers häufig zu der nicht abgefangenen Ausnahme 'NoneType' object has no attribute führt:

```
>>> import random
>>> def sometimesReturnsNone():
...     if random.randint(1, 2) == 1:
...         return 'Hello!'
...     else:
...         return None
...
>>> returnVal = sometimesReturnsNone()
>>> returnVal.upper()
'HELLO!'
>>> returnVal = sometimesReturnsNone()
>>> returnVal.upper()
Traceback (most recent call last):
  File "<stdin>", line 1, in <module>
AttributeError: 'NoneType' object has no attribute 'upper'
```

Diese Fehlermeldung ist nicht sehr aussagekräftig. Es kann einige Mühe kosten, um sie auf eine Funktion zurückzuführen, die normalerweise das erwartete Ergebnis zurückgibt, bei einem Fehler aber None. In dem Beispiel ist das Problem aufgetreten, da sometimesReturnsNone() den Wert None zurückgegeben hat, den wir anschließend der Variablen returnVal zugewiesen haben. Die Fehlermeldung dagegen klingt so, als läge der Fehler in dem Aufruf der Methode upper().

In einem Vortrag auf einer Konferenz im Jahr 2009 hat sich der Informatiker Tony Hoare dafür entschuldigt, 1965 den NULL-Verweis (das allgemeine Gegenstück zum Wert None in Python) erfunden zu haben: »Ich nenne das meinen Milliarden-Dollar-Fehler. [...] Ich konnte der Versuchung nicht widerstehen, den NULL-Verweis vorzusehen, einfach weil er sich so leicht implementieren ließ. Das hat zu zahllosen Fehlern, Schwachstellen und Systemabstürzen geführt, die in den letzten 40 Jahren wahrscheinlich Schäden in Milliardenhöhe verursacht haben.« Den gesamten Vortrag können Sie sich online auf *https://autbor.com/billiondollarmistake* ansehen.

Ausnahmen auslösen oder Fehlercodes zurückgeben

In Python bedeuten die Begriffe *Ausnahme* und *Fehler* ungefähr das Gleiche, nämlich außergewöhnliche Umstände in einem Programm, die gewöhnlich auf ein Problem hindeuten. In den 80er- und 90er-Jahren wurde die Ausnahmebehandlung mit C++ und Java zu einem beliebten Merkmal von Programmiersprachen. Sie ersetzte die Verwendung von *Fehlercodes*. Dabei handelte es sich um Werte, die von Funktionen zurückgegeben wurden, um auf ein Problem hinzuweisen. Das Auslösen von Ausnahmen bietet den Vorteil, dass die Rückgabewerte nur mit dem eigentlichen Zweck der Funktion zu tun haben und nicht mehr auf Fehler hinweisen.

Fehlercodes können auch zu Problemen führen. Beispielsweise gibt die Stringmethode `find()` von Python normalerweise den Index zurück, an dem sich der gesuchte Teilstring befindet, bei Nichtvorhandensein dieses Strings aber den Fehlercode `-1`. Allerdings kann `-1` auch als von hinten gezählter Indexwert verwendet werden. Dadurch kann die versehentliche Weiterverarbeitung dieses Fehlercodes zu einem Bug führen. Probieren Sie das wie folgt in der interaktiven Shell aus:

```
>>> print('Letters after b in "Albert":', 'Albert'['Albert'.find('b') + 1:])
Letters after b in "Albert": ert
>>> print('Letters after x in "Albert":', 'Albert'['Albert'.find('x') + 1:])
Letters after x in "Albert": Albert
```

Im zweiten Beispiel wird `'Albert'.find('x')` zum Fehlercode `-1` ausgewertet und der Ausdruck `'Albert'['Albert'.find('x') + 1:]` dadurch zu `'Albert'[-1 + 1:]`. Das wiederum ergibt `'Albert'[0:]` und damit letztlich `'Albert'`. Natürlich ist das nicht das beabsichtigte Verhalten des Codes. Wenn Sie statt `find()` die Methode `index()` aufrufen, also `'Albert'['Albert'.index('x') + 1:]`, wird eine Ausnahme ausgelöst, was das Problem offensichtlich macht, sodass es nicht durchrutschen kann.

Kann die Stringmethode `index()` einen Teilstring nicht finden, so löst sie die Ausnahme `ValueError` aus. Wenn Sie diese Ausnahme nicht behandeln, stürzt das Programm ab – was besser ist, als den Fehler unbemerkt durchlaufen zu lassen.

Die Namen von Ausnahmeklassen, die auf einen Fehler hindeuten, enden meistens auf `Error`. Es gibt jedoch auch Ausnahmen, die nicht unbedingt auf einen Fehler zurückzuführen sind. Dazu gehören beispielsweise `TopIteration`, `KeyboardInterrupt` oder `SystemExit`.

Zusammenfassung

Mit Funktionen können Sie den Code in einem Programm gruppieren. Dabei müssen Sie festlegen, wie die Funktionen heißen, wie umfangreich sie werden, wie viele Parameter sie haben und wie viele Argumente ihnen für diese Parameter übergeben werden sollen. In der `def`-Anweisung einer Funktion können Sie mit * und ** dafür sorgen, dass sie eine variable Anzahl von Parametern entgegennehmen kann. Eine solche Funktion wird als variadisch bezeichnet.

Python ist zwar keine funktionale Programmiersprache, bietet aber einige Merkmale solcher Sprachen. So sind Funktionen Objekte erster Klasse, was bedeutet, dass Sie sie in Variablen speichern und an andere Funktionen übergeben können (die in diesem Zusammenhang als Funktionen höherer Ordnung bezeichnet werden). Mithilfe von Lambda-Funktionen können Sie auf knappe Weise anonyme Funktionen als Argumente für Funktionen höherer Ordnung schreiben. Die gebräuchlichsten Funktionen höherer Ordnung in Python sind `map()` und `filter()`, deren Funktionalität sie jedoch durch Listennotation nachbilden können, die schneller ausgeführt wird.

Die Rückgabewerte einer Funktion sollten immer von demselben Datentyp sein. Geben Sie keine Fehlercodes zurück, um auf Probleme hinzuweisen, sondern lösen Sie stattdessen Ausnahmen aus. Insbesondere der Wert `None` wird oft als Fehlercode missbraucht.

11

Kommentare, Docstrings und Typhinweise

Kommentare und Dokumentation können genauso wichtig sein wie der Code an sich. Das liegt daran, dass Software niemals fertig ist: Es bleibt immer notwendig, Änderungen vorzunehmen, entweder um neue Merkmale hinzuzufügen oder um Bugs zu beheben. Um Code zu ändern, müssen Sie ihn jedoch erst einmal verstehen, weshalb es wichtig ist, ihn in einem gut lesbaren Zustand zu halten. Die Informatiker Harold Abelson, Gerald Jay Sussman und Julie Sussman schrieben dazu: »Programme müssen so geschrieben werden, dass Menschen sie lesen können, und nur nebenbei zur Ausführung durch Computer.«

Mithilfe von *Kommentaren*, *Docstrings* und *Typhinweisen* können Sie Ihren Code verständlich gestalten. Kommentare sind kurze Erklärungen in natürlicher Sprache, die Sie direkt in den Quellcode schreiben und die vom Computer ignoriert werden. Darin können Sie nützliche Hinweise, Warnungen und Gedächtnisstützen für andere Personen und auch für sich selbst geben, wenn Sie den Code später noch einmal lesen. Fast jeder Programmierer hat sich bei der Lektüre von Code schon einmal gefragt: »Wer hat denn diesen unverständlichen Wirrwarr verzapft?«, nur um dann schließlich festzustellen: »Ups, das war ich ja selber!«

Bei *Docstrings* handelt es sich um eine Python-spezifische Einrichtung zur Dokumentation von Funktionen, Methoden und Modulen. Wenn Sie Kommentare im Docstring-Format einfügen, können automatische Werkzeuge wie Dokumentationsgeneratoren und das im Lieferumfang von Python enthaltene Modul `help()` anderen Entwicklern leicht zugängliche Informationen über Ihren Code zur Verfügung stellen.

Typhinweise sind Direktiven, die Sie zu Ihrem Python-Quellcode hinzufügen, um die Datentypen von Variablen, Parametern und Rückgabewerten anzugeben. Dadurch können Tools zur statischen Codeanalyse prüfen, ob Ihr Code aufgrund von Werten mit dem falschen Typ Ausnahmen auslöst. Typhinweise wurden in Python 3.5 hinzugefügt, aber da sie auf Kommentaren basieren, können Sie sie in jeder Python-Version nutzen.

In diesem Kapitel geht es um die drei genannten Techniken, um eine Dokumentation innerhalb Ihres Codes vorzusehen und ihn dadurch leichter verständlich zu machen. Externe Formen der Dokumentation wie Benutzerhandbücher, Onlinetutorials und Referenzmaterial sind ebenfalls wichtig, werden in diesem Buch aber nicht behandelt. Wenn Sie mehr über externe Dokumentation lernen wollen, schauen Sie sich den Dokumentationsgenerator Sphinx auf *https://www.sphinx-doc.org/* an.

Kommentare

Wie in den meisten anderen Programmiersprachen können Sie auch in Python ein- und mehrzeilige Kommentare einfügen. Jeglicher Text zwischen dem Zeichen # und dem Zeilenende bildet einen einzeiligen Kommentar. Zwar hat Python keine eigene Schreibweise für mehrzeilige Kommentare, doch können Sie dafür einen mit drei Anführungszeichen eingeleiteten mehrzeiligen String verwenden. Schließlich bringt ein allein stehender Stringwert den Python-Interpreter nicht dazu, irgendetwas zu tun. Betrachten Sie dazu die folgenden Beispiele:

```
# Dies ist ein einzeiliger Kommentar.

"""Dies ist ein
mehrzeiliger String, der sich
auch als mehrzeiliger Kommentar eignet. """
```

Wenn ein Kommentar mehrere Zeilen umfasst, ist es besser, dafür eine mehrzeilige Version zu verwenden statt einer Folge von einzeiligen Kommentaren, die sich weniger gut lesen lassen:

```
"""Dies ist eine gute Vorgehensweise,
um einen Kommentar zu schreiben,
```

```
der mehrere Zeilen umfasst. """
# Dies ist keine gute Vorgehensweise,
# um einen Kommentar zu schreiben,
# der mehrere Zeilen umfasst.
```

Kommentare sind oft nachträgliche Einfälle, und manche Personen behaupten sogar, dass sie mehr schaden als nutzen. Wie im Abschnitt »Legende: Kommentare sind unnötig« auf Seite 96 erklärt, sind Kommentare aber unverzichtbar, um professionellen, verständlichen Code zu schreiben. In diesem Abschnitt geht es darum, wie Sie nützliche Kommentare schreiben, die Informationen geben, ohne vom eigentlichen Code abzulenken.

Formatierung von Kommentaren

Die folgenden Beispiele zeigen, wie Kommentare formatiert werden sollten:

```
# Dies ist ein Kommentar über den nachfolgenden Code:   ❶
someCode()

# Dies ist ein längerer Kommentar, der mehrere Zeilen umfasst und   ❷
# mehrere einzeilige Kommentare umfasst.
#   ❸
# Diese Form wird als Blockkommentar bezeichnet.

if someCondition:
    # Dies ist ein Kommentar über den folgenden Code:   ❹
    someOtherCode()  # Dies ist ein Inline-Kommentar.   ❺
```

Im Allgemeinen sollten Kommentare lieber in eine eigene Zeile geschrieben anstatt an das Ende einer Codezeile angehängt werden. Sie sollten auch ganze Sätze unter Beachtung der korrekten Rechtschreibung und Zeichensetzung umfassen und nicht nur aus Halbsätzen oder einzelnen Wörtern bestehen ❶. Allerdings dürfen sie nicht die maximale Zeilenlänge überschreiten, die für den Code gilt. Für Kommentare, die mehrere Zeilen umspannen ❷, können Sie mehrere einzeilige Kommentare hintereinander verwenden, was auch als *Blockkommentar* bezeichnet wird. Absätze innerhalb von Blockkommentaren werden durch leere, einzeilige Kommentare voneinander abgesetzt ❸. Kommentare sollten genauso weit eingerückt sein wie der Code, den sie kommentieren ❹. *Inline-Kommentare*, die am Ende einer Codezeile stehen, sollten durch mindestens zwei Leerzeichen von dem Code getrennt sein ❺.

Bei einzeiligen Kommentaren sollte auch ein Leerzeichen hinter dem # stehen:

```
#Schließen Sie Kommentare nicht unmittelbar an das Zeichen # an.
```

Kommentare können auch Links zu URLs mit ergänzenden Informationen enthalten, allerdings sollten Links niemals einen Kommentar ersetzen, da sich die verlinkten Inhalte jederzeit ändern oder verschwinden können:

```
# Hier steht eine ausführliche Erklärung einiger Aspekte des Codes, ergänzt
# durch einen URL. Weitere Informationen erhalten Sie auf https://example.com
```

Bei all diesen Richtlinien geht es nicht um den Inhalt, sondern um die Form der Kommentare, die aber zu deren Lesbarkeit beiträgt. Je übersichtlicher Sie Ihre Kommentare gestalten, umso eher werden andere Programmierer geneigt sein, sie zu lesen und zu beachten, und nur dann haben sie einen Nutzen.

Inline-Kommentare

Inline-Kommentare stehen am Ende einer Codezeile:

```
while True:  # Fordert den Spieler auf, bis er einen gültigen Zug macht.
```

Inline-Kommentare sind so kurz, dass sie in die für das Programm geltende Längenbegrenzung passen. Das heißt aber auch, dass sie zu kurz sein können, um nützliche Informationen zu geben. Wenn Sie Inline-Kommentare verwenden, dann müssen Sie darauf achten, dass diese auch tatsächlich nur die Codezeile beschreiben, in der sie stehen. Brauchen Sie mehr Platz für die Informationen oder wollen Sie noch weitere Zeilen kommentieren, dann stellen Sie den Code in eine eigene Zeile.

Eine gängige und sinnvolle Anwendung von Inline-Kommentaren besteht darin, den Zweck einer Variablen zu nennen oder Kontextinformationen dafür zu geben. Solche Inline-Kommentare stehen in der Zeile mit der Zuweisungsanweisung, die die Variable erstellt:

```
TOTAL_DISKS = 5  # Bei mehr Scheiben wird die Aufgabe schwieriger zu lösen.
```

Inline-Kommentaren dienen oft auch dazu, beim Erstellen von Variablen etwas Kontext über deren Wert zu geben:

```
month = 2  # Die Monate werden von 0 (Jan) bis 11 (Dez) gezählt.
catWeight = 4.9  # Das Gewicht wird in Kilogramm angegeben.
website = 'inventwithpython.com'  # Lassen Sie das "https://" am Anfang weg.
```

Dagegen sollten Sie den Datentyp einer Variablen nicht in einem Kommentar angeben, da er schon durch die Zuweisungsanweisung klar wird. Eine Ausnahme bilden hier Kommentare für Typhinweise, die Sie weiter hinten in diesem Kapitel im Abschnitt »Rückportierung von Typhinweisen mithilfe von Kommentaren« erhalten.

Erklärende Kommentare

Im Allgemeinen sollten Kommentare nicht erklären, was der Code macht oder wie er es macht, sondern warum er auf die vorliegende Weise geschrieben wurde. Selbst bei sauberer Formatierung wie in Kapitel 3 und unter Verwendung der Namenskonventionen aus Kapitel 4 macht der Code für sich genommen nicht klar, was der Programmierer erreichen wollte. Auch bei Ihrem eigenen Code können Sie die Einzelheiten schon nach einigen Wochen vergessen haben. Ihr gegenwärtiges Ich sollte daher informative Kommentare schreiben, damit Ihr zukünftiges Ich nicht über Ihr früheres Ich schimpft.

So ist beispielsweise der folgende Kommentar ziemlich unnütz, da er erklärt, was der Code macht. Anstatt die Motivation deutlich zu machen, sagt er nur aus, was ohnehin offensichtlich ist:

```
>>> currentWeekWages *= 1.5  # Multipliziert den aktuellen Wochenlohn mit 1,5
```

Dieser Kommentar ist mehr als unnütz. Aus dem Code geht schon deutlich hervor, dass die Variable `currentWeekWages` mit `1.5` multipliziert wird. Ein Weglassen dieses Kommentars würde den Code vereinfachen. Viel besser ist ein Kommentar wie der folgende:

```
>>> currentWeekWages *= 1.5  # Berücksichtigt 1,5-fachen Lohnzuschlag.
```

Dieser Kommentar macht die Absicht hinter der Codezeile deutlich, anstatt einfach zu wiederholen, was geschieht. Er bietet Kontextinformationen, die selbst sehr gut geschriebener Code nicht vermitteln kann.

Kommentare zur Gliederung

Kommentare sind jedoch nicht nur dazu geeignet, die Absicht des Programmierers deutlich zu machen. Kurze Kommentare können auch als eine Übersicht über mehrere Codezeilen dienen, sodass Leser schon eine Vorstellung vom Ablauf bekommen, wenn sie den Code nur überfliegen. Häufig werden einzelne Codeabschnitte durch Leerzeilen voneinander getrennt und mit einer Überschrift in Form einer Kommentarzeile am Anfang des Abschnitts versehen. Im Gegensatz zu einzeiligen Kommentaren, die auch nur eine einzige Codezeile erklären, beschreiben solche Gliederungskommentare, was der nachfolgende Code im Ganzen tut.

Beispielsweise können Sie der Lektüre der folgenden vier Codezeilen entnehmen, dass darin die Variable `playerTurn` auf den Wert für den Gegenspieler gesetzt wird. Der kurze, einzeilige Kommentar erspart es Ihnen jedoch, den Code lesen und sich über seinen Zweck klar werden zu müssen:

```
# Sorgt dafür, dass der andere Spieler am Zug ist:
if playerTurn == PLAYER_X:
    playerTurn = PLAYER_O
elif playerTurn == PLAYER_O:
    playerTurn = PLAYER_X
```

Wenn Sie ein Programm mit solchen Kommentaren versehen, lässt es sich viel leichter im Schnelldurchgang erfassen. Leser können sich dann die Teile, an denen sie interessiert sind, genauer ansehen. Gliederungskommentare verhindern auch, dass Sie sich beim Lesen falsche Vorstellungen davon machen, was der Code macht. Ein kurzer zusammenfassender Kommentar sorgt dafür, dass die Leser genau verstehen, wie das Programm funktioniert.

»Lessons-Learned-Kommentare«

Bei der Arbeit für ein Softwareunternehmen wurde ich einmal gebeten, eine Graphenbibliothek anzupassen, sodass sie auch Aktualisierungen von Millionen von Datenpunkten in einem Diagramm in Echtzeit handhaben konnte. Die betreffende Bibliothek konnte zwar Diagramme in Echtzeit aktualisieren und unterstützte auch Diagramme mit Millionen von Datenpunkten, aber beides zusammen war nicht möglich. Ich dachte, ich könnte die Aufgabe in ein paar Tagen erledigen. Nach der dritten Woche war ich immer noch überzeugt, in ein paar Tagen fertig zu sein. Die Lösung schien jeden Tag zum Greifen nahe zu sein. In der fünften Woche hatte ich endlich einen funktionierenden Prototyp.

Während der ganzen Arbeit lernte ich eine Menge darüber, wie die Graphenbibliothek funktionierte, was sie konnte und wo ihre Grenzen lagen. Anschließend investierte ich einige Stunden darin, all diese Erkenntnisse in einem seitenlangen Kommentar auszuformulieren, den ich in den Quellcode stellte. Es war mir klar, dass jeder, der irgendwann Änderungen an meinem Code vornehmen musste, wieder vor denselben, scheinbar so leicht lösbaren Problemen stehen würde. Meine Dokumentation konnte meinen Nachfolgern wochenlange Arbeit ersparen.

Solche *Lessons-Learned-Kommentare*, wie ich sie nenne, können mehrere Absätze umfassen, sodass sie in einer Quellcodedatei fehl am Platze wirken. Die Informationen darin sind aber für die Personen, die den Code pflegen müssen, Gold wert. Scheuen Sie sich nicht, ausführliche Kommentare in Ihren Quellcode aufzunehmen, um zu erklären, wie etwas funktioniert. Andere Programmierer kennen die darin angesprochenen Einzelheiten wahrscheinlich nicht oder können sie leicht missverstehen oder übersehen. Softwareentwickler, die diese Hinweise nicht brauchen, können den Kommentar überspringen, aber andere werden dankbar dafür sein. Wie alle anderen Kommentare sind auch Lessons-Learned-Kommentare keine Dokumentation für ein Modul oder eine Funktion (dafür gibt es Docstrings). Es handelt sich dabei auch nicht um Tutorials oder Gebrauchsanweisungen für die Benutzer der Software. Sie sind für Entwickler gedacht, die Ihren Quellcode lesen.

Da es bei dem beschriebenen Lessons-Learned-Kommentar um eine Open-Source-Bibliothek geht, ist er auch für andere nützlich. Daher habe ich ihn als Antwort auf der öffentlichen Frage-und-Antwort-Website *https://stackoverflow.org* eingestellt, sodass ihn jeder lesen kann, der sich in einer ähnlichen Situation befindet.

Rechtliche Hinweise

Bei manchen Softwareunternehmen und Open-Source-Projekten ist es aus rechtlichen Gründen gängige Praxis, Hinweise zum Urheberrecht, zur Lizenzierung und zu den Autoren in Kommentaren am Anfang jeder Quellcodedatei anzugeben. Solche Hinweise sollten nur wenige Zeilen umfassen und wie folgt aussehen:

```
"""Cat Herder 3.0 Copyright (C) 2021 Al Sweigart. All rights reserved.
See license.txt for the full text."""
```

Nach Möglichkeit sollten Sie dabei auf ein externes Dokument oder eine Website mit dem vollständigen Text der Lizenz verweisen, anstatt diesen in voller Länge an den Anfang jeder Quellcodedatei zu stellen. Es ist ziemlich lästig, sich nach dem Öffnen einer Quellcodedatei erst durch mehrere Bildschirmseiten voller Text und eine komplette Lizenz scrollen zu müssen, die in dieser Form ohnehin keinen verstärkten rechtlichen Schutz bietet.

Professionelle Formulierung

Bei meiner ersten Arbeitsstelle in der Softwareentwicklung hat mich ein erfahrener Kollege, den ich sehr respektierte, einmal zur Seite genommen und mir erklärt, dass es wichtig sei, Kommentare in einem professionellen Stil abzufassen, da wir den Quellcode unserer Produkte manchmal an unsere Kunden weitergaben. In einem meiner Kommentare zu einem ziemlich frustrierenden Codeabschnitt hatte ich »WTF« geschrieben. Das war mir nun peinlich, weshalb ich mich sofort entschuldigte und den Kommentar änderte. Seit diesem Zeitpunkt wahre ich in meinem Code – selbst bei privaten Projekten – immer einen gewissen Grad an Professionalität.

Die Versuchung kann groß sein, Kommentare flapsig zu formulieren oder darin Ihrer Wut Ausdruck zu verleihen, allerdings sollten Sie so etwas tunlichst vermeiden. Schließlich können Sie nie sicher sein, wer Ihren Code später lesen wird. Der Tonfall von geschriebenem Text kann auch sehr leicht falsch aufgefasst werden. Wie ich schon im Abschnitt »Scherze, Wortspiele und Anspielungen vermeiden« auf Seite 75 erklärt habe, ist es am besten, Ihre Kommentare anständig, geradeheraus und sachlich zu formulieren.

Codetags und TODO-Kommentare

Programmierer hinterlassen manchmal kurze Kommentare, um sich selbst an Aufgaben zu erinnern, die noch zu erledigen sind. Dabei stellen sie dem eigentlichen Kommentar gewöhnlich ein sogenanntes *Codetag* voran, also eine in Großbuchstaben geschriebene Markierung wie `TODO`. Besser ist es natürlich, ein Projektmanagementwerkzeug zu verwenden, um sich über solche Stellen auf dem Laufenden zu halten, anstatt die Hinweise darauf im Quellcode zu vergraben. Bei kleineren privaten Projekten, bei denen Sie auf solche Werkzeuge verzichten, kann ein gelegentlicher `TODO`-Kommentar wie der folgende dagegen eine praktische Gedächtnisstütze sein:

```
_chargeIonFluxStream()  # TODO: Untersuchen, warum das jeden Dienstag
fehlschlägt.
```

Für solche Erinnerungsstützen können Sie verschiedene Codetags verwenden:

- `TODO` Für allgemeine Hinweise zu Aufgaben, die noch zu erledigen sind.
- `FIXME` Zur Erinnerung, dass der betreffende Code noch nicht richtig funktioniert.
- `HACK` Zur Erinnerung, dass der betreffende Code zwar funktioniert (vielleicht auch nur so gerade eben), aber verbessert werden sollte.
- `XXX` Für allgemeine Warnungen, meistens von hohem Schweregrad.

Auf diese Kennzeichnungen in Großbuchstaben sollte dann jeweils eine genauere Beschreibung der Aufgabe oder des Problems folgen. Später können Sie den Quellcode dann nach diesen Markierungen durchsuchen, um den noch zu bearbeitenden Code zu finden. Der Nachteil dieser Vorgehensweise besteht darin, dass man diese Erinnerungen selbst nur zu leicht vergessen kann, sofern man nicht gerade den betreffenden Codeabschnitt liest. Codetags sind kein Ersatz für formale Werkzeuge zur Problemverfolgung oder zum Melden von Bugs. Wenn Sie schon Codetags in

Ihrem Code verwenden, sollten Sie sie einfach halten: Nutzen Sie nur `TODO` und verzichten Sie auf die anderen.

Magische Kommentare und Quelldateicodierung

Am Anfang von *.py*-Quellcodedateien sind manchmal folgende Zeilen zu finden:

```
#!/usr/bin/env python3  ❶
# -*- coding: utf-8 -*-  ❷
```

Solche *magischen Kommentare*, die immer am Anfang einer Datei stehen, geben Informationen über den Interpreter bzw. die Codierung. Die Shebang-Zeile ❶ (siehe Kapitel 2) teilt dem Betriebssystem mit, welchen Interpreter es verwenden soll, um die Instruktionen in der Datei auszuführen.

Der zweite magische Kommentar definiert die *Codierung*, die für die Quelldatei verwendet werden soll, in diesem Fall UTF-8 ❷. Diese Zeile müssen Sie praktisch nie angeben, da die meisten Editoren und IDEs Quellcodedateien ohnehin in UTF-8 speichern und alle Python-Versionen ab Version 3.0 UTF-8 als Standardcodierung betrachten. Dateien in UTF-8-Codierung können beliebige Zeichen enthalten, sodass Ihre *.py*-Quellcodedatei problemlos lateinische, chinesische oder auch arabische Buchstaben enthalten kann.

Als Einführung in Unicode und Stringcodierung empfehle ich Ned Batchelders Blopost »Pragmatic Unicode« auf *https://nedbatchelder.com/text/unipain.html*.

Docstrings

Docstrings sind mehrzeilige Kommentare, die am Anfang der *.py*-Quellcodedatei eines Moduls stehen oder unmittelbar auf eine `class`- oder `def`-Anweisung folgen können. Sie stellen Dokumentation über das betreffende Modul, die Klasse, Funktion oder Methode bereit. Automatische Dokumentationsgeneratoren nutzen diese Docstrings, um externe Dokumentationsdateien zusammenzustellen, etwa Hilfedateien oder Webseiten.

Docstrings müssen die Form von mehrzeiligen, dreifach in Anführungszeichen eingeschlossenen Kommentaren haben. Es dürfen also keine einzeiligen, mit `#` eingeleiteten Kommentare sein. Verwenden Sie für Docstrings auch immer drei doppelte Anführungszeichen statt dreier einfacher. Das folgende Beispiel ist ein Ausschnitt aus der Datei *sessions.py* des Moduls `requests`:

```
# -*- coding: utf-8 -*-  ❶

"""  ❷
requests.session
~~~~~~~~~~~~~~~~
```

```
This module provides a Session object to manage and persist settings across
requests (cookies, auth, proxies).
"""

import os
import sys
-- schnipp --
class Session(SessionRedirectMixin):
    """A Requests session.  ❸

    Provides cookie persistence, connection-pooling, and configuration.

    Basic Usage::

      >>> import requests
      >>> s = requests.Session()
      >>> s.get('https://httpbin.org/get')
      <Response [200]>
-- schnipp --

    def get(self, url, **kwargs):
        r"""Sends a GET request. Returns :class:`Response` object.  ❹

        :param url: URL for the new :class:`Request` object.
        :param \*\*kwargs: Optional arguments that ``request`` takes.
        :rtype: requests.Response
        """
-- schnipp --
```

Die Datei *sessions.py* enthält Docstrings für das Modul ❷, die Klasse `Session` ❸ und deren Methode `get()` ❹. Der Docstring für das Modul muss der erste String in dem Modul sein. Ausgenommen davon sind magische Kommentare wie die Shebang-Zeile und die Angabe der Codierung, die noch vor diesem String stehen ❶.

Später können Sie den Docstring für ein Modul, eine Klasse, eine Funktion oder eine Methode abrufen, indem Sie das Attribut `__doc__` des betreffenden Objekts untersuchen. Der folgende Code untersucht beispielsweise die Docstrings, um Informationen über das Modul `sessions`, die Klasse `Session` und die Methode `get()` zu gewinnen:

```
>>> from requests import sessions
>>> sessions.__doc__
'\nrequests.session\n~~~~~~~~~~~~~~~~\n\nThis module provides a Session
object to manage and persist settings across\nrequests (cookies, auth,
proxies).\n'
>>> sessions.Session.__doc__
"A Requests session.\n\n    Provides cookie persistence, connection-pooling,
and configuration.\n\n    Basic Usage::\n\n      >>> import requests\n
```

```
-- schnipp --
>>> sessions.Session.get.__doc__
'Sends a GET request. Returns :class:`Response` object.\n\n        :param
url: URL for the new :class:`Request` object.\n        :param \\*\\*kwargs:
-- schnipp --
```

Automatische Dokumentationswerkzeuge greifen auf Docstrings zurück, um Informationen zum jeweiligen Kontext zu geben. Eines dieser Tools ist die integrierte Python-Funktion `help()`, die den Docstring des übergebenen Objekts in einem besser lesbaren Format als dem Rohstring in `__doc__` zurückgibt. Das ist besonders beim Experimentieren in der interaktiven Shell praktisch, weil Sie dadurch sofort Informationen zu den Modulen, Klassen und Funktionen gewinnen können, die Sie zu verwenden versuchen:

```
>>> from requests import sessions
>>> help(sessions)
Help on module requests.sessions in requests:

NAME
    requests.sessions

DESCRIPTION
    requests.session
    ~~~~~~~~~~~~~~~~

    This module provides a Session object to manage and persist settings
-- More --
```

Wenn der Docstring nicht komplett auf den Bildschirm passt, zeigt Python am unteren Rand des Fensters den Hinweis `-- More --` an. Sie können dann mit der [↵]-Taste zur nächsten Zeile vorrücken und mit der [ ]-Taste zur nächsten Seite. Mit [Q] beenden Sie die Anzeige des Docstrings.

Im Allgemeinen sollte am Anfang eines Docstring eine Zeile stehen, die eine Übersicht über das Modul, die Klasse oder die Funktion gibt. Darauf sollten eine Leerzeile und dann eine ausführliche Beschreibung folgen. Bei Funktionen und Methoden kann das Informationen über die Parameter, den Rückgabewert und Nebenwirkungen einschließen. Docstrings werden nicht für die Benutzer der Software geschrieben, sondern für andere Programmierer, und sollten daher keine Anleitungen enthalten, sondern technische Informationen.

Ein zweiter wichtiger Vorteil von Docstrings besteht darin, dass sie die Dokumentation in den Quellcode einbetten. Wenn Sie die Dokumentation getrennt vom Code schreiben, gerät sie nur zu leicht in Vergessenheit. Stehen dagegen Docstrings gleich am Anfang der Module, Klassen und Funktionen, so lassen sie sich leicht revidieren und anpassen.

Es ist nicht immer möglich, sofort Docstrings für den Code zu schreiben, an dem Sie noch arbeiten. In einem solchen Fall können Sie in den Docstring einen TODO-Kommentar aufnehmen, um sich daran zu erinnern, dass Sie die Einzelheiten noch nachtragen müssen. Beispielsweise ist der Docstring der folgenden Beispielfunktion reverseCatPolarity() ziemlich unglücklich, da er lediglich das wiederholt, was der Funktionsname schon aussagt:

```
def reverseCatPolarity(catId, catQuantumPhase, catVoltage):
    """Polt eine Katze um.

    TODO Docstring fertigstellen."""
-- schnipp --
```

Alle Klassen, Funktionen und Methoden sollten einen Docstring haben. Dabei könnten Sie jedoch versucht sein, diese Dokumentation zunächst auf ein Minimum zu beschränken, um schnell weiterarbeiten zu können. Wenn Sie dabei keinen TODO-Kommentar hinterlassen, vergessen Sie jedoch sehr schnell, dass die Docstrings noch weiter ausformuliert werden müssen.

PEP 257 auf *https://www.python.org/dev/peps/pep-0257/* enthält weitere Informationen über Docstrings.

Typhinweise

Viele Programmiersprachen weisen eine *statische Typisierung* auf, was bedeutet, dass Programmierer die Datentypen aller Variablen, Parameter und Rückgabewerte im Quellcode angeben müssen. Dadurch kann der Interpreter oder Compiler vor der Ausführung des Programms prüfen, ob der Code alle Objekte korrekt verwendet. Python dagegen hat eine *dynamische Typisierung*: Variablen, Parameter und Rückgabewerte können hier beliebige Datentypen aufweisen und den Datentyp sogar während der Ausführung des Programms wechseln. Die Programmierung in dynamischen Sprachen ist oft einfacher, da dabei keine so strenge Spezifikation erforderlich ist, aber dafür fehlen die Vorteile der Fehlervermeidung, die statische Sprachen bieten. Wenn Sie in Python Code wie round('forty two') schreiben, fällt Ihnen möglicherweise nicht auf, dass Sie hier einen String an eine Funktion übergeben, die nur Argumente vom Typ int oder float akzeptiert, bis Sie das Programm ausführen und ein Fehler auftritt. Bei einer statisch typisierten Sprache dagegen erhalten Sie schon frühzeitig eine Warnung, wenn Sie Werte oder Argumente vom falschen Typ zuweisen bzw. übergeben.

Mithilfe von *Typhinweisen* können Sie in Python optional eine statische Typisierung erreichen. Im folgenden Beispiel sind die Typhinweise durch Fettdruck hervorgehoben:

```
def describeNumber(number: int) -> str:
    if number % 2 == 1:
        return 'An odd number. '
    elif number == 42:
        return 'The answer. '
    else:
        return 'Yes, that is a number. '

myLuckyNumber: int = 42
print(describeNumber(myLuckyNumber))
```

Die Typen von Parametern und Variablen werden dabei, mit einem Doppelpunkt abgesetzt, hinter deren Namen geschrieben. Bei Rückgabewerten steht hinter der schließenden Klammer der `def`-Anweisung ein Pfeil der Form ->, auf den der Typ folgt. Die Typhinweise in der vorstehenden Funktion `describeNumber()` besagen, dass sie einen Integer für den Parameter `number` entgegennimmt und einen Stringwert zurückgibt.

Wenn Sie Typhinweise verwenden, müssen Sie sie jedoch nicht für sämtliche Daten in Ihrem Programm angeben. Sie können auch eine *graduelle Typisierung* vornehmen, die eine Kompromisslösung zwischen der Flexibilität der dynamischen und der Sicherheit der statischen Typisierung darstellt. Dabei geben Sie Typhinweise nur für einzelne Variablen, Parameter und Rückgabewerte. Je mehr Typhinweise ein Programm enthält, umso mehr Informationen stehen Tools zur statischen Codeanalyse zur Verfügung, um mögliche Bugs aufzuspüren.

Im vorhergehenden Beispiel entsprachen die Namen der angegebenen Typen den Namen der Konstruktorfunktionen `int()` und `str()`. In Python sind die Begriffe *Klasse*, *Typ* und *Datentyp* gleichbedeutend. Für alle Instanzen einer Klasse sollten Sie den Klassennamen als Typnamen verwenden:

```
import datetime
noon: datetime.time = datetime.time(12, 0, 0)   ❶

class CatTail:
    def __init__(self, length: int, color: str) -> None:
        self.length = length
        self.color = color

zophieTail: CatTail = CatTail(29, 'grey')   ❷
```

Die Variable noon hat den Typhinweis datetime.time ❶, da es sich bei ihr um ein time-Objekt handelt (dessen Klasse im Modul datetime definiert ist). Aus dem gleichen Grund hat das Objekt zophieTail den Typhinweis CatTail ❷, da es ein Objekt der mit der Anweisung class erstellten Klasse CatTail ist. Typhinweise gelten automatisch auch für alle Unterklassen des angegebenen Typs. Beispielsweise kann eine Variable mit dem Typhinweis dict auf jeden Dictionarywert gesetzt werden, aber auch auf Werte vom Typ collections.OrderedDict und collections.defaultdict, da es sich dabei um Unterklassen von dict handelt. Ausführlichere Informationen über Unterklassen erhalten Sie in Kapitel 16.

Tools zur statischen Typüberprüfung sind nicht unbedingt auf Typhinweise für Variablen angewiesen, da sie auch die *Typinferenz* nutzen. Dabei wird der Typ einer Variablen aus der ersten Zuweisungsanweisung abgeleitet. Beispielsweise kann ein Typprüfer aus der Zeile spam = 42 schließen, dass spam vom Typ int sein soll. Ich rate dennoch dazu, einen Typhinweis anzugeben. Eine zukünftige Änderung in einen Fließkommawert wie spam = 42.0 würde auch den geschlussfolgerten Typ ändern, was möglicherweise nicht das ist, was Sie beabsichtigen. Es ist besser, Programmierer dazu zu zwingen, bei einer Änderung des Werts auch den Typhinweis anzupassen, um sicherzugehen, dass sie die Änderung bewusst vorgenommen haben und dies kein Versehen war.

Tools zur statischen Analyse

Python unterstützt zwar eine Syntax für Typhinweise, doch der Python-Interpreter ignoriert sie. Wenn Sie ein Python-Programm ausführen, in dem einer Funktion eine Variable eines ungültigen Typs übergeben wird, verhält sich Python, als ob es die Typhinweise gar nicht gäbe. Typhinweise veranlassen den Interpreter nicht, die Typen zur Laufzeit zu überprüfen. Sie sind nur zur Verwendung durch Tools zur statischen Typüberprüfung da, die den Code nicht während, sondern vor der Ausführung analysieren.

Wir sprechen hier von Tools zur *statischen Analyse*, da sie den Quellcode vor Ausführung des Programms untersuchen. Dagegen führen Werkzeuge zur *Laufzeitanalyse* oder *dynamischen Analyse* ihre Überprüfungen am laufenden Programm durch. In diesem Zusammenhang beziehen sich die Begriffe »statisch« und »dynamisch« darauf, ob das Programm gerade läuft oder nicht, während sie im Zusammenhang mit statischer und dynamischer Typisierung besagen, wie die Datentypen von Variablen und Funktionen deklariert werden. Python ist eine dynamisch typisierte Sprache, für die es Werkzeuge zur statischen Analyse gibt. Eines davon ist Mypy.

Mypy installieren und ausführen

Auch wenn es für Python kein »offizielles« Tool zur Typüberprüfung gibt, ist Mypy das zurzeit am häufigsten genutzte Drittanbieterprodukt für diese Aufgabe. Sie können es mit dem folgenden Befehl installieren:

```
python –m pip install –user mypy
```

Unter macOS und Linux müssen Sie den Befehl `python3` statt `python` verwenden. Weitere gebräuchliche Typprüfer sind u.a. Pyright von Microsoft, Pyre von Facebook und Pytype von Google.

Um den Typprüfer auszuführen, öffnen Sie eine Eingabeaufforderung oder ein Terminalfenster und geben dort den Befehl `python -m mypy` (um das Modul als Anwendung auszuführen). Übergeben Sie dabei den Namen der Python-Quellcodedatei, die Sie überprüfen wollen. Im folgenden Beispiel lasse ich das Programm in der Datei *example.py* analysieren:

```
C:\Users\Al\Desktop>python –m mypy example.py
Incompatible types in assignment (expression has type "float", variable has
type "int")
Found 1 error in 1 file (checked 1 source file)
```

Die Typprüfung gibt Fehlermeldungen aus, wenn Probleme erkannt wurden, und anderenfalls gar nichts. In meiner Datei *example.py* gibt es ein Problem in Zeile 171, da dort der Variablen `spam` trotz des Typhinweises `int` ein `float`-Wert zugewiesen wird. Das kann zu einem Fehler führen und sollte daher untersucht werden. Manche Fehlermeldungen sind auf den ersten Blick schwer zu verstehen. In MyPy gibt es sehr viele mögliche Fehlermeldungen, die wir hier nicht alle aufführen können. Die einfachste Möglichkeit, um herauszufinden, was eine solche Meldung bedeutet, besteht darin, im Internet danach zu suchen. In dem vorstehenden Fall können Sie beispielsweise nach »Mypy incompatible types in assignment« suchen.

Es ist jedoch ziemlich ineffizient, Mypy jedes Mal an der Befehlszeile auszuführen, wenn Sie eine Änderung an Ihrem Code vornehmen. Um Tools zur Typprüfung besser zu nutzen, können Sie die IDE oder den Texteditor so einrichten, dass ein entsprechendes Werkzeug im Hintergrund läuft. Dadurch wird Mypy ständig im Editor ausgeführt, während Sie den Code eingeben, und zeigt Fehler unmittelbar an. In Abbildung 11–1 sehen Sie den Fehler aus dem vorherigen Beispiel im Texteditor Sublime Text.

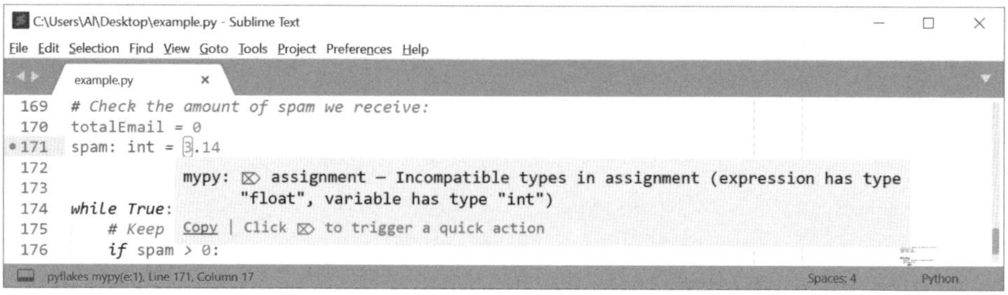

Abb. 11–1 *Anzeige von Mypy-Fehlermeldungen im Editor Sublime Text*

Wie Sie Ihre IDE oder Ihren Texteditor zur Zusammenarbeit mit Mypy einrichten, hängt ganz von der verwendeten Software ab. Um entsprechende Anleitungen zu finden, können Sie online nach »configure«, »type hints setup« o.Ä. zusammen mit dem Namen der verwendeten IDE suchen. Wenn alle Stricke reißen, besteht immer noch die Möglichkeit, Mypy an der Eingabeaufforderung oder im Terminal auszuführen.

Code von Mypy ignorieren lassen

Es kann sein, dass Sie für bestimmten Code keine Typwarnungen erhalten möchten, etwa wenn ein Tool zur statischen Analyse der Überzeugung ist, dass in einer Zeile ein falscher Typ verwendet wird, obwohl das Programm in Wirklichkeit völlig korrekt läuft. In einem solchen Fall können Sie Typwarnungen wie im folgenden Beispiel durch den Kommentar `# type: ignore` am Zeilenende unterdrücken:

```
def removeThreesAndFives(number: int) -> int:
    number = str(number)  # type: ignore
    number = number.replace('3', '').replace('5', '')  # type: ignore
    return int(number)
```

Um alle Vorkommen der Ziffern `3` und `5` aus dem an `removeThreesAndFives()` übergebenen Integer zu entfernen, verwandeln wir die Integervariable vorübergehend in einen String. Das veranlasst die Typprüfung, eine Warnung über die ersten beiden Zeilen der Funktion auszugeben, die wir durch den Hinweis `# type: ignore` unterdrücken können.

Verwenden Sie `# type: ignore` jedoch sparsam. Wenn Sie Warnungen der Typprüfungen ignorieren, öffnen Sie Fehlern Tür und Tor. Es ist fast immer möglich, den Code so umzuschreiben, dass keine Warnungen mehr auftreten. Beispielsweise könnten wir im vorherigen Beispiel mit `numberAsStr = str(number)` eine neue Variable erstellen und dann die drei Zeilen durch eine einzige mit dem Code `return int(str(number.replace('3', '').replace('5', '')))` ersetzen. Dadurch vermeiden wir die Wiederverwendung der Variablen number für mehrere Typen. Es wäre auch falsch, den Typhinweis für den Parameter in Union[int, str] zu ändern, um Warnungen zu unterdrücken, da der Parameter schließlich nur Integer entgegennehmen soll.

Typhinweise für mehrere Typen

In Python können Variablen, Parameter und Rückgabewerte auch mehrere Datentypen haben. Um diesen Umstand zu berücksichtigen, können Sie in Typhinweisen auch mehrere Typen angeben. Dazu müssen Sie zunächst Union aus dem im Lieferumfang enthaltenen Modul typing importieren. Anschließend können Sie in den eckigen Klammern hinter dem Klassennamen Union mehrere Typen angeben:

```
from typing import Union
spam: Union[int, str, float] = 42
spam = 'hello'
spam = 3.14
```

Der Typhinweis Union[intr, str, float] in diesem Beispiel bedeutet, dass Sie spam auf einen Integer, einen String oder eine Fließkommazahl setzen können. Es ist übrigens besser, die Form from typing import *X* der import-Anweisung zu verwenden, anstatt import typing zu schreiben und dann für sämtliche Typhinweise im Programm die ausführliche Schreibweise typing.*X* zu nutzen.

Mehrere Datentypen können Sie auch in Situationen angeben, in denen eine Variable oder ein Rückgabewert neben einem anderen Typ auch den Wert None haben kann. Um NoneType – den Typ eines None-Werts – in einen Typhinweis aufzunehmen, müssen Sie in die eckigen Klammern None schreiben und nicht NoneType. (Im Gegensatz zu int und str ist NoneType kein integrierter Bezeichner.)

Eine noch bessere Möglichkeit, als etwa Union[str, None] zu schreiben, besteht darin, Optional aus dem Modul typing zu importieren und dann Optional[str] als Typhinweis anzugeben. Das bedeutet, dass die betreffende Funktion oder Methode statt eines Werts vom erwarteten Typ auch None zurückgeben kann. Betrachten Sie dazu das folgende Beispiel:

```
from typing import Optional
lastName: Optional[str] = None
lastName = 'Sweigart'
```

In diesem Beispiel können Sie die Variable lastName auf None, aber auch auf einen str-Wert setzen. Es ist jedoch am besten, Union und Optional nur sparsam einzusetzen. Je weniger Typen Sie für Ihre Variablen und Funktionen zulassen, umso einfacher wird Ihr Code, und einfacher Code ist weniger fehleranfällig als komplizierter. Wie es in »The Zen of Python« schon hieß, ist einfach besser als komplex. Anstatt None zurückzugeben, um einen Fehler zu signalisieren, sollte eine Funktion auch besser eine Ausnahme auslösen (siehe den Abschnitt »Ausnahmen auslösen oder Fehlercodes zurückgeben« auf Seite 206).

Mit dem Typhinweis Any (ebenfalls im Modul typing) können Sie auch angeben, dass eine Variable, ein Parameter oder ein Rückgabewert einen beliebigen Datentyp aufweisen kann:

```
from typing import Any
import datetime
spam: Any = 42
spam = datetime.date.today()
spam = True
```

Der Typhinweis Any ermöglicht es hier, die Variable spam auf Werte aller möglichen Datentypen zu setzen, z.B. int, datetime.date oder bool. Sie könnten hier auch object als Typhinweis angeben, da dies die Basisklasse für alle Datentypen in Python ist. Allerdings ist Any als Typhinweis leichter verständlich als object.

Ebenso wie Union und Optional sollten Sie auch Any nur sparsam einsetzen. Wenn Sie für alle Variablen, Parameter und Rückgabewerte den Typhinweis Any angeben, gehen Ihnen die Vorteile der statischen Typisierung verloren. Der einzige Unterschied zwischen der Angabe des Typhinweises Any und dem Verzicht auf jegliche Typhinweise besteht darin, dass Sie mit Any ausdrücklich angeben, dass die Variable oder Funktion Werte beliebiger Typen akzeptiert, wohingegen die Abwesenheit eines Typhinweises zeigt, dass ein solcher noch hinzugefügt werden sollte.

Typhinweise für Listen, Dictionarys u. Ä.

Listen, Dictionarys, Tupel, Mengen und andere Containerdatentypen enthalten wiederum Werte. Wenn Sie list als Typhinweis für eine Variable angeben, so muss dieser Variablen eine Liste zugewiesen werden, wobei die Liste jedoch Werte beliebigen Typs enthalten kann. Bei einer Typprüfung löst der folgende Code daher keine Warnung aus:

```
spam: list = [42, 'hello', 3.14, True]
```

Um ausdrücklich die Datentypen der Werte innerhalb der Liste zu deklarieren, verwenden Sie den Typhinweis List aus dem Modul typing. Zur Unterscheidung vom Datentyp list wird dieser Hinweis mit großem L geschrieben. Betrachten Sie das folgende Beispiel:

```
from typing import List, Union
catNames: List[str] = ['Zophie', 'Simon', 'Pooka', 'Theodore']  ❶
numbers: List[Union[int, float]] = [42, 3.14, 99.9, 86]  ❷
```

In diesem Beispiel enthält die Variable `catNames` eine Liste von Strings. Nach dem Import von `List` aus dem Modul `typing` setzen wir ihren Typhinweis daher auf `List[str]` ❶. Die Typprüfung erfasst alle Aufrufe der Methoden `append()` und `insert()` und jeglichen anderen Code, der versucht, Nicht-Stringwerte in die Liste einzufügen. Wenn die Liste Werte unterschiedlichen Typs enthalten darf, können wir den Typhinweis mit `Union` formulieren. Beispielsweise können in der Liste `numbers` sowohl Integer- als auch Fließkommazahlen stehen, weshalb wir als Typhinweis `List[Union[int, float]]` angeben ❷.

Das Modul `typing` enthält für jeden Containertyp auch jeweils einen eigenen *Typalias*. Für die gängigsten Containertypen in Python lauten sie wie folgt:

- **`List`** für den Datentyp `list`
- **`Tuple`** für den Datentyp `tuple`
- **`Dict`** für den Datentyp `dict` (Dictionarys)
- **`Set`** für den Datentyp `set` (Mengen)
- **`FrozenSet`** für den Datentyp `frozenset` (»eingefrorene« Mengen)
- **`Sequence`** für `list`, `tuple` und andere Sequenzdatentypen
- **`Mapping`** für Dictionarys (`dict`), `set`, `frozenset` und andere Zuornungsdatentypen
- **`BytesString`** für die Typen `bytes`, `bytearray` und `memoryview`

Eine vollständige Liste dieser Typen finden Sie auf *https://docs.python.org/3/library/typing.html#classes-functions-and-decorators*.

Rückportierung von Typhinweisen mithilfe von Kommentaren

Bei der *Rückportierung* (*Backporting*) geht es darum, Merkmale aus einer neueren Version einer Software auf eine ältere Version zu *portieren* (also sie in angepasster Form dort hinzuzufügen). Typhinweise wurden in Python 3.5 eingeführt. Dennoch können Sie sie auch in Python-Code nutzen, der von älteren Interpreterversionen ausgeführt wird, indem Sie sie in Kommentare einschließen. Bei Variablen verwenden Sie dazu einen Inline-Kommentar hinter der Zuweisungsanweisung, bei Funktionen und Methoden einen Kommentar in der Zeile nach der `def`-Anweisung. Leiten Sie den Kommentar mit `type:` ein und geben Sie dahinter den Datentyp an. Das folgende Beispiel zeigt verschiedene Typhinweise in Kommentaren:

```
from typing import List ❶

spam = 42 # type: int ❷
def sayHello():
    # type: () -> None ❸
    """Der Docstring folgt hinter dem Typhinweis-Kommentar."""
    print('Hello!')

def addTwoNumbers(listOfNumbers, doubleTheSum):
    # type: (List[float], bool) -> float ❹
    total = listOfNumbers[0] + listOfNumbers[1]
    if doubleTheSum:
        total *= 2
    return total
```

Wenn Sie Typhinweise in Form von Kommentaren angeben wollen, müssen Sie ebenfalls das Modul `typing` sowie alle Typaliase importieren, die Sie benötigen ❶. In Python-Versionen vor 3.5 ist das Modul `typing` in der Standardbibliothek nicht enthalten, weshalb Sie es separat mit dem folgenden Befehl installieren müssen:

```
python -m pip install --user typing
```

Ersetzen Sie `python` unter macOS und Linux durch `python3`.

Um die Variable `spam` auf den Datentyp Integer zu setzen, haben wir hier am Ende der Zeile den Kommentar `# type: int` hinzugefügt ❷. Bei Funktionen muss ein solcher Kommentar Klammern mit einer Liste von Typhinweisen in der Reihenfolge der Parameter enthalten. Bei Funktionen ohne Parameter ist das Klammernpaar leer ❸. Mehrere Parameter werden innerhalb der Liste durch Kommata getrennt ❹.

Typhinweise in Kommentarform sind nicht so leicht verständlich wie reguläre Typhinweise, weshalb Sie sie nur für Code verwenden sollten, der möglicherweise von Python-Versionen vor 3.5 ausgeführt wird.

Zusammenfassung

Programmierer neigen dazu, die Dokumentation zu vernachlässigen. Allerdings können Sie letztendlich viel Zeit sparen, wenn Sie Ihrem Code Kommentare, Docstrings und Typhinweise hinzufügen. Gut dokumentierter Code lässt sich auch leichter pflegen.

Die Behauptung, dass Kommentare und Dokumentation beim Schreiben von Software unnötig oder sogar von Nachteil sind, mag verlockend klingen (da sie Programmierern eine bequeme Ausrede gibt, um sich vor dieser Arbeit zu drücken). Lassen Sie sich davon aber nicht beirren: Eine gute Dokumentation hilft Ihnen, letztendlich mehr Zeit und Mühe zu sparen, als Sie dafür aufwenden müssen. Programmierern geschieht es häufiger, dass sie auf einen Bildschirm voller undurchsichtigem, nicht kommentiertem Code starren, als dass sie zu viele nützliche Informationen erhalten.

Gute Kommentare bieten knappe, brauchbare und genaue Informationen für Programmierer, die den Code später lesen und verstehen müssen. Sie sollten die Absichten des ursprünglichen Programmierers deutlich machen und einen Überblick über die einzelnen Codeabschnitte geben und nicht wiederholen, was in den einzelnen Codezeilen geschieht. Oft geben Kommentare auch ausführlich wieder, was der Programmierer beim Scheiben des Codes gelernt hat. Solche wertvollen Informationen ersparen es denen, die den Code pflegen müssen, dasselbe noch einmal auf die harte Tour lernen zu müssen.

Docstrings stellen eine besondere Form von Python-Kommentaren dar. Es handelt sich dabei um mehrzeilige Strings, die unmittelbar hinter einer `class`- oder `def`-Anweisung oder am Anfang eines Moduls stehen. Dokumentationswerkzeuge wie die integrierte Python-Funktion `help()` können auf Docstrings zugreifen und damit Informationen über die jeweiligen Klassen, Funktionen und Module geben.

Die in Python 3.5 eingeführten Typhinweise ermöglichen eine graduelle Typisierung. Dadurch können Sie die Vorteile der Fehlererkennung, die die statische Typisierung bietet, mit der Flexibilität der dynamischen Typisierung kombinieren. Der Python-Interpreter ignoriert diese Hinweise, da Python keine Typüberprüfung zur Laufzeit vornimmt. Auch Tools zur statischen Typprüfung nutzen die Typhinweise nur zur Analyse des Quellcodes, wenn er nicht ausgeführt wird. Mithilfe von Typprüfungstools wie Mypy können Sie sicherstellen, dass Sie Variablen und Funktionen keine ungültigen Werte zuweisen bzw. übergeben. Das verhindert eine Menge von Bugs, was Zeit und Mühe sparen hilft.

12 Versionssteuerung mit Git

Versionssteuerungssysteme zeichnen alle Änderungen am Quellcode auf und erleichtern es dadurch, ältere Versionen des Codes zurückzugewinnen. In gewissem Sinne handelt es sich dabei um anspruchsvollere Undo-Einrichtungen. Nehmen wir an, Sie ersetzen eine Funktion und stellen dann fest, dass die ursprüngliche besser geeignet war. In diesem Fall können Sie Ihren Code wieder auf die vorherige Version zurücksetzen. Wenn Sie einen Bug entdecken, können Sie die älteren Versionen untersuchen, um festzustellen, wann er zuerst aufgetreten ist und welche Änderung am Code ihn verursacht hat.

Ein Versionssteuerungssystem kümmert sich automatisch um die Verwaltung der geänderten Dateien. Das ist besser, als etwa bei einer Änderung am Ordner *myProject* manuell eine Kopie davon als *myProject-copy* anzulegen, denn bei weiteren Änderungen hätten Sie dann immer mehrere Kopien wie *myProject-copy2*, *myProject-copy3*, *myProject-copy3b*, *myProject-copyAsOfWednesday* usw. Ordner zu kopieren, ist zwar einfach, eignet sich aber nicht für umfangreiche Projekte. Die Verwendung eines Versionssteuerungssystems zu erlernen, spart Ihnen langfristig viel Zeit und Kopfzerbrechen.

Zu den gebräuchlichsten Versionssteuerungsanwendungen gehören Git, Mercurial und Subversion, wobei Git bei Weitem am häufigsten genutzt wird. In diesem Kapitel lernen Sie, wie Sie Dateien für Codeprojekte einrichten und Änderungen daran mit Git verfolgen.

Commits und Repositorys in Git

Wenn Sie Änderungen an Ihren Projektdateien vornehmen, können Sie jeden Zwischenzustand in Form eines *Snapshots* (Momentaufnahme) oder *Commits* speichern. Dadurch ist es möglich, bei Bedarf zu einem früheren Snapshot zurückzukehren. Die Speicherung eines Snapshots wird ebenfalls als *Commit*, aber auch als *Einchecken* bezeichnet.

Bei der Softwareentwicklung im Team ermöglichen Versionssteuerungssysteme es auch, dass alle Mitglieder bei Änderungen am Quellcode auf demselben Stand bleiben. Wenn ein Programmierer seine Änderungen eincheckt, können andere Programmierer die neue Version auf ihre Computer herunterladen. Das Versionssteuerungssystem verfolgt, wer wann welchen Commit vorgenommen hat, und verzeichnet diese Informationen zusammen mit den Kommentaren der Entwickler über die jeweiligen Änderungen.

Der Ordner, in dem ein Versionssteuerungssystem den Quellcode eines Projekts vorhält, wird als *Repository* bezeichnet. Generell sollten Sie für jedes Projekt ein eigenes Git-Repository anlegen. In diesem Kapitel gehen wir davon aus, dass Sie größtenteils für sich allein arbeiten und die erweiterten Funktionen von Git zur Zusammenarbeit, z. B. Verzweigung und Zusammenführung, nicht benötigen. Aber auch wenn Sie allein arbeiten, ist kein Programmierprojekt zu klein, um nicht von Versionssteuerung zu profitieren.

Neue Python-Projekte mit Cookiecutter erstellen

Der *Projektordner*, der alle Quellcode-, Dokumentations-, Test- und sonstigen Dateien eines Projekts enthält, wird in Git als *Arbeitsverzeichnis* oder *Arbeitsbaum* bezeichnet. Die Gesamtheit der Dateien in diesem Verzeichnis ist die *Arbeitskopie*. Bevor wir ein Git-Repository erstellen, müssen wir zunächst die Dateien für unser Python-Projekt anlegen.

Auch wenn Programmierer dafür jeweils ihre eigene bevorzugte Methode verwenden, müssen Python-Projekte den Konventionen für Ordnernamen und -hierarchien folgen. Einfache Projekte können aus einer einzigen *.py*-Datei bestehen, doch bei anspruchsvolleren Vorhaben kommen weitere *.py*-Dateien, Datendateien, Dokumentation, Unit-Tests usw. hinzu. Die oberste Ebene des Projektordners (Wurzel oder Stamm genannt) enthält gewöhnlich den Ordner *src* mit den *.py*-Quellcodedateien, den Ordner *tests* für Unit-Tests und den Ordner *docs* für Dokumentation (die Sie etwa mit dem Dokumentationswerkzeug Sphinx erstellen können). Daneben gibt es Dateien mit Projektinformationen und Konfigurationseinstellungen wie *README.md* für allgemeine Informationen, *.coveragerc* für die Konfiguration der Codeabdeckung, *LICENSE.txt* für die Softwarelizenz des Projekts usw. Diese Werkzeuge und Dateien sind nicht Thema dieses Buchs, aber durchaus wert, sich mit ihnen zu beschäftigen. Mit zunehmender Programmiererfahrung wird es immer lästiger, stets dieselben grundlegenden Dateien für neue Programmierprojekte anzulegen. Um den Vorgang zu beschleunigen, können Sie das Python-Modul `cookiecutter` verwenden, das diese Dateien automatisch für Sie erstellt. Die vollständige Dokumentation sowohl für das Modul als auch das Befehlszeilenprogramm Cookiecutter finden Sie auf *https://cookiecutter.readthedocs.io/*.

Um Cookiecutter zu installieren, führen Sie `pip install --user cookiecutter` (Windows) bzw. `pip3 install --user cookiecutter` (macOS und Linux) aus. Damit werden sowohl das Befehlszeilenprogramm als auch das Python-Modul installiert. Möglicherweise erhalten Sie dabei die Warnung, dass das Befehlszeilenprogramm in einem Ordner installiert wird, der nicht in der Umgebungsvariablen `PATH` aufgeführt ist:

```
Installing collected packages: cookiecutter
  WARNING: The script cookiecutter.exe is installed in 'C:\Users\Al\AppData\
Roaming\Python\Python38\Scripts' which is not on PATH.
  Consider adding this directory to PATH or, if you prefer to suppress this
warning, use --no-warn-script-location.
```

In diesem Fall sollten Sie den betreffenden Ordner (im vorstehenden Beispiel also *C:\Users\Al\AppData\Roaming\Python\Python38\Scripts*) nach der Anleitung im Abschnitt »PATH und andere Umgebungsvariablen« auf Seite 44 zur Umgebungsvariablen `PATH` hinzufügen, denn sonst müssten Sie zur Ausführung von Cookiecutter als Python-Modul jedes Mal `python -m cookiecutter` (Windows) bzw. `python3 -m cookiecutter` (macOS und Linux) eingeben statt schlicht `cookiecutter`.

In diesem Kapitel erstellen wir ein Repository für das Modul `wizcoin`, das die Einheiten einer fiktiven Währung für Zauberer – Galleonen, Sickles und Knuts – handhabt. Das Modul `cookiecutter` nutzt Vorlagen, um die Grunddateien für verschiedene Arten von Projekten zu erstellen. Viele dieser Vorlagen sind einfach nur Links zu *GitHub.com*. Beispielsweise können Sie in einem Terminalfenster im Verzeichnis *C:\Users\Al* den im Anschluss gezeigten Code eingeben, um den Ordner *C:\Users\Al\wizcoin* mit den Standarddateien für ein einfaches Python-Projekt zu erstellen. Das Modul `cookiecutter` lädt die Vorlage von GitHub herunter und fordert Sie auf, eine Reihe von Angaben zu dem neuen Projekt zu machen:

```
C:\Users\Al>cookiecutter gh:asweigart/cookiecutter-basicpythonproject
project_name [Basic Python Project]: WizCoin
module_name [basicpythonproject]: wizcoin
author_name [Susie Softwaredeveloper]: Al Sweigart
author_email [susie@example.com]: al@inventwithpython.com
github_username [susieexample]: asweigart
project_version [0.1.0]:
project_short_description [A basic Python project.]: A Python module to
represent the galleon, sickle, and knut coins of wizard currency.
```

Wenn Sie eine Fehlermeldung erhalten, versuchen Sie, `python -m cookiecutter` statt nur `cookiecutter` auszuführen. Der Befehl lädt eine von mir erstellte Vorlage von *https://github.com/asweigart/cookiecutter-basicpythonproject* herunter. Auf *https://github.com/cookiecutter/cookiecutter* finden Sie Vorlagen für viele Programmiersprachen. Da viele Cookiecutter-Vorlagen auf GitHub vorgehalten werden, können Sie im Befehlszeilenargument auch `gh:` als Abkürzung für *https://github.com* verwenden.

An den Eingabeaufforderungen von Cookiecutter können Sie entweder eine eigene Angabe machen oder einfach die [↵]-Taste drücken, um die in eckigen Klammern gezeigte Standardantwort zu übernehmen. Beispielsweise fordert `project_name [Basic Python Project]:` Sie auf, einen Namen für das Projekt festzulegen. Wenn Sie nichts eingeben, nutzt Cookiecutter *Basic Python Project* als Projektname. Die Standardantworten zeigen auch, welche Art von Eingabe erwartet wird. So können Sie aus `project_name [Basic Python Project]:` schließen, dass Sie den Projektnamen mit Groß- und Kleinschreibung und Leerzeichen eingeben sollten, wohingegen `module_name [basicpythonproject]:` darauf hindeutet, dass der Modulname kleingeschrieben werden und keine Leerzeichen aufweisen soll. Da ich in dem Beispiel bei `project_version [0.1.0]` keine Eingabe gemacht habe, wird die Standardantwort 0.1.0 übernommen.

Nachdem Sie die erforderlichen Angaben gemacht haben, erstellt Cookiecutter den Ordner *wizcoin* im aktuellen Arbeitsverzeichnis und darin die Grunddateien, die Sie für ein Python-Projekt benötigen (siehe Abb. 12–1).
Machen Sie sich keine Sorgen, wenn Ihnen der Zweck all dieser Dateien nicht klar ist. Eine vollständige Erklärung würde den Rahmen dieses Buchs sprengen, aber auf *https://github.com/asweigart/cookiecutter-basicpythonproject* finden Sie Beschreibungen und weiterführende Links. Als Nächstes wollen wir uns ansehen, wie Sie Git verwenden können, um sich stets auf dem neuesten Stand über Ihre Dateien zu halten.

Name	Date modified	Type	Size
docs	8/31/2021 12:37 PM	File folder	
src	8/31/2021 12:37 PM	File folder	
tests	8/31/2021 12:37 PM	File folder	
.coveragerc	8/31/2021 12:37 PM	COVERAGERC File	1 KB
.gitignore	8/31/2021 12:37 PM	Text Document	2 KB
code_of_conduct....	8/31/2021 12:37 PM	MD File	4 KB
LICENSE.txt	8/31/2021 12:37 PM	TXT File	35 KB
pyproject.toml	8/31/2021 12:37 PM	TOML File	0 KB
README.md	8/31/2021 12:37 PM	MD File	1 KB
setup.py	8/31/2021 12:37 PM	PY File	2 KB
tox.ini	8/31/2021 12:37 PM	INI File	1 KB

Abb. 12–1 *Die von Cookiecutter erstellen Dateien im Ordner* wizcoin

Git installieren

Möglicherweise ist Git auf Ihrem Computer bereits vorinstalliert. Um das herauszufinden, führen Sie an der Befehlszeile `git -version` aus. Wenn Sie eine Meldung wie `git version 2.29.0.windows.1` erhalten, dann haben Sie Git. Sehen Sie dagegen die Fehlermeldung, dass der Befehl nicht gefunden wurde, müssen Sie Git installieren. Unter Windows gehen Sie zu *https://git-scm.com/download*, laden von dort den Git-Installer herunter und führen ihn aus. Unter macOS Maverick (10.9) und höher müssen Sie lediglich `git --version` im Terminal ausführen und dann die Installation bestätigen (siehe Abb. 12–2).

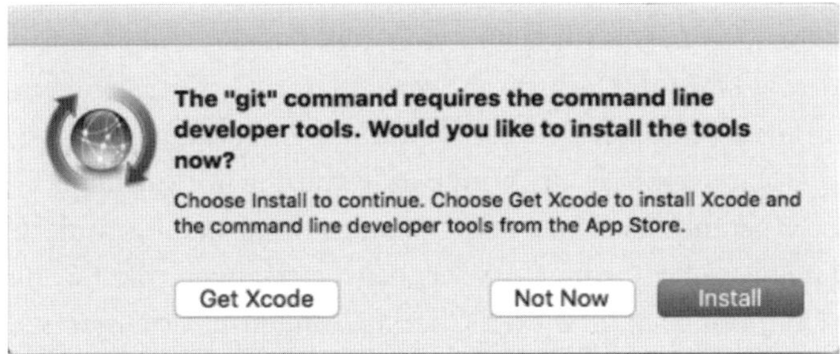

Abb. 12–2 *Wenn Sie unter macOS 10.9 und höher zum ersten Mal* git --version *ausführen, werden Sie aufgefordert, Git zu installieren.*

Unter Ubuntu und Debian Linux führen Sie im Terminal `sudo apt install git-all` aus und unter Red Hat Linux `sudo dnf install git-all`. Anleitungen für andere Linux-Distributionen finden Sie auf *https://git-scm.com/download/linux*. Um sich zu vergewissern, dass die Installation funktioniert hat, führen Sie erneut `git --version` aus.

Git-Benutzername und E-Mail-Adresse angeben

Nach der Installation von Git müssen Sie einen Benutzernamen und eine E-Mail-Adresse angeben, damit bei Ihren Commits Ihre Identität aufgezeichnet werden kann. Geben Sie dazu in einem Terminal die folgenden Befehle ein:

```
C:\Users\Al>git config --global user.name "Al Sweigart"
C:\Users\Al>git config --global user.email al@inventwithpython.com
```

Diese Angaben werden in einer *.gitconfig*-Datei in Ihrem Benutzerordner verzeichnet (auf meinem Laptop ist das *C:\Users\Al*). Änderungen an den Informationen nehmen Sie nicht direkt in dieser Textdatei vor, sondern indem Sie `git config` ausführen. Um sich die aktuellen Git-Konfigurationseinstellungen anzusehen, verwenden Sie `git config --list`.

GUI-Werkzeuge für Git installieren

Der Schwerpunkt dieses Kapitels liegt auf dem Befehlszeilenwerkzeug für Git, doch die Installation einer grafischen Benutzeroberfläche (GUI) kann für viele der täglichen Aufgaben praktisch sein. Selbst professionelle Softwareentwickler, die die Git-Befehle gut kennen, greifen oft auf GUI-Werkzeuge für Git zurück. Auf *https://git-scm.com/downloads/guis* finden Sie eine Reihe solcher Tools, darunter TortoiseGit für Windows, GitHub Desktop für macOS und GitExtensions für Linux.

Sehen wir uns als Beispiel TortoiseGit an. Wie Abbildung 12–3 zeigt, überlagert dieses Tool die Dateisymbole im Windows-Explorer mit farbigen Symbolen, die den jeweiligen Zustand der Dateien angeben: grün für nicht geänderte und rot für geänderte Dateien (oder Ordner) im Repository. Dateien, die Git nicht verfolgt, erhalten kein Symbol. Sich an diesen Überlagerungen zu orientieren, ist sicherlich weit komfortabler, als Befehle ins Terminal einzugeben, um an dieselben Informationen zu gelangen. Darüber hinaus fügt TortoiseGit dem Kontextmenü auch Git-Befehle hinzu, wie Sie ebenfalls in der Abbildung erkennen können.

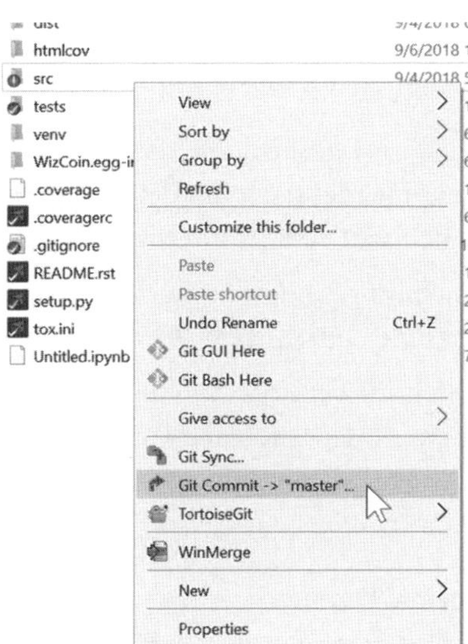

Abb. 12–3 *TortoiseGit für Windows stellt eine grafische Benutzeroberfläche bereit, um Git-Befehle im Windows-Explorer auszuführen.*

GUI-Werkzeuge für Git sind komfortabel, aber kein Ersatz dafür, die in diesem Kapitel vorgestellten Git-Befehle zu lernen. Es kann immer sein, dass Sie Git auf einem Computer verwenden müssen, auf dem die GUI-Tools nicht installiert sind.

Der Arbeitsablauf in Git

Um ein Repository in Git nutzen zu können, müssen Sie zunächst die folgenden Schritte ausführen: Als Erstes erstellen Sie das Repository, indem Sie `git init` oder `git clone` ausführen. Dann fügen Sie die zu verfolgenden Dateien mit `git add` *`Dateiname`* hinzu. Anschließend führen Sie mit `git commit -am "`*`Beschreibung`*`"` einen Commit für die Dateien aus. Nun können Sie Änderungen am Code vornehmen.

Die Hilfedateien für all diese Befehle können Sie mit `git help` *`Befehlsname`* einsehen, z.B. mit `git help init` oder `git help add`. Die Hilfeseiten sind zum Nachschlagen geeignet, aber zum Lernen zu trocken und technisch. Weitere Einzelheiten über diese Befehle lernen Sie im weiteren Verlauf dieses Kapitels kennen. Zunächst müssen wir uns jedoch mit einigen Grundprinzipien von Git beschäftigen.

Der Dateistatus in Git

Die von Git *verfolgten Dateien* im Arbeitsverzeichnis sind diejenigen, die zum Repository hinzugefügt und mit Commit bestätigt wurden. Alle anderen Dateien werden *nicht verfolgt*. Für das Git-Repository sind die nicht verfolgten Dateien in der Arbeitskopie praktisch nicht vorhanden. Die verfolgten Dateien dagegen können drei verschiedene Zustände aufweisen:

- Eine Datei befindet sich im *bestätigten Zustand* (*committed*), wenn das Exemplar in der Arbeitskopie identisch mit dem jüngsten Commit im Repository ist. (Dies wird auch als *nicht geänderter* oder *sauberer Zustand* bezeichnet.)
- Eine Datei befindet sich im *geänderten Zustand* (*modified*), wenn sich das Exemplar in der Arbeitskopie vom jüngsten Commit im Repository unterscheidet.
- Eine Datei befindet sich im *bereitgestellten Zustand* (*staged*), wenn sie geändert und zur Aufnahme in den nächsten Commit gekennzeichnet wurde. Die Datei befindet sich dann im sogenannten *Bereitstellungsbereich* (*staging area*), der auch als *Index* oder *Cache* bezeichnet wird.

Abbildung 12–4 zeigt, wie die Dateien von einem zum andern Zustand übergehen. Wenn Sie eine nicht verfolgte Datei zum Git-Repository hinzufügen, wird sie zu einer verfolgten und bereitgestellten Datei. Durch einen Commit für eine bereitgestellte Datei versetzen Sie sie in den bestätigten Zustand. Um eine Datei in den geänderten Zustand zu überführen, benötigen Sie dagegen keinen Git-Befehl: Sobald Sie irgendwelche Änderungen an einer bestätigten Datei vornehmen, wird sie automatisch als geändert gekennzeichnet.

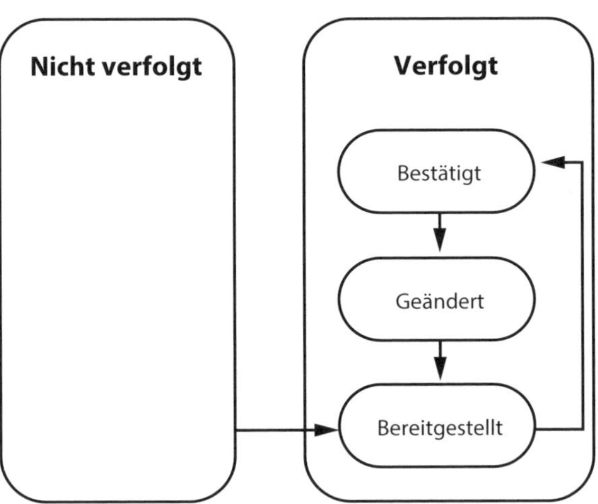

Abb. 12–4 *Mögliche Zustände und Zustandsübergänge für Dateien in einem Git-Repository*

Zu jedem beliebigen Zeitpunkt nach Erstellen des Repositorys können Sie `git status` ausführen, um sich dessen aktuellen Zustand und den seiner Dateien anzusehen. Bei der Arbeit in Git werden Sie diesen Befehl häufig verwenden. Im folgenden Beispiel befinden sich vier Dateien mit unterschiedlichen Zuständen im Repository:

```
C:\Users\Al\ExampleRepo>git status
On branch master
Changes to be committed:
  (use "git restore --staged <file>..." to unstage)
      new file: new_file.py   ❶
      modified: staged_file.py   ❷

Changes not staged for commit:
  (use "git add <file>..." to update what will be committed)
  (use "git restore <file>..." to discard changes in working directory)
      modified: modified_file.py   ❸

Untracked files:
  (use "git add <file>..." to include in what will be committed)
      untracked_file.py   ❹
```

Diese Arbeitskopie enthält die Datei *new_file.py* ❶, die gerade erst zum Repository hinzugefügt wurde und daher den Zustand *staged* aufweist. Daneben gibt es noch die beiden verfolgten Dateien *staged_file.py* ❷ und *modified_file.py* ❸ im Zustand *staged* bzw. *modified*. Die Datei *untracked_file.py* ❹ dagegen wird nicht verfolgt. Die Ausgabe von `git status` zeigt zur Erinnerung auch die erforderlichen Git-Befehle an, um die Dateien in einen anderen Zustand zu versetzen.

Wozu gibt es bereitgestellte Dateien?

Vielleicht fragen Sie sich, wozu der Status »bereitgestellt« (*staged*) gut ist. Warum können wir geänderte Dateien nicht gleich mit Commit bestätigen, ohne den Umweg über die Bereitstellung zu gehen? Tatsächlich ist der Bereitstellungsbereich mit vielen haarigen Sonderfällen gespickt, was für Git-Neulinge sehr verwirrend wirken kann. Beispielsweise können Sie eine Datei noch nach ihrer Bereitstellung ändern, sodass sie sowohl den Status *modfied* als auch *staged* hat. In Wirklichkeit enthält der Bereitstellungsbereich keine Dateien, sondern lediglich Änderungen: Einige Teile einer geänderten Datei können schon bereitgestellt sein, andere dagegen nicht. Aufgrund solcher Fälle hat Git den Ruf, kompliziert zu sein. Viele Informationen darüber, wie Git funktioniert, sind oft ungenau, wenn nicht gar irreführend.

Sie können diese ganze Kompliziertheit jedoch umgehen, indem Sie, wie ich empfehle, stets den Befehl `git commit -am` verwenden, um Dateien in einem einzigen Schritt bereitzustellen und mit Commit zu bestätigen. Dadurch gehen die Dateien unmittelbar vom geänderten in den sauberen Zustand über. Des Weiteren sollten Sie Dateien sofort mit Commit bestätigen, nachdem Sie sie zum Repository hinzugefügt, umbenannt oder entfernt haben. Auch die Verwendung von GUI-Werkzeugen statt der Befehlszeile kann helfen, die komplizierten Sonderfälle zu umgehen.

Ein Git-Repository erstellen

Git ist ein *verteiltes Versionssteuerungssystem*. Das bedeutet, dass es alle Snapshots und Metadaten lokal auf Ihrem Computer im Ordner *.git* speichert. Im Gegensatz zu einem zentralen Versionssteuerungssystem muss Git keine Verbindung zu einem Server im Internet aufnehmen, um einen Commit durchzuführen. Dadurch arbeitet Git schneller und steht auch zur Verfügung, wenn Sie offline sind.

Führen Sie an einem Terminal die folgenden Befehle aus, um den Ordner *.git* anzulegen (wobei Sie unter macOS und Linux `mkdir` statt `md` schreiben müssen):

```
C:\Users\Al>md wizcoin
C:\Users\Al>cd wizcoin
C:\Users\Al\wizcoin>git init
Initialized empty Git repository in C:/Users/Al/wizcoin/.git/
```

Wenn Sie einen Ordner mit `git init` in ein Git-Repository umwandeln, werden die Dateien darin zu Anfang nicht verfolgt. Für unseren Ordner *wizcoin* erstellt der Befehl `git init` den Ordner *wizcoin/.git*, der die Metadaten des Repositorys enthält. Das Vorhandensein des *.git*-Ordners macht aus einem Ordner ein Git-Repository. Ohne ihn haben Sie lediglich eine Reihe von Quellcodedateien in einem gewöhnlichen Ordner. Da Sie die Dateien in *.git* niemals direkt bearbeiten, können Sie diesen Ordner einfach ignorieren. Er wurde absichtlich *.git* genannt, da die meisten Betriebssysteme Ordner und Dateien, deren Namen mit einem Punkt beginnen, automatisch verbergen.

Das Arbeitsverzeichnis *C:\Users\Al\wizcoin* ist nun also ein Repository. Ein Repository auf Ihrem eigenen Computer wird als *lokales Repository* bezeichnet, eines auf einem anderen Rechner als *Remoterepository*. Dieser Unterschied ist wichtig, wenn Sie mit anderen Entwicklern an einem Projekt arbeiten und Commits im lokalen und einem Remoterepository gemeinsam verwenden müssen.

Sie können nun mit `git` Dateien hinzufügen und Änderungen im Arbeitsverzeichnis verfolgen. Wenn Sie `git status` für das neu erstellte Repository ausführen, sehen Sie folgende Anzeige:

```
C:\Users\Al\wizcoin>git status
On branch master

No commits yet

nothing to commit (create/copy files and use "git add" to track)
```

Die Ausgabe besagt, dass das Repository noch keine Commits enthält.

Den Befehl git status mit watch ausführen

Wenn Sie das Befehlszeilenwerkzeug Git verwenden, müssen Sie häufig `git status` ausführen, um sich den Zustand des Repositorys anzusehen. Anstatt diesen Befehl manuell einzugeben, können Sie ihn auch von `watch` ausführen lassen. Dieser Befehl führt einen anderen Befehl wiederholt alle zwei Sekunden aus und aktualisiert den Bildschirm jeweils mit der neuesten Ausgabe.

Um `watch` auf Windows zu nutzen, laden Sie die Datei *https://inventwithpython.com/watch.exe* herunter und stellen sie in einen Ordner, der in `PATH` aufgeführt ist, etwa *C:\Windows*. Unter macOS können Sie MacPorts von *https://www.macports.org/* herunterladen und installieren und dann `run sudo ports install watch` ausführen. Auf Linux ist der Befehl `watch` bereits installiert.

Nach der Installation von `watch` öffnen Sie eine neue Eingabeaufforderung oder ein Terminalfenster, wechseln mit `cd` in den Projektordner im Git-Repository und führen danach `run watch "git status"` aus. Der Befehl `watch` führt dann alle zwei Sekunden `git status` aus und zeigt die neuesten Ergebnisse auf dem Bildschirm an. Sie können das Fenster geöffnet lassen, während Sie das Befehlszeilenwerkzeug Git in einem anderen Fenster verwenden. Dadurch können Sie die Zustandsänderungen im Repository in Echtzeit beobachten. In einem weiteren Fenster können Sie `run watch "git log -online"` ausführen, um sich eine ebenfalls in Echtzeit aktualisierte Übersicht über Ihre Commits anzusehen. Damit sind Sie nicht mehr auf Vermutungen darüber angewiesen, was die von Ihnen eingegebenen Git-Befehle in Ihrem Repository machen.

Zu verfolgende Dateien hinzufügen

Nur verfolgte Dateien können mit Commit bestätigt, zurückgenommen oder auf andere Weise mit `git` bearbeitet werden. Um sich den Zustand der Dateien im Projektordner anzusehen, führen Sie `git status` aus:

```
C:\Users\Al\wizcoin>git status
On branch master

No commits yet

Untracked files:  ❶
  (use "git add <file>..." to include in what will be committed)

        .coveragerc
        .gitignore
        LICENSE.txt
        README.md
-- schnipp --
        tox.ini

nothing added to commit but untracked files present (use "git add" to track)
```

Keine der Dateien im Ordner *wizcoin* wird zurzeit verfolgt ❶. Um sie verfolgen zu lassen, müssen wir einen ersten Commit für sie durchführen. Dazu sind zwei Schritte erforderlich: Erst müssen wir `git add` für jede dieser Dateien ausführen und dann `git commit`, um den Commit zu erstellen. Nachdem Sie eine Datei mit Commit bestätigt haben, wird sie von Git verfolgt.

Der Befehl `git add` versetzt Dateien aus dem nicht verfolgten oder geänderten in den bereitgestellten Zustand. Wir könnten `git add` einzeln für jede Datei ausführen, die wir bereitstellen möchten (also mit `git add .coveragerc`, `git add .gitignore`, `git add LICENSE.txt` usw.), aber das wäre zu mühselig. Stattdessen verwenden wir das Jokerzeichen *, um mehrere Dateien gleichzeitig hinzuzufügen. Beispielsweise können Sie mit `git add *.py` sämtliche *.py*-Dateien im aktuellen Arbeitsverzeichnis und dessen Unterverzeichnissen hinzufügen. Um jegliche nicht verfolgten Dateien hinzuzufügen, verwenden wir einfach einen Punkt:

```
C:\Users\Al\wizcoin>git add .
```

Der Befehl `git status` zeigt jetzt die bereitgestellten Dateien an:

```
C:\Users\Al\wizcoin>git status
On branch master

No commits yet

Changes to be committed:  ❶
  (use "git rm --cached <file>..." to unstage)

      new file: .coveragerc   ❷
      new file: .gitignore
-- schnipp --
      new file: tox.ini
```

Die Ausgabe zeigt, welche Dateien für den Commit bei der nächsten Ausführung von `git commit` bereitgestellt sind ❶. Außerdem können Sie erkennen, dass es sich dabei um Dateien handelt, die neu zu dem Repository hinzugefügt wurden ❷, und nicht um geänderte ältere Dateien.

Nachdem Sie `git add` für die Dateien ausgeführt haben, die Sie dem Repository hinzufügen möchten, geben Sie den Befehl `git commit -m "Adding new files to the repo."` (wobei die Formulierung der beschreibenden Informationen Ihnen überlassen bleibt). Anschließend können Sie sich den neuen Zustand des Repositorys wieder mit `git status` ansehen:

```
C:\Users\Al\wizcoin>git commit -m "Adding new files to the repo."
[master (root-commit) 65f3b4d] Adding new files to the repo.
 15 files changed, 597 insertions(+)
```

```
 create mode 100644 .coveragerc
 create mode 100644 .gitignore
-- schnipp --
 create mode 100644 tox.ini
C:\Users\Al\wizcoin>git status
On branch master
nothing to commit, working tree clean
```

Jegliche Dateien, die Sie in der Datei *.gitignore* aufgeführt haben, werden nicht zum Bereitstellungsbereich hinzugefügt. Mehr darüber erfahren Sie im nächsten Abschnitt.

Einzelne Dateien ignorieren

Dateien, die Git nicht verfolgt, werden von `git status` als *untracked* angezeigt. Es kann jedoch sein, dass Sie einige Dateien ausdrücklich aus der Versionssteuerung ausschließen wollen, damit sie nicht versehentlich verfolgt werden. Das ist bei folgenden Dateien sinnvoll:

- Temporäre Dateien im Projektordner
- Die vom Python-Interpreter bei der Ausführung von *.py*-Programmen generierten *.pyc-*, *.pyo-* und *.pyd*-Dateien
- Die Ordner *.tox* und *htmlcov* usw., die manche Softwareentwicklungswerkzeuge erstellen
- Jegliche anderen kompilierten oder generierten Dateien, die wiederhergestellt werden können. Das Repository ist schließlich für Quelldateien da und nicht für die aus den Quelldateien erstellten Produkte.
- Quellcodedateien, die Datenbankpasswörter, Authentifizierungstoken, Kreditkartennummern und andere sensible Informationen enthalten

Um solche Dateien auszuschließen, erstellen Sie eine Textdatei namens *.gitignore* und führen darin die Ordner und Dateien auf, die Git nicht verfolgen soll. Bei der Ausführung von `git add` und `git commit` werden diese Dateien dann nicht berücksichtigt, und auch `git status` zeigt sie nicht an.

Die Vorlage `cookiecutter-basicpythonproject` erstellt eine *.gitignore*-Datei mit folgendem Inhalt:

```
# Byte-compiled / optimized / DLL files
__pycache__/
*.py[cod]
*$py.class
-- schnipp --
```

In einer *.gitignore*-Datei wird * als Jokerzeichen und # zur Einleitung von Kommentaren verwenden. Mehr darüber erfahren Sie in der Onlinedokumentation auf *https://git-scm.com/docs/gitignore*.

Fügen Sie die Datei *.gitignore* zum Repository hinzu, damit andere Programmierer, die eine Kopie Ihres Repositorys verwenden, auch darüber verfügen. Wenn Sie sehen wollen, welche Dateien in Ihrem Arbeitsverzeichnis aufgrund der Einstellungen in *.gitignore* ignoriert werden, führen Sie `git ls-files --other --ignored --exclude-standard` aus.

Änderungen mit Commit bestätigen

Nachdem Sie die neuen Dateien zum Repository hinzugefügt haben, können Sie damit fortfahren, Code für Ihr Projekt zu schreiben. Wenn Sie einen neuen Snapshot erstellen wollen, führen Sie `git add .` aus, um alle geänderten Dateien bereitzustellen, und dann `git commit -m` *`Beschreibung`*, um alle bereitgestellten Dateien mit Commit zu bestätigen. Einfacher geht es, wenn Sie beide Schritte zusammen mit dem Befehl `git commit -am` *`Beschreibung`* erledigen:

```
C:\Users\Al\wizcoin>git commit -am "Fixed the currency conversion bug."
[master (root-commit) e1ae3a3] Fixed the currency conversion bug.
 1 file changed, 12 insertions(+)
```

Wollen Sie nicht alle geänderten Dateien mit Commit bestätigen, sondern nur einzelne, können Sie die Option `-a` in `-am` weglassen und die gewünschten Dateien hinter der Beschreibung ausführen, also z. B. `git commit -m` *`Beschreibung`* `file1.py file2.py`.

In der Beschreibung des Commits geben Sie an, welche Änderungen Sie vorgenommen haben. Dies ist für kommende Benutzer hilfreich. Die Versuchung ist groß, einfach eine kurze, allgemein gehaltene Beschreibung wie »Code aktualisiert« oder »Bugs korrigiert« zu geben oder einfach »x« zu schreiben (da leere Beschreibungen nicht akzeptiert werden). Wenn Sie aber drei Wochen später zu einer früheren Version Ihres Codes zurückkehren müssen, ersparen Ihnen ausführliche Commitbeschreibungen viel Mühe, um herauszufinden, welche Version Sie wiederherstellen sollten.

Wenn Sie das Argument `-m` *`Beschreibung`* weglassen, öffnet Git den Texteditor Vim im Terminalfenster (der nicht zum Thema dieses Buchs gehört). Drücken Sie in diesem Fall [Esc] und geben Sie `qa!` ein, um Vim gefahrlos zu verlassen und den Commit abzubrechen. Geben Sie dann den Befehl `git commit` erneut ein, aber diesmal mit dem Argument `-m` *`Beschreibung`*.

Beispiele für professionelle Commitbeschreibungen finden Sie für das Webframework Django auf *https://docs.djangoproject.com/en/3.2/internals/contributing/committing-code/*. Da es sich bei Django um ein umfangreiches Open-Source-Projekt handelt, treten Commits häufig auf und sind mit formalen Commitbeschreibungen versehen. Seltene Commits mit schwammigen Beschreibungen mögen bei kleinen, privaten Projekten funktionieren, aber an Django beteiligen sich mehr als 1.000 Personen. Wenn nur eine davon unzureichende Commitbeschreibungen gibt, ist das ein Problem für alle.

Die Dateien befinden sich nun im bestätigten Zustand im Repository, wie Sie sich mit `git status` vergewissern können:

```
C:\Users\Al\wizcoin>git status
On branch master
nothing to commit, working tree clean
```

Durch den Commit haben wir die bereitgestellten Dateien wieder in den bestätigten Zustand zurückversetzt. Git teilt uns außerdem mit, dass der Arbeitsbaum »sauber« ist (*clean*), was bedeutet, dass er keine geänderten oder bereitgestellten Dateien mehr enthält. Wir haben jetzt also Dateien zum Repository hinzugefügt, wobei sie vom nicht verfolgten in den bereitgestellten Zustand übergingen, und sie dann mit einem Commit in den bestätigten Zustand versetzt. Nun stehen sie für weitere Änderungen bereit.

Für die Ordner in einem Git-Repository können Sie keinen Commit durchführen. Wenn eine Datei in einem Ordner mit Commit bestätigt wird, fügt Git den Ordner automatisch zum Repository hinzu, aber einen leeren Ordner können Sie nicht mit Commit bestätigen.

Wenn die letzte Commitbeschreibung einen Fehler enthielt, können Sie sie mit dem Befehl `git commit --amend -m "`*`neue Beschreibung`*`"` überschreiben.

Änderungen mit git diff vor dem Commit einsehen

Bevor Sie Code mit einem Commit bestätigen, können Sie die vorgenommenen Änderungen mit `git diff` überprüfen. Dieser Befehl zeigt die Unterschiede zwischen dem aktuellen Code in der Arbeitskopie und dem Code im letzten Commit an.

Sehen wir uns das an einem Beispiel an. Öffnen Sie dazu *README.md* in einem Texteditor oder einer IDE. (Diese Datei sollte bei der Ausführung von Cookiecutter erstellt worden sein. Wenn sie nicht existiert, legen Sie eine leere Textdatei unter diesem Namen an.) Diese Datei weist ein Markdown-Format auf, ist aber ebenso wie Python-Skripte in Klartext geschrieben. Ändern Sie den Text `TODO - fill this in later` im Abschnitt `Quickstart Guide` wie folgt (einschließlich des Tippfehlers `xample`):

```
Quickstart Guide
----------------

Here's some xample code demonstrating how this module is used:

    >>> import wizcoin
    >>> coin = wizcoin.WizCoin(2, 5, 10)
    >>> str(coin)
    '2g, 5s, 10k'
    >>> coin.value()
    1141
```

Führen Sie nun `git diff` aus, um sich die vorgenommenen Änderungen anzusehen:

```
C:\Users\Al\wizcoin>git diff
diff --git a/README.md b/README.md
index 76b5814..3be49c3 100644
--- a/README.md
+++ b/README.md
@@ -13,7 +13,14 @@ To install with pip, run:
 Quickstart Guide
 ----------------

-TODO - fill this in later
+Here's some xample code demonstrating how this module is used:
+
+    >>> import wizcoin
+    >>> coin = wizcoin.WizCoin(2, 5, 10)
+    >>> str(coin)
+    '2g, 5s, 10k'
+    >>> coin.value()
+    1141

 Contribute
 ----------
```

Die Ausgabe zeigt, wie sich die Datei *README.md* in Ihrer Arbeitskopie von der Datei *README.md* im letzten Commit unterscheidet. Die mit einem Minuszeichen eingeleiteten Zeilen wurden entfernt, die mit einem Pluszeichen wurden hinzugefügt.

Bei der Durchsicht der Änderungen fällt Ihnen nun auf, dass dort `xample` statt `example` steht. Mit diesem Tippfehler sollten Sie die Datei nicht einchecken. Korrigieren Sie ihn daher in der Datei und führen Sie erneut `git diff` aus, um sich die Änderungen anzusehen. Anschließend fügen Sie die Datei hinzu und bestätigen sie mit einem Commit:

```
C:\Users\Al\wizcoin>git diff
diff --git a/README.md b/README.md
index 76b5814..3be49c3 100644
--- a/README.md
+++ b/README.md
@@ -13,7 +13,14 @@ To install with pip, run:
 Quickstart Guide
 ----------------

-TODO - fill this in later
+Here's some example code demonstrating how this module is used:
-- schnipp --
C:\Users\Al\wizcoin>git add README.md

C:\Users\Al\wizcoin>git commit -m "Added example code to README.md"
[master 2a4c5b8] Added example code to README.md
 1 file changed, 8 insertions(+), 1 deletion(-)
```

Die Korrektur ist jetzt im Repository gespeichert.

Änderungen mit git difftool in einer GUI-Anwendung einsehen

In einem Diff-Programm mit grafischer Benutzeroberfläche lassen sich Änderungen besser erkennen. Unter Windows können Sie dazu das kostenlose Open-Source-Programm WinMerge (*https://winmerge.org/*) herunterladen und installieren. Für Linux gibt es die Werkzeuge Meld und Kompare, die Sie mit `sudo apt-get install meld` bzw. `sudo apt-get install kompare` installieren. Um tkdiff unter macOS nutzen zu können, müssen Sie mit den folgenden Befehlen zunächst den Paketmanager Homebrew installieren und konfigurieren und dann damit tkdiff installieren:

```
/bin/bash -c "$(curl -fsSL https://raw.githubusercontent.com/Homebrew/
install/master/install.sh)"
brew install tkdiff
```

Um Git zur Verwendung dieser Werkzeuge einzurichten, führen Sie `git config diff.tool` *`Name des Tools`* aus, wobei Sie als Namen `winmerge`, `tkdiff`, `meld` oder `kompare` angeben. Geben Sie dann `git difftool` *`Dateiname`* aus, um sich in der grafischen Benutzeroberfläche des entsprechenden Tools die Änderungen an der genannten Datei anzusehen (siehe Abb. 12–5).

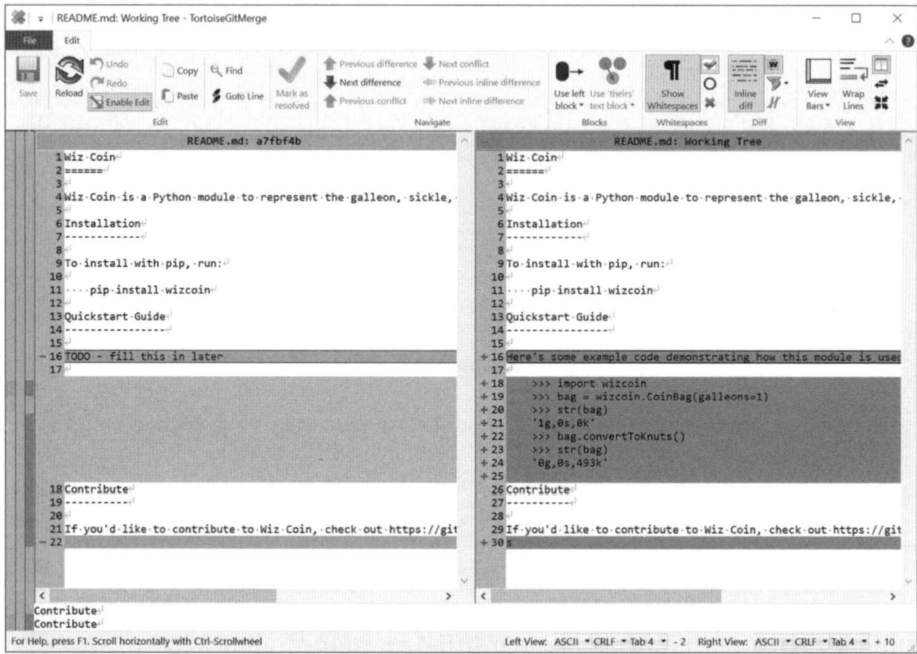

Abb. 12–5 *Ein Diff-Tool mit grafischer Benutzeroberfläche wie hier WinMerge ist übersichtlicher als die Textausgabe von* git diff.

Sie sollten außerdem `git config --global difftool.prompt false` ausführen, damit Git Sie nicht jedes Mal um Bestätigung bittet, wenn Sie das Diff-Tool öffnen wollen. Wenn Sie einen GUI-Client für Git installiert haben, können Sie ihn anweisen, die Tools zu verwenden. Es ist jedoch auch möglich, dass er sein eigenes grafisches Diff-Tool mitbringt.

Häufigkeit von Commits

Die Versionssteuerung erlaubt es Ihnen, Ihre Dateien auf den Zustand eines früheren Commits zurückzusetzen. Dabei stellt sich jedoch die Frage, wie oft Sie einen Commit durchführen sollten. Bei zu häufigen Commits müssen Sie eine große Menge an irrelevanten Commits durchforsten, um die Codeversion zu finden, die Sie benötigen. Bei zu seltenen Commits dagegen umfassen die einzelnen Snapshots eine zu große Menge von Änderungen, sodass Sie durch die Rückkehr zu einer früheren Version mehr Änderungen rückgängig machen, als Sie wollen. Programmierer neigen im Allgemeinen dazu, Commits eher zu selten als zu häufig durchzuführen.

Führen Sie einen Commit durch, wenn Sie eine Teilfunktionalität abgeschlossen haben, also etwa ein Merkmal, eine Klasse oder eine Bugkorrektur. Bestätigen

Sie keinen Code, der Syntaxfehler enthält oder nicht funktioniert. Sie können einen Commit nach der Änderung von wenigen oder von Hunderten von Codezeilen durchführen; wichtig ist in jedem Fall, dass Sie beim Zurücksetzen zu einem früheren Commit immer ein funktionsfähiges Programm haben. Führen Sie vor einem Commit auch immer Unit-Tests durch. Am besten ist es, Code nur einzuchecken, wenn er diese Tests besteht; in Ausnahmefällen sollten Sie fehlgeschlagene Tests wenigstens in der Beschreibung vermerken.

Dateien löschen

Wenn Sie eine Datei nicht mehr länger von Git verfolgen lassen müssen, dürfen Sie sie nicht einfach aus dem Dateisystem löschen, sondern müssen den Befehl `git rm` verwenden, damit Git auch weiß, dass es sich nicht mehr um die Datei kümmern muss. Um das an einem Beispiel zu üben, führen Sie zunächst den Befehl `echo "Test file" > deleteme.txt` aus, um die kleine Datei *deleteme.txt* mit dem Inhalt `"Test file"` zu erstellen. Verwenden Sie anschließend die folgenden Befehle, um sie zum Repository hinzuzufügen und zu bestätigen:

```
C:\Users\Al\wizcoin>echo "Test file" > deleteme.txt
C:\Users\Al\wizcoin>git add deleteme.txt
C:\Users\Al\wizcoin>git commit -m "Adding a file to test Git deletion."
[master 441556a] Adding a file to test Git deletion.
 1 file changed, 1 insertion(+)
 create mode 100644 deleteme.txt
C:\Users\Al\wizcoin>git status
On branch master
nothing to commit, working tree clean
```

Verwenden Sie zum Löschen der Datei nicht den Befehl `del` (Windows) oder `rm` (macOS/Linux). (Falls Sie es getan haben, können Sie sie mit `git restore` *`Dateiname`* wiederherstellen oder einfach wie folgt mit `git rm` fortfahren.) Führen Sie stattdessen `git rm` aus, um die Datei *deleteme.txt* zu entfernen und die Löschung bereitzustellen:

```
C:\Users\Al\wizcoin>git rm deleteme.txt
rm deleteme.txt'
```

Die Datei wird dadurch aus der Arbeitskopie entfernt, aber damit ist der Vorgang noch nicht abgeschlossen. Ebenso wie `git add` stellt auch `git rm` die Änderung bereit, sodass Sie sie wie jede andere Änderung mit einem Commit bestätigen müssen:

```
C:\Users\Al\wizcoin>git status
On branch master
Changes to be committed:
    (use "git reset HEAD <file>..." to unstage)  ❶

        deleted:     deleteme.txt
C:\Users\Al\wizcoin>git commit -m "Deleting deleteme.txt from the repo to
finish the deletion test."
[master 369de78] Deleting deleteme.txt from the repo to finish the deletion
test.
 1 file changed, 1 deletion(-)
 delete mode 100644 deleteme.txt
C:\Users\Al\Desktop\wizcoin>git status
On branch master
nothing to commit, working tree clean
```

Auch wenn Sie *deleteme.txt* aus der Arbeitskopie entfernt haben, ist sie nach wie vor im Verlauf des Repositorys enthalten Im Abschnitt »Frühere Versionen wiederherstellen« weiter hinten in diesem Kapitel erfahren Sie, wie Sie eine gelöschte Datei wiederherstellen oder eine Änderung rückgängig machen können.

Der Befehl `git rm` funktioniert nur bei Dateien in sauberem, bestätigtem Zustand, also ohne jegliche Änderungen. Anderenfalls fragt Git Sie, ob Sie die Änderungen bestätigen oder mit `git reset HEAD` *`Dateiname`* rückgängig machen wollen. (Die Ausgabe von `git status` im vorstehenden Beispiel erinnert Sie an diesen Befehl ❶.) Das verhindert, dass Sie noch nicht bestätigte Änderungen versehentlich löschen.

Dateien umbenennen und verschieben

Ebenso wie zum Löschen müssen Sie auch zum Umbenennen und Verschieben von Dateien im Repository Git verwenden, denn anderenfalls glaubt Git, Sie hätten die Datei entfernt und eine neue erstellt, die zufällig denselben Inhalt hat. Stattdessen müssen Sie den Befehl `git mv` gefolgt von `git commit` einsetzen. Im folgenden Beispiel benennen wir *README.md* auf diese Weise in *README.txt* um:

```
C:\Users\Al\wizcoin>git mv README.md README.txt
C:\Users\Al\wizcoin>git status
On branch master
Changes to be committed:
  (use "git reset HEAD <file>..." to unstage)

      renamed:     README.md -> README.txt

C:\Users\Al\wizcoin>git commit -m "Testing the renaming of files in Git."
[master 3fee6a6] Testing the renaming of files in Git.
 1 file changed, 0 insertions(+), 0 deletions(-)
 rename README.md => README.txt (100%)
```

Auf diese Weise wird in den Änderungsverlauf von *README.txt* auch der Verlauf von *README.md* eingeschlossen.

Mit `git mv` können Sie eine Datei auch in einen neuen Ordner verschieben. Im folgenden Beispiel wird der neue Ordner *movetest* angelegt und die Datei *README.txt* dorthin verlegt:

```
C:\Users\Al\wizcoin>mkdir movetest
C:\Users\Al\wizcoin>git mv README.txt movetest/README.txt
C:\Users\Al\wizcoin>git status
On branch master
Changes to be committed:
  (use "git reset HEAD <file>..." to unstage)
    renamed:      README.txt -> movetest/README.txt

C:\Users\Al\wizcoin>git commit -m "Testing the moving of files in Git."
[master 3ed22ed] Testing the moving of files in Git.
 1 file changed, 0 insertions(+), 0 deletions(-)
 rename README.txt => movetest/README.txt (100%)
```

Um eine Datei gleichzeitig umzubenennen und zu verschieben, übergeben Sie `git mv` einen neuen Namen und einen neuen Speicherort. Im folgenden Beispiel bringen wir *README.txt* auf diese Weise unter dem ursprünglichen Namen wieder an den alten Speicherort im Stamm des Arbeitsverzeichnisses zurück:

```
C:\Users\Al\wizcoin>git mv movetest/README.txt README.md
C:\Users\Al\wizcoin>git status
On branch master
Changes to be committed:
  (use "git reset HEAD <file>..." to unstage)
    renamed:      movetest/README.txt -> README.md

C:\Users\Al\wizcoin>git commit -m "Moving the README file back to its
original place and name."
[master 962a8ba] Moving the README file back to its original place and name.
 1 file changed, 0 insertions(+), 0 deletions(-)
 rename movetest/README.txt => README.md (100%)
```

Auch wenn *README.md* jetzt wieder unter ihrem alten Namen zurück im alten Ordner ist, merkt sich das Repository die Verschiebungen und Umbenennungen. Das können Sie erkennen, indem Sie sich wie im nächsten Abschnitt beschrieben mit `git log` den Verlauf ansehen.

Das Commitprotokoll einsehen

Der Befehl `git log` gibt eine Liste aller Commits aus:

```
C:\Users\Al\wizcoin>git log
commit 962a8baa29e452c74d40075d92b00897b02668fb (HEAD -> master)
Author: Al Sweigart <al@inventwithpython.com>
Date:   Wed Sep 1 10:38:23 2021 -0700

    Moving the README file back to its original place and name.

commit 3ed22ed7ae26220bbd4c4f6bc52f4700dbb7c1f1
Author: Al Sweigart <al@inventwithpython.com>
Date:   Wed Sep 1 10:36:29 2021 -0700

    Testing the moving of files in Git.
-- schnipp –
```

Die Ausgabe dieses Befehls kann sehr umfangreich sein. Wenn das Protokoll nicht in das Terminalfenster passt, können Sie mit den Pfeiltasten nach oben und unten scrollen. Um die Anzeige zu beenden, drücken Sie [q].

Wenn Sie Ihre Dateien auf einen früheren als den letzten Commit zurücksetzen wollen, müssen Sie zunächst einmal dessen *Hash* finden, einen 40-stelligen hexadezimalen String (also aus den Ziffern 0 bis 9 und den Buchstaben A bis F), der als eindeutiger Bezeichner für den Commit dient. Der vollständige Hash des letzten Commits in dem Beispiel-Repository lautet `962a8baa29e452c74d40075d92b00897b02668fb`. Meistens werden jedoch nur die ersten sieben Stellen angegeben, hier also `962a8ba`.

Mit der Zeit wird das Protokoll ziemlich umfangreich. Mit der Option `--oneline` kürzen Sie die Ausgabe, sodass nur die Commithashes und jeweils die erste Zeile der Commtibeschreibung angezeigt werden:

```
C:\Users\Al\wizcoin>git log --oneline
962a8ba (HEAD -> master) Moving the README file back to its original place
and name.
3ed22ed Testing the moving of files in Git.
15734e5 Deleting deleteme.txt from the repo to finish the deletion test.
441556a Adding a file to test Git deletion.
2a4c5b8 Added example code to README.md
e1ae3a3 An initial add of the project files.
```

Ist diese Ausgabe für Ihre Zwecke immer noch zu lang, können Sie sie mit `-n` auf die letzten Commits beschränken. Um beispielsweise nur die letzten drei zu sehen, geben Sie `git log --oneline -n 3` ein:

```
C:\Users\Al\wizcoin>git log --oneline -n 3
962a8ba (HEAD -> master) Moving the README file back to its original place
and name.
```

```
3ed22ed Testing the moving of files in Git.
15734e5 Deleting deleteme.txt from the repo to finish the deletion test.
```

Um sich den Inhalt einer Datei bei einem bestimmten Commit anzusehen, führen Sie den Befehl `git show` *`Hash`*`:`*`Dateiname`* aus. GUI-Werkzeuge bieten allerdings eine komfortablere Oberfläche, um sich das Protokoll anzusehen.

Frühere Versionen wiederherstellen

Nehmen wir an, Sie haben einen Bug verursacht oder versehentlich eine Datei gelöscht und möchten daher zu einer früheren Version Ihres Quellcodes zurückkehren. In einem Versionssteuerungssystem können Sie die Arbeitskopie mit einem *Rollback* auf einen früheren Commit zurücksetzen. Welchen Befehl Sie dazu verwenden müssen, hängt davon ab, welchen Zustand die betreffenden Dateien jeweils haben.

Denken Sie daran, dass Versionssteuerungssysteme Informationen immer nur hinzufügen. Selbst wenn Sie eine Datei aus einem Repository löschen, merkt Git sie sich, sodass Sie sie später wiederherstellen können. Auch beim Zurücknehmen von Änderungen wird in Wirklichkeit eine neue Änderung hinzugefügt, die den Inhalt der Dateien in den Zustand eines früheren Commits versetzt. Ausführliche Informationen über verschiedene Arten von Rollbacks erhalten Sie auf *https://github.blog/2015-06-08-how-to-undo-almost-anything-with-git/*.

Unbestätigte lokale Änderungen rückgängig machen

Wenn Sie an einer Datei Änderungen vorgenommen, aber noch nicht mit einem Commit bestätigt haben und zur Version des letzten Commits zurückkehren möchten, führen Sie `git restore` *`Dateiname`* aus. Im folgenden Beispiel ändern wir *README.md*, ohne die Änderungen bereitzustellen oder zu bestätigen:

```
C:\Users\Al\wizcoin>git status
On branch master

Changes not staged for commit:
  (use "git add <file>..." to update what will be committed)
  (use "git restore <file>..." to discard changes in working directory)
      modified: README.md

no changes added to commit (use "git add" and/or "git commit -a")
C:\Users\Al\wizcoin>git restore README.md
C:\Users\Al\wizcoin>git status
On branch master
Your branch is up to date with 'origin/master'.

nothing to commit, working tree clean
```

Nachdem Sie `git restore README.md` ausgeführt haben, hat *README.md* wieder denselben Inhalt wie beim letzten Commit. Letzten Endes ist das eine *Undo-Funktion*, mit der Sie noch nicht bereitgestellte und noch nicht bestätigte Änderungen an einer Datei rückgängig machen können. Seien Sie dabei aber vorsichtig: Dieses Rückgängigmachen selbst können Sie nicht rückgängig machen, um die Änderungen wiederherzustellen.

Um alle Änderungen in sämtlichen Dateien der Arbeitskopie rückgängig zu machen, können Sie `git checkout .` verwenden.

Bereitstellung einer Datei aufheben

Wenn Sie eine geänderte Datei mit `git add` bereitgestellt haben, aber wieder aus dem Bereitstellungsbereich entfernen wollen, damit sie nicht in den nächsten Commit eingeschlossen wird, führen Sie `git restore --staged` *`Dateiname`* aus:

```
C:\Users\Al>git restore --staged README.md
Unstaged changes after reset:
M       spam.txt
```

README.md behält die Änderungen bei, die Sie vor der Bereitstellung mit `git add` daran vorgenommen haben, befindet sich aber nicht mehr im Bereitstellungsbereich.

Die letzten Commits zurücknehmen

Nehmen wir an, Sie haben einige unglückliche Commits vorgenommen und möchten nun von einem früheren Commit ausgehend noch einmal neu anfangen. Um eine bestimmte Anzahl der letzten Commits zurückzunehmen, etwa drei, verwenden Sie den Befehl `git revert -n HEAD~3..HEAD`. Anstelle von `3` können Sie auch eine beliebige andere Anzahl von Commits angeben. Stellen Sie sich vor, Sie haben alle Änderungen am Manuskript Ihres neuen Kriminalromans verfolgt und sehen nun im Protokoll die folgenden Commits und Commitbeschreibungen:

```
C:\Users\Al\novel>git log --oneline
de24642 (HEAD -> master) Changed the setting to outer space.
2be4163 Added a whacky sidekick.
97c655e Renamed the detective to 'Snuggles'.
8aa5222 Added an exciting plot twist.
2590860 Finished chapter 1.
2dece36 Started my novel.
```

Nun entscheiden Sie, ab der unerwarteten Wendung mit dem Hash `8aa5222` alles neu zu schreiben. Dazu müssen Sie die Änderungen der letzten drei Commits rückgängig machen, also de24642, 2be4163 und 97c655e. Führen Sie dazu `git revert -n HEAD~3..HEAD` aus und anschließend `git add .` und `git commit -m "`*`Beschreibung`*`"`, um diese Änderung wie jede andere zu bestätigen:

```
C:\Users\Al\novel>git revert -n HEAD~3..HEAD
C:\Users\Al\novel>git add .
C:\Users\Al\novel>git commit -m "Starting over from the plot twist."
[master faec20e] Starting over from the plot twist.
 1 file changed, 34 deletions(-)

C:\Users\Al\novel>git log --oneline
faec20e (HEAD -> master) Starting over from the plot twist.
de24642 Changed the setting to outer space.
2be4163 Added a whacky sidekick.
97c655e Renamed the detective to 'Snuggles'.
8aa5222 Added an exciting plot twist.
2590860 Finished chapter 1.
2dece36 Started my novel.
```

Da in Git-Repositorys Informationen immer nur hinzugefügt werden, verbleiben die Commits im Verlauf, obwohl sie rückgängig gemacht wurden. Daher können Sie auch den Rollback wieder mit `git revert` zurücknehmen.

Zurücksetzen einer einzelnen Datei zu einem bestimmten Commit

Bei einem Commit wird der Zustand des gesamten Repositorys erfasst und nicht derjenige einzelner Dateien. Um die Änderungen an einer einzigen Datei zurückzunehmen, benötigen Sie daher einen anderen Befehl. Nehmen wir an, ich habe in der Datei *eggs.py* die Funktionen `spam()` und `bacon()` hinzugefügt und Letztere dann in `cheese()` umbenannt. Das Protokoll für das Respository sieht nun wie folgt aus:

```
C:\Users\Al\myproject>git log --oneline
895d220 (HEAD -> master) Adding email support to cheese().
df617da Renaming bacon() to cheese().
ef1e4bb Refactoring bacon().
ac27c9e Adding bacon() function.
009b7c0 Adding better documentation to spam().
0657588 Creating spam() function.
d811971 Initial add.
```

Ich möchte die Datei in den Zustand zurückversetzen, den sie vor der Ergänzung um `bacon()` hatte, ohne aber die anderen Dateien im Repository zu beeinträchtigen. Dazu kann ich mir mit `show `*`Hash`*`:`*`Dateiname`* die Datei in dem Zustand nach dem angegebenen Commit anschauen:

```
C:\Users\Al\myproject>git show 009b7c0:eggs.py
<Inhalt von eggs.py beim Commit 009b7c0>
```

Mit `git checkout` *`Hash`* `--` *`Dateiname`* ist es nun möglich, den Inhalt von *eggs.py* auf diese Version zurückzusetzen und dann einen regulären Commit für die so geänderte Datei durchzuführen. Der Befehl `git checkout` ändert nur die Arbeitskopie. Sie müssen die Änderungen immer noch wie üblich bereitstellen und bestätigen:

```
C:\Users\Al\myproject>git checkout 009b7c0 -- eggs.py

C:\Users\Al\myproject>git add eggs.py

C:\Users\Al\myproject>git commit -m "Rolled back eggs.py to 009b7c0"
[master d41e595] Rolled back eggs.py to 009b7c0
 1 file changed, 47 deletions(-)

C:\Users\Al\myproject>git log --oneline
d41e595 (HEAD -> master) Rolled back eggs.py to 009b7c0
895d220 Adding email support to cheese().
df617da Renaming bacon() to cheese().
ef1e4bb Refactoring bacon().
ac27c9e Adding bacon() function.
009b7c0 Adding better documentation to spam().
0657588 Creating spam() function.
d811971 Initial add.
```

Die Datei *eggs.py* wurde dadurch zurückgesetzt, während der Rest des Repositorys unverändert geblieben ist.

Den Commitverlauf ändern

Wenn Sie versehentlich einen Commit für eine Datei mit sensiblen Informationen wie Passwörtern, API-Schlüsseln oder Kreditkartennummern durchgeführt haben, reicht es nicht, die Informationen aus der Datei zu entfernen und einen neuen Commit vorzunehmen. Wer Zugriff auf das Repository hat – ob lokal auf Ihrem Computer oder einen Remoteklon –, kann wieder zu dem Commit zurückkehren, der die Angaben noch enthält.

Die Informationen so aus dem Repository zu entfernen, dass sie nicht wiederhergestellt werden können, ist knifflig, aber möglich. Eine genaue Beschreibung würde den Rahmen dieses Buchs sprengen. Es sei hier nur gesagt, dass Sie dazu den Befehl `git filter-branch` oder besser noch das Tool BFG Repo-Cleaner verwenden können. Mehr darüber erfahren Sie auf *https://help.github.com/en/articles/removing-sensitive-data-from-a-repository*.

Um diesem Problem vorzubeugen, sollten Sie eine Datei namens *secrets.txt*, *confidential.txt* o. Ä. anlegen, in der Sie sensible, private Informationen speichern, und diese Datei zu *.gitignore* hinzufügen, damit Sie sie nicht versehentlich in das Repository übernehmen. Ihr Programm kann sensible Informationen dann aus dieser Datei entnehmen, sodass Sie sie nicht direkt im Quellcode angeben müssen.

GitHub und git push

Es gibt viele kostenlose Websites, auf der Sie Klone Ihres lokalen Repositorys online stellen können, sodass andere sie herunterladen und an Ihren Projekten mitarbeiten können. Die größte dieser Websites ist GitHub. Andere Entwickler können dann Ihren Code ergänzen, auch wenn Ihr Computer ausgeschaltet ist. Außerdem fungiert ein solcher Klon auch als Backup.

Hinweis

Die ähnlichen Begriffe können verwirrend sein. *Git* ist die Versionssteuerungssoftware, die ein Repository verwaltet und den Befehl `git` zur Verfügung stellt. Dagegen ist *GitHub* eine Website, die Git-Repositorys online hostet.

Um GitHub zu nutzen, melden Sie sich auf *https://github.com* für ein kostenloses Konto an. Klicken Sie dann auf der Registerkarte *Repositories* Ihrer Profilseite auf *New*, um ein neues Projekt zu beginnen. Geben Sie *wizcoin* als Name für das Repository ein und fügen Sie die gleiche Projektbeschreibung hinzu wie für Cookiecutter im Abschnitt »Neue Python-Projekte mit Cookiecutter erstellen« auf Seite 232 (siehe Abb. 12–6). Kennzeichnen Sie das Repository als *Public* und wählen Sie die Option *Initialize this repository with a README* ab, da Sie im Folgenden ein bereits vorhandenes Repository importieren werden. Klicken Sie dann auf *Create repository*. Im Grunde genommen ist das so, als würden Sie `git init` auf der GitHub-Website ausführen.

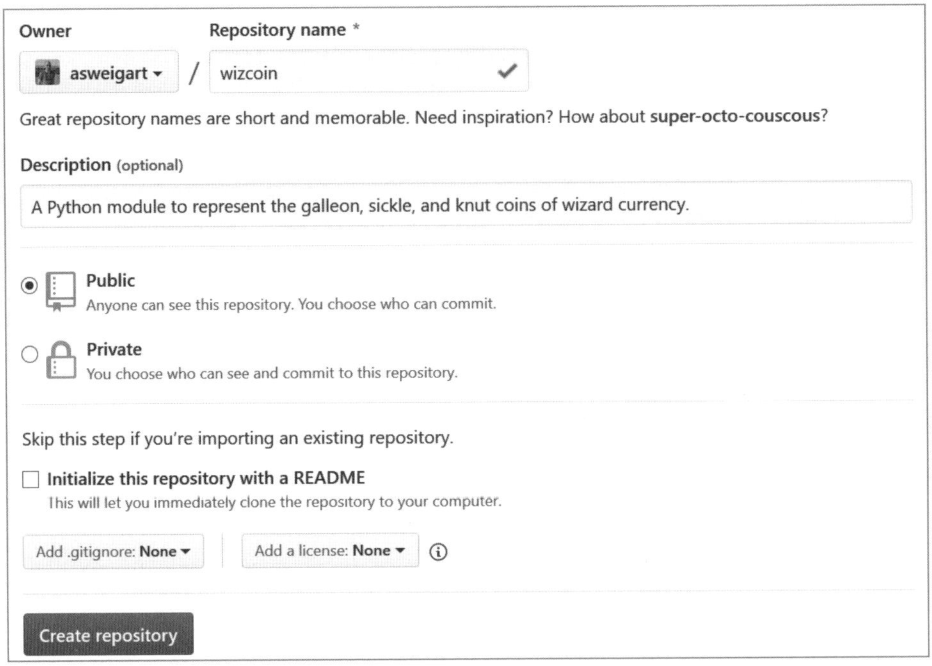

Owner Repository name *

asweigart / wizcoin

Great repository names are short and memorable. Need inspiration? How about **super-octo-couscous**?

Description (optional)

A Python module to represent the galleon, sickle, and knut coins of wizard currency.

Public
Anyone can see this repository. You choose who can commit.

Private
You choose who can see and commit to this repository.

Skip this step if you're importing an existing repository.

Initialize this repository with a README
This will let you immediately clone the repository to your computer.

Add .gitignore: **None** Add a license: **None**

Create repository

Abb. 12–6 *Ein neues Repository auf GitHub erstellen*

Die Webseite mit Ihrem Repository finden Sie anschließend auf *https://github.com/<Benutzername>/<Repository>*. Mein Repository *wizcoin* steht auf *https://github.com/asweigart/wizcoin* zur Verfügung.

Ein bestehendes Repository auf GitHub übertragen

Um ein bestehendes Repository auf GitHub zu übertragen, geben Sie an der Befehlszeile Folgendes ein:

```
C:\Users\Al\wizcoin>git remote add origin https://github.com/Benutzername/
wizcoin.git
C:\Users\Al\wizcoin>git push -u origin master
Username for 'https://github.com': Benutzername
Password for 'https://Benutzername@github.com': Passwort
Counting objects: 3, done.
Writing objects: 100% (3/3), 213 bytes | 106.00 KiB/s, done.
Total 3 (delta 0), reused 0 (delta 0)
To https://github.com/Benutzername/wizcoin.git
 * [new branch]      master -> master
Branch 'master' set up to track remote branch 'master' from 'origin'.
```

Der Befehl `git remote add origin https://github.com/Benutzername/wizcoin.git` fügt GitHub als Remoterepository für Ihr lokales Repository hinzu. Anschließend übertragen Sie alle Commits, die Sie an Ihrem lokalen Repository vorgenommen haben, mit `git push -u origin master` auf das Remoterepository. Danach können Sie alle zukünftigen Commits in Ihrem lokalen Repository einfach mit `git push` übertragen. Es ist sinnvoll, das nach jedem Commit zu tun, damit das Remoterepository auf GitHub immer auf demselben Stand ist wie das lokale, allerdings ist dies nicht zwingend erforderlich.

Wenn Sie die Webseite mit dem Repository auf GitHub aktualisieren, werden dort die Dateien und Commits angezeigt. Es gibt noch viel mehr über GitHub zu lernen, z. B. wie Sie Beiträge anderer Personen zu Ihrem Repository mithilfe von *Pull-Anforderungen* annehmen. Allerdings gehört all dies ebenso wie die anderen erweiterten Funktionen von GitHub nicht zum Thema dieses Buchs.

Ein GitHub-Repository klonen

Sie können auch genau umgekehrt vorgehen und ein Repository von GitHub auf Ihren Computer klonen. Legen Sie dazu ein neues Repository auf GitHub an, wobei Sie diesmal aber die Option *Initialize this repository with a README* wählen müssen.

Um das neue Repository auf Ihren Rechner zu übertragen, klicken Sie auf seiner GitHub-Seite auf *Clone* oder *download*. Das daraufhin geöffnete Fenster hat einen URL der Form *https://github.com/<Benutzername>/wizcoin.git*. Geben Sie diesen Befehl im Befehl `git clone` an, um das Repository auf Ihren Computer herunterzuladen:

```
C:\Users\Al>git clone https://github.com/Benutzername/wizcoin.git
Cloning into 'wizcoin'...
remote: Enumerating objects: 5, done.
remote: Counting objects: 100% (5/5), done.
remote: Compressing objects: 100% (3/3), done.
remote: Total 5 (delta 0), reused 5 (delta 0), pack-reused 0
Unpacking objects: 100% (5/5), done.
```

Anschließend können Sie auf die gleiche Weise Commits vornehmen und Änderungen übertragen, als hätten Sie das Repository mit `git init` erstellt.

Der Befehl `git clone` kann auch Ihre Rettung sein, wenn das lokale Repository in einen Zustand geraten ist, bei dem Sie nicht mehr wissen, wie Sie ihn rückgängig machen sollen. Auch wenn es nicht gerade eine Ideallösung ist, können Sie eine Kopie der Dateien im Arbeitsverzeichnis speichern, das lokale Repository löschen und es dann mit `git clone` neu erstellen. Das geschieht selbst erfahrenen Softwareentwicklern so oft, dass auf *https://xkcd.com/1597/* schon ein Cartoon darüber veröffentlicht wurde.

Zusammenfassung

Versionssteuerungssysteme erleichtern Programmierern das Leben. Snapshots Ihres Codes ermöglichen es Ihnen, Ihre Fortschritte zu verfolgen und Änderungen gegebenenfalls rückgängig zu machen. Die Grundlagen eines Versionssteuerungssystems wie Git zu erlernen, hilft Ihnen langfristig, viel Zeit zu sparen.

Python-Projekte enthalten gewöhnlich eine Reihe von Standarddateien und -ordnern. Mit dem Modul `cookiecutter` können Sie Grundversionen vieler dieser Dateien erstellen. Dies sind auch die ersten Dateien, die Sie in Ihr lokales Git-Repository übernehmen müssen. Der Ordner, in dem sich all diese Dateien befinden, wird als *Arbeitsverzeichnis* oder *Projektordner* bezeichnet.

Git verfolgt die Dateien in Ihrem Arbeitsverzeichnis. Dabei kann jede Datei drei verschiedene Zustände annehmen: »bestätigt« (*commited*) – auch als »nicht geändert« (*unmodified*) oder »sauber« (*clean*) bezeichnet –, »geändert« (*modified*) und »bereitgestellt« (*staged*). Das Befehlszeilenwerkzeug von Git stellt verschiedene Befehle wie `git status` und `git log` bereit, mit denen Sie sich diese Informationen anzeigen lassen können, allerdings können Sie auch Drittanbieter-Werkzeuge mit grafischer Benutzeroberfläche installieren.

Der Befehl `git init` erstellt ein neues, leeres Repository auf Ihrem lokalen Computer, wohingegen `git clone` ein Repository von einem Remoteserver wie der weit verbreiteten Website GitHub kopiert. In beiden Fällen liegt Ihnen anschließend ein Repository vor, in das Sie Änderungen mit `git add` und `git commit` übernehmen können. Mit `git push` ist es möglich, die Änderungen auf ein GitHub-Remoterepository zu übertragen. Des Weiteren gibt es verschiedene Befehle, um Commits wieder rückgängig zu machen. Dadurch können Sie zu einer früheren Version Ihrer Dateien zurückkehren.

Git ist ein umfangreiches Werkzeug mit vielen Funktionen. In diesem Kapitel konnten wir nur die Grundlagen beleuchten. Es gibt jedoch viele Quellen, aus denen Sie mehr über die weiteren Möglichkeiten von Git lernen können. Dazu empfehle ich zwei kostenlose Bücher, die Sie online finden können: *Pro Git* von Scott Charcon auf *https://git-scm.com/book/en/v2* und *Version Control by Example* von Eric Sink auf *https://ericsink.com/vcbe/index.html*.

13
Leistungsmessung und Algorithmusanalyse

Bei kleinen Programmen ist die Leistung meistens nicht so wichtig. Es kann sein, dass wir eine Stunde aufwenden müssen, um ein Skript zur Automatisierung einer Aufgabe zu schreiben, das dann nur wenige Sekunden zur Ausführung benötigt. Selbst wenn es etwas länger läuft, ist es wahrscheinlich bereits am Ende angekommen, wenn wir mit einer frischen Tasse Kaffee an unseren Schreibtisch zurückgekehrt sind.

In manchen Fällen lohnt es sich aber, zu lernen, wie wir Skripte schneller machen können. Allerdings können wir nicht sicher sein, ob unsere Änderungen ein Programm tatsächlich beschleunigen, sofern wir die Ausführungsgeschwindigkeit nicht messen. Dazu können wir die Python-Module `timeit` und `cProfile` verwenden. Mit dem ersten können Sie messen, wie schnell der Code ausgeführt wird, und mit dem zweiten können Sie darüber hinaus ein *Profil* erstellen, das angibt, welche Teile des Codes bereits schnell laufen und welche noch verbessert werden können.

Neben der Geschwindigkeitsmessung beschäftigen wir uns in diesem Kapitel auch mit der theoretischen Verlängerung der Laufzeit bei wachsender Datenmenge. Für diese *Komplexitätsanalyse* wird in der Informatik die *O-Notation* verwendet (auch *Landau-Notation* genannt). Softwareentwickler ohne Informatikausbildung haben manchmal das Gefühl, als mangele es ihnen an Wissen. Während ein Studium der Informatik durchaus nützlich sein kann, ist es für die Softwareentwicklung jedoch nicht unbedingt maßgeblich. Ich pflege (halb) im Scherz zu sagen, dass die Komplexitätsanalyse etwa 80 % des Nutzwerts meiner Informatikausbildung ausmacht. In diesem Kapitel erhalten Sie eine Einführung in dieses praxisrelevante Thema.

Das Modul timeit

In der Softwareentwicklung wird oft gesagt: »Vorzeitige Optimierung ist die Wurzel allen Übels!« (Diese Sentenz wird gewöhnlich dem Informatiker Donald Knuth zugeschrieben, der es allerdings dem Informatiker Tony Hoare zuschreibt. Tony Hoare wiederum schreibt es Donald Knuth zu.) Programmierer nehmen eine solche *vorzeitige Optimierung* – also eine Optimierung der Leistung, bevor sie überhaupt wissen, wie gut die Leistung des Programms ist – oft vor, wenn sie mithilfe »cleverer« Programmiertricks versuchen, Arbeitsspeicher zu sparen oder schnelleren Code zu schreiben. Beispielsweise verwenden einige Programmierer den *XOR-Algorithmus* (Exclusive OR), um zwei Integerwerte zu vertauschen, ohne eine temporäre dritte Variable nutzen zu müssen:

```
>>> a, b = 42, 101  # Legt die beiden Variablen fest
>>> print(a, b)
42 101
>>> # Eine Folge von XOR-Operationen (^), die letztendlich die Werte tauschen
>>> a = a ^ b
>>> b = a ^ b
>>> a = a ^ b
>>> print(a, b)  # Die Werte sind jetzt vertauscht
101 42
```

Auf jeden, der nicht mit dem XOR-Algorithmus (mit dem bitweisen Operator ^) vertraut ist, wirkt dieser Code ziemlich rätselhaft. Das Problem bei der Verwendung solcher Tricks besteht darin, dass sie komplizierten, unverständlichen Code hervorrufen. Wie »The Zen of Python« sagt, ist Lesbarkeit aber Trumpf.

Was aber noch schlimmer ist: Der Trick ist möglicherweise gar nicht mal so clever. Sie können nicht einfach davon ausgehen, dass der Code damit schneller wird, ja, Sie wissen nicht einmal, ob der ursprüngliche Code langsam war. Die einzige Möglichkeit, das herauszufinden, besteht darin, die *Ausführungszeit* oder

Laufzeit zu messen und zu vergleichen. Je länger die Ausführungszeit, umso langsamer ist das Programm. (Der Begriff *Laufzeit* bezeichnet sonst auch die Zeitperiode, während der ein Programm läuft. Eine Aussage wie »Der Fehler trat zur Laufzeit auf« bedeutet, dass sich das Problem während der Ausführung des Programms zeigte und nicht bei der Kompilierung in Bytecode.)

Das Modul `timeit` aus der Python-Standardbibliothek misst die Ausführungsgeschwindigkeit eines kleinen Codeabschnitts, indem es ihn Tausende oder Millionen Male ausführt und die Durchschnittsgeschwindigkeit berechnet. Dabei kann es auch den Garbage Collector ausschalten, um einheitlichere Ausführungszeiten sicherzustellen. Wenn Sie mehrere Zeilen testen wollen, können Sie einen mehrzeiligen Codestring übergeben oder die einzelnen Codezeilen durch Semikolons verbinden:

```
>>> import timeit
>>> timeit.timeit('a, b = 42, 101; a = a ^ b; b = a ^ b; a = a ^ b')
0.1307766629999998
>>> timeit.timeit("""a, b = 42, 101
... a = a ^ b
... b = a ^ b
... a = a ^ b""")
0.13515726800000039
```

Mein Computer benötigt ungefähr eine Zehntelsekunde, um den Code mit dem XOR-Algorithmus auszuführen. Aber ist das nun schnell oder nicht? Vergleichen wir das mit Code, der zum Vertauschen von Integerwerten eine temporäre dritte Variable nutzt:

```
>>> import timeit
>>> timeit.timeit('a, b = 42, 101; temp = a; a = b; b = temp')
0.027540389999998638
```

Überraschung! Der Code mit der temporären dritten Variablen ist nicht nur besser lesbar, sondern auch doppelt so schnell wie die XOR-Methode! Mit der anscheinend so cleveren Vorgehensweise können Sie vielleicht ein paar Bytes an Arbeitsspeicher einsparen, was aber auf Kosten sowohl der Geschwindigkeit als auch der Lesbarkeit geht. Es lohnt sich nicht, die Lesbarkeit zu opfern, nur um einige Bytes an Arbeitsspeicher oder Nanosekunden an CPU-Zeit zu sparen.

Es geht aber noch besser: Sie können zwei Variablen auch mit einer *Mehrfachzuweisung* (oder durch *Entpacken von iterierbaren Objekten*) vertauschen, was auch sehr schnell geht:

```
>>> timeit.timeit('a, b = 42, 101; a, b = b, a')
0.024489236000007963
```

Dieser Code ist nicht nur der verständlichste, sondern auch der schnellste, wie wir objektiv messen können.

Die Funktion `timeit.timeit()` kann auch ein zweites Stringargument mit *Einrichtungscode* entgegennehmen. Dieser Code wird nur einmalig vor dem Code aus dem ersten String ausgeführt. Es ist auch möglich, die vorgegebene Anzahl der Durchläufe zu ändern, indem Sie einen Integer für das Schlüsselwortargument `number` übergeben. Beispielsweise misst der folgende Test, wie schnell das Python-Modul `random` 10.000.000 Zufallszahlen zwischen 1 und 100 generieren kann (was auf meinem Rechner zehn Sekunden dauert):

```
>>> timeit.timeit('random.randint(1, 100)', 'import random', number=10000000)
10.020913950999784
```

In der Standardeinstellung ist der Code in dem an `timeit.timeit()` übergebenen String nicht in der Lage, auf die Variablen und Funktionen im Rest des Programms zuzugreifen:

```
>>> import timeit
>>> spam = 'hello'  # Wir definieren die Variable spam
>>> timeit.timeit('print(spam)', number=1)  # Wir messen die Ausgabe von spam
Traceback (most recent call last):
  File "<stdin>", line 1, in <module>
  File "C:\Users\Al\AppData\Local\Programs\Python\Python37\lib\timeit.py",
line 232, in timeit
    return Timer(stmt, setup, timer, globals).timeit(number)
  File "C:\Users\Al\AppData\Local\Programs\Python\Python37\lib\timeit.py",
line 176, in timeit
    timing = self.inner(it, self.timer)
  File "<timeit-src>", line 6, in inner
NameError: name 'spam' is not defined
```

Um dieses Problem zu lösen, übergeben Sie der Funktion den Rückgabewert von `globals()` für das Schlüsselwortargument `globals`:

```
>>> timeit.timeit('print(spam)', number=1, globals=globals())
hello
0.000994909999462834
```

Sorgen Sie erst dafür, dass Ihr Code läuft, und kümmern Sie sich dann darum, dass er schnell läuft. Erst wenn Sie ein funktionierendes Programm haben, können Sie sich darauf konzentrieren, es effizienter zu machen.

Der Profiler cProfile

Das Modul `timeit` ist praktisch, um die Geschwindigkeit von kleinen Codeabschnitten zu messen. Zur Analyse ganzer Funktionen oder Programme ist das Modul `cProfile` jedoch besser geeignet. *Profiling* ist ein Verfahren, um die Geschwindigkeit, die Speichernutzung und andere Aspekte eines Programms systematisch zu analysieren. Bei `cProfile` handelt es sich um den Profiler von Python, also eine Software, die nicht nur die Ausführungszeit eines Programms messen, sondern auch ein Profil der Ausführungszeiten für die einzelnen Funktionsaufrufe in dem Programm aufstellen kann. Diese Informationen bieten Ihnen viel genauere Einsichten in Ihren Code.

Um Code zu messen, übergeben Sie ihn als String an `cProfile.run()`. Als Beispiel wollen wir uns ansehen, wie `cProfile` eine kurze Funktion misst, die alle Zahlen von 1 bis 1.000.000 addiert:

```
import time, cProfile
def addUpNumbers():
    total = 0
    for i in range(1, 1000001):
        total += i

cProfile.run('addUpNumbers()')
```

Wenn Sie dieses Programm ausführen, erhalten Sie die folgende Ausgabe:

```
         4 function calls in 0.064 seconds

   Ordered by: standard name

   ncalls  tottime  percall  cumtime  percall filename:lineno(function)
        1    0.000    0.000    0.064    0.064 <string>:1(<module>)
        1    0.064    0.064    0.064    0.064 test1.py:2(addUpNumbers)
        1    0.000    0.000    0.064    0.064 {built-in method builtins.exec}
        1    0.000    0.000    0.000    0.000 {method 'disable' of '_lsprof.
Profiler' objects}
```

Jede Zeile steht für eine andere Funktion und gibt an, wie viel Zeit dafür jeweils aufgewendet wurde. Die Ausgabe umfasst die folgenden Spalten:

- **`ncalls`** Die Anzahl der Aufrufe der Funktion
- **`tottime`** Die gesamte für die Funktion aufgewendete Zeit mit Ausnahme der Zeit für Unterfunktion
- **`percall`** Die Gesamtzeit dividiert durch die Anzahl der Aufrufe
- **`cumtime`** Die kumulierte Zeit für die Funktion und alle Unterfunktionen

- **percall** Die kumulierte Zeit dividiert durch die Anzahl der Aufrufe
- **filename:lineno(function)** Die Datei, in der sich die Funktion befindet, und die Zeilennummer

Laden Sie sich zum Ausprobieren die Dateien *rsaCipher.py* und *al_sweigart_pubkey.txt* von *https://nostarch.com/crackingcodes/* herunter. Dieses RSA-Verschlüsselungsprogramm wurde in dem Buch *Cracking Codes with Python* (No Starch Press, 2018) vorgestellt. Geben Sie folgenden Code in die interaktive Shell ein, um ein Profil der Funktion `encryptAndWriteToFile()` zu erstellen, während sie die durch den Ausdruck `'abc' * 100000` generierte 300.000-Zeichen-Nachricht verschlüsselt:

```
>>> import cProfile, rsaCipher
>>> cProfile.run("rsaCipher.encryptAndWriteToFile('encrypted_file.txt',
'al_sweigart_pubkey.txt', 'abc'*100000)")
       11749 function calls in 28.900 seconds

Ordered by: standard name

ncalls  tottime  percall  cumtime  percall filename:lineno(function)
     1    0.001    0.001   28.900   28.900 <string>:1(<module>)
     2    0.000    0.000    0.000    0.000 _bootlocale.
py:11(getpreferredencoding)
-- schnipp --
     1    0.017    0.017   28.900   28.900 rsaCipher.
py:104(encryptAndWriteToFile)
     1    0.248    0.248    0.249    0.249 rsaCipher.py:36(getBlocksFromText)
     1    0.006    0.006   28.873   28.873 rsaCipher.py:70(encryptMessage)
     1    0.000    0.000    0.000    0.000 rsaCipher.py:94(readKeyFile)
-- schnipp --
  2347    0.000    0.000    0.000    0.000 {built-in method builtins.len}
  2344    0.000    0.000    0.000    0.000 {built-in method builtins.min}
  2344   28.617    0.012   28.617    0.012 {built-in method builtins.pow}
     2    0.001    0.000    0.001    0.000 {built-in method io.open}
  4688    0.001    0.000    0.001    0.000 {method 'append' of 'list'
objects}
-- schnipp --
```

Die Ausführung des an `cProfile.run()` übergebenen Codes hat 28,9 Sekunden in Anspruch genommen. Schauen Sie nach, welche Funktionen die längsten Gesamtzeiten aufweisen. In diesem Fall ist das die integrierte Python-Funktion `pow()` mit 28,617 Sekunden, was fast die gesamte Ausführungszeit des Codes ausmacht! Da die Funktion ein Teil von Python ist, können wir sie nicht ändern, aber wir können möglicherweise unseren Code so ändern, dass er weniger oft auf diese Funktion zurückgreift.

In diesem Fall ist das jedoch nicht möglich, da *rsaCipher.py* schon stark optimiert ist. Immerhin hat uns das Profiling verraten, dass `pow()` der bedeutendste

Engpass ist, weshalb es sinnlos wäre, etwa die Funktion `readKeyFile()` zu optimieren, die so wenig Zeit in Anspruch nimmt, dass `cProfile` ihre Ausführungszeit als 0 angibt.

Dieses Prinzip kommt in *Amdahls Gesetz* zum Ausdruck, einer Formel, mit der Sie berechnen können, wie sehr Sie die Gesamtgeschwindigkeit eines Programms steigern können, wenn Sie eine seiner Komponenten verbessern. Die Formel lautet: *Geschwindigkeitssteigerung insgesamt = 1 / ((1 – p) + (p / s))*, wobei *s* die Geschwindigkeitssteigerung der betreffenden Komponente ist und *p* der Beitrag, den diese Komponente zur Ausführungszeit des Gesamtprogramms leistet. Wenn Sie also die Geschwindigkeit einer Komponente verdoppeln, die für 90 % der Gesamtausführungszeit des Programms verantwortlich ist, dann erhalten Sie eine Geschwindigkeitssteigerung von insgesamt 1 / ((1 – 0,9) + (0,0 / 2)) = 1,818, also von 82 %. Das ist besser, als etwa die Geschwindigkeit einer Komponente zu verdoppeln, die nur zu 25 % zur Gesamtausführungszeit beiträgt, denn dadurch erhalten Sie einen Geschwindigkeitsvorteil von lediglich 1 / ((1 – 0,25) + (0,25 / 2)) = 1,143, also 14 %. Die Formel brauchen Sie sich nicht zu merken. Es sollte Ihnen nur klar sein, dass die Verdopplung der Geschwindigkeit von langsamen Teilen produktiver ist als die Verdopplung der Geschwindigkeit von Teilen, die ohnehin relativ schnell laufen. Das ist auch logisch: 10 % Preisnachlass bei einem teuren Haus sind mehr wert als 10 % Preisnachlass für ein Paar billiger Schuhe.

Komplexitätsanalyse

Die *Komplexitätsanalyse* ist eine Form der Algorithmusanalyse, die beschreibt, wie gut der Code skaliert. Dabei wird die *Ordnung* oder *Zeitkomplexität* bestimmt, die angibt, wie sehr sich die Ausführungszeit verlängert, wenn die zu erledigende Arbeit zunimmt. Python-Entwickler Ned Batchelder hat das als »how code slows as data grows« beschrieben, also »wie stark sich der Code verlangsamt, wenn die Daten zunehmen«. Das ist auch der Titel seines Vortrags auf der PyCon 2018, den Sie sich auf *https://youtu.be/duvZ-2UK0fc/* ansehen können.

Wenn eine Aufgabe eine Stunde in Anspruch nimmt, wie lange brauchen Sie dann, wenn sich der Umfang der Aufgabe verdoppelt? Die Antwort liegt nahe, dass die Arbeit dann doppelt so lange dauert, aber in Wirklichkeit hängt die erforderliche Zeit von der Art der Arbeit ab.

Wenn Sie eine Stunde brauchen, um ein kurzes Buch zu lesen, dann werden Sie zur Lektüre von zwei kurzen Büchern mehr oder weniger zwei Stunden benötigen. Aber wenn Sie 500 Bücher in einer Stunde in alphabetischer Reihenfolge sortieren können, werden Sie für 1.000 Bücher wahrscheinlich mehr als zwei Stunden brauchen, da Sie den richtigen Platz für jedes einzelne Buch nun in einer viel größeren Gesamtmenge finden müssen. Wollen Sie dagegen nur prüfen, ob ein

Bücherregal leer ist oder nicht, spielt es keine Rolle, ob es 0, 10 oder 1.000 Bücher enthält, denn in jedem Fall verrät Ihnen ein einziger Blick die Antwort. Die Ausführungszeit für diese Aufgabe ist unabhängig von der Anzahl der Bücher praktisch konstant.

Die Komplexitätsanalyse bietet eine Möglichkeit, um diese verschiedenen Trends zu beschreiben. Je nach Computer kann ein und derselbe Algorithmus schnell oder langsam laufen. Mit der Komplexitätsanalyse aber können wir angeben, wie gut die Leistung eines Algorithmus im Allgemeinen ist, also unabhängig von der Hardware, auf der er ausgeführt wird. Die Ausführungszeit wird dabei nicht in Maßeinheiten wie Sekunden oder CPU-Zyklen angegeben, da die konkreten Werte vom jeweiligen Computer und der Programmiersprache abhängen können.

Ordnungen

Die Komplexitätsanalyse definiert u.a. die folgenden Ordnungen in der sogenannten *O-Notation* oder *Landau-Notation*, angeordnet von *niedriger* zu *hoher Ordnung*. Je höher die Ordnung, umso stärker wird der Code bei zunehmender Datenmenge verlangsamt.

1. O(1), konstante Zeitkomplexität (niedrigste Ordnung)
2. O(log n), logarithmische Zeitkomplexität
3. O(n), lineare Zeitkomplexität
4. O(n log n), n-log-n-Zeitkomplexität
5. O(n^2), polynomielle Zeitkomplexität
6. O(2^n), exponentielle Zeitkomplexität
7. O(n!), faktorielle Zeitkomplexität (höchste Ordnung)

Um die O-Notation zu nutzen, müssen Sie die genaue mathematische Bedeutung von Begriffen wie »logarithmisch« oder »polynomiell« nicht kennen. Im folgenden Abschnitt beschreibe ich die einzelnen Ordnungen ausführlicher. Vorläufig soll uns die folgende stark vereinfachte Übersicht genügen:

- Algorithmen der Ordnungen O(1) und O(log n) sind am schnellsten.
- Algorithmen der Ordnungen O(n) und O(n log n) sind nicht schlecht.
- Algorithmen der Ordnungen O(n^2), O(2^n) und O(n!) sind langsam.

Auch wenn es Gegenbeispiele geben mag, sind das im Allgemeinen gute Faustregeln. Es gibt noch mehr Ordnungen, aber dies sind die gebräuchlichsten. Sehen wir uns nun an, was die einzelnen Ordnungen bedeuten.

Ein Bücherregal als Metapher für Ordnungen

In den folgenden Beispielen bleibe ich bei der Bücherregalmetapher, wobei *n* für die Anzahl der Bücher steht. Die Ordnungen beschreiben dann, wie stark die Ausführungszeit für verschiedene Aufgaben bei zunehmender Anzahl von Büchern ansteigt.

O(1), konstante Zeitkomplexität

Herauszufinden, ob ein Bücherregal leer ist oder nicht, ist eine Operation mit konstanter Zeitkomplexität. Unabhängig davon, wie viele Bücher sich in dem Regal befinden, bleibt die Ausführungszeit gleich, da ein Blick ausreicht, um die Frage zu beantworten. Sobald wir ein Buch sehen, ist die Aufgabe beendet. Da der Wert *n* für die Ausführungsgeschwindigkeit irrelevant ist, kommt er in der Angabe O(1) auch gar nicht vor. Manchmal wird die Größenordnung für eine Aufgabe mit konstanter Zeitkomplexität auch als O(c) geschrieben.

O(log *n*), logarithmische Zeitkomplexität

Der *Logarithmus* ist die Umkehrfunktion zur Potenzierung: Die Potenz 2^4 ist $2 \times 2 \times 2 \times 2$ gleich 16, und umgekehrt ist der Logarithmus $\log_2(16)$ (»Logarithmus von 16 zur Basis 2«) gleich 4. In der Programmierung wird häufig 2 als Basis für Logarithmen verwendet, weshalb wir einfach O(log *n*) statt O($\log_2 n$) schreiben.

Die Suche nach einem Buch in einem alphabetisch sortierten Bücherregal ist eine Operation mit logarithmischer Zeitkomplexität. Dabei können Sie mit dem Buch in der Mitte des Regals beginnen. Wenn es sich um das gesuchte handelt, sind Sie fertig. Ansonsten müssen Sie bestimmen, ob das gesuchte Buch vor oder hinter dem mittleren stehen muss. Dadurch verringern Sie den Suchbereich um die Hälfte. Anschließend wiederholen Sie den Vorgang, indem Sie sich das Buch in der Mitte der Hälfte ansehen, in der sich das Buch befinden muss. Diesen *binären Suchalgorithmus* sehen wir uns im Abschnitt »Beispiele für die Komplexitätsanalyse« weiter hinten in diesem Kapitel noch genauer an.

Eine Menge von *n* Büchern können Sie $\log_2 n$ Mal halbieren. Befinden sich 16 Bücher in dem Regal, benötigen Sie also höchstens vier Schritte, um das gesuchte zu finden. Da Sie bei jedem Schritt die Anzahl der zu durchsuchenden Bücher um die Hälfte reduzieren, brauchen Sie zum Durchsuchen der doppelten Menge von Büchern nur einen Schritt mehr. Selbst bei einem alphabetisch sortierten Bücherregal mit 4,2 Milliarden Büchern sind nur 32 Schritte nötig.

Log-*n*-Algorithmen umfassen gewöhnlich einen »Teile-und-herrsche-Schritt«, bei dem die Hälfte der *n* Eingaben zur Weiterverarbeitung ausgewählt wird, dann erneut die Hälfte davon usw. Sie skalieren sehr gut, da die Ausführungszeit bei einer Verdoppelung der Arbeitslast *n* nur um einen Schritt zunimmt.

O(*n*), lineare Zeitkomplexität

Alle Bücher in einem Regal zu lesen, ist eine Operation mit linearer Zeitkomplexität (sofern die Bücher alle ungefähr den gleichen Umfang haben). Bei doppelter Anzahl der Bücher brauchen Sie zur Lektüre auch etwa doppelt so viel Zeit. Die Ausführungszeit verlängert sich *proportional* mit der Anzahl der Bücher *n*.

O(*n* log *n*), *n*-log-*n*-Zeitkomplexität

Die alphabetische Sortierung einer Menge von Büchern ist eine Operation mit *n*-log-*n*-Zeitkomplexität. Die Ausführungszeit dieser Größenordnung entspricht dem Produkt der Ausführungszeiten von O(*n*) und O(log *n*). Sie können sich eine Aufgabe der Ordnung O(*n* log *n*) als eine Aufgabe der Ordnung O(log *n*) vorstellen, die Sie *n* Mal ausführen müssen. Warum ist das so?

Am Anfang haben Sie einen Stapel Bücher und ein leeres Regal. Sie folgen nun dem binären Suchalgorithmus aus dem Abschnitt »O(log *n*), logarithmische Zeitkomplexität« weiter vorn, um zu bestimmen, an welche Stelle ein einzelnes Buch in dem Regal gehört. Dies ist eine Operation der Ordnung O(log *n*). Da Sie *n* Bücher sortieren müssen und für jedes Buch log *n* Schritte benötigen, brauchen Sie insgesamt $n \times \log n$ oder *n* log *n* Schritte. Bei doppelt so vielen Büchern ist etwas mehr als doppelt so viel Zeit erforderlich. N-log-n-Algorithmen skalieren also immer noch recht gut.

Tatsächlich sind alle effizienten allgemeinen Sortieralgorithmen von der Ordnung O(*n* log *n*): Mergesort, Quicksort, Heapsort und Timsort. (Timsort wurde von Tim Peters erfunden und wird von der Python-Methode `sort()` verwendet.)

O(n^2), polynomielle Zeitkomplexität

Die Suche nach doppelt vorhandenen Büchern in einem nicht sortierten Regal ist eine Operation mit polynomieller Zeitkomplexität. Bei 100 Büchern können Sie mit dem ersten Buch beginnen und es mit den anderen 99 vergleichen, um zu ermitteln, ob es darunter ein weiteres Exemplar dieser Art gibt. Anschließend nehmen Sie das zweite Buch und prüfen, ob es mit einem der anderen 99 Bücher identisch ist. Die Suche nach einem weiteren Exemplar eines einzelnen Buchs erfordert 99 Schritte (was wir auf 100 aufrunden, dem *n* in unserem Beispiel). Das müssen wir 100 Mal tun, nämlich für jedes Buch einmal. Die Anzahl der erforderlichen Schritte beträgt daher $n \times n$ oder n^2. (Diese Annäherung gilt auch noch dann, wenn wir schlau genug sind, Vergleiche nicht zu wiederholen.)

Die Ausführungszeit nimmt mit dem Quadrat der Anzahl von Büchern zu. Um 100 Bücher auf Dubletten zu überprüfen, benötigen Sie 100 × 100 = 10.000 Schritte. Haben Sie 200 Bücher, also doppelt so viele, sind 200 × 200 = 40.000 Schritte erforderlich, also das Vierfache.

Meiner Erfahrung nach besteht der größte Nutzen der Komplexitätsanalyse darin, zu vermeiden, $O(n^2)$-Algorithmen für Aufgaben zu schreiben, für die es $O(n \log n)$- oder $O(n)$-Algorithmen gibt. Algorithmen der Ordnung $O(n^2)$ bremsen die Ausführung dramatisch. Wenn Sie daher feststellen, dass Ihr Code von der Ordnung $O(n^2)$ oder sogar noch höher ist, sollten Sie sich fragen, ob es nicht einen anderen Algorithmus gibt, mit dem Sie das Problem schneller lösen können. In solchen Fällen kann ein Kurs in Datenstrukturen und Analysen (ob universitär oder online) hilfreich sein.

Bei der Ordnung $O(n^2)$ sprechen wir auch von *quadratischer Zeitkomplexität*. Weitere Formen von polynomiellen Ordnungen sind die $O(n^3)$ mit *kubischer Zeitkomplexität*, die noch langsamer ist als die Ordnung $O(n^2)$, die wiederum langsamere Ordnung $O(n^4)$ mit *biquadratischer Zeitkomplexität* usw.

$O(2^n)$, exponentielle Zeitkomplexität

Die Aufgabe, Fotos aller möglichen Kombinationen der Bücher in einem Regal aufzunehmen, ist eine Operation mit exponentieller Zeitkomplexität. Abbildung 13–1 zeigt alle Kombinationen für die Fälle $n = 1$, $n = 2$ und $n = 3$.

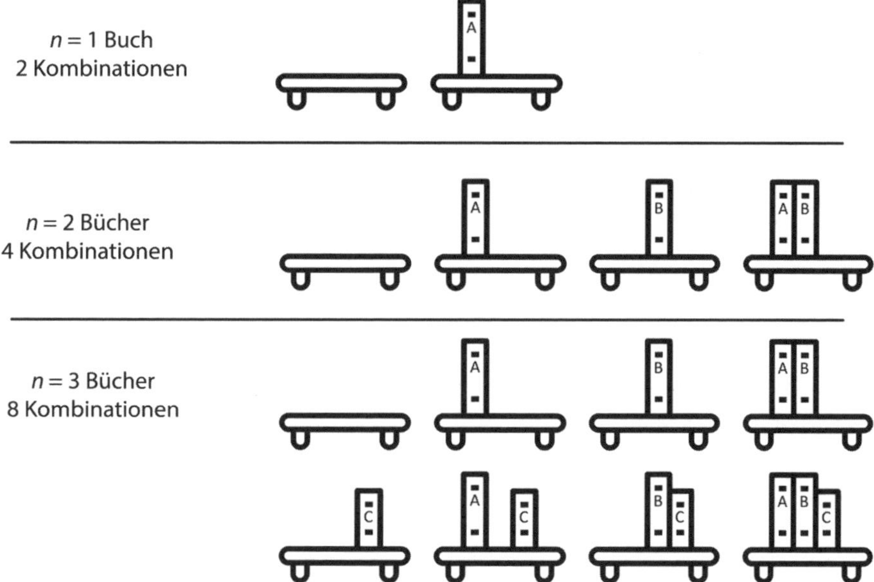

Abb. 13–1 *Alle möglichen Kombinationen von Büchern in einem Regal bei einer Gesamtzahl von einem, zwei und drei Büchern*

Bei n = 1gibt es nur zwei mögliche Fotos, nämlich mit dem Buch und ohne. Beträgt n dagegen 2, sind schon vier Fotos möglich: beide Bücher, keine Bücher, nur erstes Buch und nur zweites Buch. Wenn Sie ein drittes Buch hinzufügen, verdoppelt sich die Menge wiederum: Sie müssen alle Fälle für zwei Bücher berücksichtigen, die das dritte Buch einschließen (vier Photos), sowie alle Fälle für zwei Bücher ohne das dritte (weitere vier Fotos). Insgesamt müssen Sie also 2^3 oder acht Fotos aufnehmen. Jedes zusätzliche Buch verdoppelt die Arbeit. Bei n Büchern beträgt die Anzahl der erforderlichen Fotos (also die Menge der zu erledigenden Arbeit) 2^n. Die Ausführungszeit für exponentielle Aufgaben steigt sehr rasch. Für sechs Bücher sind 2^6 oder 32 Fotos erforderlich, für 32 Bücher dagegen schon 2^{32} oder mehr als 4,2 Milliarden Fotos. Die Ordnungen $O(2^n)$, $O(3^n)$, $O(4^n)$ usw. weisen alle eine exponentielle Zeitkomplexität auf.

O(*n*!), faktorielle Zeitkomplexität

Fotos von allen Büchern im Regal in jeder möglichen Anordnung aufzunehmen, ist eine Operation mit faktorieller Zeitkomplexität. Bei n Büchern gibt es $n!$ (»n Fakultät«) mögliche Anordnungen oder *Permutationen*. Die *Fakultät* einer Zahl ist das Produkt aller positiven Ganzzahlen bis einschließlich dieser Zahl. Beispielsweise ist $3! = 3 \times 2 \times 1 = 6$. Abbildung 13–2 zeigt alle möglichen Permutationen von drei Büchern.

Abb. 13–2 *Alle 3! = 6 Permutationen von drei Büchern auf einem Regal*

Um zu verstehen, warum das so ist, überlegen Sie, wie Sie alle Permutationen von n Büchern zusammenstellen. Für das erste Buch in der Reihe haben Sie n Auswahlmöglichkeiten, für das zweite nur noch $n - 1$ (da sie ja bereits eines der n Bücher für die erste Stelle ausgewählt haben), für das dritte $n - 2$ usw. Bei sechs Büchern müssen Sie $6! = 6 \times 5 \times 4 \times 3 \times 2 \times 1 = 720$ Fotos aufnehmen. Nur ein weiteres Buch führt schon zu 7!, also 5.040 Fotos. Bereits bei kleinen Werten von n lassen sich faktorielle Algorithmen schon nicht mehr in einer akzeptablen Zeitspanne ausführen. Wenn Sie in der Lage wären, die Bücher jedes Mal in einer einzigen Sekunde umzuordnen und ein Foto zu machen, würden Sie länger brauchen, um alle Permutationen von 20 Büchern zu erfassen, als das Universum schon existiert.

Eine bekannte O(n!)-Aufgabe ist das Problem des Handelsreisenden. Darin geht es darum, dass ein Handelsreisender n Städte besuchen möchte. Um die Reihenfolge herauszufinden, in der er insgesamt die kürzeste Entfernung zurücklegt, muss er die Gesamtstrecken für alle *n!* möglichen Reihenfolgen bestimmen. In einem Gebiet mit vielen Städten lässt sich diese Berechnung nicht mehr in einer akzeptablen Zeit durchführen. Glücklicherweise gibt es optimierte Algorithmen, die eine kurze (wenn auch nicht garantiert die kürzeste) Route viel schneller herausfinden können als in $O(n!)$-Zeit.

Worst Case und Best Case

Die O-Notation gibt die Zeitkomplexität für den schlimmsten Fall an. Wenn Sie beispielsweise in einem ungeordneten Bücherregal ein bestimmtes Buch suchen, müssen Sie beim ersten Buch beginnen und die Bücher eins nach dem anderen durchgehen, bis Sie das gewünschte gefunden haben. Wenn Sie Glück haben, kann es gleich das erste sein; wenn Sie Pech haben, ist es das letzte oder befindet sich überhaupt nicht in dem Regal. Im Best-Case-Szenario spielt es also keine Rolle, ob das Regal Milliarden von Büchern enthält, da Sie das gewünschte sofort finden. Bei der Analyse von Algorithmen ist solcher Optimismus jedoch nicht angebracht. Die O-Notation sagt Ihnen, was im schlimmsten Fall geschieht, also wenn n Bücher in dem Regal stehen und Sie alle n durchgehen müssen. In diesem Beispiel steigt die Ausführungszeit linear mit der Anzahl der Bücher.

Manche Programmierer nutzen auch die *Omega-Notation*, die das Best-Case-Szenario für einen Algorithmus beschreibt. Beispielsweise wird ein $\Omega(n)$-Algorithmus im besten Fall in linearer Zeit ausgeführt, kann im schlimmsten Fall aber langsamer sein. Bei manchen Algorithmen kann es besonders günstige Fälle geben, in denen gar keine Arbeit mehr nötig ist, etwa wenn es darum geht, eine Routenbeschreibung zu einem Ort zu ermitteln, und Sie sich bereits dort befinden.

Die *Theta-Notation* beschreibt Algorithmen, bei denen der beste und der schlechteste Fall die gleiche Ordnung aufweisen. Beispielsweise wird ein $\Theta(n)$-Algorithmus sowohl im besten als auch im schlechtesten Fall in linearer Zeit ausgeführt. Anders ausgedrückt ist er sowohl von der Ordnung $O(n)$ als auch von der Ordnung $\Omega(n)$. Diese Schreibweisen werden in der Softwareentwicklung nicht so häufig verwendet wie die O-Notation, allerdings ist es gut, sie zu kennen.

Oft hört man auch Formulierungen wie »durchschnittliches O« für Theta oder »Best-Case-O« für Omega, aber das ist ein Widerspruch in sich, da das O grundsätzlich die Ausführungszeit eines Algorithmus im schlimmsten Fall ausdrückt. Aber auch wenn solche Formulierungen nicht ganz sauber sind, ist ihre Bedeutung klar.

Mehr als genug Mathe für die Komplexitätsanalyse

Für den Fall, dass Ihre Algebrakenntnisse schon etwas eingerostet sein sollten, finden Sie hier mehr als genug mathematische Grundlagen für die Komplexitätsanalyse:

Multiplikation Wiederholte Addition. $2 \times 4 = 8$ ist gleichbedeutend mit $2 + 2 + 2 + 2 = 8$. Beispiel mit Variablen: $n + n + n$ ist gleichbedeutend mit $3 \times n$.

Schreibweise der Multiplikation Bei der algebraischen Notation wird das Multiplikationszeichen (×) oft weggelassen. $2 \times n$ wird also kurz als $2n$ geschrieben. Wenn Sie nur Zahlen multiplizieren, können Sie 2×3 auch als 2(3) oder gleich als 6 schreiben.

Das neutrale Element der Multiplikation Die Multiplikation einer Zahl mit 1 ergibt immer die ursprüngliche Zahl: $5 \times 1 = 5$, $42 \times 1 = 42$ oder allgemein $n \times 1 = n$.

Distributivgesetz $2 \times (3 + 4) = (2 \times 3) + (2 \times 4)$. Beide Seiten der Gleichung ergeben 14. Allgemein gilt: $a(b + c) = ab + ac$.

Potenzierung Wiederholte Multiplikation. $2^4 = 16$ (»2 hoch 4«) entspricht $2 \times 2 \times 2 \times 2 = 16$. Dabei wird 2 als Basis und 4 als Exponent bezeichnet. Beispiel mit Variablen: $n \times n \times n \times n$ ist n^4. In Python verwenden wir zur Potenzierung den Operator `**`: Der Ausdruck `2 ** 4` wird zu 16 ausgewertet.

Die erste Potenz ist gleich der Basis $2^1 = 2$ und $9999^1 = 9999$. Allgemein gilt: $n^1 = n$.

Die nullte Potenz ist stets 1 $2^0 = 1$ und $9999^0 = 1$. Allgemein gilt: $n^0 = 1$.

Koeffizienten Multiplikative Faktoren. In dem Ausdruck $3n^2 + 4n + 5$ sind 3, 4 und 5 Koeffizienten. Dass auch 5 als Koeffizient gilt, liegt daran, dass Sie ihn als 5(1) und damit als $5n^0$ schreiben können.

Logarithmus Die Umkehrfunktion der Potenzierung. Da $2^4 = 16$ ist, gilt $\log_2(16) = 4$ (»Logarithmus von 16 zur Basis 2«). In Python verwenden wir dafür die Funktion `math.log()`: Der Ausdruck `math.log(16, 2)` wird zu `4.0` ausgewertet.

Bei Komplexitätsberechnungen ist es oft erforderlich, Gleichungen durch die Kombination ähnlicher Terme zu vereinfachen. Ein *Term* ist eine Kombination aus miteinander multiplizierten Zahlen und Variablen. So enthält $3n^2 + 4n + 5$ die Terme $3n^2$, $4n$ und 5. Ähnliche Terme enthalten dieselben Variablen in derselben Potenz. Im Ausdruck $3n^2 + 4n + 6n + 5$ sind die Terme $4n$ und $6n$ ähnlich, weshalb wir ihn zu $3n^2 + 10n + 5$ vereinfachen können.

Da $n \times 1 = n$ gilt, können Sie einen Ausdruck wie $3n^2 + 5n + 4$ auch als $3n^2 + 5n + 4(1)$ schreiben. Die Terme in diesem Ausdruck entsprechen den Ordnungen $O(n^2)$, $O(n)$ und $O(1)$. Darauf kommen wir weiter hinten zurück, wenn wir bei Komplexitätsberechnungen Koeffizienten entfernen.

Diese Auffrischung in Mathematik kann hilfreich sein, wenn Sie lernen, die Ordnung eines Codeabschnitts zu berechnen. Wenn Sie den Abschnitt »Komplexitätsanalyse im Überblick« weiter hinten in diesem Kapitel durcharbeitet haben, werden Sie diese Regeln wahrscheinlich nicht mehr nötig haben. Die Komplexitätsanalyse ist ein einfaches Konzept und auch dann von praktischem Nutzen, wenn Sie die mathematischen Regeln nicht streng befolgen.

Die Ordnung Ihres Codes bestimmen

Um die Ordnung von gegebenem Code zu bestimmen, müssen Sie vier Dinge tun: Sie müssen *n* bestimmen, die Schritte im Code zählen, die niedrigeren Ordnungen entfernen und die Koeffizienten entfernen.

Nehmen wir an, Sie wollen die Ordnung der Funktion `readingList()` bestimmen, die wie folgt aussieht:

```
def readingList(books):
    print('Here are the books I will read:')
    numberOfBooks = 0
    for book in books:
        print(book)
        numberOfBooks += 1
    print(numberOfBooks, 'books total.')
```

Das *n* steht für den Umfang der Eingangsdaten, die der Code verarbeitet. In Funktionen ist *n* fast immer durch einen Parameter bestimmt. Der einzige Parameter von `readingList()` ist `books`. Daher ist die Höhe des Werts von `books` ein guter Kandidat für *n*: Je größer `books` ist, umso länger braucht die Funktion zur Ausführung.

Als Nächstes zählen wir die Schritte im Code. Was wir dabei als einzelnen *Schritt* ansehen, ist nicht ganz genau bestimmt, aber eine Codezeile ist ein guter Orientierungswert. Bei Schleifen ist die Anzahl der Schritte das Produkt aus der Anzahl der Iterationen und der Codezeilen. Zur Veranschaulichung habe ich im folgenden Listing die Anzahl der Schritte in der Funktion `readingList()` angegeben:

```
def readingList(books):
    print('Here are the books I will read:')  # 1 Schritt
    numberOfBooks = 0                         # 1 Schritt
    for book in books:                        # n * Schritte in der Schleife
        print(book)                           # 1 Schritt
        numberOfBooks += 1                    # 1 Schritt
    print(numberOfBooks, 'books total.')      # 1 Schritt
```

Mit Ausnahme der `for`-Schleife behandeln wir jede Codezeile als einen Schritt. Die Zeile mit der `for`-Anweisung wird einmal für jedes Element in `books` ausgeführt, und da der Wert von `books` unserem *n* entspricht, können wir sagen, dass diese Zeile *n* Schritte umfasst. Außerdem führt sie alle Schritte in der Schleife *n* Mal aus. Da die Schleife zwei Schritte umfasst, ergeben sich $2 \times n$ Schritte. Damit sieht unsere Schrittzählung wie folgt aus:

```
def readingList(books):
    print('Here are the books I will read:')  # 1 Schritt
    numberOfBooks = 0                         # 1 Schritt
```

```
    for book in books:                     # n * 2 Schritte
        print(book)                        # (bereits gezählt)
        numberOfBooks += 1                 # (bereits gezählt)
    print(numberOfBooks, 'books total.')   # 1 Schritt
```

Die Gesamtzahl der Schritte ist demnach $1 + 1 + (n \times 2) + 1$, was wir zu $2n + 3$ vereinfachen können.

Die O-Notation ist jedoch nur ein allgemeiner Indikator und sagt nichts über die Einzelheiten aus. Daher streichen wir die Terme niedrigerer Ordnungen aus der Zählung. In dem Ausdruck $2n + 3$ haben wir einen linearen Term ($2n$) und einen konstanten (3). Davon behalten wir nur den mit der höchsten Ordnung bei, sodass sich $2n$ ergibt.

Als Nächstes entfernen wir auch den Koeffizienten, also die 2 aus $2n$, sodass n übrig bleibt. Damit haben wir die Ordnung von `readingList()` bestimmt: Die Funktion hat die Ordnung $O(n)$, also lineare Zeitkomplexität.

Dieses Ergebnis ist auch logisch. Wenn `books` um das Zehnfache steigt, verlängert sich im Allgemeinen auch die Ausführungszeit um das Zehnfache. Beim Übergang von 10 zu 100 Büchern umfasst der Algorithmus nicht mehr $1 + 1 + (2 \times 10) +1 = 23$ Schritte, sondern $1 + 1 + (2 \times 100) + 1 = 203$ Schritte. 203 ist ungefähr das Zehnfache von 23, weshalb die Ausführungszeit proportional mit n wächst.

Warum Terme niedriger Ordnungen und Koeffizienten keine Rolle spielen

Wir nehmen die niedrigeren Ordnungen von der Schrittzählung aus, da sie bei zunehmendem n immer irrelevanter werden. Wenn wir den Parameter `books` in der Funktion `readingList()` von 10 auf 10.000.000.000 erhöhen, steigt die Anzahl der Schritte von 23 auf 20.000.000.003. Bei ausreichend großem n wirken sich die drei zusätzlichen Schritte kaum aus.

Wenn die Datenmenge zunimmt, machen sich die niedrigeren Ordnungen selbst mit hohen Koeffizienten gegenüber den höheren Ordnungen nicht mehr bemerkbar. Ab einem bestimmten n sorgen die höheren Ordnungen stets für eine stärkere Verlangsamung als die niedrigen. Nehmen wir an, wir haben eine Funktion `quadraticExample()` der Ordnung $O(n^2)$ mit $3n^2$ Schritten und eine Funktion `linearExample()` der Ordnung $O(n)$ mit $1.000n$ Schritten. Dass 1.000 größer als 3 ist, spielt keine Rolle, denn mit zunehmendem n wird eine quadratische $O(n^2)$-Operation langsamer als eine lineare $O(n)$-Operation. Auf den konkreten Code kommt es dabei nicht an. Die Funktionen können beispielsweise wie folgt aussehen:

```
def quadraticExample(someData):  # n ist die Größe von someData
    for i in someData:           # n Schritte
        for j in someData:       # n Schritte
```

```
        print('Something')   # 1 Schritt
        print('Something')   # 1 Schritt
        print('Something')   # 1 Schritt

def linearExample(someData):   # n ist die Größe von someData
    for i in someData:         # n Schritte
        for k in range(1000):  # 1 * 1000 Schritte
            print('Something') # (bereits gezählt)
```

Die Funktion `linearExample()` hat einen viel größeren Koeffizienten (1000) als `quadraticExample()` (3). Bei einer Eingangsgröße n von 10 ist die $O(n^2)$-Funktion mit 300 Schritten gegenüber den 10.000 Schritten der $O(n)$-Funktion noch schneller.

Bei der O-Notation geht es aber grundsätzlich um die Leistung von Algorithmen bei zunehmender Arbeitslast. Ab einem n von 334 ist `quadraticExample()` stets langsamer als `linearExample()`. Selbst wenn `linearExample()` 1.000.000n Schritte umfassen würde, wäre `quadraticExample()` ab einem n von 333.334 langsamer. Ab irgendeinem Punkt sinkt die Geschwindigkeit einer $O(n^2)$-Operation immer unter den einer Operation der Ordnung $O(n)$ oder geringer. Das Diagramm in Abbildung 13–3 zeigt, wie sich alle wichtigen Ordnungen bei zunehmendem n verhalten. Auf der x-Achse ist hier n, also der Umfang der Daten aufgetragen, auf der y-Achse die erforderliche Ausführungszeit.

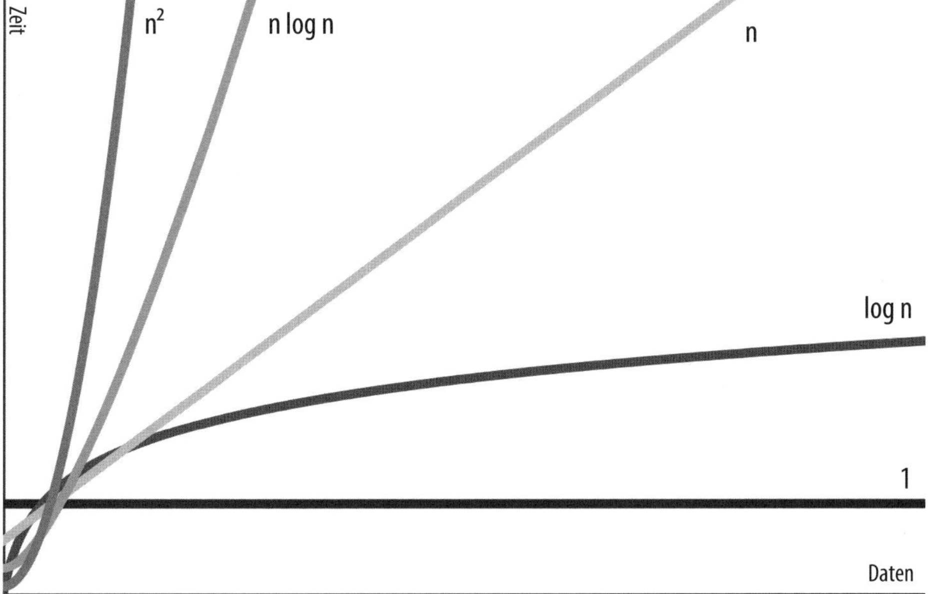

Abb. 13–3 *Verhalten der verschiedenen Ordnungen*

Die Ausführungszeit wächst bei höheren Ordnungen schneller als bei niedrigeren. Selbst wenn eine Funktion niedriger Ordnung über einen hohen Koeffizienten verfügt, der sie vorübergehend langsamer macht als eine Funktion höherer Ordnung, wird sie doch irgendwann die Funktionen höherer Ordnung überholen.

Beispiele für die Komplexitätsanalyse

In diesem Abschnitt wollen wir die Ordnungen einiger Beispielfunktionen bestimmen. Dabei verwenden wir immer den Parameter `books`, bei dem es sich um eine Liste mit den Strings von Buchtiteln handelt.

Die Funktion `countBookPoints()` berechnet einen Punktestand. Die meisten Bücher tragen einen Punkt zum Gesamtwert bei, die Bücher eines bestimmten Autors dagegen zwei Punke:

```
def countBookPoints(books):
    points = 0          # 1 Schritt
    for book in books:  # n * Schritte in der Schleife
        points += 1     # 1 Schritt

    for book in books:                  # n * Schritte in der Schleife
        if 'by Al Sweigart' in book:    # 1 Schritt
            points += 1                 # 1 Schritt
    return points                       # 1 Schritt
```

Die Anzahl der Schritte beträgt also $1 + (n \times 1) + (n \times 2) + 1$, was wir durch Kombination der ähnlichen Terme zu $3n + 2$ vereinfachen können. Wenn wir die niedrige Ordnung und die Koeffizienten entfernen, erhalten wir $O(n)$, also lineare Zeitkomplexität.

Alle bisherigen Beispiele mit einer einzigen Schleife wiesen eine lineare Zeitkomplexität auf. Diese Schleifen wurden aber auch n Mal durchlaufen. Wie Sie im nächsten Beispiel sehen, bedeutet eine Schleife aber nicht zwangsläufig lineare Komplexität. Das gilt nur für Schleifen, die über die Daten iterieren.

Die Funktion `iLoveBooks()` gibt zehn Mal »I LOVE BOOKS!!!« und »BOOKS ARE GREAT!!!« aus:

```
def iLoveBooks(books):
    for i in range(10):              # 10 * Schritte in der Schleife
        print('I LOVE BOOKS!!!')     # 1 Schritt
        print('BOOKS ARE GREAT!!!')  # 1 Schritt
```

Auch diese Funktion enthält eine `for`-Schleife, die aber nicht über die Liste `books` iteriert, sondern unabhängig von der Größe von `books` 20 Schritte ausführt. Das können wir auch als 20(1) schreiben. Wenn wir den Koeffizienten 20 weglassen, erhalten wir die Ordnung O(1), also konstante Zeitkomplexität. Das ist auch zu erwarten, denn schließlich braucht die Funktion unabhängig von n, der Größe von `books`, immer dieselbe Zeit zur Ausführung.

Unser nächstes Beispiel ist die Funktion `cheerForFavoriteBook()`, die die Liste `books` nach einem Lieblingsbuch durchsucht:

```
def cheerForFavoriteBook(books, favorite):
    for book in books:                          # n * Schritte in der
Schleife
        print(book)                             # 1 Schritt
        if book == favorite:                    # 1 Schritt
            for i in range(100):                # 100 * Schritte in der
Schleife
                print('THIS IS A GREAT BOOK!!!') # 1 Schritt
```

Die Schleife `for book` durchläuft die Liste `books`, wozu n Schritte mal der Anzahl der Schritte in der Schleife erforderlich sind. Außerdem ist darin die Schleife `for i` verschachtelt, die 100 Mal läuft. Die Schleife `for book` führt also 102 × n oder 102n Schritte aus. Wenn wir den Koeffizienten entfernen, stellen wir fest, dass auch `cheerForFavoriteBook()` nur eine lineare O(n)-Operation ist. Der Koeffizient 102 scheint zu hoch zu sein, um ihn einfach zu ignorieren, aber bedenken Sie Folgendes: Wenn `favorite` in der Liste `books` gar nicht auftaucht, dann führt diese Funktion nur 1n Schritte durch. Die Auswirkung der Koeffizienten kann so stark schwanken, dass sie nicht besonders aussagekräftig sind.

Betrachten wir als Nächstes die Funktion `findDuplicateBooks()`, die die Liste `books` durchsucht (lineare Operation), und zwar einmal für jedes Buch (ebenfalls eine lineare Operation):

```
def findDuplicateBooks(books):
    for i in range(books):                    # n Schritte
        for j in range(i + 1, books):         # n Schritte
            if books[i] == books[j]:          # 1 Schritt
                print('Duplicate:', books[i]) # 1 Schritt
```

Die Schleife `for i` durchläuft die gesamte Liste `books` und führt dabei die Schritte in der Schleife n Mal durch. Die darin verschachtelte Schleife `for j` durchläuft zwar nur einen Teil der Liste, doch da wir die Koeffizienten nicht berücksichtigen, ist auch sie eine Operation mit linearer Zeitkomplexität. Das bedeutet, dass die Schleife `for i` insgesamt $n \times n$ Schritte ausführt, also n^2. Daher ist `findDuplicateBooks()` eine O(n^2)-Operation mit polynomineller Zeitkomplexität.

Verschachtelte Schleifen an sich bewirken noch keine polynominelle Zeitkomplexität. Das ist nur der Fall, wenn beide Schleifen n Mal laufen, denn dadurch ergeben sich n^2 Schritte und damit eine O(n^2)-Operation.

Sehen wir uns nun noch ein anspruchsvolleres Beispiel an. Der bereits erwähnte binäre Suchalgorithmus prüft, ob sich in der Mitte einer sortierten Liste (nennen wir sie `haystack`) ein bestimmtes Element befindet (`needle`). Wenn `needle` dort nicht vorhanden ist, durchsuchen wir anschließend die vordere oder hintere Hälfte von `haystack`, je nachdem, in welcher wir `needle` zu finden erwarten. Diesen Vorgang wiederholen wir, sodass wir immer kleinere Hälften durchsuchen, bis wir `needle` endlich gefunden haben oder feststellen, dass das Element in `haystack` gar nicht vorhanden ist. Beachten Sie, dass dieser Algorithmus nur funktioniert, wenn die Elemente in `haystack` sortiert sind.

```
def binarySearch(needle, haystack):
    if not len(haystack):                       # 1 Schritt
        return None                             # 1 Schritt
    startIndex = 0                              # 1 Schritt
    endIndex = len(haystack) - 1                # 1 Schritt

    haystack.sort()                             # ??? Schritte

    while start <= end:                         # ??? Schritte
        midIndex = (startIndex + endIndex) // 2 # 1 Schritt
        if haystack[midIndex] == needle:        # 1 Schritt
            # needle gefunden
            return midIndex                     # 1 Schritt
        elif needle < haystack[midIndex]:       # 1 Schritt
            # Durchsucht die vordere Hälfte
            endIndex = midIndex - 1             # 1 Schritt
        elif needle > haystack[mid]:            # 1 Schritt
            # Durchsucht die hintere Hälfte
            startIndex = midIndex + 1           # 1 Schritt
```

Bei zwei Zeilen in `binarySearch()` ist die Zählung nicht ganz einfach. Die Ordnung des Aufrufs `haystack.sort()` hängt von dem Code in der Python-Methode `sort()` ab. Er ist nicht leicht zu finden, aber wir können seine Ordnung im Internet nachschlagen. Sie beträgt $O(n \log n)$. (Alle allgemeinen Sortierfunktionen weisen bestenfalls diese Ordnung auf.) Die Ordnung verschiedener gebräuchlicher Python-Funktionen und -Methoden sehen wir uns weiter hinten in diesem Kapitel im Abschnitt »Die Ordnung gängiger Funktionsaufrufe« an.

Die `while`-Schleife lässt sich nicht so leicht analysieren wie die bisher betrachteten `for`-Schleifen. Um zu bestimmen, wie viele Iterationen in dieser Schleife ablaufen, müssen wir den binären Suchalgorithmus genau verstehen. Vor dem Beginn der Schleife decken `startIndex` und `endIndex` den gesamten Bereich von `haystack` ab, und `midIndex` ist auf den Mittelpunkt dieses Bereichs gesetzt. Bei jeder Iteration der `while`-Schleife können zwei verschiedene Dinge geschehen: Wenn `haystack[midIndex] == needle` gilt, haben wir `needle` gefunden, sodass die Funktion den Index von `needle` in `haystack` zurückgibt. Ergibt sich dagegen `needle < haystack[midIndex]` oder `needle > haysteck[midIndex]`, wird der von `startIndex` und `endIndex` abgedeckte Bereich durch Änderung von `startIndex` oder `endIndex` halbiert. Eine Liste der Größe n können wir maximal $\log_2(n)$ Mal halbieren. (Das ist ein mathematisches Gesetz, das Sie einfach hinnehmen müssen.) Daher ist die `while`-Schleife von der Ordnung O(log n).

Da die Ordnung O(n log n) von `haystock.sort()` größer ist als O(log n), verwerfen wir Letztere als niedrigere Ordnung, sodass wir als Ordnung für die *gesamte* Funktion `binarySearch()` O(n log n) erhalten. Falls wir garantieren können, dass `binarySearch()` immer nur für eine sortierte `haystack`-Liste ausgeführt wird, können wir die Zeile `haystack.sort()` entfernen, sodass `binarySearch()` eine O(log n)-Funktion wird. Dadurch steigern wir zwar die Leistung der Funktion, aber nicht die des gesamten Programms, da wir die erforderliche Sortierarbeit lediglich zu einem anderen Teil des Programms verschieben. Die meisten Implementierungen der binären Suche lassen den Sortierschritt weg, weshalb gewöhnlich gesagt wird, dass der binäre Suchalgorithmus die logarithmische Zeitkomplexität O(log n) aufweist.

Die Ordnung gängiger Funktionsaufrufe

Bei der Komplexitätsanalyse Ihres Codes müssen Sie die Ordnung sämtlicher Funktionen berücksichtigen, die er aufruft. Bei Funktionen, die Sie selbst geschrieben haben, können Sie dazu einfach deren Code untersuchen. Um die Ordnung der integrierten Funktionen und Methoden von Python herauszufinden, müssen Sie dagegen Aufstellungen wie die folgende zurate ziehen.

Die folgende Übersicht gibt die Ordnungen einiger gebräuchlicher Python-Operationen für Folgentypen wie Strings, Tupels und Listen an:

- **`s[i]` (Lesen) und `s[i] =` *Wert* (Zuweisung)** O(1)-Operationen
- **`s.append(`*Wert*`)`** O(1)-Operation
- **`s.insert(i,` *Wert*`)`** O(n)-Operation. Zum Einfügen eines Werts in eine Folge (insbesondere am Anfang) ist es erforderlich, alle Elemente an den Indizes über `i` um eine Stelle Richtung Ende zu verschieben.
- **`s.remove(`*Wert*`)`** O(n)-Operation. Zum Entfernen eines Werts aus einer Folge (insbesondere am Anfang) ist es erforderlich, alle Elemente an den Indizes über `i` um eine Stelle Richtung Anfang zu verschieben.
- **`s.reverse()`** O(n)-Operation, da alle Elemente in der Folge neu angeordnet werden müssen.

- `s.sort()` $O(n \log n)$-Operation, da der Sortieralgorithmus von Python von der Ordnung $O(n \log n)$ ist.
- `Wert in s` $O(n)$-Operation, da jedes Element überprüft werden muss.
- `for Wert in s:` $O(n)$-Operation
- `len(s)` $O(1)$-Operation, da sich Python merkt, wie viele Elemente sich in einer Folge befinden, und sie daher bei der Übergabe an `len()` nicht erneut zählen muss.

Die folgende Liste enthält die Ordnungen einiger gebräuchlicher Python-Operationen für Zuordnungstypen (Maps) wie Dictionarys, Mengen und eingefrorene Mengen:

- `m[Schlüssel]` **(Lesen) und** `m[Schlüssel] = Wert` **(Zuweisung)** $O(1)$-Operationen
- `m.add(Wert)` $O(1)$-Operation
- `Wert in m` $O(1)$-Operation für Dictionarys und damit viel schneller als `in` für Folgen
- `for Wert in m:` $O(n)$-Operation
- `len(m)` $O(1)$-Operation, da sich Python merkt, wie viele Elemente sich in einer Zuordnung befinden, und sie daher bei der Übergabe an `len()` nicht erneut zählen muss.

Während eine Liste gewöhnlich von vorn bis hinten durchsucht werden muss, kann in einem Dictionary der Schlüssel herangezogen werden, um die Adresse eines Elements zu berechnen. Die Ausführungszeit für das Nachschlagen des Werts zu einem Schlüssel aber ist konstant. Diese Berechnung wird als *Hashingalgorithmus* bezeichnet und die Adresse als *Hash*. Hashing ist nicht Thema dieses Buchs, aber der Grund dafür, dass viele Operationen auf Zuordnungen von der Ordnung $O(1)$ sind, also konstante Zeitkomplexität aufweisen. Auch bei Mengen wird Hashing verwendet, da Mengen im Grunde genommen Dictionarys sind, die nur aus Schlüsseln statt aus Schlüssel-Wert-Paaren bestehen.

Die Umwandlung einer Liste in eine Menge ist dagegen eine $O(n)$-Operation. Daher ergeben sich keine Vorteile, wenn Sie eine Liste erst in eine Menge umwandeln und dann auf die Elemente in der Menge zugreifen.

Komplexitätsanalyse im Überblick

Wenn Sie sich erst einmal mit der Komplexitätsanalyse vertraut gemacht haben, werden Sie sie gewöhnlich nicht mehr Schritt für Schritt durchgehen müssen. Nach einer Weile werden Sie in der Lage sein, die Ordnung anhand von aufschlussreichen Merkmalen im Code schnell zu bestimmen.

Sie können die folgenden Faustregeln anwenden, wobei *n* jeweils der Umfang der Daten ist, auf denen der Code operiert:

- Wenn der Code nicht auf die Daten zugreift, ist er von der Ordnung O(1).
- Wenn der Code die Daten in einer Schleife durchläuft, ist er von der Ordnung O(*n*).
- Wenn der Code zwei verschachtelte Schleifen enthält, die beide die Daten durchlaufen, ist er von der Ordnung $O(n^2)$.
- Funktionsaufrufe zählen nicht als ein Schritt, sondern als Gesamtzahl der Schritte des Codes in der Funktion. Anhaltspunkte dafür erhalten Sie im Abschnitt »Die Ordnung gängiger Funktionsaufrufe« auf Seite 281.
- Wenn der Code einen »Teile-und-herrsche-Schritt« enthält, bei dem die Datenmenge wiederholt halbiert wird, ist er von der Ordnung O(log *n*).
- Wenn der Code einen »Teile-und-herrsche-Schritt« enthält, der einmal pro Datenelement ausgeführt wird, ist er von der Ordnung O(*n* log *n*).
- Wenn der Code alle möglichen Kombinationen der Werte in der Datenmenge *n* durchläuft, ist er von der Ordnung $O(2^n)$ oder einer anderen exponentiellen Ordnung.
- Wenn der Code alle möglichen Permutationen (also Sortierungen) der Werte in der Datenmenge *n* durchläuft, ist er von der Ordnung O(*n*!).
- Wenn der Code Daten sortiert, ist er mindestens von der Ordnung O(*n* log *n*).

Diese Regeln sind gute Ausgangspunkte, aber kein Ersatz für eine richtige Komplexitätsanalyse. Denken Sie auch daran, dass die Ordnung nicht endgültig bestimmt, ob der Code langsam, schnell oder effizient ist. Schauen Sie sich dazu die Funktion `waitAnHour()` an:

```
import time
def waitAnHour():
    time.sleep(3600)
```

Die Funktion `waitAnHour()` ist von der Ordnung O(1), weist also eine konstante Zeitkomplexität auf, was wir gewöhnlich mit schnellem Code in Verbindung bringen. Die Ausführungszeit beträgt aber eine Stunde! Ist der Code deswegen ineffizient? Schließlich können Sie eine Funktion, die eine Stunde warten soll, nun einmal nicht auf eine Weise programmieren, in der sie schneller als in einer Stunde ausgeführt wird.

Die Komplexitätsanalyse ist kein Ersatz für Profiling. Sie soll Ihnen nur zeigen, wie sich Ihr Code bei zunehmendem Umfang der Eingangsdaten verhält.

Die Ordnung spielt bei kleinem *n* keine Rolle – und *n* ist gewöhnlich klein

Da Sie sich nun mit der Komplexitätsanalyse auskennen, brennen Sie möglicherweise darauf, jeden Code, den sie schreiben, entsprechend zu untersuchen. Denken Sie aber daran, dass die Bestimmung der Ordnung vor allem für die Fälle wichtig ist, in denen große Mengen an Daten zu verarbeiten sind. In der Praxis ist der Umfang der Daten jedoch gewöhnlich gering.

In solchen Situationen lohnt es sich meistens nicht, sich einen ausgeklügelten, anspruchsvollen Algorithmus mit geringerer Ordnung auszudenken. Rob Pike, einer der Entwickler der Programmiersprache Go, hat fünf Regeln zur Programmierung aufgestellt, von denen einer lautet: »Extravagante Algorithmen sind bei kleinem *n* langsam, und *n* ist gewöhnlich klein.« Die meisten Softwareentwickler haben nicht mit komplexen Berechnungen und den Datenmengen zu tun, die in riesigen Rechenzentren verarbeitet werden, sondern schreiben viel alltäglichere Programme. Unter diesen Umständen liefert Ihnen ein Profiler mehr brauchbare Informationen über die Leistung Ihres Codes als die Komplexitätsanalyse.

Zusammenfassung

Die Python-Standardbibliothek enthält zwei Module für Leistungsmessung und Profiling, nämlich `timeit` und `cProfile`. Mit der Funktion `timeit.timeit()` können Sie kleinere Codeabschnitte ausführen, um Geschwindigkeitsunterschiede zwischen verschiedenen Versionen zu messen. Die Funktion `cProfile.run()` stellt einen ausführlichen Bericht über komplette Funktionen zusammen und kann Sie auf Engpässe hinweisen.

Es ist wichtig, die Leistung Ihres Codes tatsächlich zu messen, anstatt Vermutungen darüber anzustellen. Manche vermeintlich cleveren Tricks zur Beschleunigung eines Programms können es in Wirklichkeit sogar verlangsamen. Es kann auch sein, dass Sie viel Zeit auf die Optimierung von Aspekten Ihres Programms aufwenden, die sich als irrelevant herausstellen. In Amdahls Gesetz wird dies mathematisch erfasst: Die Formel beschreibt, wie sich die Beschleunigung der einzelnen Teile eines Programms jeweils auf die Gesamtgeschwindigkeit auswirkt.

Die Komplexitätsanalyse mit O-Notation ist ein von Programmieren oft genutztes Konzept aus der Informatik. Zum Verständnis sind mathematische Kenntnisse erforderlich, doch die Grundprinzipien, um herauszufinden, wie stark der Code bei zunehmenden Datenmengen verlangsamt wird, machen es auch ohne aufwendige Berechnungen möglich, das Verhalten eines Algorithmus zu beschreiben.

Dabei gibt es sieben gebräuchliche Ordnungen: Bei Code der Ordnung O(1) mit konstanter Zeitkomplexität ändert sich die Ausführungszeit bei wachsender Datenmenge *n* nicht; bei Code der Ordnung O(log *n*) mit logarithmischer Zeitkomplexität verlängert sich die Ausführungszeit um einen Schritt, wenn sich die Datenmenge *n* verdoppelt; bei Code der Ordnung O(*n*) mit linearer Zeitkomplexität steigt die Ausführungszeit proportional mit der Datenmenge *n*; und Code der Ordnung O(*n* log *n*) mit n-log-n-Zeitkomplexität ist bei großem *n* etwas langsamer als Code der Ordnung O(*n*). Viele Sortieralgorithmen sind von der Ordnung O(*n* log *n*).

Algorithmen höherer Ordnung sind langsamer, da ihre Ausführungszeit viel schneller anwächst als der Umfang der Eingangsdaten: Bei Code der Ordnung O(n^2) mit polynomineller Zeitkomplexität steigt die Ausführungszeit quadratisch mit der Datenmenge *n*. Die Ordnungen O(2^n) und O(*n*!) mit exponentieller bzw. faktorieller Zeitkomplexität sind selten, können aber auftreten, wenn Kombinationen bzw. Permutationen verarbeitet werden müssen.

Die Komplexitätsanalyse ist ein nützliches Werkzeug, aber kein Ersatz dafür, den Code unter einem Profiler auszuführen, um herauszufinden, wo sich Engpässe befinden. Wenn Sie sich mit Komplexitätsanalyse auskennen und wissen, wie der Code bei zunehmender Datenmenge langsamer wird, kann Ihnen das jedoch helfen, Code zu vermeiden, der um Größenordnungen langsamer ausgeführt wird, als es sein muss.

14 Praxisprojekte

Es ist nun an der Zeit, die Techniken, die Sie gelernt haben, um gut lesbaren, pythonischen Code zu schreiben, in die Praxis umzusetzen. Dazu sehen wir uns den Quellcode für zwei Befehlszeilenspiele an, nämlich *Turm von Hanoi* und *Vier gewinnt*.

Diese Projekte sind schlicht und textgestützt, um den Umfang gering zu halten, veranschaulichen aber die bis jetzt in diesem Buch vorgestellten Konzepte. Ich habe den Code mit dem im Kapitel »Black: Der kompromisslose Codeformatierer« auf Seite 63 vorgestellten Tool Black formatiert, die Variablennamen nach den Richtlinien in Kapitel 4 formuliert, den pythonischen Stil aus Kapitel 6 angewendet und Kommentare und Docstrings wie in Kapitel 11 eingefügt. Da wir uns noch nicht mit objektorientierter Programmierung befasst haben und die Programme auch sehr klein sind, habe ich auf Klassen verzichtet. Mehr darüber erfahren Sie in den Kapiteln 15 bis 17.

In diesem Kapitel finden Sie den vollständigen Quellcode für beide Programme samt einer ausführlichen Beschreibung. Bei den Erklärungen geht es weniger darum, *wie* der Code funktioniert (dazu benötigen Sie lediglich Grundkenntnisse der Python-Syntax), sondern darum, *warum* ich ihn auf die hier gezeigte Weise geschrieben habe. Allerdings hat jeder Softwareentwickler seine eigene Vorstellung davon, wie man Code schreiben sollte und was nun »pythonisch« ist. Daher können auch Sie den Code in den Projekten gern infrage stellen und kritisieren.

Nachdem Sie den Abschnitt zu einem Projekt gelesen haben, sollten Sie den Code abtippen und das Programm einige Male ausführen, um sich genau klarzumachen, wie es funktioniert. Versuchen Sie dann, die Programme von Grund auf selbst zu implementieren. Ihre Version muss dabei nicht mit der aus diesem Kapitel übereinstimmen, aber den Code selbst zu schreiben, gibt Ihnen eine Vorstellung davon, welche Entscheidungen und Kompromisse die Programmierung verlangt.

Turm von Hanoi

Im Mittelpunkt des Spiels Turm von Hanoi steht ein Stapel von Scheiben unterschiedlicher Größe. Die Scheiben weisen jeweils ein Loch in der Mitte auf, sodass Sie sie auf drei senkrechte Stäbe aufstecken können (siehe Abb. 14–1). Der Spieler muss nun den Scheibenstapel von dem einen Stab auf einen der beiden anderen verschieben, wobei jedoch folgende Einschränkungen gelten:

1. Es darf immer nur eine Scheibe auf einmal verschoben werden.
2. Scheiben dürfen nur oben auf einem Turm abgenommen und abgelegt werden.
3. Es darf niemals eine größere Scheibe über einer kleineren liegen.

Abb. 14–1 *Turm von Hanoi als physisches Spiel*

Dieses Spiel wird in der Informatik als Aufgabe benutzt, um rekursive Algorithmen zu lehren. Unser Programm soll jedoch nicht die Aufgabe lösen, sondern das Spiel anzeigen, sodass sich der Benutzer daran versuchen kann. Weitere Informationen erhalten Sie auf *https://de.wikipedia.org/wiki/Türme_von_Hanoi*.

Die Ausgabe

Das Programm zeigt den Turm in Form von ASCII-Grafik an, d.h., die Scheiben werden durch Textzeichen dargestellt. Im Vergleich mit modernen Apps wirkt diese Anzeige zwar primitiv, aber dadurch können wir die Implementierung einfach halten, da wir zur Interaktion mit dem Benutzer lediglich `print()` und `input()` aufrufen müssen. Wenn Sie das Programm ausführen, erhalten Sie die folgende Anzeige. Fettgedruckt sind dabei die Benutzereingaben.

```
THE TOWER OF HANOI, by Al Sweigart al@inventwithpython.com

Move the tower of disks, one disk at a time, to another tower. Larger
disks cannot rest on top of a smaller disk.

More info at https://en.wikipedia.org/wiki/Tower_of_Hanoi
```

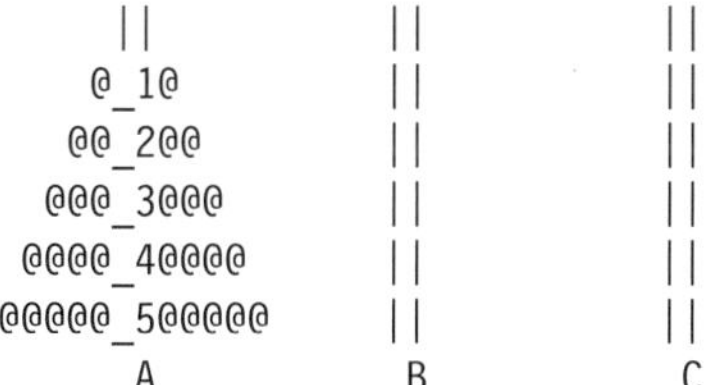

```
         ||          ||          ||
        @_1@         ||          ||
       @@_2@@        ||          ||
      @@@_3@@@       ||          ||
     @@@@_4@@@@      ||          ||
    @@@@@_5@@@@@     ||          ||
          A           B           C
```

```
Enter the letters of "from" and "to" towers, or QUIT.
(e.g., AB to moves a disk from tower A to tower B.)

> AC
```

```
         ||          ||          ||
         ||          ||          ||
       @@_2@@        ||          ||
      @@@_3@@@       ||          ||
     @@@@_4@@@@      ||          ||
    @@@@@_5@@@@@     ||         @_1@
          A           B           C
```

```
Enter the letters of "from" and "to" towers, or QUIT.
(e.g., AB to moves a disk from tower A to tower B.)

-- schnipp --
```

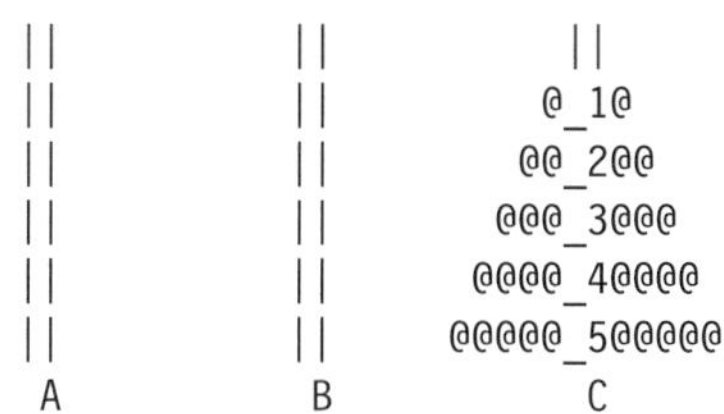

```
         ||          ||          ||
         ||          ||         @_1@
         ||          ||        @@_2@@
         ||          ||       @@@_3@@@
         ||          ||      @@@@_4@@@@
         ||          ||     @@@@@_5@@@@@
          A           B           C
```

```
You have solved the puzzle! Well done!
```

Bei *n* Scheiben sind zur Lösung mindestens $2^n - 1$ Züge erforderlich. Für diesen Turm aus fünf Scheiben benötigen Sie also wenigstens 31 Schritte: AC, AB, CB, AC, BA, BC, AC, AB, CB, CA, BA, CB, AC, AB, CB, AC, BA, BC, AC, BA, CB, CA, BA, BC, AC, AB, CB, AC, BA, BC und schließlich AC. Wenn Sie eine größere Herausforderung suchen, können Sie die Variable `TOTAL_DISKS` in dem Programm von 5 auf 6 erhöhen.

Der Quellcode

Öffnen Sie in Ihrem Editor oder Ihrer IDE eine neue Datei, geben Sie den folgenden Code ein und speichern Sie ihn als *towerofhanoi.py*:

```
"""TURM VON HANOI von Al Sweigart al@inventwithpython.com
Ein Stapelverschiebespiel."""

import copy
import sys

TOTAL_DISKS = 5  # Bei mehr Scheiben ist die Aufgabe schwieriger zu lösen.

# Zu Anfang sind alle Scheiben auf Turm A:
SOLVED_TOWER = list(range(TOTAL_DISKS, 0, -1))

def main():
    """Führt eine einzelne Runde von Turm von Hanoi aus."""
    print(
        """THE TOWER OF HANOI, by Al Sweigart al@inventwithpython.com

Move the tower of disks, one disk at a time, to another tower. Larger
disks cannot rest on top of a smaller disk.

More info at https://en.wikipedia.org/wiki/Tower_of_Hanoi
"""

    )

    """Das Dictionary towers hat die Schlüssel "A", "B" und "C". Die Werte
    sind Listen, die jeweils für einen Scheibenstapel stehen. Die Liste
    enthält Integer für die Scheiben unterschiedlicher Größe. Der Anfang der
    Liste entspricht dem Fundament des Turms. Bei einem Spiel mit 5 Scheiben
    steht die Liste [5, 4, 3, 2, 1] für einen vollständigen Turm. Die leere
    Liste [] steht für einen leeren Turm. Bei der Liste [1, 3] liegt eine
    größere Scheibe auf einer kleineren, was ungültig ist. Dagegen ist die
    Liste [3, 1] erlaubt, da hier eine kleinere auf einer größeren Scheibe
    liegt."""
    towers = {"A": copy.copy(SOLVED_TOWER), "B": [], "C": []}

    while True:  # Führt bei jeder Iteration einen Zug durch
```

```
        # Zeigt die Türme und Scheiben an:
        displayTowers(towers)

        # Fordert den Spieler auf, einen Zug einzugeben:
        fromTower, toTower = getPlayerMove(towers)

        # Verschiebt die oberste Scheibe von fromTower zu toTower:
        disk = towers[fromTower].pop()
        towers[toTower].append(disk)

        # Prüft, ob die Aufgabe gelöst ist:
        if SOLVED_TOWER in (towers["B"], towers["C"]):
            displayTowers(towers)  # Zeigt die Türme ein letztes Mal an
            print("You have solved the puzzle! Well done!")
            sys.exit()

def getPlayerMove(towers):
    """Fordert den Spieler zum Zug auf. Gibt (fromTower, toTower) zurück."""

    while True: # Fordert den Spieler auf, bis er einen gültigen Zug macht
        print('Enter the letters of "from" and "to" towers, or QUIT.')
        print("(e.g., AB to moves a disk from tower A to tower B.)")
        print()
        response = input("> ").upper().strip()

        if response == "QUIT":
            print("Thanks for playing!")
            sys.exit()

        # Prüft, ob gültige Turmbuchstaben eingegeben wurden:
        if response not in ("AB", "AC", "BA", "BC", "CA", "CB"):
            print("Enter one of AB, AC, BA, BC, CA, or CB.")
            continue  # Fordert Spieler erneut auf, einen Zug zu machen

        # Macht die Variablennamen aussagekräftiger:
        fromTower, toTower = response[0], response[1]

        if len(towers[fromTower]) == 0:
            # Der "from"-Turm darf nicht leer sein:
            print("You selected a tower with no disks.")
            continue  # Fordert Spieler erneut auf, einen Zug zu machen
        elif len(towers[toTower]) == 0:
            # Alle Scheiben können zu einem leeren "to"-Turm gezogen werden:
            return fromTower, toTower
        elif towers[toTower][-1] < towers[fromTower][-1]:
            print("Can't put larger disks on top of smaller ones.")
            continue  # Fordert Spieler erneut auf, einen Zug zu machen
        else:
            # Gültiger Zug; gibt daher die ausgewählten Türme zurück:
            return fromTower, toTower
```

```
def displayTowers(towers):
    """Zeigt die drei Türme mit den Scheiben an."""

    # Zeigt die drei Türme an:
    for level in range(TOTAL_DISKS, -1, -1):
        for tower in (towers["A"], towers["B"], towers["C"]):
            if level >= len(tower):
                displayDisk(0) # Zeigt den leeren Stab ohne Scheiben an
            else:
                displayDisk(tower[level]) # Zeigt die Scheibe an
        print()

    # Zeigt die Turmbezeichnungen A, B und C an:
    emptySpace = " " * (TOTAL_DISKS)
    print("{0} A{0}{0} B{0}{0} C\n".format(emptySpace))

def displayDisk(width):
    """Zeigt eine Scheibe der gegebenen Breite an. Die Breite 0 bedeutet,
    dass keine Scheibe vorhanden ist."""
    emptySpace = " " * (TOTAL_DISKS - width)

    if width == 0:
        # Zeigt ein Stück des Stabs ohne Scheibe an:
        print(f"{emptySpace}||{emptySpace}", end="")
    else:
        # Zeigt die Scheibe an:
        disk = "@" * width
        numLabel = str(width).rjust(2, "_")
        print(f"{emptySpace}{disk}{numLabel}{disk}{emptySpace}", end="")
# Startet das Spiel, wenn das Programm ausgeführt (statt importiert) wird:
if __name__ == "__main__":
    main()
```

Bevor Sie die Erklärungen zu dem Quellcode lesen, sollten Sie das Programm ausführen und einige Male durchspielen, um ein Gefühl dafür zu bekommen, was es tut. Zur Prüfung auf Tippfehler kopieren Sie es in das Diff-Tool, das online auf *https://inventwithpython.com/beyond/diff/* zur Verfügung steht.

Den Code schreiben

Werfen wir nun einen genaueren Blick auf den Quellcode, um zu sehen, wie er die in diesem Buch vorgestellten empfohlenen Vorgehensweisen und Muster umsetzt.

Fangen wir dazu gleich mit der ersten Zeile an:

```
"""TURM VON HANOI von Al Sweigart al@inventwithpython.com
Ein Stapelverschiebespiel."""
```

Das Programm beginnt mit einem mehrzeiligen Kommentar, der als Docstring für das Modul `towerofhanoi` fungiert. Die integrierte Funktion `help()` kann auf diese Informationen zugreifen, um das Modul zu beschreiben:

```
>>> import towerofhanoi
>>> help(towerofhanoi)
Help on module towerofhanoi:

NAME
    towerofhanoi

DESCRIPTION
    TURM VON HANOI von Al Sweigart al@inventwithpython.com
    Ein Stapelverschiebespiel.

FUNCTIONS
    displayDisk(width)
        Zeigt eine Scheibe der gegebenen Breite an.
-- schnipp --
```

Sie können den Docstring für das Modul auch noch um weitere Sätze oder ganze Absätze ergänzen. Ich habe mich hier auf wenige Worte beschränkt, da das Programm so einfach ist.

Auf den Docstring folgen einige `import`-Anweisungen:

```
import copy
import sys
```

Black formatiert sie als getrennte Anweisungen, anstatt sie in der Form `import copy, sys` zu einer einzigen zusammenzufassen. Dadurch ist in Versionssteuerungssystemen wie Git, die Änderungen bei der Programmierung verfolgen, leichter zu erkennen, ob weitere importierte Module hinzugefügt oder Module entfernt wurden.

Als Nächstes definieren wir die in dem Programm benötigten Konstanten:

```
TOTAL_DISKS = 5  # Bei mehr Scheiben ist die Aufgabe schwieriger zu lösen.

# Zu Anfang sind alle Scheiben auf Turm A:
SOLVED_TOWER = list(range(TOTAL_DISKS, 0, -1))
```

Wir definieren sie am Anfang der Datei, um sie zu gruppieren und zu globalen Variablen zu machen. Durch die Schreibweise der Namen in Großbuchstaben und in *snake_case* sind sie als Konstanten gekennzeichnet.

Die Konstante `TOTAL_DISKS` gibt an, wie viele Scheiben in dem Spiel verwendet werden. Die Variable `SOLVED_TOWER` enthält eine Liste, die einen fertigen Turm darstellt: Er umfasst alle Scheiben mit der größten am Boden und der kleinsten an der

Spitze. Diesen Wert genieren wir unter Berücksichtigung des Werts von `TOTAL_DISKS`. Für fünf Scheiben lautet die Liste `[5, 4, 3, 2, 1]`.

In dieser Datei verwenden wir keine Typhinweise, weil die Typen aller Variablen, Parameter und Rückgabewerte aus dem Code geschlossen werden können. Beispielsweise haben wir der Konstanten `TOTAL_DISKS` den Integerwert `5` zugewiesen, woraus Typprüfer wie Mypy folgern können, dass `TOTAL_DISKS` nur Integer enthalten sollte.

Anschließend definieren wir die Funktion `main()`, die am Ende der Datei aufgerufen wird:

```
def main():
    """Führt eine einzelne Runde von Turm von Hanoi aus."""
    print(
        """THE TOWER OF HANOI, by Al Sweigart al@inventwithpython.com

Move the tower of disks, one disk at a time, to another tower. Larger
disks cannot rest on top of a smaller disk.

More info at https://en.wikipedia.org/wiki/Tower_of_Hanoi
"""

    )
```

Auch Funktionen können über Docstrings verfügen. Wie Sie sehen, folgt der Docstring für `main()` unmittelbar auf die `def`-Anweisung. Sie können ihn anzeigen lassen, indem Sie in der interaktiven Shell `import towerofhanoi` und dann `help(towerofhanoi.main)` eingeben.

Als Nächstes folgt ein Kommentar, der ausführlich die Datenstruktur zur Darstellung des Turms beschreibt, da dies das Kernstück des Programms ist:

```
    """Das Dictionary towers hat die Schlüssel "A", "B" und "C". Die Werte
    sind Listen, die jeweils für einen Scheibenstapel stehen. Die Liste
    enthält Integer für die Scheiben unterschiedlicher Größe. Der Anfang der
    Liste entspricht dem Fundament des Turms. Bei einem Spiel mit 5 Scheiben
    steht die Liste [5, 4, 3, 2, 1] für einen vollständigen Turm. Die leere
    Liste [] steht für einen leeren Turm. Bei der Liste [1, 3] liegt eine
    größere Scheibe auf einer kleineren, was ungültig ist. Dagegen ist die
    Liste [3, 1] erlaubt, da hier eine kleinere auf einer größeren Scheibe
    liegt."""
    towers = {"A": copy.copy(SOLVED_TOWER), "B": [], "C": []}
```

Wir verwenden die Liste `SOLVED_TOWER` hier als *Stack*, eine der einfachsten Datenstrukturen in der Softwareentwicklung. Ein Stack ist eine geordnete Liste von Werten, die nur dadurch geändert werden kann, dass wir Werte an der *Spitze* hinzufügen oder entfernen, was sich ideal zur Darstellung der Türme in unserem

Programm eignet. Um in Python eine Liste als Stack zu verwenden, müssen wir die Methode append() zum Hinzufügen und pop() zum Entfernen von Werten verwenden und auf jegliche anderen Änderungen der Liste verzichten. Das Ende der Liste stellt dabei die Spitze des Stacks dar.

Jeder Integer in der Liste towers steht für eine einzelne Scheibe einer bestimmten Größe. In einem Spiel mit fünf Scheiben stellt die Liste [5, 4, 3, 2, 1] einen kompletten Scheibenstapel mit der größten (5) am Boden und der kleinsten (1) an der Spitze dar.

In dem Kommentar sind auch Beispiele für gültige und ungültige Turmstapel angegeben.

Innerhalb der Funktion main() schreiben wir eine Endlosschleife für einen einzelnen Spielzug:

```
while True:  # Führt bei jeder Iteration einen Zug durch
    # Zeigt die Türme und Scheiben an:
    displayTowers(towers)

    # Fordert den Spieler auf, einen Zug einzugeben:
    fromTower, toTower = getPlayerMove(towers)

    # Verschiebt die oberste Scheibe von fromTower zu toTower:
    disk = towers[fromTower].pop()
    towers[toTower].append(disk)
```

Dabei sieht der Spieler den aktuellen Zustand der Türme und gibt seinen Zug an, woraufhin das Programm die Datenstruktur towers aktualisiert. Die Einzelheiten dieser Vorgänge verbergen sich in den Funktonen dispalyTowers() und getPlayerMove(). Dank dieser beschreibenden Funktionsnamen gibt die Funktion main() einen allgemeinen Überblick über den Ablauf des Programms.

Die nächsten Zeilen prüfen, ob der Spieler die Aufgabe gelöst hat. Dazu wird der in SOLVED_TOWER gespeicherte Turm mit towers["B"] und towers["C"] verglichen:

```
    # Prüft, ob die Aufgabe gelöst ist:
    if SOLVED_TOWER in (towers["B"], towers["C"]):
       displayTowers(towers)  # Zeigt die Türme ein letztes Mal an
        print("You have solved the puzzle! Well done!")
        sys.exit()
```

Ein Vergleich mit towers["A"] erfolgt dagegen nicht, denn auf diesem Stab befindet sich zu Anfang ja bereits der vollständige Turm. Um die Aufgabe zu lösen, muss der Spieler den Turm auf Stab B oder C errichten. Beachten Sie, dass wir hier SOLVED_TOWER wiederverwenden, um zu prüfen, ob der Spieler die Aufgabe gelöst hat. Da es sich bei SOLVED_TOWER um eine Konstante handelt, können wir sicher sein, dass sie stets den Wert hat, den wir ihr am Anfang des Quellcodes zugewiesen haben.

Als Bedingung verwenden wir hier ein Python-Idiom, das in Kapitel 6 vorgestellt wurde. Es ist gleichbedeutend mit `SOLVED_TOWER == towers["B"] or SOLVED_TOWER == towers["C"]`, aber kürzer. Wenn die Bedingung `True` ist, hat der Spieler die Aufgabe gelöst, weshalb wir das Programm beenden. Anderenfalls führen wir die Schleife ein weiteres Mal aus.

Die Funktion `getPlayerMove()` fordert den Spieler auf, einen Spielzug anzugeben, und prüft, ob dieser Zug gültig ist:

```
def getPlayerMove(towers):
    """Fordert den Spieler zum Zug auf. Gibt (fromTower, toTower) zurück."""

    while True: # Fordert den Spieler auf, bis er einen gültigen Zug macht
        print('Enter the letters of "from" and "to" towers, or QUIT.')
        print("(e.g., AB to moves a disk from tower A to tower B.)")
        print()
        response = input("> ").upper().strip()
```

Wir starten hier eine Endlosschleife, die so lange läuft, bis entweder eine `return`-Anweisung dafür sorgt, dass die Ausführung die Schleife und die Funktion verlässt, oder ein Aufruf von `sys.exit()` das Programm beendet. Im ersten Teil der Schleife wird der Spieler aufgefordert, seinen Zug zu machen, indem er den From- und den To-Turm angibt.

Die Anweisung `input("> ").upper().strip()` nimmt Tastatureingaben entgegen. Dazu zeigt der Aufruf `input("> ")` die Eingabeaufforderung > an, damit der Spieler weiß, dass eine Eingabe von ihm verlangt wird. Anderenfalls könnte er denken, dass sich das Programm aufgehängt hätte.

Auf den von `input()` zurückgegebenen String wenden wir die Methode `upper()` an, um seine Darstellung in Großbuchstaben zu erhalten. Dadurch ist es gleichgültig, ob der Spieler `'a'` oder `'A'` für Turm A eingibt. Anschließend wird die Methode `strip()` für den String in Großbuchstaben aufgerufen, um jegliche Leerzeichen zu entfernen, die der Benutzer eventuell eingegeben hat. Dadurch wird das Programm leichter zu benutzen.

Die Funktion `getPlayerMove()` ist aber noch nicht zu Ende. Als Nächste überprüfen wir darin die Eingabe des Benutzers:

```
        if response == "QUIT":
            print("Thanks for playing!")
            sys.exit()

        # Prüft, ob gültige Turmbuchstaben eingegeben wurden:
        if response not in ("AB", "AC", "BA", "BC", "CA", "CB"):
            print("Enter one of AB, AC, BA, BC, CA, or CB.")
            continue # Fordert den Spieler zum Zug auf.
```

Wenn der Benutzer QUIT eingegeben hat (wobei es dank der Aufrufe von upper() und strip() keine Rolle spielt, ob das Wort in Groß- oder Kleinbuchstaben oder mit und ohne Leerzeichen am Anfang und Ende geschrieben wurde), wird das Programm beendet. Wir hätten auch dafür sorgen können, dass getPlayerMove() den Wert 'QUIT' an den Aufrufer zurückgibt, damit dieser sys.exit() aufruft, anstatt getPlayerMove() selbst sys.exit() aufrufen zu lassen. Das aber würde den Rückgabewert von getPlayerMove() kompliziert machen, da er dann entweder ein Tupel aus zwei Strings (für den Zug des Spielers) oder der einzelne String 'QUIT' sein könnte. Funktionen, die nur Werte eines einzigen Datentyps zurückgeben, sind verständlicher als Funktionen mit verschiedenen Arten von Rückgabewerten (siehe den Abschnitt »Der Datentyp von Rückgabewerten« auf Seite 203).

Bei insgesamt drei Türmen gibt es nur sechs mögliche Kombinationen von From- und To-Türmen. Mit der Hartcodierung dieser sechs Werte in der Bedingung, die den Zug prüft, ist der Code viel einfacher zu lesen als etwa len(response) != 2 or response[0] not in 'ABC' or response[1] not in 'ABC' or response[0] == response[1]. Unter den gegebenen Umständen ist die Hartcodierung die einfachste Vorgehensweise.

Im Allgemeinen gilt es als ungünstig, Werte wie "AB", "AC"usw. als magische Werte hartzucodieren, da sie nur gültig sind, solange das Programm lediglich drei Stäbe vorsieht. Während wir die Anzahl der Scheiben durch eine Änderung von TOTAL_DISKS erhöhen oder verringern können, ist es äußerst unwahrscheinlich, dass wir dem Spiel noch weitere Stäbe hinzufügen. Daher ist es in Ordnung, alle möglichen Turmkombinationen in dieser Zeile aufzuführen.

Anschließend erstellen wir die beiden neuen Variablen fromTower und toTower, deren Namen die Daten gut beschreiben. Sie dienen keinem funktionalen Zweck, machen den Code aber leichter lesbar als mit response[0] und response[1]:

```
# Macht die Variablennamen aussagekräftiger:
fromTower, toTower = response[0], response[1]
```

Als Nächstes prüfen wir, ob die eingegebene Turmkombination einem gültigen Zug entspricht:

```
if len(towers[fromTower]) == 0:
    # Der "from"-Turm darf nicht leer sein:
    print("You selected a tower with no disks.")
    continue  # Fordert Spieler erneut auf, einen Zug zu machen
elif len(towers[toTower]) == 0:
    # Alle Scheiben können zu einem leeren "to"-Turm gezogen werden:
    return fromTower, toTower
elif towers[toTower][-1] < towers[fromTower][-1]:
    print("Can't put larger disks on top of smaller ones.")
    continue  # Fordert Spieler erneut auf, einen Zug zu machen
```

Wenn nicht, sorgt die Anweisung `continue` dafür, dass die Ausführung wieder zum Anfang der Schleife zurückkehrt, sodass der Spieler erneut aufgefordert wird, seinen Zug einzugeben. Wir prüfen als Erstes, ob `toTower` leer ist. Wenn ja, geben wir `fromTower, toTower` zurück, um anzuzeigen, dass der Zug gültig ist, da es schließlich immer möglich ist, eine Scheibe auf einem leeren Stab abzulegen. Nach den ersten beiden Bedingungen ist bei der Überprüfung der dritten klar, dass `towers[toTower]` und `towers[fromTower]` nicht leer sind und die Ausnahme `IndexError` daher nicht ausgelöst werden kann. Wir haben die Bedingungen absichtlich so geordnet, dass `IndexError` nicht möglich ist und wir keine zusätzliche Überprüfung benötigen.

Es ist wichtig, dass ein Programm mit ungültigen Benutzereingaben und sonstigen möglichen Fehlern umgehen kann. Den Benutzern muss nicht unbedingt klar sein, was sie eingeben können, und es können ihnen Tippfehler unterlaufen. Es kann auch sein, dass Dateien fehlen oder Datenbanken abstürzen. Ihre Programme müssen gegenüber solchen Sonderfällen widerstandsfähig sein, damit sie nicht abstürzen oder es zu Fehlern kommt, die sich erst später zeigen.

Ist keine der vorherigen Bedingungen `True`, gibt `getPlayerMove()` den Wert `fromTower, toTower` zurück:

```
        else:
            # Gültiger Zug; gibt daher die ausgewählten Türme zurück:
            return fromTower, toTower
```

In Python geben `return`-Anweisungen immer einen einzelnen Wert zurück. Es mag hier zwar so aussehen, als ob es sich um zwei Werte handelt, aber tatsächlich gibt Python ein Tupel aus zwei Werten zurück, was `return (fromTower, toTwoer)` entspricht. In diesem Zusammenhang lassen Python-Programmierer die Klammern oft weg. Zur Definition eines Tupels kommt es nicht so sehr auf die Klammern, sondern auf das Komma an.

Die Funktion `getPlayerMove()` wird nur ein einziges Mal in `main()` aufgerufen. Das bedeutet, dass wir uns durch sie keine Duplizierung von Code ersparen, was sonst der Hauptgrund für die Verwendung einer Funktion ist. Wir könnten den gesamten Code von `getPlayerMove()` auch in die Funktion `main()` stellen. Allerdings dienen Funktionen auch zur Gliederung des Codes in separate Einheiten, und das ist es, was wir mit der Auslagerung des Codes in `getPlayerMove()` bewirken. Dadurch verhindern wir, dass `main()` zu lang und zu unhandlich wird.

Die Funktion `displayTowers()` zeigt die im Argument `towers` übergebenen Scheiben auf den Türmen A, B und C an:

```
def displayTowers(towers):
    """Zeigt die drei Türme mit den Scheiben an."""

    # Zeigt die drei Türme an:
```

```
    for level in range(TOTAL_DISKS, -1, -1):
        for tower in (towers["A"], towers["B"], towers["C"]):
            if level >= len(tower):
                displayDisk(0)  # Zeigt den leeren Stab ohne Scheiben an
            else:
                displayDisk(tower[level])  # Zeigt die Scheibe an
        print()
```

Um die einzelnen Scheiben in einem Turm anzuzeigen, greift `displayTowers()` auf die Funktion `displayDisk()` zurück, die wir uns als Nächstes ansehen werden. Die Schleife `for level` durchläuft alle möglichen Scheiben für einen Turm und die Schleife `for tower` die drei Türme A, B und C.

Die Funktion `displayTowers()` ruft `displayDisk()` auf, um die Scheiben mit der angegebenen Breite anzuzeigen. Wird `0` übergeben, so gibt sie nur den Stab ohne Scheiben aus.

```
    # Zeigt die Turmbezeichnungen A, B und C an:
    emptySpace = " " * (TOTAL_DISKS)
    print("{0} A{0}{0} B{0}{0} C\n".format(emptySpace))
```

Damit der Spieler die drei Türme unterscheiden kann und auch weiß, dass sie A, B und C und nicht etwa 1, 2, 3 oder Links, Mitte, Rechts heißen, zeigen wir die Bezeichnungen A, B und C an. Ich verwende absichtlich Buchstaben und nicht Zahlen als Turmbezeichnungen, damit sie nicht mit den Zahlen für die Scheibengröße verwechselt werden können.

Die Variable `emptySpace` setzen wir auf die Anzahl der Leerzeichen zwischen den einzelnen Bezeichnungen. Diese Zahl basiert auf `TOTAL_DISKS`, denn je mehr Scheiben verwendet werden, umso weiter müssen die Stäbe auseinander stehen. Statt eines F-Strings wie `print(f'{emptySpace} A{emptySpace}{emptySpace} B{emptySpace}{emptySpace} C\n')` verwenden wir die Stringmethode `format()`. Dabei wird das Argument `emptySpace` überall dort eingefügt, wo in dem String `{0}` erscheint, wodurch der Code kürzer und übersichtlicher wird als mit einem F-String.

Die Funktion `displayDisk()` zeigt eine einzelne Scheibe mit ihrer Breite an bzw. nur den Stab an, falls keine Scheibe vorhanden ist:

```
def displayDisk(width):
    """Zeigt eine Scheibe der gegebenen Breite an. Die Breite 0 bedeutet,
    dass keine Scheibe vorhanden ist."""
    emptySpace = " " * (TOTAL_DISKS - width)

    if width == 0:
        # Zeigt ein Stück des Stabs ohne Scheibe an:
        print(f"{emptySpace}||{emptySpace}", end="")
    else:
        # Zeigt die Scheibe an:
```

```
    disk = "@" * width
    numLabel = str(width).rjust(2, "_")
    print(f"{emptySpace}{disk}{numLabel}{disk}{emptySpace}", end="")
```

Zur Darstellung einer Scheibe verwenden wir ein Leerzeichen, eine Anzahl von @-Zeichen entsprechend der Breite, zwei Zeichen zur Angabe der Breite (einschließlich eines Unterstrichs, falls die Breitenangabe einstellig ist), eine weitere Folge von @-Zeichen und ein nachfolgendes Leerzeichen. Um nur den leeren Stab anzuzeigen, brauchen wir lediglich die vorstehenden und nachfolgenden Leerzeichen sowie zwei senkrechte Striche. Um den folgenden Turm auszugeben, sind daher sechs Aufrufe von `displayDisk()` mit sechs verschiedenen Argumenten notwendig:

```
     ||
    @_1@
   @@_2@@
  @@@_3@@@
 @@@@_4@@@@
@@@@@_5@@@@@
```

Die beiden Funktionen `displayTowers()` und `dipsplayDisk()` teilen sich die Aufgabe, die Türme darzustellen. Zwar fällt es in die Verantwortung von `displayTowers()`, die Datenstrukturen für die einzelnen Türme zu deuten, doch zur Darstellung der einzelnen Scheiben jedes Turms greift sie auf `displayDisk()` zurück. Ein Programm lässt sich leichter testen, wenn Sie es auf diese Weise in kleinere Funktionen aufteilen. Wenn das Programm die Scheiben nicht richtig darstellt, liegt das Problem wahrscheinlich bei `displayDisk()`. Erscheinen die Scheiben in der falschen Reihenfolge, ist wohl eher `displayTowers()` die Ursache. In jedem Fall müssen Sie sich beim Debuggen weniger umfangreichen Code ansehen.

Um die Funktion `main()` aufzurufen, verwenden wir ein gängiges Python-Idiom:

```
# Startet das Spiel, wenn das Programm ausgeführt (statt importiert) wird:
if __name__ == "__main__":
    main()
```

Python setzt die Variable `__name__` automatisch auf `'__main__'`, wenn ein Spieler das Programm *towerofhanoi.py* unmittelbar ausführt. Wird das Programm stattdessen mit `import towerofhanoi` als Modul importiert, dann wird `__name__` auf `'towerofhanoi'` gesetzt. Die Zeile `if __name__ == '__main__':` ruft die Funktion `main()` auf, wenn jemand das Programm ausführt, und startet das Spiel. Wenn wir das Programm dagegen nur importieren wollen, etwa um einzelne Funktionen darin für Unit-Tests aufzurufen, ist die Bedingung `False`, sodass `main()` nicht aufgerufen wird.

Vier gewinnt

Bei *Vier gewinnt* setzen zwei Spieler abwechselnd Spielsteine, um eine horizontale, vertikale oder diagonale Reihe von vier eigenen Steinen zu bilden. Das Spielbrett besteht aus sechs Reihen und sieben Spalten und steht senkrecht, sodass die oben eingeworfenen Steine bis zum untersten nicht besetzten Platz herunterfallen. In unserer Version treten zwei menschliche Spieler X und O gegeneinander an; es wird also nicht gegen den Computer gespielt.

Die Ausgabe

Wenn Sie das Programm aus diesem Kapitel ausführen, erhalten Sie folgende Ausgabe:

```
Four-in-a-Row, by Al Sweigart al@inventwithpython.com

Two players take turns dropping tiles into one of seven columns, trying
to make four in a row horizontally, vertically, or diagonally.


     1234567
    +-------+
    |.......|
    |.......|
    |.......|
    |.......|
    |.......|
    |.......|
    +-------+
Player X, enter 1 to 7 or QUIT:
> 1

     1234567
    +-------+
    |.......|
    |.......|
    |.......|
    |.......|
    |.......|
    |X......|
    +-------+
Player O, enter 1 to 7 or QUIT:
-- sdhnipp --
Player O, enter 1 to 7 or QUIT:
> 4
```

```
     1234567
    +-------+
    |.......|
    |.......|
    |...O...|
    |X.OO...|
    |X.XO...|
    |XOXO..X|
    +-------+
Player O has won!
```

Versuchen Sie, die strategischen Kniffe herauszufinden, um vier Steine in einer Reihe zu platzieren und gleichzeitig Ihren Gegner davon abzuhalten, dasselbe zu tun.

Der Quellcode

Öffnen Sie im Editor oder in der IDE eine neue Datei, geben Sie den folgenden Code ein und speichern Sie ihn als *fourinarow.py*:

```
"""Vier gewinnt von Al Sweigart al@inventwithpython.com
Ein Spiel, in dem es darum geht, vier Steine in einer Reihe zu platzieren."""

import sys

# Konstanten zur Anzeige des Spielbretts:
EMPTY_SPACE = "."  # Punkte lassen sich leichter zählen als Leerzeichen
PLAYER_X = "X"
PLAYER_O = "O"

# Passen Sie BOARD_TEMPLATE und COLUMN_LABELS an, wenn Sie BOARD_WIDTH ändern
BOARD_WIDTH = 7
BOARD_HEIGHT = 6
COLUMN_LABELS = ("1", "2", "3", "4", "5", "6", "7")
assert len(COLUMN_LABELS) == BOARD_WIDTH

# Der Vorlagenstring zur Anzeige des Spielbretts:
BOARD_TEMPLATE = """
     1234567
    +-------+
    |{}{}{}{}{}{}{}|
    |{}{}{}{}{}{}{}|
    |{}{}{}{}{}{}{}|
    |{}{}{}{}{}{}{}|
    |{}{}{}{}{}{}{}|
    |{}{}{}{}{}{}{}|
    +-------+"""
```

```
def main():
    """Führt ein einzelnes Vier-gewinnt-Spiel aus."""
    print(
        """Four-in-a-Row, by Al Sweigart al@inventwithpython.com

Two players take turns dropping tiles into one of seven columns, trying
to make Four-in-a-Row horizontally, vertically, or diagonally.
"""
    )

    # Richtet ein neues Spiel ein:
    gameBoard = getNewBoard()
    playerTurn = PLAYER_X

    while True:  # Führt den Zug eines Spielers aus
        # Zeigt das Spielbrett an und ruft den Zug des Spielers ab:
        displayBoard(gameBoard)
        playerMove = getPlayerMove(playerTurn, gameBoard)
        gameBoard[playerMove] = playerTurn

        # Prüft auf Sieg oder Unentschieden:
        if isWinner(playerTurn, gameBoard):
            displayBoard(gameBoard)  # Zeigt Spielbrett ein letztes Mal an
            print("Player {} has won!".format(playerTurn))
            sys.exit()
        elif isFull(gameBoard):
            displayBoard(gameBoard)  # Zeigt Spielbrett ein letztes Mal an
            print("There is a tie!")
            sys.exit()

    # Wechselt zum anderen Spieler:
    if playerTurn == PLAYER_X:
        playerTurn = PLAYER_O
    elif playerTurn == PLAYER_O:
        playerTurn = PLAYER_X

def getNewBoard():
    """Gibt ein Dictionary zurück, das das Spielbrett darstellt.

    Die Schlüssel sind (columnIndex, rowIndex)-Tupel aus zwei Integern, die
    Werte sind jeweils die Strings "X, "O" oder "." (leeres Feld)."""
    board = {}

    for rowIndex in range(BOARD_HEIGHT):
        for columnIndex in range(BOARD_WIDTH):
            board[(columnIndex, rowIndex)] = EMPTY_SPACE
    return board

def displayBoard(board):
    """Zeigt das Spielbrett und die Spielsteine auf dem Bildschirm an."""
```

```
    # Bereitet die Liste vor, die als Spielbrettvorlage an die Stringmethode
    # format() übergeben wird. Die Liste enthält alle Spielsteine und leeren
    # Felder von links nach rechts und von oben nach unten:
    tileChars = []
    for rowIndex in range(BOARD_HEIGHT):
        for columnIndex in range(BOARD_WIDTH):
            tileChars.append(board[(columnIndex, rowIndex)])

    # Zeigt das Spielbrett an:
    print(BOARD_TEMPLATE.format(*tileChars))

def getPlayerMove(playerTile, board):
    """Lässt einen Spieler eine Spalte auswählen und einen Stein einwerfen.

    Gibt das (column, row)-Tupel der Position des Steins zurück."""
    while True:  # Fordert den Spieler auf, bis er einen gültigen Zug macht
        print(f"Player {playerTile}, enter 1 to {BOARD_WIDTH} or QUIT:")
        response = input("> ").upper().strip()

        if response == "QUIT":
            print("Thanks for playing!")
            sys.exit()

        if response not in COLUMN_LABELS:
            print(f"Enter a number from 1 to {BOARD_WIDTH}.")
            continue  # Fordert den Spieler erneut auf, einen Zug anzugeben

        columnIndex = int(response) - 1  # -1, da Spaltenindex bei 0 beginnt

        # Ist die Spalte voll, wird erneut nach einem Zug gefragt:
        if board[(columnIndex, 0)] != EMPTY_SPACE:
            print("That column is full, select another one.")
            continue  # Fordert den Spieler erneut auf, einen Zug anzugeben

        # Findet das erste leere Feld von unten
        for rowIndex in range(BOARD_HEIGHT - 1, -1, -1):
            if board[(columnIndex, rowIndex)] == EMPTY_SPACE:
                return (columnIndex, rowIndex)

def isFull(board):
    """Gibt True zurück, wenn das Spielbrett keine leeren Felder aufweist,
    anderenfalls False."""
    for rowIndex in range(BOARD_HEIGHT):
        for columnIndex in range(BOARD_WIDTH):
            if board[(columnIndex, rowIndex)] == EMPTY_SPACE:
                return False  # Leeres Feld gefunden, daher False
    return True # Alle Felder sind belegt

def isWinner(playerTile, board):
    """Gibt True zurück, wenn playerTile in board eine Vierergruppe
    enthält, anderenfalls False."""
```

```
    # Durchläuft das gesamte Brett und sucht nach Vierergruppen:
    for columnIndex in range(BOARD_WIDTH - 3):
        for rowIndex in range(BOARD_HEIGHT):
            # Läuft von links nach rechts und prüft auf Vierergruppen:
            tile1 = board[(columnIndex, rowIndex)]
            tile2 = board[(columnIndex + 1, rowIndex)]
            tile3 = board[(columnIndex + 2, rowIndex)]
            tile4 = board[(columnIndex + 3, rowIndex)]
            if tile1 == tile2 == tile3 == tile4 == playerTile:
                return True

    for columnIndex in range(BOARD_WIDTH):
        for rowIndex in range(BOARD_HEIGHT - 3):
            # Läuft von oben nach unten und prüft auf Vierergruppe:
            tile1 = board[(columnIndex, rowIndex)]
            tile2 = board[(columnIndex, rowIndex + 1)]
            tile3 = board[(columnIndex, rowIndex + 2)]
            tile4 = board[(columnIndex, rowIndex + 3)]
            if tile1 == tile2 == tile3 == tile4 == playerTile:
                return True
    for columnIndex in range(BOARD_WIDTH - 3):
        for rowIndex in range(BOARD_HEIGHT - 3):
            # Läuft diagonal nach rechts unten und prüft auf Vierergruppe:
            tile1 = board[(columnIndex, rowIndex)]
            tile2 = board[(columnIndex + 1, rowIndex + 1)]
            tile3 = board[(columnIndex + 2, rowIndex + 2)]
            tile4 = board[(columnIndex + 3, rowIndex + 3)]
            if tile1 == tile2 == tile3 == tile4 == playerTile:
                return True

            # Läuft diagonal nach links unten und prüft auf Vierergruppe:
            tile1 = board[(columnIndex + 3, rowIndex)]
            tile2 = board[(columnIndex + 2, rowIndex + 1)]
            tile3 = board[(columnIndex + 1, rowIndex + 2)]
            tile4 = board[(columnIndex, rowIndex + 3)]
            if tile1 == tile2 == tile3 == tile4 == playerTile:
                return True
    return False

# Startet das Spiel, wenn das Programm ausgeführt (statt importiert) wird:
if __name__ == "__main__":
    main()
```

Bevor Sie die Erklärungen zu dem Quellcode lesen, sollten Sie das Programm ausführen und einige Male durchspielen, um ein Gefühl dafür zu bekommen, was es tut. Zur Prüfung auf Tippfehler kopieren Sie es in das Diff-Tool, das online auf *https://inventwithpython.com/beyond/diff/* zur Verfügung steht.

Den Code schreiben

Sehen wir uns nun wie beim Spiel Turm von Hanoi den Quellcode des Programms Schritt für Schritt an. Auch diesmal habe ich ihn mit Black mit einer maximalen Zeilenlänge von 75 Zeichen formatiert.

Wir beginnen wieder ganz am Anfang:

```
"""Vier gewinnt von Al Sweigart al@inventwithpython.com
Ein Spiel, in dem es darum geht, vier Steine in einer Reihe zu platzieren."""

import sys

# Konstanten zur Anzeige des Spielbretts:
EMPTY_SPACE = "."  # Punkte lassen sich leichter zählen als Leerzeichen
PLAYER_X = "X"
PLAYER_O = "O"
```

Ebenso wie Turm von Hanoi beginnt auch dieses Programm mit einem Docstring, Modulimporten und Konstantenzuweisungen. Wir definieren hier die Konstanten `PLAYER_X` und `PLAYER_O`, damit wir nicht im ganzen Programm `"X"` und `"O"` schreiben müssen. Dadurch fallen Fehler leichter auf. Wenn wir bei der Verwendung der Konstanten einen Tippfehler wie `PLAYER_XX` machen, löst Python die Ausnahme `NameError` aus, sodass wir unmittelbar darauf hingewiesen werden. Schreiben wir statt eines einfachen `"X"` dagegen `"XX"` oder `"Z"`, ist der resultierende Fehler unter Umständen nicht sofort erkennbar. Wie bereits im Abschnitt »Magische Zahlen« auf Seite 82 erklärt, bietet eine Konstante gegenüber der direkten Angabe eines Stringwerts nicht nur eine aussagekräftigere Beschreibung, sondern auch ein Frühwarnsystem für Tippfehler im Quellcode.

Konstanten sollten sich während der Ausführung des Programms nicht ändern. Allerdings können Programmierer den Wert in zukünftigen Versionen des Programms anpassen. Daher weisen wir hier in einem Kommentar darauf hin, dass bei einer Änderung von `BOARD_WIDTH` auch die Werte für `BOARD_TEMPLATE` und `COLUMN_LABLES` angepasst werden müssen:

```
# Passen Sie BOARD_TEMPLATE und COLUMN_LABELS an, wenn Sie BOARD_WIDTH ändern
BOARD_WIDTH = 7
BOARD_HEIGHT = 6
```

Als Nächstes erstellen wir die Konstante `COLUMN_LABELS`:

```
COLUMN_LABELS = ("1", "2", "3", "4", "5", "6", "7")
assert len(COLUMN_LABELS) == BOARD_WIDTH
```

Diese Konstante ziehen wir später heran, um zu prüfen, ob der Spieler eine gültige Spalte gewählt hat. Wenn wir `BOARD_WIDTH` auf einen anderen Wert als 7 setzen, müssen wir Spaltenbeschriftungen zu dem Tupel `COLUMN_LABELS` hinzufügen oder entfernen. Das wäre nicht nötig, wenn wir den Wert von `COLUMN_LABELS` auf der Grundlage von `BOARD_WIDTH` generieren ließen, etwa durch Code wie `COLUMN_LABELS = tuple([str(n) for n in range(1, BOARD_WIDTH + 1)])`. Da ein Vier-gewinnt-Spielbrett normalerweise aus sieben Spalten und sechs Zeilen besteht, ist es jedoch unwahrscheinlich, dass `COLUMN_LABELS` jemals geändert wird. Daher habe ich mich entschieden, das Tupel explizit auszuschreiben.

Eine solche Hartcodierung stellt zwar einen Code Smell dar, wie Sie im Abschnitt »Magische Zahlen« auf Seite 82 erfahren haben, allerdings ist sie besser lesbar als die Alternative. Außerdem werden wir durch die `assert`-Anweisung gewarnt, wenn wir `BOARD_WITH` ändern, ohne `COLUMN_LABELS` anzupassen.

Ebenso wie für Turm von Hanoi verwenden wir auch für Vier gewinnt ASCII-Grafik, um das Spielbrett zu zeichnen. Die folgenden Zeilen bilden eine einzige Zuweisungsanweisung mit einem mehrzeiligen String:

```
# Der Vorlagenstring zur Anzeige des Spielbretts:
BOARD_TEMPLATE = """
     1234567
    +-------+
    |{}{}{}{}{}{}{}|
    |{}{}{}{}{}{}{}|
    |{}{}{}{}{}{}{}|
    |{}{}{}{}{}{}{}|
    |{}{}{}{}{}{}{}|
    |{}{}{}{}{}{}{}|
    +-------+"""
```

Die Paare von geschweiften Klammern in diesem String werden von der Stringmethode `format()` später durch den Inhalt des Spielbretts ersetzt. Darum kümmert sich die Funktion `displayBoard()`, die wir uns weiter hinten genauer ansehen werden. Da das Spielbrett aus sieben Spalten und sechs Zeilen besteht, stehen in jeder der sechs Zeilen sieben Klammernpaare, um die einzelnen Felder darzustellen. Ebenso wie bei `COLUMN_LABELS` hartcodieren wir hier das Brett, um eine festgelegte Anzahl von Zeilen und Spalten auszugeben. Sollten wir jemals `BOARD_WIDTH` oder `BOARD_HEIGHT` ändern, müssen wir auch den mehrzeiligen String in `BOARD_TEMPLATE` anpassen.

Stattdessen hätten wir `BOARD_TEMPLATE` auch mit Code wie dem Folgenden auf der Grundlage von `BOARD_WIDTH` und `BOARD_HEIGHT` generieren können:

```
BOARD_EDGE = "    +" + ("-" * BOARD_WIDTH) + "+"
BOARD_ROW = "    |" + ("{}" * BOARD_WIDTH) + "|\n"
BOARD_TEMPLATE = "\n     " + "".join(COLUMN_LABELS) + "\n" + BOARD_EDGE +
"\n" + (BOARD_ROW * BOARD_WIDTH) + BOARD_EDGE
```

Dieser Code ist jedoch schlechter lesbar. Da es sehr unwahrscheinlich ist, dass wir die Größe des Spielbretts jemals ändern, verwenden wir stattdessen lieber den einfachen mehrzeiligen String.

Als Nächstes schreiben wir die Funktion `main()`, in der wir alle anderen Funktionen des Spiels aufrufen. Der Anfang sieht wie folgt aus:

```
def main():
    """Führt ein einzelnes Vier-gewinnt-Spiel aus."""
    print(
        """Four-in-a-Row, by Al Sweigart al@inventwithpython.com

Two players take turns dropping tiles into one of seven columns, trying
to make Four-in-a-Row horizontally, vertically, or diagonally.
"""
    )

    # Richtet ein neues Spiel ein:
    gameBoard = getNewBoard()
    playerTurn = PLAYER_X
```

Die Funktion `main()` bekommt einen Docstring, den die integrierte Funktion `help()` anzeigen kann. Außerdem bereitet die Funktion das Spielbrett für ein neues Spiel vor und wählt den ersten Spieler aus.

Innerhalb von `main()` befindet sich eine Endlosschleife:

```
    while True:  # Führt den Zug eines Spielers aus
        # Zeigt das Spielbrett an und ruft den Zug des Spielers ab:
        displayBoard(gameBoard)
        playerMove = getPlayerMove(playerTurn, gameBoard)
        gameBoard[playerMove] = playerTurn
```

Jeder Durchlauf dieser Schleife vollführt einen Spielzug. Als Erstes wird dabei das Brett angezeigt, dann muss der Spieler die Spalte wählen, in die er seinen Stein fallen lässt, und schließlich aktualisieren wir die Datenstruktur für das Spielbrett.

Danach werten wir das Ergebnis des Zugs aus:

```
        # Prüft auf Sieg oder Unentschieden:
        if isWinner(playerTurn, gameBoard):
            displayBoard(gameBoard)  # Zeigt Spielbrett ein letztes Mal an
            print("Player {} has won!".format(playerTurn))
            sys.exit()
        elif isFull(gameBoard):
```

```
        displayBoard(gameBoard)  # Zeigt Spielbrett ein letztes Mal an
        print("There is a tie!")
        sys.exit()
```

Wenn der Spieler einen Gewinnzug macht, gibt `isWinner()` den Wert `True` zurück, und das Spiel endet. Füllt der Spieler das Brett, ohne dass jemand gewinnt, gibt `isFull()` den Wert `True` zurück. Auch in diesem Fall endet das Spiel. Anstatt `sys.exit()` aufzurufen, hätten wir auch eine einfache `break`-Anweisung verwenden können. Dadurch würde die Ausführung die `while`-Schleife verlassen, und da es in `main()` hinter dieser Schleife keinen weiteren Code mehr gibt, würde die Funktion zu dem Aufruf von `main()` am Ende des Programms zurückspringen, sodass das Programm endet. Ich habe mich jedoch entschieden, `sys.exit()` zu verwenden, um anderen Programmierern, die den Code lesen, deutlich zu machen, dass das Programm sofort endet.

Wenn das Spiel mit dem Zug nicht endet, sorgen die folgenden Zeilen dafür, dass `playerTurn` auf den anderen Spieler gesetzt wird:

```
    # Wechselt zum anderen Spieler:
    if playerTurn == PLAYER_X:
        playerTurn = PLAYER_O
    elif playerTurn == PLAYER_O:
        playerTurn = PLAYER_X
```

Statt der `elif`-Anweisung hätte ich auch eine einfache `else`-Anweisung ohne Bedingung verwenden können. Denken Sie aber an den Zen-of-Python-Aphorismus, dass explizit besser ist als implizit. Dieser Code sagt *ausdrücklich*: Wenn jetzt Spieler O am Zug ist, dann ist als Nächstes Spieler X dran. Alternativ hätten wir einfach gesagt: Wenn Spieler X jetzt nicht am Zug ist, dann ist er es als Nächstes. Auch wenn sich `if`- und `else`-Anweisungen von Natur aus für boolesche Bedingungen eignen, sind `PLAYER_X` und `PLAYER_Y` nicht das Gleiche wie `True` und `False`: `not Player_X` ist nicht identisch mit `PLAYER_O`. Daher ist es sinnvoll, ausdrücklich den Wert von `playerTurn` zu prüfen.

Die gleiche Aktion könnten Sie auch mit dem folgenden Einzeiler ausführen:

```
playerTurn = {PLAYER_X: PLAYER_O, PLAYER_O: PLAYER_X}[ playerTurn]
```

Hier verwenden wir den Dictionary-Trick aus dem Abschnitt »Verwenden Sie Dictionarys statt switch-Konstruktionen« auf Seite 117. Wie viele Einzeiler ist er jedoch weniger übersichtlich als direkte `if`- und `else`-Anweisungen.

Als Nächstes definieren wir die Funktion `getNewBoard()`:

```
def getNewBoard():
    """Gibt ein Dictionary zurück, das das Spielbrett darstellt.

    Die Schlüssel sind (columnIndex, rowIndex)-Tupel aus zwei Integern, die
    Werte sind jeweils die Strings "X, "O" oder "." (leeres Feld)."""
    board = {}

    for rowIndex in range(BOARD_HEIGHT):
        for columnIndex in range(BOARD_WIDTH):
            board[(columnIndex, rowIndex)] = EMPTY_SPACE
    return board
```

Diese Funktion gibt ein Dictionary zurück, das für das Spielbrett steht. Die Schlüssel sind (columnIndex, rowIndex)-Tupel, wobei columnIndex und rowIndex jeweils Integer sind. Die einzelnen Felder werden durch 'X', 'O' oder '.' dargestellt. Diese Strings werden in PLAYER_X, PLAYER_O bzw. EMPTY_SPACE gespeichert.

Unser Spiel ist ziemlich einfach, weshalb ein Dictionary zur Darstellung des Spielbretts völlig ausreicht. Wir könnten jedoch auch objektorientiert vorgehen. Mit objektorientierter Programmierung beschäftigen wir uns in Kapitel 15 bis 17.

Die Funktion displayBoard() nimmt eine Spielbrett-Datenstruktur als Argument board entgegen und zeigt das Brett unter Verwendung der Konstanten BOARD_TEMPLATE auf dem Bildschirm an:

```
def displayBoard(board):
    """Zeigt das Spielbrett und die Spielsteine auf dem Bildschirm an."""

    # Bereitet die Liste vor, die als Spielbrettvorlage an die Stringmethode
    # format() übergeben wird. Die Liste enthält alle Spielsteine und leeren
    # Felder von links nach rechts und von oben nach unten:
    tileChars = []
```

Wie bereits gesagt, ist BOARD_TEMPLATE ein mehrzeiliger String mit mehreren Paaren geschweifter Klammern. Wenn wir die Methode format() für BOARD_TEMPLATE aufrufen, werden diese Klammernpaare durch die an format() übergebenen Argumente ersetzt.

Die Variable tileChars enthält eine Liste dieser Argumente. Als Erstes weisen wir ihr eine leere Liste zu. Der erste Wert in tileChars ersetzt das erste Klammernpaar in BOARD_TEMPLATE, der zweite das zweite Paar usw. Im Grunde genommen erstellen wir hier eine Liste von Werten aus dem Dicitonary board:

```
    for rowIndex in range(BOARD_HEIGHT):
        for columnIndex in range(BOARD_WIDTH):
            tileChars.append(board[(columnIndex, rowIndex)])

    # Zeigt das Spielbrett an:
    print(BOARD_TEMPLATE.format(*tileChars))
```

Die verschachtelten for-Schleifen durchlaufen alle Zeilen und Spalten des Bretts und fügen sie zu der Liste in tileChars hinzu. Wenn die Schleifen beendet sind, übergeben wir die Werte in tileChars mit dem Präfix * als individuelle Argumente an format(). Im Abschnitt »Variadische Funktionen mit * erstellen« auf Seite 192 haben Sie schon erfahren, wie Sie mit dieser Syntax dafür sorgen, dass die Werte in einer Liste als separate Funktionsargumente behandelt werden: Der Code print(*['cat', 'dog', 'rat']) ist gleichwertig mit print('cat', 'dog', 'rat'). Der Stern ist erforderlich, da die Methode format() ein Argument für jedes Klammernpaar verlangt, nicht ein einziges Listenargument.

Als Nächstes schreiben wir die Funktion getPlayerMove():

```
def getPlayerMove(playerTile, board):
    """Lässt einen Spieler eine Spalte auswählen und einen Stein einwerfen.

    Gibt das (column, row)-Tupel der Position des Steins zurück."""
    while True:  # Fordert den Spieler auf, bis er einen gültigen Zug macht
        print(f"Player {playerTile}, enter 1 to {BOARD_WIDTH} or QUIT:")
        response = input("> ").upper().strip()

        if response == "QUIT":
            print("Thanks for playing!")
            sys.exit()
```

Diese Funktion beginnt mit einer Endlosschleife, die darauf wartet, dass der Spieler einen gültigen Zug eingibt. Der Code ähnelt dem der gleichnamigen Funktion aus Turm von Hanoi. Im Aufruf von print() am Anfang der while-Schleife verwenden wir einen F-String, damit wir die Meldung nicht ändern müssen, wenn wir BOARD_WIDTH ändern.

Wir prüfen, ob die Eingabe des Spielers einer tatsächlich vorhandenen Spalte entspricht. Wenn nicht, sorgt die Anweisung continue dafür, dass die Ausführung wieder zum Anfang der Schleife zurückkehrt und den Spieler zu einem gültigen Zug auffordert:

```
        if response not in COLUMN_LABELS:
            print(f"Enter a number from 1 to {BOARD_WIDTH}.")
            continue  # Fordert den Spieler erneut auf, einen Zug anzugeben
```

Die Bedingung für die Eingabevalidierung hätten wir auch als not response.isdecimal() or spam < 1 or spam > BOARD_WIDTH schreiben können, aber response not in COLUMN_LABELS ist einfacher.

Als Nächstes müssen wir herausfinden, in welcher Zeile der Spielstein in der vom Spieler ausgewählten Spalte landet:

```
        columnIndex = int(response) - 1  # -1, da Spaltenindex bei 0 beginnt

        # Ist die Spalte voll, wird erneut nach einem Zug gefragt:
        if board[(columnIndex, 0)] != EMPTY_SPACE:
            print("That column is full, select another one.")
            continue  # Fordert den Spieler erneut auf, einen Zug anzugeben
```

Auf dem Bildschirm werden die Spaltenbezeichnungen 1 bis 7 angezeigt, doch die Zählung der Indizes (`columnIndex`, `rowIndex`) beginnt bei 0, weshalb sie von 0 bis 6 reichen. Um diese Abweichung auszubügeln, wandeln wir die Stringwerte `'1'` bis `'7'` in die Integerwerte `0` bis `6` um.

Die Zeilenindizes beginnen bei `0` in der obersten Zeile und steigen auf `6` in der untersten. Als Erstes prüfen wir, ob die oberste Zeile der gewählten Spalte belegt ist. Wenn ja, dann ist die Spalte schon komplett gefüllt, weshalb die Anweisung `continue` die Ausführung zum Anfang der Schleife zurückbringt, sodass der Spieler erneut zur Eingabe eines Zugs aufgefordert wird.

Ist die Spalte nicht voll, müssen wir das unterste nicht belegte Feld finden:

```
        # Findet das erste leere Feld von unten
        for rowIndex in range(BOARD_HEIGHT - 1, -1, -1):
            if board[(columnIndex, rowIndex)] == EMPTY_SPACE:
                return (columnIndex, rowIndex)
```

Diese `for`-Schleife beginnt am Index der untersten Zeile, also `BOARD_HEIGHT - 1` (gleich `6`), und arbeitet sich dann nach oben, bis sie das erste leere Feld findet. Anschließend gibt die Funktion die Indizes des untersten freien Felds zurück.

Wenn das Brett komplett gefüllt ist, endet das Spiel mit einem Unentschieden:

```
def isFull(board):
    """Gibt True zurück, wenn das Spielbrett keine leeren Felder aufweist,
    anderenfalls False."""
    for rowIndex in range(BOARD_HEIGHT):
        for columnIndex in range(BOARD_WIDTH):
            if board[(columnIndex, rowIndex)] == EMPTY_SPACE:
                return False  # Leeres Feld gefunden, daher False
    return True  # Alle Felder sind belegt
```

Die Funktion `isFull()` durchläuft in zwei verschachtelten `for`-Schleifen alle Felder auf dem Brett. Wenn sie dabei auch nur ein einziges leeres Feld findet, ist das Brett noch nicht gefüllt, weshalb sie `False` zurückgibt. Gelangt die Ausführung dagegen ans Ende beider Schleifen, so heißt das, dass kein leeres Feld gefunden wurde, weshalb die Funktion `True` zurückgibt.

Die Funktion isWinner() prüft, ob der Spieler gewonnen hat:

```
def isWinner(playerTile, board):
    """Gibt True zurück, wenn playerTile in board eine Vierergruppe
    enthält, anderenfalls False."""

    # Durchläuft das gesamte Brett und sucht nach Vierergruppen:
    for columnIndex in range(BOARD_WIDTH - 3):
        for rowIndex in range(BOARD_HEIGHT):
            # Läuft von links nach rechts und prüft auf Vierergruppen:
            tile1 = board[(columnIndex, rowIndex)]
            tile2 = board[(columnIndex + 1, rowIndex)]
            tile3 = board[(columnIndex + 2, rowIndex)]
            tile4 = board[(columnIndex + 3, rowIndex)]
            if tile1 == tile2 == tile3 == tile4 == playerTile:
                return True
```

Diese Funktion gibt True zurück, wenn horizontal, vertikal oder diagonal viermal hintereinander playerTile erscheint. Um herauszufinden, ob die Bedingung erfüllt ist, müssen wir alle Mengen von vier benachbarten Feldern auf dem Brett prüfen. Dazu verwenden wir eine Folge von verschachtelten for-Schleifen.

Das Tupel (columnIndex, rowIndex) steht für den Ausgangspunkt. Wir überprüfen dieses Ausgangsfeld und die drei rechts davon liegenden Felder auf das Vorhandensein des playerTile-Strings. Das Feld rechts neben (columnIndex, rowIndex) ist (columnIndex + 1, rowIndex) usw. Wir speichern den Inhalt dieser vier Felder in den Variablen tile1 bis tile4. Wenn alle vier den gleichen Wert haben wie playerTile, haben wir eine Reihe von vier Steinen gefunden, sodass isWinner() den Wert True zurückgibt.

Im Abschnitt »Variablen mit numerischen Suffixen« auf Seite 87 habe ich erklärt, dass Variablen mit durchnummerierten Suffixen (wie tile1 bis tile4 in diesem Spiel) einen Code Smell darstellen, der Sie in den meisten Fällen dazu veranlassen sollte, statt der Variablen eine Liste zu verwenden. In diesem Zusammenhang sind diese Variablennamen jedoch gerechtfertigt. Wir müssen sie nicht durch eine Liste ersetzen, da das Programm immer genau vier dieser Feldervariablen benötigt. Ein Code Smell bedeutet nicht zwangsläufig, dass ein Problem vorliegt, sondern nur, dass Sie sich den Code noch einmal ansehen und prüfen sollten, ob sie ihn auch in der übersichtlichsten Weise geschrieben haben. In diesem Fall würde eine Liste den Code nur komplizierter machen, ohne irgendwelche Vorteile zu bringen, weshalb wir bei tile1 bis tile4 bleiben.

Mit einem ähnlichen Vorgang prüfen wir, ob es eine senkrechte Vierergruppe gibt:

```
    for columnIndex in range(BOARD_WIDTH):
        for rowIndex in range(BOARD_HEIGHT - 3):
            # Läuft von oben nach unten und prüft auf Vierergruppe:
```

```
            tile1 = board[(columnIndex, rowIndex)]
            tile2 = board[(columnIndex, rowIndex + 1)]
            tile3 = board[(columnIndex, rowIndex + 2)]
            tile4 = board[(columnIndex, rowIndex + 3)]
            if tile1 == tile2 == tile3 == tile4 == playerTile:
                return True
```

Danach suchen wir nach einer diagonalen Vierergruppe, zunächst in der Richtung von links oben nach rechts unten und dann von rechts oben nach links unten:

```
    for columnIndex in range(BOARD_WIDTH - 3):
        for rowIndex in range(BOARD_HEIGHT - 3):
            # Läuft diagonal nach rechts unten und prüft auf Vierergruppe:
            tile1 = board[(columnIndex, rowIndex)]
            tile2 = board[(columnIndex + 1, rowIndex + 1)]
            tile3 = board[(columnIndex + 2, rowIndex + 2)]
            tile4 = board[(columnIndex + 3, rowIndex + 3)]
            if tile1 == tile2 == tile3 == tile4 == playerTile:
                return True

            # Läuft diagonal nach links unten und prüft auf Vierergruppe:
            tile1 = board[(columnIndex + 3, rowIndex)]
            tile2 = board[(columnIndex + 2, rowIndex + 1)]
            tile3 = board[(columnIndex + 1, rowIndex + 2)]
            tile4 = board[(columnIndex, rowIndex + 3)]
            if tile1 == tile2 == tile3 == tile4 == playerTile:
                return True
```

Dieser Code ähnelt der Prüfung auf eine horizontale Vierergruppe, weshalb ich die Erklärungen hier nicht wiederhole. Wenn keine der Überprüfungen eine Vierergruppe findet, gibt die Funktion `False` zurück, um anzuzeigen, dass der aktuelle Spieler noch keinen Gewinnzug gemacht hat:

```
    return False
```

Nun bleibt nur noch die Aufgabe, die Funktion `main()` aufzurufen:

```
# Startet das Spiel, wenn das Programm ausgeführt (statt importiert) wird:
if __name__ == "__main__":
    main()
```

Auch hier verwenden wir wieder das gängige Python-Idiom, das `main()` nur dann aufruft, wenn *fourinarow.py* direkt ausgeführt und nicht als Modul importiert wird.

Zusammenfassung

Anhand der Empfehlungen in diesem Buch können Sie Ihren Code besser lesbar und leichter zu debuggen machen. Das ist bei den hier vorgestellten kurzen Programmen für die Spiele Turm von Hanoi und Vier gewinnt der Fall: Sie wurden mit Black automatisch formatiert und enthalten Docstrings zur Beschreibung der Module und Funktionen, die Konstanten sind am Anfang der Datei definiert und die Variablen, Funktionsparameter und Rückgabewerte sind auf jeweils einen einzigen Datentyp beschränkt, sodass keine Typhinweise erforderlich sind (obwohl sie durchaus eine zusätzliche Form von Dokumentation darstellen können).

In Turm von Hanoi stellen wir die drei Türme als Dictionary mit `'A'`, `B'` und `'C'` als Schlüssel und Integerlisten als Werte dar. Das funktioniert in diesem Fall, doch bei einem umfangreicheren oder komplizierteren Programm wäre es besser, die Daten mithilfe einer Klasse darzustellen. Mit Klassen und anderen Techniken der objektorientierten Programmierung werden wir uns jedoch erst in Kapitel 15 bis 17 beschäftigen. Allerdings hätten wir für diese Datenstruktur auch gut eine Klasse verwenden können. Die Türme werden durch ASCII-Grafik dargestellt, wobei die einzelnen Scheiben aus Textzeichen aufgebaut sind.

Auch für Vier gewinnt verwenden wir zur Anzeige des Spielbretts ASCII-Grafik. Wir stellen es durch einen mehrzeiligen String in der Konstanten `BOARD_TEMPLATE` dar, der über 42 Paare von geschweiften Klammern für die 7 × 6 Felder des Bretts verfügt. Die Klammern können dann von der Stringmethode `format()` durch die Symbole der Spielsteine ersetzt werden. Dadurch wird klarer, wie der String in `BOARD_TEMPLATE` das Spielbrett auf den Bildschirm bringt.

Auch wenn sich die verwendeten Datenstrukturen unterscheiden, weisen die beiden Programme doch viele Gemeinsamkeiten auf. Beide stellen die Datenstrukturen auf dem Bildschirm dar, fordern den Spieler zu einer Eingabe auf, validieren die Eingaben und aktualisieren dann auf deren Grundlage ihre Datenstruktur, bevor sie wieder von vorn beginnen. Den dafür erforderlichen Code hätten wir auf verschiedene Weisen schreiben können. Was lesbaren Code ausmacht, ist letzten Endes eine subjektive Einschätzung und nicht so sehr ein objektives Maß, das sich daran orientiert, wie streng der Code einem Satz von Regeln folgt. Der Quellcode in diesem Kapitel zeigt auch, dass Code Smells nicht unbedingt ein Problem darstellen, das eine Umarbeitung erfordert. Die Lesbarkeit des Codes ist wichtiger, als stur zu versuchen, jegliche Code Smells zu entfernen.

15
Klassen

Objektorientierte Programmierung (*OOP*) ist ein Merkmal von Programmiersprachen, das es Ihnen ermöglicht, Variablen und Funktionen zu neuen Datentypen zu gruppieren, sogenannten *Klassen*, aus denen Sie Objekte erstellen können. Durch die Gliederung des Codes in Klassen können Sie ein großes Programm in kleinere Teile zerlegen, die sich leichter verstehen und debuggen lassen.

Bei kleinen Programmen trägt OOP weniger zu einer übersichtlicheren Gliederung bei, sondern mehr zu einer aufgeblähten Verwaltung. Bei einigen Sprachen, darunter Java, müssen Sie Code immer in Klassen aufteilen, doch in Python ist OOP optional. Programmierer können Klassen nutzen, wenn sie sie brauchen, und sie anderenfalls ignorieren. In seinem Vortrag »Stop Writing Classes« auf der PyCon 2012 (*https://youtu.be/o9pEzgHorH0/*) hat Jack Diedrichs, einer der Python-Hauptentwickler, viele Fälle vorgeführt, in denen Programmierer Klassen geschrieben haben, in denen sich eine einfachere Funktion oder ein Modul besser geeignet hätte.

Dennoch sollten Sie als Programmierer mit den Grundlagen von Klassen vertraut sein. In diesem Kapitel erfahren Sie, was Klassen sind, wozu Sie sie in einem Programm verwenden können, welche Syntax dafür gilt und welche Programmierprinzipien dahinterstecken. Die objektorientierte Programmierung ist ein weites Feld, weshalb dieses Kapitel nur eine Einführung geben kann.

Formulare als Veranschaulichung

Sie haben in Ihrem Leben bestimmt schon viele Formulare ausfüllen müssen, sei es auf Papier oder in elektronischer Form: für irgendwelche amtlichen Anträge, für Online-Einkäufe oder als Antwort auf eine Einladung. Formulare bieten eine einheitliche Möglichkeit, um Informationen zu erfassen. Dabei werden je nach Formular die unterschiedlichsten Arten von Informationen abgefragt. So ist etwa ein Reha-Antrag der richtige Ort für sensible Informationen über Ihre Krankengeschichte, und Sie würden alle Gäste, die Sie mitbringen, auf der Antwortkarte zu einer Hochzeitseinladung angeben – aber nicht umgekehrt.

In Python haben die Begriffe *Klasse*, *Typ* und *Datentyp* alle dieselbe Bedeutung. So wie ein Formular in Papier- oder elektronischer Form ein Vordruck ist, in den die Informationen über eine konkrete Person eingetragen werden, ist eine *Klasse* eine Schablone für Python-*Objekte* (auch *Instanzen* genannt), die die Daten über eine bestimmte Entität enthalten, etwa über einen Patienten, einen Online-Einkauf oder einen Gast. Eine Klasse entspricht einem leeren Formular, und ein auf der Grundlage dieser Klasse erstelltes Objekt einem ausgefüllten Formular mit Daten über die Entität, für die das Formular steht. Im Beispiel von Abbildung 15–1 wird eine Klasse durch ein Antwortformular auf eine Einladung zur Hochzeit veranschaulicht und ein Objekt durch eine ausgefüllte Antwort.

Abb. 15–1 *Das einer Einladung beigefügte Antwortformular entspricht einer Klasse, während die ausgefüllten Formulare mit den Objekten dieser Klasse vergleichbar sind.*

Abbildung 15–2 zeigt eine andere Veranschaulichung für Klassen und Objekte, nämlich ein Arbeitsblatt in einer Tabellenkalkulation.

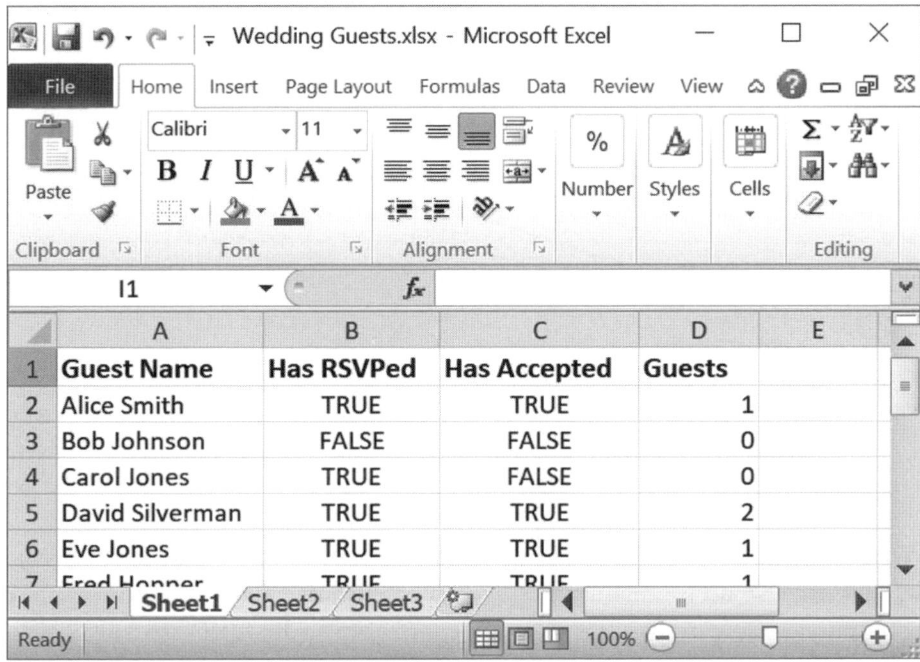

	A	B	C	D	E
1	**Guest Name**	**Has RSVPed**	**Has Accepted**	**Guests**	
2	Alice Smith	TRUE	TRUE	1	
3	Bob Johnson	FALSE	FALSE	0	
4	Carol Jones	TRUE	FALSE	0	
5	David Silverman	TRUE	TRUE	2	
6	Eve Jones	TRUE	TRUE	1	
7	Fred Hopper	TRUE	TRUE	1	

Abb. 15–2 *Arbeitsblatt mit allen Antwortdaten*

Die Spaltenköpfe bilden hier die Klasse, und jede einzelne Zeile stellt ein Objekt dar.

Klassen und Objekte werden oft als Datenmodelle für reale Entitäten beschrieben, allerdings sollten Sie nicht den Fehler begeben, die Karte mit der Landschaft zu verwechseln. Was alles in eine Klasse eingeht, hängt davon ab, was das jeweilige Programm benötigt. Abbildung 15–3 zeigt einige Objekte verschiedener Klassen, die für dieselbe reale Person stehen, aber außer dem Namen dieser Person jeweils völlig andere Daten festhalten.

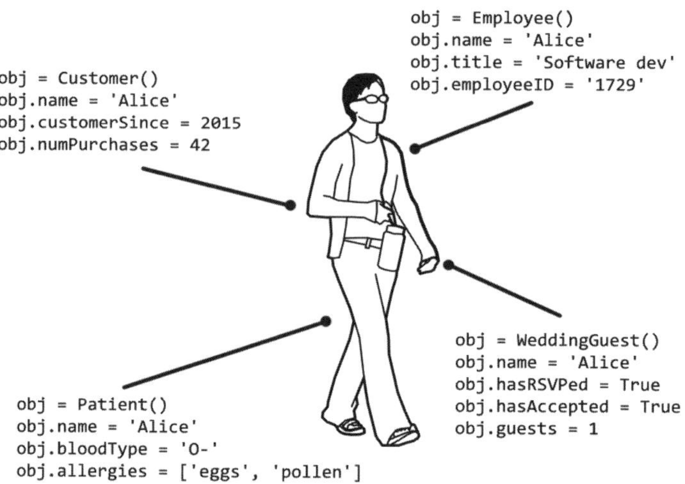

Abb. 15–3 *Vier Objekte von vier verschiedenen Klassen, die alle für dieselbe reale Person stehen. Ihr Aufbau und ihr Inhalt hängen jeweils davon ab, was die betreffende Software über die betreffende Person wissen muss.*

Welche Informationen in den Klassen enthalten sind, hängt von den Anforderungen des jeweiligen Programms ab. In vielen Einführungen zur objektorientierten Programmierung wird die Klasse `Car` als grundlegendes Beispiel verwendet. Allerdings wird meistens nicht darauf hingewiesen, dass Aufbau und Inhalt einer Klasse ganz davon abhängen, was für eine Art Software Sie schreiben. Es gibt keine allgemeine `Car`-Klasse, die unbedingt über die Methode `honkHorn()` oder das Attribut `numberOfCupholders` verfügen muss, nur weil reale Autos hupen können und über Tassenhalter verfügen. Programme, die eine Klasse wie `Car` benötigen, können unterschiedlichen Zwecken dienen – etwas als Webanwendung eines Autohändlers, als Autorennenspiel oder als Verkehrssimulation. Für den Autohändler benötigt eine solche Klasse Attribute für den Verbrauch oder die UVP wie `milesPerGallon` und `manufacturerSuggestedRetailPrice` (die auch Spaltenköpfe in Arbeitsblättern des Unternehmens sein könnten), doch bei Spielen und Verkehrssimulatoren wären diese Attribute fehl am Platze, da die entsprechenden Informationen in diesem Zusammenhang nicht gebraucht werden. Dagegen könnte ein Spiel für Autorennen über die Methode `explodeWithLargeFireball()` verfügen, für die ein Autohändler und eine Verkehrssimulation hoffentlich keinen Bedarf haben.

Objekte aus Klassen erstellen

Sie haben bereits Klassen und Objekte in Python verwendet, auch wenn Sie selbst noch keine Klassen erstellt haben. So enthält das Modul `datetime` die Klasse `date`. Objekte der Klasse `datetime.date` (oder kurz gesagt `datetime.date`-Objekte oder noch kürzer date-Objekte) stehen für ein konkretes Datum. Geben Sie Folgendes in die interaktive Shell ein, um ein solches Objekt zu erstellen:

```
>>> import datetime
>>> birthday = datetime.date(1999, 10, 31)  # Übergibt Jahr, Monat und Tag
>>> birthday.year
1999
>>> birthday.month
10
>>> birthday.day
31
>>> birthday.weekday()  # Dies ist eine Methode; beachten Sie die Klammern
6
```

Attribute sind mit Objekten verknüpfte Variablen. Der Aufruf von datetime.date() erstellt ein neues date-Objekt und initialisiert es mit den Argumenten 1999, 10, 31, sodass es für den 31. Oktober 1999 steht. Wir weisen die Argumente als Attribute year, month und day hinzu, über die alle date-Objekte verfügen.

Anhand dieser Informationen kann die Methode weekday() den Wochentag berechnen. In diesem Fall gibt sie 6 für Sonntag zurück. Nach der Onlinedokumentation von Python ist der Rückgabewert von weekday() ein Integer, dessen Zählung bei 0 für Montag beginnt und bis 6 für Sonntag geht. Die Dokumentation führt noch verschiedene andere Methoden auf, über die Objekte der Klasse date verfügen. Obwohl ein date-Objekt mehrere Attribute und Methoden enthält, ist es ein einzelnes Objekt, sodass Sie es in einer Variablen speichern können, etwa birthday wie in diesem Beispiel.

Eine einfache Klasse erstellen: WizCoin

Zur Veranschaulichung wollen wir die Klasse WizCoin schreiben, die für Münzen in einer fiktiven Währung für Zauberer steht. Die Währungseinheiten sind Knuts, Sickles (im Wert von 29 Knuts) und Galleonen (im Wert von 17 Sickles oder 493 Knuts). Beachten Sie, dass die Objekte der Klasse WizCoin für eine Anzahl von Münzen stehen, nicht für einen Geldbetrag. Ein solches Objekt besagt also im Prinzip, dass Sie über ein 1-Euro-Stück und fünf 5-Cent-Münzen verfügen und nicht über 1,25 €.

Geben Sie in einer neuen Datei namens *wizcoin.py* den folgenden Code ein, um die Klasse WizCoin zu erstellen. Beachten Sie dabei, dass der Methodenname __init__ mit je zwei Unterstrichen beginnt und endet (mehr darüber erfahren Sie im Abschnitt »Methoden, __init__() und der Parameter self« weiter hinten in diesem Kapitel):

```
class WizCoin: ❶
    def __init__(self, galleons, sickles, knuts): ❷
        """Erstellt ein neues WizCoin-Objekt mit Galleonen, Sickles und
Knuts."""
        self.galleons = galleons
        self.sickles  = sickles
        self.knuts    = knuts
        # __init__()-Methoden haben grundsätzlich KEINE return-Anweisung

    def value(self): ❸
        """Der Wert (in Knuts) aller Münzen in diesem WizCoin-Objekt."""
        return (self.galleons * 17 * 29) + (self.sickles * 29) + (self.knuts)

    def weightInGrams(self): ❹
        """Gibt das Gewicht der Münzen in Gramm zurück."""
        return (self.galleons * 31.103) + (self.sickles * 11.34) + (self.
knuts * 5.0)
```

Dieses Programm definiert mithilfe einer `class`-Anweisung die neue Klasse `WizCoin` ❶. Wenn Sie eine Klasse erstellen, legen Sie damit einen neuen Typ von Objekt an. Die `class`-Anweisung entspricht dabei der `def`-Anweisung zur Definition neuer Funktionen. In dem Codeblock, der auf diese Anweisung folgt, stehen die Definitionen für drei Methoden: `__init__()` (kurz für *Initialisierer*) ❷, `value()` ❸ und `weightInGrams()` ❹. Alle Methoden haben `self` als ersten Parameter, was wir uns im nächsten Abschnitt noch genauer ansehen werden.

Verabredungsgemäß werden Modulnamen (wie `wizcoin` in der Datei *wizcoin.py*) kleingeschrieben, Klassennamen (wie `WizCoin`) dagegen groß. Leider folgen einige Klassen in der Python-Standardbibliothek dieser Konvention nicht, z.B. `date`.

Um das Erstellen von Objekten der Klasse `WizCoin` zu üben, geben Sie den folgenden Code in ein anderes Editorfenster ein und speichern diese Datei als *wcexample1.py* im selben Ordner wie *wizcoin.py*:

```
import wizcoin

purse = wizcoin.WizCoin(2, 5, 99)  # Die Ints werden an __init__() übergeben
❶
print(purse)
print('G:', purse.galleons, 'S:', purse.sickles, 'K:', purse.knuts)
print('Total value:', purse.value())
print('Weight:', purse.weightInGrams(), 'grams')
print()

coinJar = wizcoin.WizCoin(13, 0, 0)  # Ints werden an __init__() übergeben
❷
print(coinJar)
print('G:', coinJar.galleons, 'S:', coinJar.sickles, 'K:', coinJar.knuts)
```

```
print('Total value:', coinJar.value())
print('Weight:', coinJar.weightInGrams(), 'grams')
```

Die beiden Aufrufe von `WizCoin()` ❶ und ❷ erstellen jeweils ein `WizCoin`-Objekt und führen den Code in der Methode `__init__()` dafür aus. Als Argumente für `WizCoin()` übergeben wir jeweils drei Integer, die an die Parameter von `__init__()` weitergeleitet werden. Diese Argumente werden den Attributen `self.galleons`, `self-sickles` und `self.knuts` des Objekts zugewiesen. Ebenso, wie Sie zur Verwendung der Funktion `time.sleep()` zunächst das Modul `time` importieren und dem Funktionsnamen `time.` voranstellen müssen, müssen Sie auch zur Verwendung von `WizCoin()` erst `wizcoin` importieren und `wizcoin.` voranstellen.

Wenn Sie dieses Programm ausführen, erhalten Sie folgende Ausgabe:

```
<wizcoin.WizCoin object at 0x000002136F138080>
G: 2 S: 5 K: 99
Total value: 1230
Weight: 613.906 grams

<wizcoin.WizCoin object at 0x000002136F138128>
G: 13 S: 0 K: 0
Total value: 6409
Weight: 404.339 grams
```

Sollten Sie eine Fehlermeldung wie `ModuleNotFoundError: No module named 'wizcoin'` erhalten, vergewissern Sie sich, dass Sie die Datei tatsächlich *wizcoin.py* genannt haben und sie sich im selben Ordner befindet wie *wcexample1.py*.

Da es für `WizCoin`-Objekte keine sinnvolle Stringdarstellung gibt, wird bei der Ausgabe von `purse` und `coinJar` eine Speicheradresse in spitzen Klammern angezeigt. Wie Sie das ändern, erfahren Sie in Kapitel 17.

Ebenso, wie wir die Stringmethode `lower()` für ein Stringobjekt aufrufen können, sind wir in der Lage, die Methoden `value()` und `weightInGrams()` für die `WizCoin`-Objekte aufzurufen, die wir den Variablen `purse` und `coinJar` zugewiesen haben. Diese Methoden berechnen Werte auf der Grundlage der Attribute `galleons`, `sickles` und `knuts` des Objekts.

Klassen und objektorientierte Programmierung führen zu Code, der sich besser pflegen lässt – leichter zu lesen, leichter zu ändern und leichter zu erweitern. Im Folgenden sehen wir uns die Methoden und Attribute dieser Klasse ausführlicher an.

Methoden, __init__() und der Parameter self

Methoden sind Funktionen, die mit den Objekten einer bestimmten Klasse verknüpft sind. Beispielsweise ist `lower()` eine Stringmethode, was bedeutet, dass wir sie für Stringobjekte aufrufen können, also etwa `'Hello'.lower()`, aber nicht für eine Liste, z.B. als `['dog', 'cat'].lower()`. Dabei wird die Methode hinter das Objekt geschrieben. Der Code lautet korrekt `'Hello'.lower()` und nicht `lower('Hello')`. Im Gegensatz zu einer Methode wie `lower()` ist eine Funktion wie `len()` nicht mit einem bestimmten Datentyp verknüpft. Daher ist es möglich, Strings, Listen, Dictionarys und viele andere Arten von Objekten an `len()` zu übergeben.

Wie Sie im vorherigen Abschnitt gesehen haben, erstellen wir Objekte, indem wir den Klassennamen als Funktion aufrufen. Diese Funktion wird als *Konstruktorfunktion* (oder kurz *Konstruktor*) bezeichnet, da sie ein neues Objekt konstruiert. Wir sagen auch, dass der Konstruktor eine neue *Instanz* der Klasse erstellt oder die Klasse *instanziiert*.

Der Aufruf des Konstruktors veranlasst Python dazu, ein neues Objekt zu erstellen und dann die Methode `__init__()` auszuführen. Klassen müssen nicht über eine solche Methode verfügen, allerdings haben sie meistens eine. In `__init__()` legen Sie gewöhnlich die Anfangswerte der Attribute fest. Die Methode `__init__()` von `WizCoin` sieht bekanntlich wie folgt aus:

```
def __init__(self, galleons, sickles, knuts):
    """Erstellt ein neues WizCoin-Objekt mit Galleonen, Sickles und Knuts."""
    self.galleons = galleons
    self.sickles  = sickles
    self.knuts    = knuts
    # __init__()-Methoden haben grundsätzlich KEINE return-Anweisung
```

Wenn das Programm *wcexample1.py* `WizCoin(2, 5, 99)` aufruft, erstellt Python ein neues `WizCoin`-Objekt und übergibt die drei Argumente `2`, `5` und `99` an den Aufruf von `__init__()`. Allerdings hat diese Methode vier Parameter, nämlich `self`, `galleons`, `sickles` und `knuts`. Das liegt daran, dass alle Methoden `self` als ersten Parameter aufweisen. Wird eine Methode für ein Objekt aufgerufen, so wird dieses Objekt automatisch als Parameter `self` übergeben. Alle anderen Argumente werden den Parametern wie üblich zugewiesen. Wenn Sie eine Fehlermeldung wie `TypeError: __init__() takes 3 positional arguments but 4 were given` erhalten, haben Sie wahrscheinlich vergessen, den Parameter `self` in der `def`-Anweisung der Methode anzugeben.

Sie müssen den ersten Parameter einer Methode nicht unbedingt `self` nennen, sondern können ihm auch einen anderen Namen geben, doch `self` ist üblich, und mit einer abweichenden Bezeichnung machen Sie Ihren Code für andere Python-

Programmierer schwerer verständlich. Bei der Lektüre von Code ist das Vorhandensein von `self` als erster Parameter das offensichtlichste Merkmal, um Methoden von Funktionen zu unterscheiden. Wenn der Code Ihrer Methode diesen Parameter niemals nutzt, ist das ein Zeichen dafür, dass Sie aus der Methode lieber eine Funktion machen sollten.

Die Argumente `2`, `5` und `99` von `WizCoin(2, 5, 99)` werden den Attributen des neuen Objekts nicht automatisch zugewiesen. Dazu sind die drei Zuweisungsanweisungen in `__init__()` da. Oft werden die Parameter von `__init__()` genauso benannt wie die Attribute, wobei die Angabe `self` in `self.galleons` anzeigt, dass es sich um ein Attribut des Objekts handelt, wohingegen `galleons` ein Parameter ist. Die Speicherung der Konstruktorargumente in den Attributen des Objekts ist eine übliche Aufgabe für die `__init__()`-Methode einer Klasse. Der Aufruf von `datetime.date()` im vorherigen Abschnitt hat eine ähnliche Aufgabe erfüllt. Dort allerdings waren die drei übergebenen Argumente für die Attribute `year`, `month` und `day` des neu erstellen `date`-Objekts da.

In früheren Beispielen haben Sie bereits Funktionen wie `int()`, `str()`, `float()` und `bool()` aufgerufen, um Datentypen ineinander umzuwandeln. So gibt `str(3.1415)` beispielsweise den Stringwert `'3.1415'` zu dem Fließkommawert `3.1415` zurück. Ich habe dabei bisher einfach von Funktionen gesprochen. Da es sich bei `int`, `str`, `float` und `bool` aber um Klassen handelt, sind `int()`, `str()`, `float()` und `bool()` Konstruktorfunktionen, die ein neues Integer-, String-, Fließkomma- oder boolesches Objekt zurückgeben. Laut Stilrichtlinie von Python sollten Sie für Klassennamen die CamelCase-Schreibweise mit großem Anfangsbuchstaben wählen (wie `WizCoin`), allerdings missachten viele der integrierten Klassen von Python diese Konvention.

Obwohl der Aufruf der Konstruktorfunktion `WizCoin()` ein neues `WizCoin`-Objekt zurückgibt, verfügt eine `__init__()`-Methode grundsätzlich nicht über eine `return`-Anweisung mit einem Rückgabewert. Wenn Sie einen Rückgabewert hinzufügen, erhalten Sie die Fehlermeldung `TypeError: __init__() should return None.`

Attribute

Attribute sind mit einem Objekt verknüpfte Variablen. In der Python-Dokumentation werden sie als »ein beliebiger Name, der auf einen Punkt folgt« beschrieben. In dem Ausdruck `birthday.year` aus dem vorherigen Abschnitt ist `year` ein solcher Name, der auf einen Punkt folgt.

Jedes Objekt verfügt über seine eigene Menge von Attributen. So weisen die Attribute der beiden `WizCoin`-Objekte, die das Programm *wcexample1.py* erstellt und in den Variablen `purse` und `coinJar` gespeichert hat, unterschiedliche Werte auf. Attribute können Sie genauso lesen und festlegen wie andere Variablen. Zur

Übung öffnen Sie ein neues Editorfenster, geben darin den folgenden Code ein und speichern ihn als *wcexample2.py* im selben Ordner wie *wizcoin.py*:

```
import wizcoin

change = wizcoin.WizCoin(9, 7, 20)
print(change.sickles)  # Gibt 7 aus
change.sickles += 10
print(change.sickles)  # Gibt 17 aus

pile = wizcoin.WizCoin(2, 3, 31)
print(pile.sickles)  # Gibt 3 aus
pile.someNewAttribute = 'a new attr'  # Erstellt ein neues Attribut
print(pile.someNewAttribute)
```

Wenn Sie dieses Programm ausführen, erhalten Sie die folgende Ausgabe:

```
7
17
3
a new attr
```

Die Attribute eines Objekts können Sie sich so ähnlich vorstellen wie die Schlüssel eines Dictionarys. Sie können die zugehörigen Werte lesen und ändern und einem Objekt neue Attribute zuweisen. Rein technisch gesehen zählen auch die Methoden zu den Attributen einer Klasse.

Private Attribute und private Methoden

In Sprachen wie C++ und Java können Attribute als *privat* gekennzeichnet werden. Das bedeutet, dass der Compiler oder Interpreter nur den Methoden der Klasse gestattet, Attribute von Objekten dieser Klasse zu lesen und zu ändern. In Python gibt es jedoch keine Einrichtung, die eine solche Beschränkung durchsetzen würde. Alle Attribute und Methoden sind *öffentlich*: Auch Code außerhalb einer Klasse kann auf jegliche Attribute aller Objekte der Klasse zugreifen und sie bearbeiten.

Eine Einschränkung auf privaten Zugriff ist jedoch sinnvoll. Wenn beispielsweise die Objekte der Klasse `BankAccount` über ein Attribut namens `balance` verfügen, dann wäre es gut, wenn nur die Methoden von `BankAccount` darauf Zugriff hätten. In Python gibt es daher die Konvention, die Namen von *privaten* Attributen und Methoden mit einem einzelnen Unterstrich zu beginnen. Es besteht zwar keine technische Möglichkeit, um Code außerhalb der Klasse vom Zugriff auf solche privaten Attribute und Methoden abzuhalten, aber es gilt als empfohlene Vorgehensweise, ihn nur den Methoden der Klasse zu erlauben.

Öffnen Sie ein neues Editorfenster, geben Sie den folgenden Code ein und speichern Sie ihn als *privateExample.py*. Die Objekte der Klasse `BankAccount` verfügen hier über die privaten Attribute `_name` und `_balance`, auf die nur die Methoden `deposit()` und `withdraw()` unmittelbar zugreifen sollten:

```
class BankAccount:
    def __init__(self, accountHolder):
        # BankAccount-Methoden können auf self._balance zugreifen, Code
        # außerhalb dieser Klasse sollte es jedoch nicht tun können:
        self._balance = 0  ❶
        self._name = accountHolder  ❷
        with open(self._name + 'Ledger.txt', 'w') as ledgerFile:
            ledgerFile.write('Balance is 0\n')

    def deposit(self, amount):
        if amount <= 0:  ❸
            return  # Negative "Einzahlungen" sind unzulässig
        self._balance += amount
        with open(self._name + 'Ledger.txt', 'a') as ledgerFile:  ❹
            ledgerFile.write('Deposit ' + str(amount) + '\n')
            ledgerFile.write('Balance is ' + str(self._balance) + '\n')

    def withdraw(self, amount):
        if self._balance < amount or amount < 0:  ❺
            return  # Konto ist nicht gedeckt oder Abhebung ist negativ
        self._balance -= amount
        with open(self._name + 'Ledger.txt', 'a') as ledgerFile:  ❻
            ledgerFile.write('Withdraw ' + str(amount) + '\n')
            ledgerFile.write('Balance is ' + str(self._balance) + '\n')

acct = BankAccount('Alice')  # Wir erstellen ein Konto für Alice
acct.deposit(120)  # _balance kann durch deposit() geändert werden
acct.withdraw(40)  # _balance kann durch withdraw() geändert werden

# Änderung von _name oder _balance außerhalb von BankAccount ist kriminell,
# aber technisch zulässig:
acct._balance = 1000000000  ❼
acct.withdraw(1000)

acct._name = 'Bob'   # Wir ändern jetzt Bobs Konto!  ❽
acct.withdraw(1000)  # Diese Abhebung wird in BobLedger.txt aufgezeichnet!
```

Wenn Sie *privateExample.py* ausführen, sind die Kontodateien nicht stimmig, da `_balance` und `_name` außerhalb der Klasse geändert werden, was zu ungültigen Zuständen führt. So hat Alices Konto in *AliceLedger.txt* einen überraschend hohen Stand:

```
Balance is 0
Deposit 120
Balance is 120
Withdraw 40
Balance is 80
Withdraw 1000
Balance is 999999000
```

Auch *BodLedger.txt* weist einen unerklärlichen Kontostand auf, und das, obwohl wir nie ein `BankAccount`-Objekt für Bob angelegt haben:

```
Withdraw 1000
Balance is 999998000
```

Gut gestaltete Klassen sind größtenteils in sich abgeschlossen und halten Methoden vor, um ihre Attribute auf gültige Werte zu setzen. Die Attribute `_balance` und `_name` sind als privat gekennzeichnet ❶ und ❷. Die einzige Möglichkeit, um ihren Wert zu ändern, bieten die Methoden `deposit()` und `withdraw()`, die Prüfungen durchführen, um sicherzustellen, dass `_balance` nicht in einen ungültigen Zustand versetzt wird (z.B. durch einen negativen Integerwert) ❸ und ❺. Die Methoden zeichnen auch sämtliche Transaktionen auf, sodass der Kontostand jederzeit nachvollzogen werden kann ❹ und ❻.

Code außerhalb der Klasse, der diese Attribute ändert, wie es bei `act._balance = 1000000000` ❼ oder `act._name = 'Bob'` ❽ der Fall ist, kann das Objekt in einen ungültigen Zustand versetzen und Bugs hervorrufen (und dazu führen, dass sich die Bankenaufsicht einschaltet). Wenn Sie die Konvention mit dem vorangestellten Unterstrich für privaten Zugriff befolgen, erleichtern Sie sich auch das Debugging, denn Sie wissen dann, dass sich die Ursache des Bugs innerhalb der Klasse befindet und nicht irgendwo sonst in dem Programm.

Im Gegensatz zu Java und anderen Sprachen hat Python keinen Bedarf für öffentliche `Get`- und `Set`-Methoden. Stattdessen werden in Python Eigenschaften verwendet. Mehr darüber erfahren Sie in Kapitel 17.

Die Funktion type() und das Attribut __qualname__

Um den Datentyp eines Objekts in Erfahrung zu bringen, können Sie es an die integrierte Funktion `type()` übergeben. Der Rückgabewert dieser Funktion ist ein Typobjekt oder auch *Klassenobjekt*. Wie Sie bereits wissen, bedeuten die Begriffe *Typ*, *Datentyp* und *Klasse* in Python alle dasselbe. Um zu sehen, was die Funktion `type()` für verschiedene Arten von Werten jeweils zurückgibt, probieren Sie folgenden Code in der interaktiven Shell aus:

```
>>> type(42)  # Das Objekt 42 ist vom Typ int
<class 'int'>
>>> int  # int ist ein Typobjekt für den Datentyp Integer
<class 'int'>
>>> type(42) == int  # Prüft, ob 42 vom Typ Integer ist
True
>>> type('Hello') == int  # Prüft, ob 'Hello' vom Typ Integer ist
False
>>> import wizcoin
>>> type(42) == wizcoin.WizCoin  # Prüft, ob 42 vom Typ WizCoin ist
False
>>> purse = wizcoin.WizCoin(2, 5, 10)
>>> type(purse) == wizcoin.WizCoin  # Prüft, ob purse vom Typ WizCoin ist
True
```

Wie Sie sehen, ist `int` ein Typobjekt und damit dieselbe Art von Objekt, wie es auch von `type(42)` zurückgegeben wird. Allerdings können Sie es auch in der Form `int()` als Konstruktor aufrufen. Die Funktion `int('42')` wandelt jedoch nicht das Stringargument `'42'` um, sondern gibt ein Integerobjekt auf der Grundlage des Arguments zurück.

Nehmen wir an, Sie müssen Angaben zu den Variablen in Ihren Programmen festhalten, um ein späteres Debugging zu erleichtern. In eine Protokolldatei können Sie nur Strings schreiben, aber wenn Sie ein Typobjekt an `str()` übergeben, kommt dabei ein ziemlich unübersichtlicher String heraus. Stattdessen können Sie das Attribut `__qualname__` verwendet, über das alle Typobjekte verfügen, und damit einen einfacheren, für Menschen besser lesbaren String schreiben:

```
>>> str(type(42))  # Gibt einen unübersichtlichen String zurück
"<class 'int'>"
>>> type(42).__qualname__ # Das Attribut __qualname__ sieht klarer aus
'int'
```

Das Attribut `__qualname__` wird hauptsächlich benutzt, um die Methode `__repr__()` zu überschreiben. Mehr darüber erfahren Sie in Kapitel 17.

OOP- und Nicht-OOP-Code im Vergleich

Zu Anfang kann es noch ziemlich unklar sein, wie Sie in Ihren Programmen mit Klassen umgehen sollten. Wir wollen uns daher zur Verdeutlichung ein kurzes Tic-Tac-Toe-Programm ohne Klassen ansehen und es dann so umschreiben, dass es Klassen nutzt.

Geben Sie das folgende Programm in einem neuen Editorfenster ein und speichern Sie es als *tictactoe.py*:

```
# tictactoe.py, ein nicht objektorientiertes Tic-Tac-Toe-Spiel

ALL_SPACES = list('123456789')  # Die Schlüssel für das Spielbrett-Dictionary
X, O, BLANK = 'X', 'O', ' '  # Konstanten für die Stringwerte

def main():
    """Führt ein Tic-Tac-Toe-Spiel aus."""
    print('Welcome to tic-tac-toe!')
    gameBoard = getBlankBoard()  # Erstellt das Spielbrett-Dictionary
    currentPlayer, nextPlayer = X, O  # X hat den ersten Zug, O den zweiten

    while True:
        print(getBoardStr(gameBoard))  # Zeigt das Spielbrett an

        # Fordert den Spieler wiederholt auf, eine Zahl von 1 bis 9 einzugeben:
        move = None
        while not isValidSpace(gameBoard, move):
            print(f'What is {currentPlayer}\'s move? (1-9)')
            move = input()
        updateBoard(gameBoard, move, currentPlayer)  # Führt den Zug aus

        # Prüft, ob das Spiel vorbei ist:
        if isWinner(gameBoard, currentPlayer):  # Prüft auf Sieg
            print(getBoardStr(gameBoard))
            print(currentPlayer + ' has won the game!')
            break
        elif isBoardFull(gameBoard):  # Prüft auf Unentschieden
            print(getBoardStr(gameBoard))
            print('The game is a tie!')
            break
        # Bringt den anderen Spieler zum Zuge:
        currentPlayer, nextPlayer = nextPlayer, currentPlayer
    print('Thanks for playing!')

def getBlankBoard():
    """Erstellt ein neues, leeres Tic-Tac-Toe-Spielbrett."""
    board = {}  # Das Brett wird durch ein Python-Dictionary dargestellt
    for space in ALL_SPACES:
        board[space] = BLANK  # Alle Felder sind zu Anfang leer
    return board

def getBoardStr(board):
    """Gibt eine Textdarstellung des Spielbretts zurück."""
    return f'''
        {board['1']}|{board['2']}|{board['3']} 1 2 3
        -+-+-
        {board['4']}|{board['5']}|{board['6']} 4 5 6
        -+-+-
        {board['7']}|{board['8']}|{board['9']} 7 8 9'''
```

```
def isValidSpace(board, space):
    """Gibt True zurück, wenn das Feld eine gültige Nummer hat und
    leer ist."""
    return space in ALL_SPACES or board[space] == BLANK

def isWinner(board, player):
    """Gibt True zurück, wenn ein Spieler gewonnen hat."""
    b, p = board, player  # Kürzere Namen als "syntaktischer Zuckerguss"
    # Prüft auf 3 gleiche Zeichen in 3 Zeilen, 3 Spalten oder 2 Diagonalen
    return ((b['1'] == b['2'] == b['3'] == p) or  # Obere Zeile
            (b['4'] == b['5'] == b['6'] == p) or  # Mittlere Zeile
            (b['7'] == b['8'] == b['9'] == p) or  # Untere Zeile
            (b['1'] == b['4'] == b['7'] == p) or  # Linke Spalte
            (b['2'] == b['5'] == b['8'] == p) or  # Mittlere Spalte
            (b['3'] == b['6'] == b['9'] == p) or  # Rechte Spalte
            (b['3'] == b['5'] == b['7'] == p) or  # Diagonale
            (b['1'] == b['5'] == b['9'] == p))  # Diagonale

def isBoardFull(board):
    """Gibt True zurück, wenn alle Felder belegt sind."""
    for space in ALL_SPACES:
        if board[space] == BLANK:
            return False  # Gibt False zurück, wenn es ein leeres Feld gibt
    return True  # Keine leeren Felder, daher True

def updateBoard(board, space, mark):
    """Setzt das Feld auf das Zeichen des Spielers."""
    board[space] = mark

if __name__ == '__main__':
    main()  # Ruft main() auf, wenn Modul ausgeführt statt importiert wird
```

Wenn Sie dieses Programm ausführen, erhalten Sie folgende Ausgabe:

```
Welcome to tic-tac-toe!
       | |   1 2 3
      -+-+-
       | |   4 5 6
      -+-+-
       | |   7 8 9
What is X's move? (1-9)
1
      X| |   1 2 3
      -+-+-
       | |   4 5 6
      -+-+-
       | |   7 8 9
What is O's move? (1-9)
-- schnipp --
```

```
        X| |O  1 2 3
        -+-+-
         |O|   4 5 6
        -+-+-
        X|O|X  7 8 9
What is X's move? (1-9)
4

        X| |O  1 2 3
        -+-+-
        X|O|   4 5 6
        -+-+-
        X|O|X  7 8 9
X has won the game!
Thanks for playing!
```

Zur Darstellung der neuen Felder auf einem Tic-Tac-Toe-Brett verwendet dieses Programm ein Dictionaryobjekt. Die Schlüssel dieses Dictionarys sind die Strings `'1'` bis `'9'` und die Werte die Strings `'X'`, `'O'` und `' '`. Die Felder sind ebenso durchnummeriert wie die Tasten auf einem Telefon.

Das Programm *tictactoe.py* nutzt die folgenden Funktionen:

- Der Code in der Funktion `main()` erstellt die Datenstruktur für ein neues Spielbrett (die in der Variablen `gameBoard` gespeichert wird) und ruft die anderen Funktionen auf.
- Die Funktion `getBlankBoard()` gibt ein Dictionary für ein leeres Spielbrett zurück, also eines, bei dem alle neun Felder auf `' '` gesetzt sind.
- Die Funktion `getBoardStr()` nimmt ein Dictionary für ein Spielbrett entgegen und gibt eine mehrzeilige Stringdarstellung für das Brett zurück, die auf dem Bildschirm ausgegeben werden kann.
- Die Funktion `isValidSpace()` gibt `True` zurück, wenn ihr eine gültige Nummer für ein leeres Feld übergeben wird.
- Die Funktion `isWinner()` nimmt ein Dictionary für ein Spielbrett und entweder `'X'` oder `'O'` entgegen, um zu bestimmen, ob der betreffende Spieler drei Zeichen in einer Reihe auf dem Brett platziert hat.
- Die Funktion `isBoardFull()` ermittelt, ob es auf dem Brett noch leere Felder gibt. Wenn nein, ist das Spiel beendet.
- Die Funktion `updateBoard()` nimmt ein Spielbrettdictionary, eine Feldnummer und das Zeichen X oder O entgegen und aktualisiert das Dictionary.

Viele dieser Funktionen nehmen als ersten Parameter die Variable `board` entgegen. Das bedeutet, dass sie alle auf derselben Datenstruktur operieren. In einem solchen

Fall ist es am besten, diese Funktionen als Methoden und Attribute einer Klasse zu gruppieren. Daher schreiben wir das Programm *tictactoe.py* so um, dass es die Klasse `TTTBoard` verwendet. Das Dictionary `board` wird dabei in einem Attribut dieser Klasse namens `spaces` gespeichert, und unsere Funktionen sind nun Methoden der Klasse `TTTBoard` mit dem Parameter `self` statt `board`.

Öffnen Sie ein neues Editorfenster, geben Sie den folgenden Code ein und speichern Sie ihn als *tictactoe_oop.py*:

```
# tictactoe_oop.py, ein objektorientiertes Tic-Tac-Toe-Spiel

ALL_SPACES = list('123456789')  # Die Schlüssel für das Spielbrett
X, O, BLANK = 'X', 'O', ' '  # Konstanten für die Stringwerte

def main():
    """Führt ein Tic-Tac-Toe-Spiel aus."""
    print('Welcome to tic-tac-toe!')
    gameBoard = TTTBoard()  # Erstellt ein TTTBoard-Objekt
    currentPlayer, nextPlayer = X, O  # X hat den ersten Zug, O den zweiten

    while True:
        print(gameBoard.getBoardStr())  # Zeigt das Spielbrett an

        # Fordert den Spieler wiederholt auf, eine Zahl von 1 bis 9 einzugeben:
        move = None
        while not gameBoard.isValidSpace(move):
            print(f'What is {currentPlayer}\'s move? (1-9)')
            move = input()
        gameBoard.updateBoard(move, currentPlayer)  # Führt den Zug aus

        # Prüft, ob das Spiel vorbei ist:
        if gameBoard.isWinner(currentPlayer):  # Prüft auf Sieg
            print(gameBoard.getBoardStr())
            print(currentPlayer + ' has won the game!')
            break
        elif gameBoard.isBoardFull():  # Prüft auf Unentschieden
            print(gameBoard.getBoardStr())
            print('The game is a tie!')
            break
        # Bringt den anderen Spieler zum Zuge:
        currentPlayer, nextPlayer = nextPlayer, currentPlayer
    print('Thanks for playing!')

class TTTBoard:
    def __init__(self, usePrettyBoard=False, useLogging=False):
        """Erstellt ein neues, leeres Tic-Tac-Toe-Spielbrett."""
        self._spaces = {}  # Python-Dictionary zur Darstellung des Bretts
        for space in ALL_SPACES:
            self._spaces[space] = BLANK  # Alle Felder sind zu Anfang leer
```

```
    def getBoardStr(self):
        """Gibt eine Textdarstellung des Spielbretts zurück."""
        return f'''
      {self._spaces['1']}|{self._spaces['2']}|{self._spaces['3']} 1 2 3
      -+-+-
      {self._spaces['4']}|{self._spaces['5']}|{self._spaces['6']} 4 5 6
      -+-+-
      {self._spaces['7']}|{self._spaces['8']}|{self._spaces['9']} 7 8 9'''

    def isValidSpace(self, space):
        """Gibt True zurück, wenn das Feld eine gültige Nummer hat und
        leer ist."""
        return space in ALL_SPACES and self._spaces[space] == BLANK

    def isWinner(self, player):
        """Gibt True zurück, wenn ein Spieler gewonnen hat."""
        s, p = self._spaces, player  # Kürze Namen als "syntaktischer Zucker"
        # Prüft auf 3 gleiche Zeichen in 3 Zeilen, 3 Spalten, 2 Diagonalen
        return ((s['1'] == s['2'] == s['3'] == p) or  # Obere Zeile
                (s['4'] == s['5'] == s['6'] == p) or  # Mittlere Zeile
                (s['7'] == s['8'] == s['9'] == p) or  # Untere Zeile
                (s['1'] == s['4'] == s['7'] == p) or  # Linke Spalte
                (s['2'] == s['5'] == s['8'] == p) or  # Mittlere Spalte
                (s['3'] == s['6'] == s['9'] == p) or  # Rechte Spalte
                (s['3'] == s['5'] == s['7'] == p) or  # Diagonale
                (s['1'] == s['5'] == s['9'] == p))  # Diagonale

    def isBoardFull(self):
        """Gibt True zurück, wenn alle Felder belegt sind."""
        for space in ALL_SPACES:
            if self._spaces[space] == BLANK:
                return False  # False, wenn es ein leeres Feld gibt
        return True  # Keine leeren Felder, daher True

    def updateBoard(self, space, player):
        """Setzt das Feld auf das Zeichen des Spielers."""
        self._spaces[space] = player

if __name__ == '__main__':
    main() # Ruft main() auf, wenn Modul ausgeführt statt importiert wird
```

Dieses Programm läuft genauso ab wie die nicht objektorientierte Version und erzeugt dieselbe Ausgabe. Wir haben den Code von `getBlankBoard()` in die Methode `__init__()` der Klasse `TTTBoard` verlegt, da die Funktion und die Methode beide dieselbe Aufgabe erfüllen, nämlich die Datenstruktur für das Spielbrett vorzubereiten. Die anderen Funktionen haben wir ebenfalls in Methoden umgewandelt, wobei der Parameter `self` den alten Parameter `board` ersetzt. Auch hier gilt wieder, dass die alten Funktionen und die neuen Funktionen demselben Zweck dienen: Beide bearbeiten die Datenstruktur für das Tic-Tac-Toe-Spielbrett.

Wenn der Code in diesen Methoden das im Attribut `_spaces` gespeicherte Dictionary ändern muss, greift er auf `self._spaces` zu. Sollte der Code einer Methode eine andere aufrufen müssen, so ist dem Aufruf ebenfalls `self` und ein Punkt voranzustellen. Das ähnelt dem Vorgang aus dem Abschnitt »Eine einfache Klasse erstellen: WizCoin«, bei dem mit `coinJars.value()` die Methode `values()` des Objekts in der Variablen `coinJars` aufgerufen wurde. Hier dagegen befindet sich das Objekt mit der aufzurufenden Methode in der Variablen `self`.

Da `_spaces` mit einem Unterstrich beginnt, sollte nur Code in den Methoden von `TTTBoard` auf dieses Attribut zugreifen und es verändern. Code außerhalb der Klasse dagegen sollte `_spaces` nur indirekt durch Aufruf dieser betreffenden Methoden bearbeiten können.

Es kann sehr aufschlussreich sein, den Quellcode dieser beiden Tic-Tac-Toe-Programme zu vergleichen. Eine Gegenüberstellung finden Sie auf *https://autbor.com/compareoop/*.

Tic-Tac-Toe ist ein kleines Programm, weshalb es nicht viel Mühe kostet, es zu verstehen. Was aber, wenn der Code Zehntausende von Zeilen umfasst? Ein Programm mit wenigen Dutzend Klassen ist übersichtlicher als eines mit mehreren Hundert unzusammenhängenden Funktionen. Mithilfe objektorientierter Programmierung können Sie ein kompliziertes Programm in leichter verständliche Abschnitte aufteilen.

Klassen für reale Objekte

Klassen zu schreiben, scheint ebenso wie die Gestaltung eines Formulars in Papierform täuschend einfach zu sein. Schließlich sind Formulare und Klassen Vereinfachungen der realen Objekte, für die sie stehen. Doch wie nehmen wir diese Vereinfachung vor? Das Erstellen von Klassen zur Modellierung realer Objekte kann ziemlich knifflig sein. Wenn wir beispielsweise die Klasse `Customer` schreiben, müssen wir für jeden Kunden die Attribute `firstName` und `lastName` vorsehen, oder? In den meisten westlichen Ländern ist der Nachname einer Person auch tatsächlich der Familienname, doch in China kommt der Familienname an erster Stelle. Wenn Sie nicht mehr als eine Milliarde potenzielle Kunden ausschließen wollen, müssen Sie die Klasse `Customer` daher entsprechend anpassen. Nennen wir die Attribute also `givenName` und `familyName` statt `firstName` und `lastName`? In manchen Kulturen gibt es so etwas wie einen Familiennamen aber gar nicht. So hatte beispielsweise der ehemalige UN-Generalsekretär U Thant als Burmese keinen Familiennamen. Thant ist sein persönlicher Name und U lediglich die Abkürzung des Namens seines Vaters. Des Weiteren möchten wir auch gern das Alter unserer Kunden aufzeichnen, allerdings würde das Attribut `age` schnell veraltet sein. Besser ist es, das Alter jedes Mal anhand des Attributs `birthdate` zu berechnen.

Die reale Welt ist kompliziert. Formulare und Klassen zu entwerfen, die diese Komplexität in eine gleichförmige Struktur umsetzen, mit der unsere Programme arbeiten können, ist daher schwierig. Das Format von Telefonnummern und Postleitzahlen unterscheidet sich von einem Land zum anderen. Eine Maximallänge für Ortsnamen könnte ein Problem für die Einwohner von Hellschen-Heringsand-Unterschaar werden. In Australien und Neuseeland können Sie Ihr Geschlecht rechtsverbindlich als X eintragen lassen. Ein Schnabeltier ist ein eierlegendes Säugetier. Eine Erdnuss ist keine Nuss. Je nachdem, ob Sie einen West- oder Ostdeutschen fragen, ist ein Jägerschnitzel ein Schnitzel mit Pilzrahmsauce oder eine panierte Wurstscheibe. Wenn Sie Programme schreiben, die die Wirklichkeit abbilden sollen, dann müssen Sie solche Unstimmigkeiten umschiffen.

Um mehr über dieses Thema zu lernen, empfehle ich Ihnen, sich auf *https://youtu.be/PYYfVqtcWQY/* den Vortrag »Schemas for the Real World« anzusehen, den Carina C. Zona auf der PyCon 2015 gehalten hat, und auf *https://youtu.be/NIebelIpdYk/* den Vortrag »Hi! My name is...« von James Bennett auf der North Bay Python 2018. Darüber hinaus gibt es auch die beliebten Blogposts über irrige Ansichten von Programmierern wie »Falsehoods Programmers Believe About Names« und »Falsehoods Programmers Believe About Time Zones«. Darin werden auch Themen wie Karten, E-Mail-Adressen und viele andere Arten von Daten behandelt, die Programmierer oft auf ungeeignete Weisen darstellen. Eine Zusammenstellung von Links zu diesen Artikeln finden Sie auf *https://github.com/kdeldycke/awesome-falsehood/*. CGP Greys Video »Social Security Cards Explained« auf *https://youtu.be/Erp8IAUouus/* zeigt ein hervorragendes Beispiel für eine schlechte Methode zur Erfassung realer Objekte.

Zusammenfassung

Objektorientierte Programmierung ist eine nützliche Vorgehensweise, um Code zu gliedern. Mithilfe von Klassen können Sie Daten und Code zu neuen Datentypen gruppieren. Um aus diesen Klassen Objekte zu erstellen, rufen Sie ihre Konstruktoren auf (indem Sie den Namen der Klasse als Funktion aufrufen), wodurch wiederum die Klassenmethode `__init__()` aufgerufen wird. Methoden sind mit Objekten verknüpfte Funktionen, und Attribute sind mit Objekten verknüpfte Variablen. Alle Methoden haben `self` als ersten Parameter, dem beim Aufruf der Methode das Objekt zugewiesen wird. Dadurch können Methoden die Attribute des Objekts lesen und schreiben und seine Methoden aufrufen.

Python bietet zwar keine Möglichkeit, um für Attribute einen privaten oder öffentlichen Zugriff festzulegen, doch bedeutet ein Unterstrich als Namenspräfix vereinbarungsgemäß, dass die betreffende Methode oder das Attribut nur von den eigenen Methoden der Klasse aufgerufen oder bearbeitet werden sollte. Durch die

Befolgung dieser Konvention können Sie verhindern, dass die Klasse falsch verwendet und in einen ungültigen Zustand versetzt wird, der Bugs hervorrufen kann. Der Aufruf `type(obj)` gibt das Klassenobjekt für den Typ von `obj` zurück. Klassenobjekte verfügen über das Attribut `__qualname__` mit einem String, der den Klassennamen in einer gut lesbaren Form angibt.

Vielleicht fragen Sie sich an dieser Stelle, warum wir uns überhaupt die Mühe machen, Klassen, Attribute und Funktionen zu verwenden, wenn wir die gleichen Aufgaben doch auch mit Funktionen lösen können. Die objektorientierte Programmierung ist eine praktische Möglichkeit, um Code besser zu gliedern als mit hundert Funktionen in einer *.py*-Datei. Die Aufteilung eines Programms in sorgfältig gestaltete Klassen ermöglicht es, sich auf jede Klasse einzeln zu konzentrieren.

Bei der objektorientierten Programmierung liegt der Schwerpunkt auf Datenstrukturen und den Methoden zu ihrer Handhabung. Diese Vorgehensweise ist nicht für jedes Programm erforderlich, und es ist auch mit Sicherheit möglich, die objektorientierte Programmierung übermäßig zu nutzen. Allerdings bietet OOP viele fortschrittliche Möglichkeiten, die wir uns in den nächsten Kapiteln genauer ansehen werden. Die erste davon ist die Vererbung, das Thema des nächsten Kapitels.

16

Vererbung

Eine Funktion zu definieren und von verschiedenen Stellen in Ihrem Programm aus aufzurufen, erspart es Ihnen, den Code an all diesen Stellen einzufügen. Die Duplizierung von Code zu vermeiden, ist es gute Sache, denn wenn Sie ihn ändern müssen (sei es, um einen Bug zu korrigieren oder um neue Merkmale hinzuzufügen), brauchen Sie das nur an einer einzigen Stelle zu tun. Ohne duplizierten Code ist ein Programm auch kürzer und leichter zu lesen.

Eine weitere Technik zur Wiederverwendung von Code stellt die *Vererbung* dar, die Sie bei Klassen anwenden können. Wenn Sie eine Eltern-Kind-Beziehung zwischen Klassen herstellen, erben die Kindklassen die Methoden der Elternklasse, sodass Sie diese Methoden nicht in mehrere Klassen aufnehmen müssen.

Viele Programmierer halten die Vererbung für überbewertet oder sogar gefährlich, da ein umfangreiches Beziehungsgeflecht zwischen den Klassen ein Programm komplizierter macht. Blogposts mit Überschriften wie »Vererbung ist von Übel!« liegen nicht ganz daneben. Die Vererbung lässt sich in der Tat nur zu leicht überbeanspruchen. Eine behutsame Nutzung dieser Technik kann jedoch viel Zeit sparen helfen.

Wie Vererbung funktioniert

Um eine neue Kindklasse zu erstellen, schreiben Sie in der `class`-Anweisung den Namen der bereits existierenden Elternklasse in die Klammern. Geben Sie zur Übung den folgenden Code in ein neues Editorfenster ein und speichern Sie ihn als *inheritanceExample.py*:

```
class ParentClass:  ❶
    def printHello(self):  ❷
        print('Hello, world!')

class ChildClass(ParentClass)  ❸:
    def someNewMethod(self):
        print('ParentClass objects don't have this method.')

class GrandchildClass(ChildClass):  ❹
    def anotherNewMethod(self):
        print('Only GrandchildClass objects have this method.')

print('Create a ParentClass object and call its methods:')
parent = ParentClass()
parent.printHello()

print('Create a ChildClass object and call its methods:')
child = ChildClass()
child.printHello()
child.someNewMethod()

print('Create a GrandchildClass object and call its methods:')
grandchild = GrandchildClass()
grandchild.printHello()
grandchild.someNewMethod()
grandchild.anotherNewMethod()
print('An error:')
parent.someNewMethod()
```

Wenn Sie dieses Programm ausführen, erhalten Sie folgende Ausgabe:

```
Create a ParentClass object and call its methods:
Hello, world!
Create a ChildClass object and call its methods:
Hello, world!
ParentClass objects don't have this method.
Create a GrandchildClass object and call its methods:
Hello, world!
ParentClass objects don't have this method.
Only GrandchildClass objects have this method.
An error:
Traceback (most recent call last):
```

```
  File "inheritanceExample.py", line 35, in <module>
    parent.someNewMethod() # ParentClass-Objekte verfügen nicht über diese
Methode.
AttributeError: 'ParentClass' object has no attribute 'someNewMethod'
```

Wir haben hier die drei Klassen `ParentClass` ❶, `ChildClass` ❸ und `GrandchildClass` ❹ erstellt. `ChildClass` ist eine *Unterklasse* oder *Teilklasse* von `ParentClass`, was bedeutet, dass sie über dieselben Methoden verfügt wie `ParentClass`. Wir sagen auch, dass `ChildClass` die Methoden von `ParentClass` *erbt*. `GrandchildClass` wiederum ist eine Unterklasse von `ChildClass` und verfügt über alle Methoden von `ChildClass` und deren Elternklasse `ParentClass`.

Damit haben wir den Code der Methode `printHello()` ❷ praktisch in die Klassen `ChildClass` und `GrandchildClass` kopiert. Jegliche Änderungen, die wir an dem Code in `printHello()` vornehmen, wirken sich nicht nur in `ParentClass`, sondern auch in `ChildClass` und `GrandchildClass` aus – ebenso, wie sich eine Änderung am Code einer Funktion auf alle Aufrufe dieser Funktion auswirkt. Abbildung 16–1 stellt diese Beziehung dar. In Klassendiagrammen weisen die Pfeile von einer Unterklasse zu ihrer Basisklasse, weil eine Klasse immer ihre Basisklasse kennt, aber nicht ihre Unterklassen.

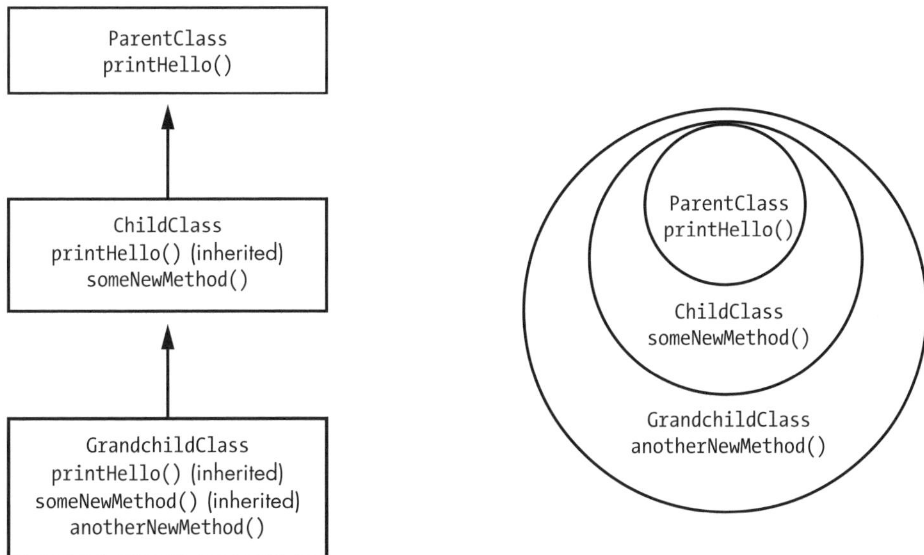

Abb. 16–1 *Hierarchisches Diagramm (links) und Venn-Diagramm (rechts) der Beziehungen zwischen den drei Klassen und ihren Methoden*

Die Beziehung zwischen einer Kind- und ihrer Elternklasse wird auch als eine »Ist-ein-Beziehung« bezeichnet: Ein `ChildClass`-Objekt ist ein `ParentClass`-Objekt, da es über alle Methoden des `ParentClass`-Objekts sowie zusätzlich über einige Methoden verfügt, die es selbst definiert. Diese Beziehung ist jedoch nicht umkehrbar, denn ein `ParentClass`-Objekt ist kein `ChildClass`-Objekt. Wenn ein `ParentClass`-Objekt versucht, `someNewMethod()` aufzurufen, die es nur für `ChildClass`-Objekte gibt (und für Unterklassen von `ChildClass`), löst Python die Ausnahme `AttributeError` aus.

Programmierer glauben oft, dass verwandte Klassen eine »Ist-ein-Hierarchie« der realen Welt widerspiegeln müssten. In Lektionen zur objektorientierten Programmierung werden oft Eltern-, Kind- und Enkelklassen wie `Vehicle ® FourWheelVehicle ® Car`, `Animal ® Bird ® Sparrow` oder `Shape ® Rectangle ® Square` verwendet. Denken Sie aber immer daran, dass der Hauptzweck der Vererbung darin besteht, Code wiederverwenden zu können. Wenn Sie in Ihrem Programm eine Klasse benötigen, die eine Obermenge der Methoden einer anderen Klasse ist, dann können Sie sich durch Vererbung die Duplizierung des Codes ersparen.

Eine Kindklasse wird auch als *Teilklasse*, *Unterklasse* oder *abgeleitete* Klasse bezeichnet und eine Elternklasse als *Oberklasse* oder *Basisklasse*.

Methoden überschreiben

Kindklassen erben alle Methoden ihrer Elternklassen. Allerdings können Sie eine geerbte Methode auch überschreiben, indem Sie eine Methode mit demselben Namen, aber anderem Code bereitstellen.

Um das zu veranschaulichen, kehren wir wieder zu dem Tic-Tac-Toe-Spiel aus dem vorherigen Kapitel zurück. Diesmal erstellen wir die neue Klasse `MiniBoard` als Unterklasse von `TTTBoard` und überschreiben darin `getBoardStr()`, um eine kleinere Version des Spielbretts zu erzeugen. Die anderen Methoden von `TTTBoard` müssen wir nicht kopieren, da `MiniBoard` sie erbt. Das Programm fragt den Spieler nun zu Anfang, welche Art von Spielbrett verwendet werden sollte.

Fügen Sie am Ende von *tictactoe_oop.py* den folgenden Code hinzu, um eine Kindklasse von `TTTBoard` zu erstellen und darin die Methode `getBoardStr()` zu überschreiben:

```
class MiniBoard(TTTBoard):
    def getBoardStr(self):
        """Gibt eine kleine Textdarstellung des Spielbretts zurück."""
        # Ändert Leerzeichen in '.'
        for space in ALL_SPACES:
            if self._spaces[space] == BLANK:
                self._spaces[space] = '.'

        boardStr = f'''
          {self._spaces['1']}{self._spaces['2']}{self._spaces['3']} 123
          {self._spaces['4']}{self._spaces['5']}{self._spaces['6']} 456
          {self._spaces['7']}{self._spaces['8']}{self._spaces['9']} 789'''
```

```
        # Ändert '.' zurück in Leerzeichen:
        for space in ALL_SPACES:
            if self._spaces[space] == '.':
                self._spaces[space] = BLANK
        return boardStr
```

Ebenso wie die Methode `getBoardStr()` der Klasse `TTTBoard` erstellt auch die von `MiniBoard` einen mehrzeiligen String, der zur Anzeige eines Tic-Tac-Toe-Spielbretts an `print()` übergeben wird. Dieser String ist jedoch kleiner, da die Linien zwischen den Feldern wegfallen und leere Felder durch Punkte dargestellt werden.

Ändern Sie nun wie folgt die Zeile in `main()`, die das `TTTBoard`-Objekt instanziiert, um wahlweise ein `MiniBoard`- oder ein `TTTBoard`-Objekt zu erstellen:

```
if input('Use mini board? Y/N: ').lower().startswith('y'):
    gameBoard = MiniBoard()  # Erstellt ein MiniBoard-Objekt
else:
    gameBoard = TTTBoard()  # Erstellt ein TTTBoard-Objekt
```

Abgesehen von der Änderung dieser einen Zeile in `main()` läuft das Programm genauso ab wie zuvor. Wenn Sie es jetzt ausführen, sieht die Ausgabe wie folgt aus:

```
Welcome to Tic-Tac-Toe!
Use mini board? Y/N: y

          ... 123
          ... 456
          ... 789
What is X's move? (1-9)
1

          X.. 123
          ... 456
          ... 789

What is O's move? (1-9)
-- schnipp --
          XXX 123
          .OO 456
          O.X 789
X has won the game!
Thanks for playing!
```

Ihr Programm kann problemlos die Klassen für beide Tic-Tac-Toe-Bretter enthalten. Wenn Sie *nur* die Miniversion haben wollen, können Sie auch einfach den Code in der Methode `getBoardStr()` von `TTTBoard` ändern. Brauchen Sie aber beide Varianten, können Sie dank Vererbung zwei Klassen erstellen und den Code, der beiden gemeinsam ist, wiederverwenden.

Ohne Vererbung hätten wir TTTBoard ein neues Attribut namens useMiniBoard hinzufügen und in getBoardStr() eine if-else-Anweisung aufnehmen können, um zu entscheiden, ob das reguläre Spielbrett angezeigt werden soll oder die Miniversion. Bei einer so einfachen Änderung hätte auch das gut funktioniert. Was aber, wenn die Unterklasse MiniBoard zwei, drei oder gar hundert Methoden überschreiben muss? Was, wenn wir mehrere verschiedene Unterklassen von TTTBoard erstellen wollen? Ein Verzicht auf Vererbung würde in solchen Fällen dazu führen, dass sich die if-else-Anweisungen in unseren Methoden explosionsartig vermehren und der Code viel komplizierter wird. Durch die Verwendung von Unterklassen und das Überschreiben von Methoden können wir unseren Code in getrennte Klassen für die verschiedenen Fälle aufteilen.

Die Funktion super()

Die überschreibende Methode in einer Kindklasse ähnelt meistens der gleichnamigen Methode in der Elternklasse. Die Vererbung dient zwar dazu, Code wiederzuverwenden, doch beim Überschreiben einer Methode kann es sein, dass Sie Code der Methode in der Elternklasse im Code der Methode in der Kindklasse wiederholen müssen. Um eine solche Duplizierung zu vermeiden, können Sie der überschreibenden Methode mit der integrierten Funktion super() ermöglichen, die ursprüngliche Methode in der Elternklasse aufzurufen.

Nehmen wir an, Sie erstellen die neue Klasse HintBoard als Unterklasse von TTTBoard. Die neue Klasse überschreibt getBoardStr() so, dass nach der Anzeige des Spielbretts der Hinweis eingeblendet wird, ob X oder O mit dem nächsten Zug gewinnen kann. Die Methode getBoardStr() von HintBoard muss dazu alle Aufgaben ausführen, die auch die Methode getBoardStr() von TTTBoard erledigt, um das Spielbrett zu zeichnen. Anstatt den Code dafür zu wiederholen, können wir von der Methode getBoardStr() in HintBoard aus mit super() die Methode getBoardStr() von TTTBoard aufrufen. Fügen Sie dazu am Ende von *tictactoe._oop.py* den folgenden Code hinzu:

```
    class HintBoard(TTTBoard):
        def getBoardStr(self):
            """Gibt eine Textdarstellung des Spielbretts mit Hinweisen zurück."""
            boardStr = super().getBoardStr()  # Ruft getBoardStr() in TTTBoard
    auf ❶

            xCanWin = False
            oCanWin = False
            originalSpaces = self._spaces  # Sichert _spaces.   ❷
            for space in ALL_SPACES:  # Prüft jedes Feld:
                # Simuliert X auf diesem Feld:
                self._spaces = copy.copy(originalSpaces)
```

```
            if self._spaces[space] == BLANK:
                self._spaces[space] = X
            if self.isWinner(X):
                xCanWin = True
            # Simuliert O auf diesem Feld:
            self._spaces = copy.copy(originalSpaces)    ❸
            if self._spaces[space] == BLANK:
                self._spaces[space] = O
            if self.isWinner(O):
                oCanWin = True
        if xCanWin:
            boardStr += '\nX can win in one more move.'
        if oCanWin:
            boardStr += '\nO can win in one more move.'
        self._spaces = originalSpaces
        return boardStr
```

Als Erstes führt `super().getBoardStr()` ❶ den Code in der Methode `getBoardStr()` der Elternklasse `TTTBoard` aus, der einen String mit dem Tic-Tac-Toe-Brett zurückgibt. Diesen String speichern wir vorläufig in der Variablen `boardStr`. Der Rest des Codes in der Methode dient dazu, den Hinweis zu generieren. Dazu setzt die Methode die Variablen `xCanWin` und `oCanWin` zunächst auf `False` und sichert das Dictionary `self._spaces` in der Variablen `originalSpaces` ❷. Anschließend durchläuft eine `for`-Schleife alle Felder von `'1'` bis `'9'`. In der Schleife wird das Attribut `self._spaces` auf eine Kopie des Dictionarys `originalSpaces` gesetzt. Ist das Feld, das die Schleife gerade durchläuft, leer, so wird ein X darin platziert, um einen möglichen Zug von Spieler X zu simulieren. Mit einem Aufruf von `self.isWinner()` wird ermittelt, ob dies ein Gewinnzug wäre. Wenn ja, wird `xCanWin` auf `True` gesetzt. Anschließend werden die Schritte für O wiederholt, um zu sehen, ob O durch einen Zug auf diesem Feld gewinnen könnte ❸. Da das Modul zum Kopieren des Dictionarys in `self._spaces` das Modul `copy` verwendet, müssen Sie am Anfang von *tictactoe_oop.py* noch die folgende Zeile ergänzen:

```
import copy
```

Ändern Sie nun die folgende Zeile in `main()`, sodass statt eines `TTTBoard`- ein `HintBoard`-Objekt erstellt wird:

```
gameBoard = HintBoard()  # Erstellt ein Spielbrettobjekt
```

Abgesehen von der Änderung dieser einen Zeile in `main()` läuft das Programm wieder genauso ab wie zuvor. Die Ausgabe sieht jetzt wie folgt aus:

```
Welcome to Tic-Tac-Toe!
-- schnipp --
      X| | 1 2 3
      -+-+-
       | |O 4 5 6
      -+-+-
       | |X 7 8 9
X can win in one more move.
What is O's move? (1-9)
5

      X| | 1 2 3
      -+-+-
       |O|O 4 5 6
      -+-+-
       | |X 7 8 9
O can win in one more move.
-- schnipp --
The game is a tie!
Thanks for playing!
```

Wenn am Ende der Methode `xCanWin` oder `oCanWin` den Wert `True` hat, wird eine entsprechende Meldung zum String `boardStr` hinzugefügt. Anschließend wird `boardStr` zurückgegeben.

Beim Überschreiben von Methoden müssen Sie jedoch nicht `super()` verwenden. Es kann auch sein, dass die Methode in der Kindklasse etwas ganz anderes macht als die gleichnamige Methode in der Elternklasse, sodass es keinen Grund dafür gibt, die ursprüngliche Methode mit `super()` aufzurufen. Diese Funktion ist insbesondere in Fällen nützlich, in denen eine Klasse mehr als eine Elternklasse hat, wie Sie im Abschnitt »Mehrfachvererbung« weiter hinten in diesem Kapitel noch sehen werden.

Komposition statt Vererbung

Vererbung ist eine großartige Technik, um Code wiederzuverwenden, und vielleicht brennen Sie jetzt schon darauf, sie für alle Ihre Klassen einzusetzen. Allerdings ist es nicht immer wünschenswert, Basis- und Unterklassen so eng zu koppeln. Mehrere Vererbungsebenen tragen auch nicht zu einer besseren Gliederung des Codes bei, sondern machen ihn eher unübersichtlich.

Die Vererbung eignet sich für Klassen, die eine Ist-ein-Beziehung haben, also wenn die Kindklasse Sonderfall der Elternklasse ist. Für Klassen mit einer Hat-ein-Beziehung ist die Technik der *Komposition* jedoch besser geeignet. Dabei nehmen Sie Objekte in eine Klasse auf, anstatt von der Klasse dieser Objekte zu erben. Genau das geschieht, wenn wir unseren Klassen Attribute hinzufügen. Bei der

Gestaltung von Klassen sollten Sie die Komposition gegenüber der Vererbung bevorzugen. Diese Vorgehensweise haben wir auch schon bei den Beispielen in diesem und dem vorherigen Kapitel genutzt:

- Ein `WizCoin`-Objekt *hat eine* Anzahl von Galleonen-, Sickle- und Knut-Münzen.
- Ein `TTTBoard`-Objekt *hat einen* Satz von neun Feldern.
- Ein `MiniBoard`-Objekt *ist ein* `TTTBoard`-Objekt, *hat* aber auch einen Satz von neun Feldern.
- Ein `HintBoard`-Objekt *ist ein* `TTTBoard`-Objekt, *hat* aber auch einen Satz von neun Feldern.

Kehren wir wieder zu der Klasse `WizCoin` aus dem vorherigen Kapitel zurück. Nehmen wir an, wir erstellen die neue Klasse `WizardCustomer` zur Darstellung von Kunden, die Zauberer sind. Diese Kunden tragen Geldbeträge mit sich herum, die wir durch die Klasse `WizCoin` darstellen können. Zwischen diesen beiden Klassen besteht jedoch keine Ist-ein-Beziehung, denn ein `WizardCustomer`-Objekt ist keine Form von `WizCoin`-Objekt. Vererbung würde zu ziemlich merkwürdigem Code führen:

```
import wizcoin

class WizardCustomer(wizcoin.WizCoin):    ❶
    def __init__(self, name):
        self.name = name
        super().__init__(0, 0, 0)

wizard = WizardCustomer('Alice')
print(f'{wizard.name} has {wizard.value()} knuts worth of money.')
print(f'{wizard.name}\'s coins weigh {wizard.weightInGrams()} grams.')
```

In diesem Beispiel erbt `WizardCustomer` die Methoden von `WizCoin` ❶ wie `value()` und `weightInGrams()`. Rein technisch könnte ein `WizardCustomer`, der von `WizCoin` erbt, dieselben Aufgaben ausführen wie ein `WizardCustomer`, der ein `WizCoin`-Objekt als Attribut hat. Allerdings sind die Namen der Methoden `wizard.value()` und `wizard.weightInGrams()` irreführend, denn sie klingen, als würden sie den Wert und das Gewicht des Zauberers zurückgeben und nicht den Wert und das Gewicht seiner Barbestände. Wenn wir später eine Methode `weightInGrams()` für das Gewicht des Zauberers hinzufügen wollten, wäre dieser Methodenname außerdem schon belegt.

Es ist viel besser, ein `WizCoin`-Objekt als Attribut hinzuzufügen, da ein Kunde einen Betrag an Münzen *hat*:

```
import wizcoin

class WizardCustomer:
    def __init__(self, name):
        self.name = name
        self.purse = wizcoin.WizCoin(0, 0, 0)   ❶

wizard = WizardCustomer('Alice')
print(f'{wizard.name} has {wizard.purse.value()} knuts worth of money.')
print(f'{wizard.name}\'s coins weigh {wizard.purse.weightInGrams()} grams.')
```

Anstatt die Klasse `WizardCustomer` von `WizCoin` erben zu lassen, geben wir ihr das Attribut `purse` mit ❶, das ein `WizCoin`-Objekt enthält. Bei der Komposition schlagen sich Änderungen an den Methoden der Klasse `WizCoin` nicht in den Methoden der Klasse `WizardCustomer` nieder. Diese Technik bietet mehr Flexibilität für spätere Änderungen an beiden Klassen und sorgt für Code, der sich besser pflegen lasst.

Nachteile der Vererbung

Der größte Nachteil der Vererbung besteht darin, dass jegliche Änderungen, die Sie an einer Elternklasse vornehmen, von allen ihren Kindklassen geerbt werden. In den meisten Fällen ist eine solche enge Kopplung zwar genau das, was Sie erreichen wollen, aber unter Umständen lassen sich die Codeanforderungen nicht so leicht an das Vererbungsmodell anpassen.

Nehmen wir an, wir haben ein Fahrzeugsimulationsprogramm und darin die Klassen `Car`, `Motorcycle` und `LunarRover`. Alle benötigen ähnliche Methoden, z.B. `startIgnition()` und `changeTire()`. Anstatt den Code dafür in jede einzelne Klasse aufzunehmen, können wir die Elternklasse `Vehicle` erstellen und `Car`, `Motorcycle` und `LunarRover` davon erben lassen. Wenn wir dann einen Bug in `changeTire()` beheben müssen, brauchen wir das nur an einer einzigen Stelle zu tun. Das ist insbesondere hilfreich, wenn wir Dutzende von Klassen für Fahrzeuge haben, die alle von `Vehicle` erben. Der Code dieser Klassen sieht allgemein wie folgt aus:

```
class Vehicle:
    def __init__(self):
        print('Vehicle created.')
    def startIgnition(self):
        pass  # Hier steht der Code zum Starten der Zündung
    def changeTire(self):
        pass  # Hier steht der Code für den Reifenwechsel

class Car(Vehicle):
    def __init__(self):
        print('Car created.')
```

```
class Motorcycle(Vehicle):
    def __init__(self):
        print('Motorcycle created.')

class LunarRover(Vehicle):
    def __init__(self):
        print('LunarRover created.')
```

Alle zukünftigen Änderungen an `Vehicle` wirken sich auch auf die Unterklassen aus. Was geschieht aber, wenn wir die Methode `changeSparkPlug()` benötigen? Autos und Motorräder haben Verbrennungsmotoren mit Zündkerzen, ein Mondauto dagegen nicht. Wenn wir Komposition statt Vererbung nutzen wollen, können wir die separaten Klassen `CombustionEngine` und `ElectricEngine` erstellen und der Klasse `Vehicle` das Hat-ein-Attribut `engine` für den Motor mitgeben, das entweder ein `CombustionEngine`- oder ein `ElectricEngine`-Objekt mit den jeweils passenden Methoden sein kann:

```
class CombustionEngine:
    def __init__(self):
        print('Combustion engine created.')
    def changeSparkPlug(self):
        pass  # Hier steht der Code für den Zündkerzenwechsel

class ElectricEngine:
    def __init__(self):
        print('Electric engine created.')

class Vehicle:
    def __init__(self):
        print('Vehicle created.')
        self.engine = CombustionEngine()  # Dies ist der Standardmotor
-- schnipp --

class LunarRover(Vehicle):
    def __init__(self):
        print('LunarRover created.')
        self.engine = ElectricEngine()
```

Dies würde es jedoch erfordern, erhebliche Mengen von Code umzuschreiben, insbesondere wenn es noch mehr Klassen gibt, die von `Vehicle` erben, denn alle Aufrufe von `vehicleObj.changeSparkPlug()` müssten für alle Objekte von `Vehicle` und deren Unterklassen in `vehicleObj.engine.changeSparkPlug()` umgewandelt werden. Da sich bei einer so umfangreichen Änderung Bugs einschleichen können, ist es besser, die Methode `changeSparkPlug()` für das Mondauto einfach nichts tun zu lassen. Die pythonische Vorgehensweise besteht darin, `changeSparkPlug` in der Klasse `LunarRover` auf `None` zu setzen:

```
class LunarRover(Vehicle):
    changeSparkPlug = None
    def __init__(self):
        print('LunarRover created.')
```

Die Zeile `changeSparkPlug = None` folgt der Syntax aus dem Abschnitt »Klassenattribute« weiter hinten in diesem Kapitel. Dadurch wird die von `Vehicle` geerbte Methode `changeSparkPlug()` überschrieben, sodass ihr Aufruf für ein `LunarRover`-Objekt eine Ausnahme auslöst:

```
>>> myVehicle = LunarRover()
LunarRover created.
>>> myVehicle.changeSparkPlug()
Traceback (most recent call last):
  File "<stdin>", line 1, in <module>
TypeError: 'NoneType' object is not callable
```

Diese Ausnahme sorgt dafür, dass der Code schnell fehlschlägt und wir sofort auf das Problem hingewiesen werden, wenn wir diese ungeeignete Methode für ein `LunarRover`-Objekt aufrufen. Auch alle Kindklassen von `LunarRover` erben den Wert `None` für `changeSparkPlug()`. Die Fehlermeldung `TypeError: 'NoneType' object is not callable` sagt uns, dass der Programmierer der Klasse `LunarRover` die Methode `changeSparkPlug()` absichtlich auf `None` gesetzt hat. Gäbe es die Methode überhaupt nicht, so würden wir stattdessen die Fehlermeldung `NameError: name 'changeSparkPlug' is not defined` erhalten.

Durch Vererbung können komplizierte und widersprüchliche Klassen entstehen. Daher ist die Komposition oft zu bevorzugen.

Die Funktionen isinstance() und issubclass()

Wenn wir den Typ eines Objekts ermitteln wollen, können wir es wie im vorherigen Kapitel beschrieben an die integrierte Funktion `type()` übergeben. Wollen wir dagegen prüfen, ob ein Objekt einen bestimmten Typ aufweist, bietet die integrierte Funktion `isinstance()` eine bessere Möglichkeit. Sie gibt `True` zurück, wenn das Objekt von der angegebenen Klasse *oder einer ihrer Unterklassen* ist. Probieren Sie das wie folgt in der interaktiven Shell aus:

```
>>> class ParentClass:
... pass
...
>>> class ChildClass(ParentClass):
... pass
...
>>> parent = ParentClass()  # Erstellt ein ParentClass-Objekt
```

```
>>> child = ChildClass()  # Erstellt ein ChildClass-Objekt
>>> isinstance(parent, ParentClass)
True
>>> isinstance(parent, ChildClass)
False
>>> isinstance(child, ChildClass)  ❶
True
>>> isinstance(child, ParentClass)  ❷
True
```

Die Funktion `isinstance()` teilt uns mit, dass das `ChildClass`-Objekt in `child` sowohl eine Instanz von `ChildClass` ❶ als auch von `ParentClass` ❷ ist. Das ist auch sinnvoll, denn ein `ChildClass`-Objekt *ist eine* Art von `ParentClass`-Objekt.

Sie können auch ein Tupel von Klassenobjekten als zweites Argument übergeben, um zu ermitteln, ob das erste Argument von einer dieser Klassen ist:

```
>>> isinstance(42, (int, str, bool))  # True, wenn 42 int, str oder bool ist
True
```

Die weniger gebräuchliche integrierte Funktion `issubclass()` kann erkennen, ob das als erstes Argument übergebene Klassenobjekt eine Unterklasse des als zweites Argument übergebenen Klassenobjekts ist (oder die gleiche Klasse wie dieses):

```
>>> issubclass(ChildClass, ParentClass)  # ChildClass ist Unterklasse von
ParentClass
True
>>> issubclass(ChildClass, str)  # ChildClass ist nicht Unterklasse von str
False
>>> issubclass(ChildClass, ChildClass)  # ChildClass ist ChildClass
True
```

Ebenso wie bei `isinstance()` können Sie auch hier ein Tupel von Klassenobjekten als zweites Argument übergeben, um zu sehen, ob das erste Argument eine Unterklasse einer dieser Klassen ist. Der Hauptunterschied zwischen den beiden Funktionen besteht darin, dass Sie `issubclass()` zwei Klassenobjekte übergeben, `isinstance()` dagegen ein Objekt und ein Klassenobjekt.

Klassenmethoden

Klassenmethoden sind mit einer Klasse verknüpft und nicht wie reguläre Methoden mit einzelnen Objekten. Im Code können Sie Klassenmethoden an zwei Dingen erkennen: erstens an dem *Dekorierer* `@classmethod` vor der `def`-Anweisung und zweitens an der Verwendung von `cls` als erstem Parameter:

```
class ExampleClass:
    def exampleRegularMethod(self):
        print('This is a regular method.')

    @classmethod
    def exampleClassMethod(cls):
        print('This is a class method.')

# Ruft die Klassenmethode auf, ohne ein Objekt zu instanziieren:
ExampleClass.exampleClassMethod()

obj = ExampleClass()
# Nach dieser Zuweisung sind die beiden folgenden Zeilen gleichwertig:
obj.exampleClassMethod()
obj.__class__.exampleClassMethod()
```

Der Parameter `cls` dient einem ähnlichen Zweck wie `self`, verweist aber nicht auf ein Objekt, sondern auf die Klasse des Objekts. Dadurch kann der Code in einer Klassenmethode nicht auf die Attribute eines einzelnen Objekts zugreifen oder die regulären Methoden eines Objekts aufrufen. Klassenmethoden sind nur in der Lage, andere Klassenmethoden aufzurufen und auf Klassenattribute zuzugreifen. Als Parameternamen verwenden wir `cls`, da `class` bereits ein Python-Schlüsselwort ist. Klassenmethoden werden oft über das Klassenobjekt aufgerufen, also in der Form `ExampleClass.exampleClassMethod()`. Es ist jedoch auch möglich, sie über ein beliebiges Objekt der Klasse aufzurufen, also als `obj.exampleClassMethod()`.

Klassenmethoden sind eher ungebräuchlich. Am häufigsten werden sie noch als alternative Konstruktormethoden neben `__init__()` verwendet. Nehmen wir an, wir brauchen eine Konstruktorfunktion, die einen String von Daten für das neue Objekt, aber auch den String für den Namen einer Datei mit diesen Daten annehmen können soll. Die Parameterliste der Methode `__init__()` sollte aber nicht zu lang und verwirrend sein. Stattdessen können Sie Klassenmethoden verwenden, um ein neues Objekt zurückzugeben.

Zur Veranschaulichung erstellen wir die Klasse `AsciiArt`. ASCII-Grafiken haben Sie bereits in Kapitel 14 kennengelernt: Damit ist es möglich, Bilder aus Textzeichen zu gestalten.

```
class AsciiArt:
    def __init__(self, characters):
        self._characters = characters

    @classmethod
    def fromFile(cls, filename):
        with open(filename) as fileObj:
            characters = fileObj.read()
            return cls(characters)
```

```
    def display(self):
        print(self._characters)

    # Hier folgen weitere AsciiArt-Methoden

face1 = AsciiArt(' _______\n' +
                 '|  . .  |\n' +
                 '| \\___/ |\n' +
                 '|_______|')
face1.display()

face2 = AsciiArt.fromFile('face.txt')
face2.display()
```

Die Klasse `AsciiArt` verfügt über die Methode `__init__()`, der Sie die Textzeichen für das Bild als String übergeben können, aber auch über die Klassenmethode `fromFile()`, die einen String mit dem Namen einer Textdatei annimmt, in der sich die ASCII-Zeichen befinden. Beide Methoden erstellen `AsciiArt`-Objekte.

Wenn Sie das Programm ausführen und es eine Datei namens *face.txt* mit einem Gesicht in ASCII-Grafik gibt, dann erhalten Sie folgende Ausgabe:

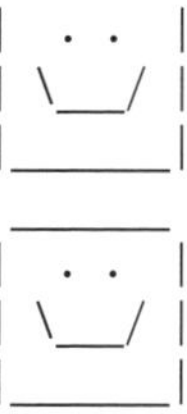

Mit der Klassenmethode `fromFile()` wird Ihr Code einfacher lesbar, als wenn Sie `__init__()` alles erledigen lassen.

Ein weiterer Vorteil von Klassenmethoden besteht darin, dass eine Unterklasse von `AsciiArt` deren Methode `fromFile()` erben (und bei Bedarf überschreiben) kann. Daher rufen wir in der Methode `fromFile()` in `AsciiArt` auch `cls(characters)` auf und nicht `AsciiArt(characters)`. Der Aufruf `cls()` funktioniert auch ohne jegliche Änderungen in Unterklassen von `AsciiArt`, da die Klasse `AsciiArt` in der Methode nicht hartcodiert ist. Ein Aufruf von `AsciiArt()` dagegen würde immer die Methode `__init__()` von `AsciiArt` aufrufen und nicht die der Unterklasse. Praktisch bedeutet `cls` so viel wie »ein Objekt, das diese Klasse darstellt«.

Ebenso wie im Code regulärer Methoden irgendwo der Parameter `self` auftauchen sollte, sollte auch eine Klassenmethode immer den Parameter `cls` nutzen. Wenn das nicht der Fall ist, sollten Sie statt einer Klassenmethode lieber eine Funktion verwenden.

Klassenattribute

Ein *Klassenattribut* ist eine Variable, die zu einer Klasse statt zu einem Objekt gehört. Klassenmethoden werden in der Klasse, aber außerhalb aller Methoden erstellt, ebenso wie wir globale Variablen in einer *.py*-Datei außerhalb aller Funktionen anlegen. Das folgende Beispiel zeigt das Klassenattribut `count`, das festhält, wie viele `CreateCounter`-Objekte erstellt wurden:

```
class CreateCounter:
    count = 0  # Dies ist ein Klassenattribut

    def __init__(self):
        CreateCounter.count += 1

print('Objects created:', CreateCounter.count)  # Gibt 0 aus
a = CreateCounter()
b = CreateCounter()
c = CreateCounter()
print('Objects created:', CreateCounter.count)  # Gibt 3 aus
```

Die Klasse `CreateCounter` verfügt über ein einzelnes Klassenattribut namens `count`. Alle `CreateCounter`-Objekte teilen sich dieses Attribut, anstatt ihre jeweils eigenen `count`-Attribute zu verwenden. Dadurch kann die Zeile `CreateCounter.count += 1` in der Konstruktorfunktion verfolgen, wie viele `CreateCounter`-Objekte insgesamt erstellt wurden. Wenn Sie das Programm ausführen, erhalten Sie folgende Ausgabe:

```
Objects created: 0
Objects created: 3
```

Klassenattribute werden nur selten verwendet. Selbst den Zähler aus dem vorstehenden Beispiel könnten wir mithilfe einer globalen Variablen auf einfachere Weise realisieren.

Statische Methoden

Statische Methoden verfügen weder über den Parameter `self` noch über `cls`. Im Grunde genommen handelt es sich bei ihnen einfach um Funktionen, da sie nicht auf die Attribute und Methoden der Klasse und ihrer Objekte zugreifen können. In Python brauchen Sie statische Methoden nur selten, wenn überhaupt. Wenn Sie damit liebäugeln, eine zu verwenden, sollten Sie ernsthaft überlegen, ob eine reguläre Funktion nicht ausreicht.

Um eine statische Methode zu definieren, geben wir vor der `def`-Anweisung den Dekorierer `@staticmethod` an:

```
class ExampleClassWithStaticMethod:
    @staticmethod
    def sayHello():
        print('Hello!')

# Es wird kein Objekt erstellt, der Klassenname steht sayHello() voran:
ExampleClassWithStaticMethod.sayHello()
```

Es besteht fast kein Unterschied zwischen der statischen Methode `sayHello()` in der Klasse `ExampleClassWithStaticMethod` und einer Funktion namens `sayHello()`. Eine Funktion ist sogar zu bevorzugen, da Sie sie aufrufen können, ohne den Klassennamen angeben zu müssen.

In Sprachen, denen es an den flexiblen Merkmalen von Python mangelt, sind statische Methoden viel gebräuchlicher. Die statischen Methoden in Python stellen diese Vorkehrung nach, bieten aber kaum praktischen Wert.

Wann brauchen Sie Klassenmerkmale und statische Methoden?

Klassenmethoden, Klassenattribute und statische Methoden brauchen Sie nur selten. In den meisten Fällen, in denen sie angewendet werden, sind sie überflüssig. Wenn Sie sich die Frage stellen, ob Sie stattdessen nicht auch einfach eine Funktion oder eine globale Variable nehmen können, ist das schon ein Zeichen dafür, dass Sie die Klassenmethode, das Klassenattribut oder die statische Methode gar nicht brauchen. Ich erwähne diese Merkmale in diesem Buch nur, damit Sie sie in fremdem Code erkennen können, allerdings empfehle ich ihre Verwendung nicht. Sie können nützlich sein, wenn Sie ein eigenes Framework mit einer ausführlichen Familie von Klassen erstellen, von denen andere Programmierer, die Ihr Framework nutzen, Unterklassen erstellen. Wenn Sie dagegen schnörkellose Python-Anwendungen schreiben, brauchen Sie sie höchstwahrscheinlich nicht.

Eine ausführlichere Erörterung dieser Merkmale und der Frage, ob Sie sie brauchen oder nicht, finden Sie in den Artikeln »Python Is Not Java« von Phillip J. Eby auf *https://dirtsimple.org/2004/12/python-is-not-java.html* und »The Static Method Thing« von Ryan Tomayko auf *https://tomayko.com/blog/2004/the-static-method-thing*.

Schlagwörter der objektorientierten Programmierung

Erläuterungen zur objektorientierten Programmierung stecken oft voller Fachausdrücke wie Vererbung, Kapselung und Polymorphismus. Die Bedeutung dieser Begriffe zu kennen, ist – obwohl oft so getan wird – nicht so wichtig, aber Ihnen sollten zumindest die Grundlagen klar sein. Da wir uns bereits mit der Vererbung beschäftigt haben, beschreibe ich im Folgenden nur noch die beiden anderen Begriffe.

Kapselung

Für den Begriff *Kapselung* gibt es zwei gängige und miteinander verwandte Definitionen. Nach der ersten handelt es sich bei der Kapselung um die Bündelung von zusammengehörigen Daten und Code zu einer Einheit. Kapseln heißt dabei so viel wie verpacken. Das ist im Grunde genommen das, was Klassen tun: Sie gruppieren zusammengehörige Attribute und Methoden. So kapselt unsere Klasse `WizCoin` beispielsweise drei Integerwerte für Knuts, Sickles und Galleonen in einem einzigen `WizCoin`-Objekt.

Nach der zweiten Definition ist die Kapselung eine Technik, um *Informationen zu verbergen*. So decken Objekte die Einzelheiten ihrer Implementierung und Funktionsweise zu. Die `BankAccount`-Objekte aus dem Abschnitt »Private Attribute und private Methoden« auf Seite 326 stellen die Methoden `deposit()` und `withdraw()` bereit, um zu verbergen, wie ihre `_balance`-Attribute konkret gehandhabt werden. Auch Funktionen stellen eine Blackbox dar: Wie die Funktion `math.sqrt()` die Quadratwurzel einer Zahl berechnet, bleibt verborgen. Sie müssen lediglich wissen, dass die Funktion die Quadratwurzel der übergebenen Zahl zurückgibt.

Polymorphismus

Durch *Polymorphismus* können Objekte eines Typs wie Objekte eines anderen Typs behandelt werden. Betrachten Sie als Beispiel die Funktion `len()`, die die Länge des ihr übergebenen Arguments zurückgibt. Sie können `len()` einen String übergeben, um zu sehen, aus wie vielen Zeichen er besteht, aber auch eine Liste oder ein Dictionary, um die Anzahl der darin enthaltenen Elemente bzw. Schlüssel-Wert-Paare zu bestimmen. In einem solchen Fall sprechen wir auch von *generischen Funktionen* oder *parametrischem Polymorphismus*, da eine Funktion dieser Art mit Objekten vieler verschiedener Typen umgehen kann.

Außerdem gibt es auch den *Ad-hoc-Polymorphismus* oder das *Überladen von Operatoren*. Dabei können Operatoren (wie + oder *), je nachdem, auf welche Art von Objekt sie angewendet werden, ein unterschiedliches Verhalten zeigen. Beispielsweise führt der Operator + eine Addition durch, wenn er auf zwei Integer- oder Fließkommawerten operiert, aber eine Stringverkettung, wenn er auf zwei Strings angewendet wird. Mehr über Operatorüberladung erfahren Sie in Kapitel 17.

Wann Sie die Vererbung nicht nutzen sollten

Es ist leicht, Klassen durch Vererbung übermäßig kompliziert zu machen. Wie Luciano Ramalho sagte: »Objekte in eine saubere Hierarchie zu stellen, spricht unseren Ordnungssinn an. Programmierer tun das einfach, weil es Spaß macht.« Wir neigen dazu, Klassen, Unterklassen und Unter-Unterklassen zu erstellen, wenn eine einzige Klasse oder sogar nur ein paar Funktionen in einem Modul den gleichen Zweck erfüllen würden. Denken Sie aber immer daran, dass nach »The Zen of Python« *einfach besser ist als komplex*.

Mithilfe objektorientierter Programmierung können Sie Ihren Code in kleinere Einheiten (Klassen) zerlegen, was übersichtlicher ist als eine riesige *.py*-Datei mit Hunderten von in willkürlicher Reihenfolge definierten Funktionen. Die Vererbung ist praktisch, wenn Sie mehrere Funktionen haben, die alle auf demselben Dictionary, derselben Liste oder einer anderen Datenstruktur operieren. In einem solchen Fall ist es nützlich, diese Funktionen in eine Klasse aufzunehmen.

Es gibt jedoch Fälle, in denen es überflüssig ist, eine Klasse zu erstellen oder die Vererbung zu nutzen:

- Wenn eine Klasse aus Methoden besteht, die niemals die Parameter `self` oder `cls` verwenden, sollten Sie die Klasse entfernen und statt der Methoden lieber Funktionen verwenden.
- Wenn Sie eine Elternklasse mit nur einer Kindklasse erstellt haben, aber niemals Objekte der Elternklasse anlegen, dann sollten Sie die beiden Klasse zu einer zusammenfassen.
- Sehr wahrscheinlich überbeanspruchen Sie die Vererbung, wenn Sie mehr als drei oder vier Ebenen von Unterklassen vorsehen. Kombinieren Sie sie zu weniger Klassen.

Wie die OOP- und die Nicht-OOP-Version des Tic-Tac-Toe-Programms im vorherigen Kapitel gezeigt haben, ist es durchaus möglich, funktionierende, fehlerfreie Programme zu schreiben, ohne Klassen zu nutzen. Fühlen Sie sich nicht dazu verpflichtet, ein Programm als kompliziertes Geflecht von Klassen zu gestalten. Eine einfache Lösung, die funktioniert, ist besser als eine komplizierte, die es nicht tut. Über dieses Thema äußerst sich auch Joel Spolsky in seinem Blogpost »Don't Let the Astronaut Architects Scare You« auf *https://www.joelonsoftware.com/2001/04/21/dont-let-architecture-astronauts-scare-you/*.

Sie sollten wissen, wie die objektorientierten Merkmale wie Vererbung funktionieren, dass Sie damit Ihren Code besser gliedern und die Entwicklung und das Debugging erleichtern können. Python bietet zwar OOP-Merkmale, doch aufgrund der Flexibilität der Sprache können Sie auch auf sie verzichten, wenn sie für Ihr Programm ungeeignet sind.

Mehrfachvererbung

In vielen Programmiersprachen darf eine Klasse höchstens eine Elternklasse haben. In Python sind dank *Mehrfachvererbung* jedoch auch mehrere Elternklassen möglich. Nehmen wir an, wir haben die Klasse `Airplane` mit der Methode `flyInTheAir()` und die Klasse `Ship` mit der Methode `floatOnWater()`. Wir können nun die Klasse `FlyingBoat` erstellen, die sowohl von `Airplane` als auch von `Ship` erbt, indem wir in der `class`-Anweisung beide Klassen durch ein Komma getrennt aufführen. Geben Sie den folgenden Code in ein neues Editorfenster ein und speichern Sie ihn als *flyingboat.py*:

```
class Airplane:
    def flyInTheAir(self):
        print('Flying...')

class Ship:
    def floatOnWater(self):
        print('Floating...')

class FlyingBoat(Airplane, Ship):
    pass
```

`FlyingBoat`-Objekte erben sowohl die Methode `flyInTheAir()` als auch `floatOnWater()`, wie Sie sich in der interaktiven Shell überzeugen können:

```
>>> from flyingboat import *
>>> seaDuck = FlyingBoat()
>>> seaDuck.flyInTheAir()
Flying...
>>> seaDuck.floatOnWater()
Floating...
```

Die Mehrfachvererbung ist unkompliziert, solange die Methoden der Elternklassen unterschiedliche Namen aufweisen und sich nicht überlappen. Klassen mit mehreren Elternklassen werden als *Mixins* bezeichnet (was nur ein allgemeiner Begriff für diese Art Klasse ist; `mixin` als Schlüsselwort in Python gibt es nicht). Was aber geschieht, wenn eine Klasse von mehreren Klassen erbt, die Methoden mit demselben Namen aufweisen?

Sehen wir uns dazu noch einmal die Klassen `MiniBoard` und `HintBoard` vom Anfang dieses Kapitels an. Was tun wir, wenn wir eine Klasse haben möchten, die das Mini-Spielbrett, aber gleichzeitig auch Hinweise anzeigen soll? Mithilfe der Mehrfachvererbung können wir die bestehenden Klassen wiederverwenden. Fügen Sie am Ende von *tictactoe_oop.py*, aber vor der `if`-Anweisung zum Aufruf von `main()`, den folgenden Code hinzu:

```
class HybridBoard(HintBoard, MiniBoard):
    pass
```

Diese Klasse enthält nichts, sondern verwendet den von `HintBoard` und `MiniBoard` geerbten Code. Ändern Sie als Nächstes den Code in `main()`, sodass er ein `HybridBoard`-Objekt erstellt:

```
gameBoard = HybridBoard()  # Erstellt ein Spielbrettobjekt
```

In beiden Elternklassen – `MiniBoard` und `HintBoard` – gibt es die Methode `getBoardStr()`. Welche davon erbt `HybridBoard`? Wenn wir das Programm ausführen, zeigt es die Miniversion des Spielbretts, aber auch Hinweise an:

```
-- schnipp --
          X.. 123
          .O. 456
          X.. 789
X can win in one more move.
```

Python scheint die `getBoardStr()`-Methoden der beiden Klassen auf mysteriöse Weise so verschmolzen zu haben, dass die neue Methode die Aufgaben von beiden ausführt. Das liegt jedoch daran, dass ich die Methoden so geschrieben habe, dass sie kombiniert werden können. Vertauschen Sie nun aber die Reihenfolge der Klassen in der `class`-Anweisung von `HybridBoard`:

```
class HybridBoard(MiniBoard, HintBoard):
```

Dadurch verlieren Sie die Hinweise:

```
-- schnipp --
          X.. 123
          .O. 456
          X.. 789
```

Um zu verstehen, was hier geschieht, müssen Sie die *Reihenfolge der Methodenauflösung* in Python kennen und wissen, wie `super()` im Einzelnen funktioniert.

Die Reihenfolge der Methodenauflösung

Unser Tic-Tac-Toe-Programm hat jetzt vier Klassen zur Darstellung von Spielbrettern. Drei davon definieren eine Methode namens `getBoardStr()`, und die vierte erbt eine solche Methode (siehe Abb. 16–2).

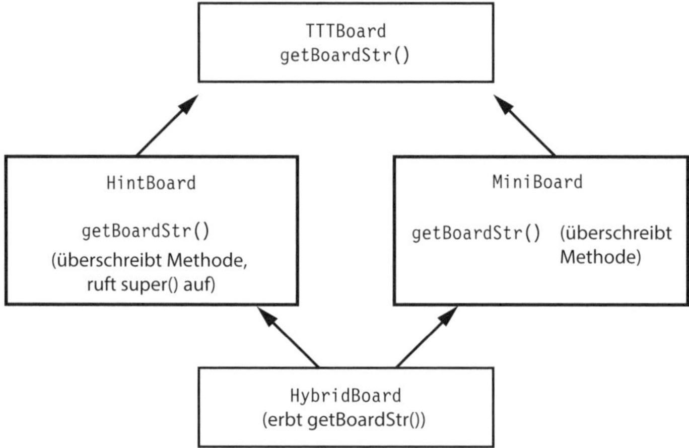

Abb. 16–2 *Die vier Spielbrettklassen in unserem Tic-Tac-Toe-Programm*

Wenn wir `getBoardStr()` für ein `HybridBoard`-Objekt aufrufen, findet Python in der Klasse `HybridBoard` keine Methode namens `getBoardStr()` und schaut daher in der Elternklasse nach. Allerdings hat `HybridBoard` zwei Elternklassen, die beide über eine `getBoardStr()`-Methode verfügen. Welche davon wird aufgerufen?

Das können Sie feststellen, indem Sie sich die MRO-Liste (Method Resolution Order, Reihenfolge der Methodenauflösung) der Klasse `HybridBoard` anzeigen lassen, eine geordnete Liste der Klassen, die Python bei der Vererbung von Methoden und beim Aufruf der Funktion `super()` nachschlägt. Um sich die MRO der Klasse `HybridBoard` anzusehen, rufen Sie deren Methode `mro()` auf:

```
>>> from tictactoe_oop import *
>>> HybridBoard.mro()
[<class 'tictactoe_oop.HybridBoard'>, <class 'tictactoe_oop.HintBoard'>,
<class 'tictactoe_oop.MiniBoard'>, <class 'tictactoe_oop.TTTBoard'>, <class
'object'>]
```

Wenn eine Methode für `HybridBoard` aufgerufen wird, sucht Python zuerst in der Klasse `HybridBoard` danach. Sollte sie sich dort nicht befinden, schaut Python in der Klasse `HintBoard`, dann in `MiniBoard` und schließlich in `TTTBoard` nach. Grundsätzlich steht am Ende einer MRO-Liste die integrierte Klasse `object`, bei der es sich um die Elternklasse aller Klassen in Python handelt.

Bei einfacher Vererbung lässt sich die Reihenfolge der Methodenauflösung leicht bestimmen: Folgen Sie einfach der Kette der Elternklassen. Bei Mehrfachvererbung dagegen wird die Sache schon etwas kniffliger. Die Auflösungsreihenfolge von Python folgt dem C3-Algorithmus, den wir in diesem Buch nicht behandeln können. Merken Sie sich aber die beiden folgenden Grundregeln:

- Python überprüft Kindklassen vor Elternklassen.
- Python überprüft geerbte Klassen in der Reihenfolge, in der sie in der `class`-Anweisung aufgeführt sind (von links nach rechts).

Beim Aufruf von `getBoardStr()` für ein `HybridBoard`-Objekt schaut Python erst in die Klasse `HybridBoard`. Da die Elternklasse `HintBoard` links von `MiniBoard` steht, überprüft Python danach erst `HintBaord`. Diese Elternklasse verfügt über eine Methode namens `getBoardStr()`, sodass `HybridBoard` sie erbt und bei einem Aufruf benutzt.

Damit sind wir aber noch nicht am Ende angekommen, denn diese Methode wiederum ruft `super().getBoardStr()` auf. Der Name der Funktion `super()` ist etwas irreführend, da sie hier nicht die Elternklasse zurückgibt, sondern die nächste Klasse in der MRO-Liste, in unserem Fall also `MiniBoard` und nicht `TTTBoard`. Durch den Aufruf von `super().getBoardStr()` wird also die Methode `getBoardStr()` von `MiniBoard` aufgerufen, die den String mit der Miniversion des Spielbretts zurückgibt. Der Code, der in der `getBoardStr()`-Methode von `HintBoard` auf den Aufruf von `super()` folgt, sorgt dann dafür, dass die Hinweise an diesen String angehängt werden.

Wenn wir die `class`-Anweisung von `HybridBoard` so ändern, dass `MiniBoard` vor `HintBoard` steht, erscheint `MiniBoard` auch in der Auflösungsreihenfolge früher. Dadurch erbt `HybridBoard` die `getBoardStr()`-Methode von `MiniBoard`, die den `super()`-Aufruf nicht enthält. Dadurch kommt es zu dem Bug, dass das Minispielbrett ohne Hinweise angezeigt wird: Die Methode `getBoardStr()` von `MiniBoard` ruft die gleichnamige Methode von `HintBoard` niemals auf.

Die Mehrfachvererbung erlaubt es Ihnen, erhebliche Funktionalität in eine kleine Menge Code zu packen, allerdings wird der Code dadurch nur zu leicht übermäßig kompliziert und schwer verständlich. Bevorzugen Sie stattdessen einfache Vererbung, Mixin-Klassen oder gar keine Vererbung. Diese Techniken sind oft schon mehr als ausreichend für die Zwecke Ihres Programms.

Zusammenfassung

Vererbung ist eine Technik zur Wiederverwendung von Code. Damit können Sie Kindklassen erstellen, die die Methoden ihrer Elternklassen erben. Die geerbten Methoden können Sie auch mit neuem Code überschreiben. Außerdem haben Sie die Möglichkeit, die ursprüngliche Methode in der Elternklasse mit der Funktion `super()` aufzurufen. Eine Kindklasse hat eine Ist-ein-Beziehung zu ihrer Elternklasse, da ein Objekt der Kindklasse eine Art von Objekt der Elternklasse ist.

In Python ist die Verwendung von Klassen und Vererbung optional. Für manche Programmierer rechtfertigen die Vorteile nicht die erhöhte Komplexität, die eine intensive Nutzung der Vererbung mit sich bringt. Oft bietet die Komposition eine flexiblere Lösung. Dabei richten Sie eine Hat-ein-Beziehung zwischen einem Objekt einer Klasse und Objekten anderer Klassen ein, anstatt Methoden direkt von diesen Klassen zu erben. Objekte einer Klasse können dadurch Objekte anderer Klassen enthalten. Beispielsweise können Sie der Methode `birthday` eines `Customer`-Objekts ein `Date`-Objekt zuweisen, anstatt `Customer` als Unterklasse von `Date` einzurichten.

Während `type()` den Typ des übergebenen Objekts zurückgibt, können Sie mit den Funktionen `isinstance()` und `issubclass()` Typ- und Vererbungsinformationen über das übergebene Objekt gewinnen.

Klassen können über Objektmethoden und -attribute, aber auch über Klassenmethoden, Klassenattribute und statische Methoden verfügen. Diese Merkmale werden nur selten genutzt, erlauben aber die Nutzung weiterer objektorientierter Techniken, die mit globalen Variablen und Funktionen nicht möglich wären.

In Python kann eine Klasse auch von mehreren Eltern erben, was allerdings zu schwer verständlichem Code führen kann. Welche Methoden dabei geerbt werden und welche Methoden `super()` aufruft, wird dabei anhand der Reihenfolge der Methodenauflösung (MRO) bestimmt. Sie können sich diese Reihenfolge anzeigen lassen, indem Sie die Methode `mro()` der Klasse aufrufen.

In diesem und dem vorherigen Kapitel haben Sie allgemeine Prinzipien der objektorientierten Programmierung kennengelernt. Im nächsten Kapitel geht es um Python-spezifische OOP-Techniken.

17
Pythonische OOP: Eigenschaften und Dunder-Methoden

Viele Sprachen bieten Merkmale der objektorientierten Programmierung, wobei Python einige einzigartige Möglichkeiten wie Eigenschaften und Dunder-Methoden bereitstellt. Diese pythonischen Techniken helfen Ihnen, knappen und gut lesbaren Code zu schreiben.

Durch die Verwendung von Eigenschaften können Sie dafür sorgen, dass zum Lesen, Schreiben oder Löschen eines Attributs in einem Objekt immer bestimmter Code ausgeführt und das Objekt nicht in einen ungültigen Zustand versetzt wird. In anderen Sprachen wird solcher Code meistens als *Get-* und *Set-Methoden* bezeichnet. Dunder-Methoden ermöglichen es, die integrierten Operatoren von Python wie + für Ihre Objekte zu verwenden. Dadurch können Sie beispielsweise zwei `datetime.timedelta`-Objekte wie `datetime.timedelta(days=2)` und `datetime.timedelta(days=3)` zu einem neuen `datetime.timedelta(days=5)`-Objekt kombinieren.

Außerdem bauen wir die in Kapitel 15 eingeführte Klasse `WizCoin` aus, indem wir ihr Eigenschaften hinzufügen und Operatoren mit Dunder-Methoden überladen. Damit werden `WizCoin`-Objekte vielseitiger und lassen sich in Anwendungen, die das Modul `wizcoin` importieren, leichter nutzen.

Eigenschaften

Das Attribut `_balance` der Klasse `BankAccount` aus Kapitel 15 ist durch den Unterstrich am Anfang seines Namens als privat gekennzeichnet. Das ist jedoch nur eine Vereinbarung: Rein technisch gesehen sind alle Attribute in Python öffentlich, also für Code außerhalb der Klasse zugänglich. Es gibt keine Möglichkeit, um zu verhindern, dass Code das Attribut `_balance` absichtlich auf einen ungültigen Wert setzt.

Was Sie jedoch verhindern können, sind *versehentliche* ungültige Änderungen an privaten Attributen. Dazu verwandeln Sie sie in *Eigenschaften*. In Python handelt es sich dabei um Attribute mit besonderen *Get-*, *Set-* und *Delete-Methoden*, die regeln, wie das betreffende Attribut gelesen, geändert bzw. gelöscht wird. Wenn ein Attribut nur Integerwerte haben soll, führt es zu einem Fehler, wenn Sie es auf den String `'42'` setzen. Bei einer Eigenschaft wird eine Set-Methode aufgerufen, um Code auszuführen, der einen ungültigen Wert korrigiert oder zumindest eine frühzeitige Warnung ausspricht. Wenn Sie sich wünschen, dass bei jedem Zugriff auf ein Attribut, jeder Änderung durch eine Zuweisungsanweisung oder jeder Löschung mit einer `del`-Anweisung ganz bestimmter Code ausgeführt wird, dann bilden Eigenschaften die passende Lösung.

Attribute in Eigenschaften umwandeln

Als Erstes erstellen wir eine einfache Klasse mit einem regulären Attribut. Geben Sie den folgenden Code in ein neues Editorfenster ein und speichern Sie ihn als *regularAttributeExample.py*:

```
class ClassWithRegularAttributes:
    def __init__(self, someParameter):
        self.someAttribute = someParameter

obj = ClassWithRegularAttributes('some initial value')
print(obj.someAttribute)  # Gibt 'some initial value' aus
obj.someAttribute = 'changed value'
print(obj.someAttribute)  # Gibt 'changed value' aus
del obj.someAttribute  # Löscht someAttribute
```

Die Klasse `ClassWithRegularAttributes` verfügt über das reguläre Attribut `someAttribute`. Die Methode `__init__()` setzt `someAttribute` auf `'some initial value'`, aber anschließend ändern wir diesen Wert in `'changed value'`. Wenn Sie das Programm ausführen, erhalten Sie folgende Ausgabe:

```
some initial value
changed value
```

Wie Sie sehen, kann someAttribute auf jeden beliebigen Wert gesetzt werden. Der Nachteil besteht darin, dass dies auch ein ungültiger Wert sein kann. Die Flexibilität von regulären Attributen ist zwar komfortabel und macht ihre Verwendung einfach, kann aber auch zu Fehlern führen.

Wir wollen die Klassen nun umschreiben, sodass Sie statt des Attributs someAttribute eine Eigenschaft verwendet. Dazu gehen Sie wie folgt vor:

1. Stellen Sie dem Namen des Attributs einen Unterstrich voran, also _someAttribute.
2. Erstellen Sie die Methode someAttribute mit dem Dekorierer @property. Diese Get-Methode verfügt ebenso wie alle anderen Methoden über den Parameter self.
3. Erstellen Sie eine weitere Methode namens someAttribute mit dem Dekorierer @someAttribute.setter. Diese Set-Methode verfügt über die Parameter self und value.
4. Erstellen Sie eine weitere Methode namens someAttribute mit dem Dekorierer @someAttribute.deleter. Diese Delete-Methode verfügt über den üblichen Parameter self.

Geben Sie den folgenden Code in ein neues Editorfenster ein und speichern Sie ihn als *propertiesExample.py*:

```
class ClassWithProperties:
    def __init__(self):
        self.someAttribute = 'some initial value'

    @property
    def someAttribute(self):  # Dies ist die Get-Methode
        return self._someAttribute

    @someAttribute.setter
    def someAttribute(self, value):  # Dies ist die Set-Methode
        self._someAttribute = value

    @someAttribute.deleter
    def someAttribute(self):  # Dies ist die Delete-Methode
        del self._someAttribute

obj = ClassWithProperties()
print(obj.someAttribute) #  Gibt 'some initial value' aus
obj.someAttribute = 'changed value'
print(obj.someAttribute)  # Gibt 'changed value' aus
del obj.someAttribute  # Löscht  _someAttribute
```

Dieses Programm erzeugt die gleiche Ausgabe wie *regularAttributeExample.py*, da es letztlich die gleichen Aufgaben ausführt: Es gibt das ursprüngliche Attribut eines Objekts aus, ändert das Attribut dann und gibt es erneut aus.

Allerdings greift der Code außerhalb der Klasse hier niemals direkt auf das Attribut `_someAttribute` zu (schließlich ist es ja privat), sondern auf die Eigenschaft `someProperty`. Die Natur dieser Eigenschaft ist unmittelbar einsichtig: Es handelt sich dabei um die Kombination einer Get-, einer Set- und einer Delete-Methode. Wenn wir ein Attribut wie `someAttribute` in `_someAttribute` umbenennen und gleichzeitig eine Get-, eine Set- und eine Delete-Methode dafür schreiben, erhalten wir die Eigenschaft `someAttribute`.

In diesem Zusammenhang wird `_someAttribute` auch als *Grundfeld* oder *Grundvariable* bezeichnet, weil dies das Attribut ist, auf dem die Eigenschaft basiert. Die meisten Eigenschaften haben eine solche Grundvariable, aber nicht alle. Im Abschnitt »Schreibgeschützte Eigenschaften« weiter hinten in diesem Kapitel werden wir eine Eigenschaft ohne Grundvariable schreiben.

Die Get-, die Set-, und die Delete-Methode rufen wir in unserem Code nie selbst auf, da Python dies unter den folgenden Umständen für uns tut:

- Bei der Ausführung von Code, der auf eine Eigenschaft zugreift, z.B. `print(obj.someAttribute)`, ruft Python im Hintergrund die Get-Methode auf und nutzt deren Rückgabewert.
- Bei der Ausführung einer Zuweisungsanweisung für eine Eigenschaft, z.B. `obj.someAttribute = 'change value'`, ruft Python im Hintergrund die Set-Methode auf und übergibt den String `'change value'` für den Parameter `value`.
- Bei der Ausführung einer `del`-Anweisung für eine Eigenschaft, z.B. `del obj.someAttribute`, ruft Python im Hintergrund die Delete-Methode auf.

Der Code in der Get-, der Set- und der Delete-Methode der Eigenschaft bearbeitet unmittelbar die Grundvariable. Es könnte Fehler hervorrufen, wenn er sich stattdessen auf die Eigenschaft auswirken würde. Stellen Sie sich vor, die Get-Methode würde auf die Eigenschaft zugreifen. In diesem Fall würde sie sich selbst aufrufen, erneut auf die Eigenschaft zugreifen, sich dadurch ein weiteres Mal aufrufen usw., bis das Programm abstürzt. Geben Sie zur Veranschaulichung den folgenden Code in ein neues Editorfenster ein und speichern Sie ihn als *badPropertyExample.py*:

```
class ClassWithBadProperty:
    def __init__(self):
        self.someAttribute = 'some initial value'

    @property
    def someAttribute(self):  # Ruft die Get-Methode auf
        # Wir haben den _ in self._someAttribute vergessen, weshalb wir hier
```

```
            # die Eigenschaft verwenden und die Get-Methode erneut aufrufen:
            return self.someAttribute  # Ruft die Get-Methode erneut auf!

        @someAttribute.setter
        def someAttribute(self, value):  # Dies ist die Set-Methode
            self._someAttribute = value

obj = ClassWithBadProperty()
print(obj.someAttribute)  # Fehler, da die Get-Methode sich selbst aufruft
```

Wenn Sie diesen Code ausführen, ruft die Get-Methode sich immer wieder auf, bis Python die Ausnahme `RecursionError` auslöst:

```
Traceback (most recent call last):
  File "badPropertyExample.py", line 16, in <module>
    print(obj.someAttribute)  # Fehler, da die Get-Methode sich selbst
aufruft
  File "badPropertyExample.py", line 9, in someAttribute
    return self.someAttribute  # Ruft die Get-Methode erneut auf!
  File "badPropertyExample.py", line 9, in someAttribute
    return self.someAttribute  # Ruft die Get-Methode erneut auf!
  File "badPropertyExample.py", line 9, in someAttribute
    return self.someAttribute  # Ruft die Get-Methode erneut auf!
  [Vorstehende Zeile noch weitere 996 Mal wiederholt]
RecursionError: maximum recursion depth exceeded
```

Um eine solche Rekursion zu verhindern, muss der Code in einer Get-, Set- oder Delete-Methode immer nur die Grundvariable (mit dem vorangestellten Unterstrich im Namen) bearbeiten und nicht die Eigenschaft. Code außerhalb dieser Methoden sollte dagegen die Eigenschaft nutzen. Wie bei dem Unterstrich für den privaten Zugriff gibt es jedoch nichts, was Sie daran hindern könnte, trotzdem Code zu schreiben, der auf die Grundvariable zugreift.

Set-Methoden zur Datenvalidierung

Eigenschaften werden vor allem verwendet, um Daten zu *validieren*, also um sicherzustellen, dass sie in dem erforderlichen Format vorliegen. Code außerhalb der Klasse sollte nicht in der Lage sein, ein Attribut auf einen beliebigen Wert zu setzen, denn das könnte zu Fehlern führen. Wenn Sie Eigenschaften verwenden, können Sie Prüfungen durchführen, sodass einem Attribut nur gültige Werte zugewiesen werden. Dadurch können Sie Bugs schon frühzeitig in der Entwicklung erkennen, da bei dem Versuch, einen ungültigen Wert festzulegen, eine Ausnahme ausgelöst wird.

Im Folgenden wollen wir in der Datei *wizcoin.py* aus Kapitel 15 die Attribute `galleons`, `sickles` und `knuts` in Eigenschaften umwandeln. Dabei richten wir die

Set-Methode für diese Eigenschaften so ein, dass nur positive Integer gültig sind. Schließlich stehen unsere `WizCoin`-Objekte für eine Menge von Münzen, und Sie können Münze nicht halbieren oder eine Menge von weniger als null Münzen mit sich herumtragen. Wenn Code außerhalb der Klasse versucht, eine der Eigenschaften `galleons`, `sickles` oder `knuts` auf einen ungültigen Wert zu setzen, lösen wir die Eigenschaft `WizCoinException` aus.

Öffnen Sie die Datei *wizcoin.py*, die Sie in Kapitel 15 angelegt haben, und ändern Sie sie wie folgt:

```
class WizCoinException(Exception):  ❶
    """Das Modul wizcoin löst diese Ausnahme bei falscher Verwendung aus."""
❷
    pass

class WizCoin:
    def __init__(self, galleons, sickles, knuts):
        """Erstellt ein neues WizCoin-Objekt mit Galleonen, Sickles und
Knuts."""
        self.galleons = galleons  ❸
        self.sickles  = sickles
        self.knuts    = knuts
        # __init__()-Methoden haben grundsätzlich KEINE return-Anweisung

-- schnipp --

    @property
    def galleons(self):  ❹
        """Gibt die Anzahl der Galleonen in diesem Objekt zurück."""
        return self._galleons

    @galleons.setter
    def galleons(self, value):  ❺
        if not isinstance(value, int):  ❻
            raise WizCoinException('galleons attr must be set to an int, not
a ' + value.__class__.__qualname__)  ❼
        if value < 0:  ❽
            raise WizCoinException('galleons attr must be a positive int, not
' + value.__class__.__qualname__)
        self._galleons = value

-- schnipp --
```

Eine der Änderungen besteht aus der neuen Klasse `WizCoinException` ❶, die von der integrierten Python-Klasse `Exception` erbt. Ihr Docstring beschreibt, wie das Modul `wizcoin` sie verwendet ❷: Die Objekte der Klasse `WizCoin` lösen diese Ausnahme aus, wenn sie falsch verwendet werden. Dies ist die empfohlene Vorgehensweise, denn wenn das WizCoin-Objekt noch andere Ausnahmen wie ValueError oder TypeError auslöst, wird auf diese Weise klar, dass der Fehler in der Klasse WizCoin liegt.

In der Methode __init__() setzen wir die Eigenschaften self.galleons, self.sickles und self.knuts ❸ auf die entsprechenden Parameter.

Am Ende der Datei, hinter den Methoden total() und weight(), fügen wir die Get- ❹ und die Set-Methode ❺ für das Attribut self._galleons hinzu. Die Get-Methode gibt einfach den Wert in self._galleons zurück. Die Set-Methode dagegen prüft, ob der an die Eigenschaft galleons zugewiesene Wert ein Integer ❻ und positiv ❽ ist. Ist auch nur eine dieser Bedingungen nicht erfüllt, wird die Ausnahme WizCoinException mit einer Fehlermeldung ausgelöst. Dadurch wird verhindert, dass _galleons auf einen ungültigen Wert gesetzt wird, zumindest solange der Code die Eigenschaft galleons verwendet.

Alle Python-Objekte verfügen über das Attribut __class__, das auf ihr Klassenobjekt verweist. Mit anderen Worten, value.__class__ ist dasselbe Klassenobjekt, das auch von type(value) zurückgegeben wird. Dieses Klassenattribut hat das Attribut __qualname__, bei dem es sich um einen String des Klassennamens handelt. (Genauer gesagt, des *qualifizierten* Klassennamens, der auch die Namen aller Klassen enthält, in denen das Klassenobjekt verschachtelt ist. Verschachtelte Klassen sind von begrenztem Nutzen und nicht Thema dieses Buchs.) Wenn in value beispielsweise das von datetime.date(2021, 1, 1) zurückgegebene date-Objekt gespeichert ist, dann ist value.__class__.__qualname__ der String 'date'. In den Fehlermeldungen der Ausnahme wird value.__class__.__qualname__ verwendet ❼, um einen String mit dem Namen des Wertobjekts abzurufen. Die Angabe des Klassennamens macht die Meldung für Programmierer aussagekräftiger, da damit nicht nur gesagt wird, dass das Argument value den falschen Typ hatte, sondern auch, welcher Typ es war und welcher es hätte sein müssen.

Kopieren Sie den Code der Get- und Set-Methode für _galleons, um auch entsprechende Methoden für die Attribute _sickles und _knuts bereitzustellen. Bis auf die Bezeichnungen der Grundvariablen ist der Code identisch.

Schreibgeschützte Eigenschaften

Wenn Sie in einem Objekt eine schreibgeschützte Eigenschaft brauchen, die nicht mit dem Zuweisungsoperator = gesetzt werden darf, lassen Sie die Set- und Delete-Methode dafür weg.

Die Methode total() der Klasse WizCon gibt den Gesamtwert des Objekts in Knuts zurück. Wir könnten dies von einer regulären Methode in eine schreibgeschützte Eigenschaft ändern, da es keine sinnvolle Möglichkeit gibt, den Gesamtwert eines WizCoin-Objekts festzulegen. Wenn Sie total etwa auf den Integer 1000 setzen, bedeutet das dann 1.000 Knuts oder 1 Galleone und 493 Knuts oder irgendeine andere Kombination? Daher machen wir total zu einer schreibgeschützten Eigenschaft, indem wir den fett dargestellten Code zu *wizcoin.py* hinzufügen:

```
    @property
    def total(self):
        """Gesamtwert aller Münzen in diesem WizCoin-Objekt (in Knuts)."""
        return (self.galleons * 17 * 29) + (self.sickles * 29) + (self.knuts)

# Es gibt keine Set- und keine Delete-Methode für total.
```

Wenn Sie total() den Funktionsdekorierer @property voranstellen, ruft Python bei jedem Zugriff auf total diese Methode auf. Da es keine Set- und keine Delete-Methode gibt, löst Python die Ausnahme AttributeError aus, wenn Code versucht, total durch eine Zuweisungs- oder del-Anweisung zu ändern oder zu löschen. Der Wert der Eigenschaft total hängt vom Wert der Eigenschaften galleons, sickles und knuts ab. Diese Eigenschaft basiert also nicht auf einer Grundvariablen namens _total. Geben Sie den folgenden Code in die interaktive Shell ein:

```
>>> import wizcoin
>>> purse = wizcoin.WizCoin(2, 5, 10)
>>> purse.total
1141
>>> purse.total = 1000
Traceback (most recent call last):
  File "<stdin>", line 1, in <module>
AttributeError: can't set attribute
```

Vielleicht gefällt es Ihnen nicht, dass das Programm sofort abstürzt, sobald Sie versuchen, eine schreibgeschützte Eigenschaft zu ändern, aber das ist besser, als eine solche Änderung zuzulassen, denn dann würden sich irgendwann im weiteren Verlauf Fehler zeigen. Je später der Fehler nach der Änderung der schreibgeschützten Eigenschaft auftritt, umso schwerer lässt sich die Ursache erkennen. Durch den sofortigen Absturz können Sie das Problem frühzeitig erkennen.

Verwechseln Sie schreibgeschützte Eigenschaften nicht mit Konstanten! Konstanten haben Namen in Großbuchstaben, und es liegt am Programmierer, sie nicht zu ändern. Ihr Wert soll während der gesamten Ausführung des Programms unverändert bleiben. Eine schreibgeschützte Eigenschaft ist ebenso wie jedes andere Attribut mit einem Objekt verknüpft. Sie kann nicht direkt gesetzt oder gelöscht werden. Es kann aber sein, dass sie zu einem anderen Wert ausgewertet wird. So ändert sich in unserer Klasse WizCoin die Eigenschaft total, wenn eine der Eigenschaften galleons, sickles oder knuts geändert wird.

Wann Sie Eigenschaften verwenden sollten

Wie Sie im vorherigen Abschnitt gesehen haben, bieten Eigenschaften mehr Kontrolle über die Verwendung der Attribute in einer Klasse und bilden eine pythonische Vorgehensweise. Wenn Sie Methoden mit Namen wie `getSomeAttribute()` oder `setSomeAttribute()` schreiben, ist das ein Zeichen dafür, dass Sie stattdessen lieber Eigenschaften nutzen sollten.

Das heißt jedoch nicht, dass Sie *jede* Methode, deren Namen mit `get` oder `set` beginnt, durch eine Eigenschaft ersetzen sollten. Es gibt auch Fälle, in denen es trotzdem angebracht ist, eine Methode zu verwenden:

- Langsame Operationen, die länger als eine oder zwei Sekunden dauern, z.B. das Hoch- und Herunterladen einer Datei
- Operationen mit Nebenwirkungen, z.B. Änderungen an anderen Attributen oder Objekten
- Operationen, bei denen zusätzliche Argumente an die Get- oder Set-Operation übergeben werden müssen, z.B. in einer Methode wie `emailObj.getFileAttachment(filename)`

Programmierer betrachten Methoden oft als Verben (da sie eine Tätigkeit ausführen) und Attribute und Eigenschaften als Substantive (da sie für ein Element oder ein Objekt stehen). Wenn es in Ihrem Code allgemein um die Tätigkeit geht, etwas abzurufen oder festzulegen, und nicht darum, ein konkretes Element abzurufen oder festzulegen, verwenden Sie am besten eine Get- oder Set-Methode. Letzten Endes ist das jedoch eine Entscheidung, die Sie als Programmierer treffen müssen.

Der große Vorteil von Eigenschaften besteht darin, dass Sie sie nicht gleich beim Erstellen der Klasse vorsehen müssen. Sie können zu Anfang reguläre Attribute verwenden und sie später ohne Beeinträchtigung des Codes außerhalb der Klasse in Eigenschaften umwandeln, wenn Bedarf dafür besteht. Wenn Sie eine Eigenschaft mit dem Namen des Attributs anlegen, können Sie dem Namen des Attributs einen Unterstrich voranstellen, sodass das Programm wie zuvor funktioniert.

Dunder-Methoden

In Python gibt es besondere Methoden, deren Namen jeweils mit einem doppelten Unterstrich beginnen und enden und die deshalb Dunder-Methoden (kurz für »*d*ouble *under*score«) genannt werden. Andere Bezeichnungen sind *besondere Methoden* oder *magische Methoden*. Sie kennen bereits die Dunder-Methode `__init__()`, aber darüber hinaus gibt es in Python noch mehr. Wir verwenden sie oft zum *Überladen von Operatoren*, also um Python-Operatoren wie `+` oder `>=` um neue Verhalten zu ergänzen, sodass wir sie auch für Objekte unserer eigenen Klassen verwenden können. Weitere Dunder-Methoden erlauben es, integrierte Python-Funktionen wie `len()` oder `repr()` für Objekte unserer Klassen zu nutzen.

Ebenso wie `__init__()` und die Get-, Set- und Delete-Methoden von Eigenschaften müssen Sie Dunder-Methoden so gut wie nie direkt aufrufen. Python erledigt das im Hintergrund für Sie, wenn Sie Operatoren oder integrierte Funktionen für Ihre Objekte verwenden. Wenn Sie in Ihre Klasse eine Methode wie `__len__()` oder `__repr__()` erstellen, so wird diese hinter den Kulissen aufgerufen, wenn Sie die Klasse an `len()` bzw. `repr()` übergeben. Diese Methoden werden in der offiziellen Python-Dokumentation auf *https://docs.python.org/3/reference/datamodel.html* erläutert.

Zur Veranschaulichung der verschiedenen Arten von Dunder-Methoden erweitern wir wieder unsere Klasse `WizCoin`.

Dunder-Methoden zur Stringdarstellung

Mit den Dunder-Methoden `__repr__()` und `__str__()` können Sie Stringdarstellungen von Objekten erzeugen, die Python sonst nicht zu handhaben wüsste. In Python gibt es zwei verschiedene Arten solcher Stringdarstellungen: Die integrierte Funktion `repr` gibt einen String aus Python-Code zum Kopieren des Objekts zurück, die Funktion `str` dagegen einen für Menschen lesbaren String mit Informationen über das Objekt. Probieren Sie das in der interaktiven Shell wie folgt am Beispiel eines `datetime.date`-Objekts aus:

```
>>> import datetime
>>> newyears = datetime.date(2021, 1, 1)  ❶
>>> repr(newyears)
'datetime.date(2021, 1, 1)'  ❷
>>> str(newyears)
'2021-01-01'  ❸
>>> newyears  ❹
datetime.date(2021, 1, 1)
```

Der `repr`-String `'datetime.date(2021, 1, 1)'` des `datetime.date`-Objekts ❷ besteht aus Python-Code, der eine Kopie dieses Objekts erstellt ❶. Diese Kopie ist eine exakte Darstellung des Objekts. Dagegen gibt der `str`-String `'2021-01-01'` ❸ den Wert des Objekts in lesbarer Form wieder. Wenn wir einfach das Objekt in die Shell eingeben ❹, wird der `repr`-String angezeigt. Der `str`-String eines Objekts wird gewöhnlich Benutzern angezeigt, während der `repr`-String in technischen Zusammenhängen verwendet wird, etwa in Fehlermeldungen und Protokolldateien.

Python kennt sich mit der Darstellung von Objekten der integrierten Typen wie Integern und Strings aus, weiß aber nicht, wie es mit Objekten unserer eigenen

Klassen umgehen soll. Wenn der Funktion `repr()` oder `str()` nicht klar ist, wie sie eine Stringdarstellung eines Objekts erzeugen soll, dann schreibt sie vereinbarungsgemäß die Speicheradresse des Objekts und den Klassennamen in spitze Klammern, also z.B. `'<wizcoin.WizCoin object at 0x00000212B4148EE0>'`. Um einen solchen String für ein `WizCoin`-Objekt zu erstellen, geben Sie Folgendes in die interaktive Shell ein:

```
>>> import wizcoin
>>> purse = wizcoin.WizCoin(2, 5, 10)
>>> str(purse)
'<wizcoin.WizCoin object at 0x00000212B4148EE0>'
>>> repr(purse)
'<wizcoin.WizCoin object at 0x00000212B4148EE0>'
>>> purse
<wizcoin.WizCoin object at 0x00000212B4148EE0>
```

Diese Strings sind allerdings weder gut lesbar noch besonders nützlich. Wir können aber die Dunder-Methoden `__repr__()` und `__string__()` implementieren, um Python mitzuteilen, welche Art von String die Funktion `repr()` bzw. `str()` zurückgegeben soll, wenn ihr das Objekt übergeben wird. Fügen Sie am Ende von *wizcoin.py* den folgenden Code hinzu:

```
-- schnipp --
    def __repr__(self):
        """Gibt einen String mit einem Ausdruck zurück, der das Objekt neu
erstellt."""
        return f'{self.__class__.__qualname__}({self.galleons}, {self.
sickles}, {self.knuts})'
    def __str__(self):
        """Gibt einen lesbaren String zurück, der das Objekt darstellt."""
        return f'{self.galleons}g, {self.sickles}s, {self.knuts}k'
```

Wenn wir nun `purse` an `repr()` oder `str()` übergeben, ruft Python die Dunder-Methode `__repr()__` bzw. `__str()__` auf. Direkt rufen wir diese Dunder-Methoden nicht auf.

F-Strings, in denen das Objekt in geschweiften Klammern enthalten ist, rufen implizit `str()` auf, um die Stringdarstellung des Objekts abzurufen. Probieren Sie das wie folgt in der interaktiven Shell aus:

```
>>> import wizcoin
>>> purse = wizcoin.WizCoin(2, 5, 10)
>>> repr(purse)  # Ruft im Hintergrund __repr__() von WizCoin auf
'WizCoin(2, 5, 10)'
>>> str(purse)  # Ruft im Hintergrund __str__() von WizCoin auf
'2g, 5s, 10k'
>>> print(f'My purse contains {purse}.')  # Ruft __str__() von WizCoin auf
My purse contains 2g, 5s, 10k.
```

Wenn wir das `WizCoin`-Objekt in `pure` an `repr()` und `str()` übergeben, ruft Python im Hintergrund die Methoden `__repr__()` und `__str__()` der Klasse `WizCoin` auf, die wir so programmiert haben, dass sie einen besser lesbaren und nützlicheren String zurückgeben. Wenn Sie den Text des `repr`-Strings `'WizCoin(2, 5, 10)'` in die interaktive Shell eingeben, wird ein `WizCoin`-Objekt mit denselben Attributen wie das in `purse` erstellt. Der `str`-String dagegen ist die für Menschen lesbare Darstellung des Objektwerts: `'2g, 5s, 10k'`. Wenn Sie ein `WizCoin`-Objekt in einem F-String verwenden, verwendet Python den `str`-String des Objekts.

Wenn unsere `WizCoin`-Objekte so komplex wären, dass wir sie nicht mehr mit einem einzigen Aufruf der Konstruktorfunktion erstellen könnten, würden wir den `repr`-String in spitze Klammern einschließen, um anzudeuten, dass er nicht als Python-Code gedacht ist. Das ist auch, was bei den allgemeinen `repr`-Strings wie `'<wizcoin.WizCoin object at 0x00000212B4148EE0>'` geschieht. Wenn Sie einen solchen String in die interaktive Shell eingeben, erhalten Sie die Meldung `SyntaxError`. Es besteht also keine Möglichkeit, diese Darstellung mit Python-Code zu verwechseln, der eine Kopie des Objekts anlegt.

Innerhalb von `__repr__()` verwenden wir `self.__class__.__qualname__`, anstatt den String `'WizCoin'` hartzucodieren. Dadurch kann die geerbte `__repr__()`-Methode in einer Unterklasse von `WizCoin` den Namen dieser Unterklasse statt `'WizCoin'` verwenden. Außerdem nutzt die Methode `__repr__()` dann auch bei einer Umbenennung der Klasse `WizCoin` automatisch den neuen Namen.

Der `str`-String eines `WizCoin`-Objekts zeigt die Attributwerte in einer übersichtlichen, knappen Form. Ich rate Ihnen sehr, `__repr__()` und `__str__()` in allen Ihren Klassen zu implementieren.

Sensible Informationen in repr-Strings

Wie bereits erwähnt, werden `str`-Strings gewöhnlich den Benutzern angezeigt, während `repr`-Strings in technischen Zusammenhängen Verwendung finden, z. B. in Protokolldateien. Allerdings können `repr`-Strings Sicherheitsprobleme hervorrufen, wenn das betreffende Objekt sensible Informationen wie Passwörter, medizinische Angaben oder sonstige personenbezogene Daten enthält. In einem solchen Fall müssen wir dafür sorgen, dass die Methode `__repr__()` diese Informationen nicht in den zurückgegebenen String einschließt. Software ist oft so eingerichtet, dass sie im Fall eines Absturzes den Inhalt von Variablen in eine Protokolldatei schreibt, um beim Debugging zu helfen. Solche Protokolldateien werden gewöhnlich nicht vertraulich behandelt. Es hat bereits Vorfälle gegeben, bei denen öffentlich verbreitete Protokolldateien versehentlich Passwörter, Kreditkartennummern, Adressen und andere sensible Informationen enthielten. Denken Sie daran, wenn Sie eine `__repr__()`-Methode für Ihre Klasse schreiben.

Numerische Dunder-Methoden

Numerische oder *mathematische Dunder-Methoden* überladen die mathematischen Operatoren von Python, also *, -, *, / usw. Zurzeit ist es uns noch nicht möglich, zwei `WizCoin`-Objekte mit dem Operator + zu addieren. Wenn wir das versuchen, löst Python die Ausnahme `TypeError` aus, da es nicht weiß, wie `WizCoin`-Objekte addiert werden sollen. Das können Sie sich wie folgt in der interaktiven Shell ansehen:

```
>>> import wizcoin
>>> purse = wizcoin.WizCoin(2, 5, 10)
>>> tipJar = wizcoin.WizCoin(0, 0, 37)
>>> purse + tipJar
Traceback (most recent call last):
  File "<stdin>", line 1, in <module>
TypeError: unsupported operand type(s) for +: 'WizCoin' and 'WizCoin'
```

Anstatt eine Methode wie `addWizCoin()` für die Klasse `WizCoin` zu schreiben, können Sie mit der Dunder-Methode `__add__()` dafür sorgen, dass der Operator + auch für `WizCoin`-Objekte verwendet werden kann. Fügen Sie den folgenden Code am Ende von *wizcoin.py* hinzu:

```
-- schnipp --
    def __add__(self, other):  ❶
        """Addiert die Münzbeträge zweier WizCoin-Objekte."""
        if not isinstance(other, WizCoin):  ❷
            return NotImplemented

        return WizCoin(other.galleons + self.galleons, other.sickles + self.
sickles, other.knuts + self.knuts)  ❸
```

Wenn links vom Operator + ein `WizCoin`-Objekt steht, ruft Python die Methode `__add__()` auf ❶ und übergibt ihr den Wert auf der rechten Seite für den Parameter `other`. (Dieser Parameter kann auch einen anderen Namen tragen, doch vereinbarungsgemäß wird `other` verwendet.)

Da Sie der Methode `__add__()` jeden beliebigen Typ übergeben können, muss sie eine Typüberprüfung durchführen ❷. Beispielsweise ist es nicht sinnvoll, einen Integer oder eine Fließkommazahl zu einem `WizCoin`-Objekt zu addieren, da wir nicht wissen, ob dieser Wert nun zu dem Betrag von `galleons`, `sickles` oder `knuts` hinzugezählt werden soll.

Die Methode `__add__()` erstellt ein neues `WizCoin`-Objekt, dessen Beträge gleich der Summe der Attribute `galleons`, `sickles` und `knuts` von `self` und `other` sind ❸. Diese drei Attribute enthalten Integer, sodass wir den Operator + auf sie anwenden können. Damit haben wir den Operator + für die Klasse `WizCoin` überladen, sodass es damit nun möglich ist, `WizCoin`-Objekte zu addieren.

Dadurch können wir besser lesbaren Code schreiben. Geben Sie dazu das folgende Beispiel in die interaktive Shell ein:

```
>>> import wizcoin
>>> purse = wizcoin.WizCoin(2, 5, 10)  # Erstellt ein WizCoin-Objekt
>>> tipJar = wizcoin.WizCoin(0, 0, 37)  # Erstellt noch ein WizCoin-Objekt
>>> purse + tipJar  # Erstellt ein WizCoin-Objekt mit der Summe der Beträge
WizCoin(2, 5, 47)
```

Wird für `other` ein Objekt eines falschen Typs übergeben, sollte die Dunder-Methode keine Ausnahme auslösen, sondern den integrierten Wert `NotImplemented` zurückgeben. Im folgenden Beispiel ist `other` ein Integer:

```
>>> import wizcoin
>>> purse = wizcoin.WizCoin(2, 5, 10)
>>> purse + 42  # WizCoin-Objekte und Integer können nicht addiert werden
Traceback (most recent call last):
  File "<stdin>", line 1, in <module>
TypeError: unsupported operand type(s) for +: 'WizCoin' and 'int'
```

Der Rückgabewert `NotImplemented` weist Python an, andere Methoden auszuprobieren, um die Operation auszuführen. (Mehr darüber erfahren Sie im Abschnitt »Reflektierte numerische Dunder-Methoden« weiter hinten in diesem Kapitel.) Hinter den Kulissen ruft Python die Methode `__add__()` mit `42` für den Parameter `other` auf, die ebenfalls `NotImplemented` zurückgibt, weshalb Python die Ausnahme `TypeError` auslöst.

Während es nicht möglich sein sollte, Integer zu `WizCoin`-Objekten zu addieren oder von ihnen zu subtrahieren, ist es sinnvoll, `WizCoin`-Objekte mit einem positiven Integer zu multiplizieren. Dazu definieren wir die Dunder-Methode `__mul__()`. Fügen Sie den folgenden Code am Ende von *wizcoin.py* hinzu:

```
-- schnipp --
    def __mul__(self, other):
        """Multipliziert die Anzahl der Münzen mit einem nicht negativen
Integer."""
        if not isinstance(other, int):
            return NotImplemented
        if other < 0:
            # Multiplikation mit einem negativen int führt zu einer negativen
            # Anzahl an Münzen, was ungültig ist.
            raise WizCoinException('cannot multiply with negative integers')

        return WizCoin(self.galleons * other, self.sickles * other, self.
knuts * other)
```

Die Methode `__mul__()` ermöglicht es uns, `WizCoin`-Objekte mit einem positiven Integer zu multiplizieren. Wenn `other` ein Integer ist, dann ist das der Datentyp, den die Methode `__mul__()` erwartet, weshalb wir nicht `NotImplemented` zurückgeben sollten. Ist der Integer aber negativ, würde die Multiplikation mit dem `WizCoin`-Objekt zu einer negativen Menge von Münzen führen. Da dies dem Konzept der Klasse widerspricht, lösen wir die Ausnahme `WizCoinException` mit einer aussagekräftigen Fehlermeldung aus.

Hinweis

In einer numerischen Dunder-Methode sollten Sie das Objekt `self` nicht ändern, sondern stattdessen ein neues Objekt erstellen und zurückgeben. Von den numerischen Operatoren wird erwartet, dass sie zu einem neuen Objekt ausgewertet werden, anstatt den Objektwert direkt zu ändern.

Um die Dunder-Methode `__mul__()` in Aktion zu erleben, geben Sie Folgendes in die interaktive Shell ein:

```
>>> import wizcoin
>>> purse = wizcoin.WizCoin(2, 5, 10)  # Erstellt ein WizCoin-Objekt
>>> purse * 10  # Multipliziert das WizCoin-Objekt mit einem Integer
WizCoin(20, 50, 100)
>>> purse * -2  # Multiplikation mit negativem Integer ergibt einen Fehler
Traceback (most recent call last):
  File "<stdin>", line 1, in <module>
  File "C:\Users\Al\Desktop\wizcoin.py", line 86, in __mul__
    raise WizCoinException('cannot multiply with negative integers')
wizcoin.WizCoinException: cannot multiply with negative integers
```

In Tabelle 17–1 sind sämtliche numerischen Dunder-Methoden aufgeführt. Natürlich müssen Sie in Ihren Klassen nicht immer alle davon implementieren, sondern nur die, die für die Klasse sinnvoll sind.

Dunder-Methode	**Operation**	**Operator oder integrierte Funktion**
`__add__()`	Addition	+
`__sub__()`	Subtraktion	-
`__mul__()`	Multiplikation	*
`__matmul__()`	Matrizenmultiplikation (neu in Python 3.5)	@
`__truediv__()`	Division	/
`__floordiv__()`	Integerdivision	//

→

Dunder-Methode	Operation	Operator oder integrierte Funktion
`__mod__()`	Modulo (Rest)	`%`
`__divmod__()`	Division und Modulo	`divmod()`
`__pow__()`	Potenzierung	`**`, `pow()`
`__lshift__()`	Linksverschiebung	>>
`__rshift__()`	Rechtsverschiebung	<<
`__and__()`	Bitweises AND	&
`__or__()`	Bitweises OR	|
`__xor__()`	Bitweises XOR	^
`__neg__()`	Negation	Unäres - wie in `-42`
`__pos__()`	Identität	Unäres + wie in `+42`
`__abs__()`	Absolutwert	`abs()`
`__invert__()`	Bitweise Inversion	~
`__complex__()`	Komplexe Form	`complex()`
`__int__()`	Integerform	`int()`
`__float__()`	Fließkommaform	`float()`
`__bool__()`	Boolesche Form	`bool()`
`__round__()`	Runden	`round()`
`__trunc__()`	Abschneiden	`math.trunc()`
`__floor__()`	Aufrunden	`math.floor()`
`__ceil__()`	Abrunden	`math.ceil()`

Tab. 17–1 *Numerische Dunder-Methoden*

Einige dieser Methoden sind auch für unsere Klasse `WizCoin` von Bedeutung. Versuchen Sie, Ihre eigenen Implementierungen von `__sub__()`, `__pow__()`, `__int__()`, `__float__()` und `__bool__()` zu schreiben. Beispiele dafür finden Sie auf *https://autbor.com/wizcoinfull*. Eine vollständige Dokumentation der numerischen Dunder-Methoden erhalten Sie auf *https://docs.python.org/3/reference/datamodel.html#emulating-numeric-types*.

Die numerischen Dunder-Methoden erlauben es den Objekten Ihrer Klassen, die integrierten mathematischen Operatoren von Python zu nutzen. Wenn Sie Methoden mit Namen wie `multiplyBy()`, `convertTo()` o.Ä. erstellen, die eine gewöhnlich von einem der vorhandenen Operatoren oder einer integrierten Funktion erledigte Aufgabe beschreiben, sollten Sie stattdessen numerische Dunder-Methoden verwenden – einschließlich der reflektierten und direkten Dunder-Methoden, die wir uns in den nächsten beiden Abschnitten ansehen.

Reflektierte numerische Dunder-Methoden

Wenn sich das Objekt auf der linken Seite eines mathematischen Operators befindet, ruft Python die numerische Dunder-Methode auf. Steht es dagegen auf der rechten Seite, wird die *reflektierte*, *umgekehrte* oder *rechthändige* Dunder-Methode aufgerufen.

Reflektierte numerische Dunder-Methoden sind nützlich, da Programmierer, die Ihre Klassen nutzen, die Objekte nicht unbedingt auf die linke Seite des Operators stellen, was zu unerwartetem Verhalten führen könnte. Was geschieht beispielsweise, wenn `purse` ein `WizCoin`-Objekt enthält und Python den Ausdruck `2 * purse` auswerten soll?

1. Da `2` ein Integer ist, wird die Methode `__mul__()` der Klasse `int` aufgerufen und `purse` als Parameter `other` übergeben.
2. Die Methode `__mul__()` von `int` weiß aber nicht, was sie mit einem `WizCoin`-Objekt anfangen soll, und gibt daher `NotImplemented` zurück.
3. Python löst jetzt noch keine `TypeError`-Ausnahme aus. Da `purse` ein `WizCoin`-Objekt enthält, wird die Methode `__rmul__()` von `WizCoin` mit `2` als Parameter `other` aufgerufen.
4. Wenn `__rmul__()` den Wert `NotImplemented` zurückgibt, löst Python die Ausnahme `TypeError` aus. Anderenfalls ist das von `__rmul__()` zurückgegebene Objekt das, zu dem der Ausdruck `2 * purse` ausgewertet wird.

   Lautet der Ausdruck dagegen `purse * 2`, so läuft der Vorgang ganz anders ab:
5. Da `purse` ein `WizCoin`-Objekt enthält, wird die Methode `__mul__()` der Klasse `WizCoin` aufgerufen und `2` als Parameter `other` übergeben.
6. Die Methode `__mul__()` erstellt ein neues `WizCoin`-Objekt und gibt es zurück.
7. Das zurückgegebene Objekt ist das, zu dem der Ausdruck `2 * purse` ausgewertet wird.

Der Code einer numerischen Dunder-Methode und der zugehörigen reflektierten numerischen Dunder-Methode ist identisch, wenn die Methoden *kommutativ* sind. Kommutative Operationen wie die Addition führen unabhängig von der Reihenfolge der Operanden zum selben Ergebnis: `3 + 2` ist dasselbe wie `2 + 3`. Es gibt jedoch auch nicht kommutative Operationen. Beispielsweise ergibt `3 - 2` etwas anderes als `2 - 3`. Für eine kommutative Operation kann beim Aufruf der reflektierten Dunder-Methode einfach die ursprüngliche Dunder-Methode aufgerufen werden. Fügen Sie zur Veranschaulichung den folgenden Code am Ende von *wizcoin.py* hinzu, um eine reflektierte Dunder-Methode für die Multiplikation zu definieren:

```
-- schnipp --
    def __rmul__(self, other):
        """Multipliziert die Anzahl der Münzen mit einem nicht negativen
Integer."""
        return self.__mul__(other)
```

Die Multiplikation eines Integers mit einem `WizCoin`-Objekt ist eine kommutative Operation, denn `2 * purse` ist dasselbe wie `purse * 2`. Anstatt den Code aus `__mul__()` zu kopieren, rufen wir einfach `self.__mul__()` auf und übergeben ihr den Parameter `other`.

Sie können nun die Verwendung der reflektierten Dunder-Methode für die Multiplikation wie folgt ausprobieren:

```
>>> import wizcoin
>>> purse = wizcoin.WizCoin(2, 5, 10)
>>> purse * 10  # Ruft __mul__() mit 10 für den Parameter other auf
WizCoin(20, 50, 100)
>>> 10 * purse  # Ruft __rmul__() mit 10 für den Parameter other auf
WizCoin(20, 50, 100)
```

In dem Ausdruck `10 * purse` ruft Python zunächst die Methode `__mul__()` der Klasse `int` auf, um zu sehen, ob Integer mit `WizCoin`-Objekten multipliziert werden können. Da die integrierte Klasse `int` natürlich nichts von Klassen weiß, die wir selbst erstellen, gibt sie `NotImplemented` zurück. Das ist für Python ein Signal, als Nächstes die Methode `__rmul__()` von `WizCoin` für diese Operation aufzurufen, falls sie existiert. Geben sowohl `__mul__()` von `int` als auch `__rmul__()` von `WizCoin()` den Wert `NotImplemented` zurück, löst Python die Ausnahme `TypeError` aus.

`WizCoin`-Objekte können nur zu anderen `WizCoin`-Objekten addiert werden. Dadurch ist garantiert, dass sich die Methode `__add__()` des ersten `WizCoin`-Objekts um die Operation kümmert, sodass wir `__radd__()` nicht implementieren müssen. Beispielsweise wird zur Auswertung des Ausdrucks `purse + tipJar` die Methode `__add__()` des Objekts `purse` aufgerufen und `tipJar` als Parameter `other` übergeben. Da dieser Aufruf nicht `NotImplemented` zurückgibt, versucht Python nicht, die Methode `__radd__()` des `tipJahr`-Objekts mit `purse` für `other` aufzurufen.

Dunder-Methode	Operation	Operator oder integrierte Funktion
`__radd__()`	Addition	+
`__rsub__()`	Subtraktion	-
`__rmul__()`	Multiplikation	*
`__rmatmul__()`	Matrizenmultiplikation (neu in Python 3.5)	@

→

Dunder-Methode	Operation	Operator oder integrierte Funktion
`__rtruediv__()`	Division	/
`__rfloordiv__()`	Integerdivision	//
`__rmod__()`	Modulo (Rest)	%
`__rdivmod__()`	Division und Modulo	`divmod()`
`__rpow__()`	Potenzierung	`**`, `pow()`
`__rlshift__()`	Linksverschiebung	>>
`__rrshift__()`	Rechtsverschiebung	<<
`__rand__()`	Bitweises AND	&
`__ror__()`	Bitweises OR	|
`__rxor__()`	Bitweises XOR	^

Tab. 17–2 *Reflektierte numerische Dunder-Methoden*

Die vollständige Dokumentation der reflektierten Dunder-Methoden finden Sie auf *https://docs.python.org/3/reference/datamodel.html#emulating-numeric-types.*

Direkte Dunder-Methoden für erweiterte Zuweisungsoperatoren

Die numerischen und reflektierten Dunder-Methoden erstellen immer ein neues Objekt, anstatt das bisherige Objekt direkt zu ändern. Die *direkten Dunder-Methoden*, die für die erweiterten Zuweisungsoperatoren wie `+=` und `*=` aufgerufen werden, bearbeiten dagegen das existierende Objekt. (Eine Ausnahme werden Sie am Ende dieses Abschnitts kennenlernen.) Die Namen dieser Dunder-Methoden beginnen mit *i* (für »in place«, also in diesem Zusammenhang »direkt«). Beispielsweise tragen die Methoden für die Operatoren `+=` und `*=` die Namen `__iadd__()` bzw. `__imul__()`.

Wenn Python den Code `purse *= 2` ausführt, sollte die Methode `__imul__()` von `WizCoin` kein neues `WizCoin`-Objekt mit doppelt so vielen Münzen erstellen und dann der Variablen `purse` zuweisen, sondern das bereits bestehende `WizCoin`-Objekt in `purse` so ändern, dass es doppelt so viele Münzen enthält. Das ist ein kleiner, aber wichtiger Unterschied, den Sie beachten müssen, wenn Sie die erweiterten Zuweisungsoperatoren in ihren Klassen überladen.

Unsere `WizCoin`-Objekte überladen bereits die Operatoren `+` und `*`. Daher wollen wir nun die Dunder-Methoden `__iadd__()` und `__imul__()` definieren, um auch `+=` und `*=` zu überladen. Zur Auswertung von Ausdrücken wie `purse += tipJar` und `purse *= 2` wird dann `__iadd__()` bzw. `__imul__()` aufgerufen und `tipJar` bzw. `2` für den Parameter `other` übergeben. Fügen Sie den folgenden Code am Ende von *wizcoin.py* hinzu:

```
-- schnipp --
    def __iadd__(self, other):
        """Addiert die Werte des anderen WizCoin-Objekts zu diesem."""
        if not isinstance(other, WizCoin):
            return NotImplemented

        # Wir ändern das Objekt self direkt:
        self.galleons += other.galleons
        self.sickles += other.sickles
        self.knuts += other.knuts
        return self  # Direkte Dunder-Methoden geben immer self zurück

    def __imul__(self, other):
        """Multipliziert die Menge der Galleonen, Sickles und Knuts in diesem
        Objekt mit einem nicht negativen Integerwert."""
        if not isinstance(other, int):
            return NotImplemented
        if other < 0:
            raise WizCoinException('cannot multiply with negative integers')

        # Die WizCoin-Klasse erstellt veränderbare Objekte. Nutzen Sie daher
        # NICHT den auskommentierten Code, um ein neues Objekt zu erstellen:
        #return WizCoin(self.galleons * other, self.sickles * other, self.
knuts * other)

        # Wir ändern das Objekt self direkt:
        self.galleons *= other
        self.sickles *= other
        self.knuts *= other
        return self  # Direkte Dunder-Methoden geben immer self zurück
```

`WizCoin`-Objekte können nun den Operator `+=` mit einem anderen `WizCoin`-Objekt und den Operator `*=` mit einem positiven Integer verwenden. Nach der Prüfung des anderen Parameters auf Gültigkeit ändern diese Methoden das Objekt `self` direkt, anstatt ein neues `WizCoin`-Objekt zu erstellen. Probieren Sie das wie folgt in der interaktiven Shell aus:

```
>>> import wizcoin
>>> purse = wizcoin.WizCoin(2, 5, 10)
>>> tipJar = wizcoin.WizCoin(0, 0, 37)
>>> purse + tipJar   ❶
WizCoin(2, 5, 46)   ❷
>>> purse
WizCoin(2, 5, 10)
>>> purse += tipJar   ❸
>>> purse
WizCoin(2, 5, 47)
>>> purse *= 10   ❹
>>> purse
WizCoin(20, 50, 470)
```

Der Operator + ❶ ruft die Dunder-Methode `__add__()` oder `__radd__()` auf, um neue Objekte zu erstellen und zurückzugeben ❷. Die ursprünglichen Objekte bleiben dabei unverändert. Die direkten Dunder-Methoden ❸ und ❹ dagegen ändern das ursprüngliche Objekt – zumindest sofern es veränderbar ist. Bei einem unveränderbaren Objekt dagegen erstellen auch die direkten Dunder-Methoden ebenso wie die numerischen und reflektierten ein neues Objekt und geben dieses zurück.

Die Attribute `galleons`, `sickles` und `knuts` sind nicht schreibgeschützt, können also geändert werden. Daher sind `WizCoin`-Objekte veränderbar. Da selbst geschriebene Klassen meistens veränderbare Objekte erstellen, sollten Sie auch direkte Dunder-Methoden schreiben, um die Objekte unmittelbar bearbeiten zu können.

Wenn Sie keine direkten Dunder-Methoden implementiert haben, ruft Python stattdessen die numerischen auf. Hätte die Klasse `WizCoin` beispielsweise keine `__imul__()`-Methode, so würde zur Auswertung von `purse *= 10` stattdessen `__mul__()` aufgerufen und deren Rückgabewert `purse` zugewiesen. Da `WizCoin`-Objekte veränderbar sind, stellt das aber ein unerwartetes Verhalten dar, was zu schwer zu diagnostizierenden Bugs führen kann.

Dunder-Methoden für Vergleiche

Die Python-Funktionen `sort()` und `sorted()` enthalten effiziente Sortieralgorithmen, auf die Sie mit einem einfachen Aufruf zugreifen können. Wollen Sie aber Objekte Ihrer eigenen Klassen vergleichen und sortieren, müssen Sie Python sagen, wie das gehen soll, indem Sie die Dunder-Methoden für Vergleiche implementieren. Python ruft dann diese Methoden im Hintergrund auf, wenn Ihre Objekte in Ausdrücken mit den Vergleichsoperatoren <, >, <=, >=, == oder != stehen.

Unsere Dunder-Methoden für Vergleiche rufen die folgenden sechs Funktionen aus dem Modul `operator` auf, die dieselben Operationen durchführen wie die Vergleichsoperatoren. Geben Sie Folgendes in die interaktive Shell ein:

```
>>> import operator
>>> operator.eq(42, 42)        # Gleich, entspricht 42 == 42
True
>>> operator.ne('cat', 'dog')  # Ungleich, entspricht 'cat' != 'dog'
True
>>> operator.gt(10, 20)        # Größer als, entspricht 10 > 20
False
>>> operator.ge(10, 10)        # Größer oder gleich, entspricht 10 >= 10
True
>>> operator.lt(10, 20)        # Kleiner als, entspricht 10 < 20
True
>>> operator.le(10, 20)        # Kleiner oder gleich, entspricht 10 <= 20
True
```

Das Modul operator enthält Funktionsversionen der Vergleichsoperatoren. Ihre Implementierung ist einfach. Beispielsweise können wir eine eigene Funktion wie operator.eq() wie folgt schreiben:

```
def eq(a, b):
    return a == b
```

Es ist praktisch, eine Version der Vergleichsoperatoren in Funktionsform zur Verfügung zu haben, da Funktionen, im Gegensatz zu Operatoren, als Argumente an Funktionsaufrufe übergeben werden können. Damit implementieren wir eine Hilfsmethode für unsere Dunder-Vergleichsmethoden.

Fügen Sie als Erstes den folgenden Code am Anfang von *wizcoin.py* hinzu. Durch diese Importe erhalten wir Zugriff auf die Funktionen im Modul operator und auf collections.abc.Sequence, um zu prüfen, ob es sich bei dem Argument other unserer Methode um eine Folge handelt.

```
import collections.abc
import operator
```

Fügen Sie anschließend den folgenden Code am Ende von *wizcoin.py* hinzu:

```
-- schnipp --
    def _comparisonOperatorHelper(self, operatorFunc, other):  ❶
        """Eine Hilfsmethode für unsere Dunder-Vergleichsmethoden."""

        if isinstance(other, WizCoin):  ❷
            return operatorFunc(self.total, other.total)
        elif isinstance(other, (int, float)):  ❸
            return operatorFunc(self.total, other)
        elif isinstance(other, collections.abc.Sequence):  ❹
            otherValue = (other[0] * 17 * 29) + (other[1] * 29) + other[2]
            return operatorFunc(self.total, otherValue)
        elif operatorFunc == operator.eq:
            return False
        elif operatorFunc == operator.ne:
            return True
        else:
            return NotImplemented

    def __eq__(self, other):  # Gleich (equal)
        return self._comparisonOperatorHelper(operator.eq, other)  ❺

    def __ne__(self, other):  # Ungleich (not equal)
        return self._comparisonOperatorHelper(operator.ne, other)  ❻

    def __lt__(self, other):  # Kleiner als (less than)
        return self._comparisonOperatorHelper(operator.lt, other)  ❼
```

```
def __le__(self, other):  # Kleiner oder gleich (less than or equal)
    return self._comparisonOperatorHelper(operator.le, other)  ❽

def __gt__(self, other):  # Größer als (greater than)
    return self._comparisonOperatorHelper(operator.gt, other)  ❾

def __ge__(self, other):  # Größer oder gleich (greater than or equal)
    return self._comparisonOperatorHelper(operator.ge, other)  ❿
```

Unsere Dunder-Vergleichsmethoden rufen die Methode `_comparisonOperatorHelper()` ❶ auf und übergeben im Parameter `operatorFunc` die passende Funktion aus dem Modul `operator`. Bei dem Aufruf von `operatorFunc()` wird diese Funktion aufgerufen, also entweder `eq()` ❺, `ne()` ❻, `lt()` ❼, `le()` ❽, `gt()` ❾ oder `ge()` ❿. Anderenfalls müssten wir den Code aus `_comparisonOperatorHelper()` in allen sechs Dunder-Vergleichsmethoden wiederholen.

Hinweis

Funktionen (oder Methoden), die wie `_comparionOperatorHelper()` andere Funktionen als Argumente entgegennehmen, werden als *Funktionen höherer Ordnung* bezeichnet.

Damit können wir `WizCoin`-Objekte nun mit anderen `WizCoin`-Objekten ❷, mit Integern und Fließkommawerten ❸ sowie mit Folgen von drei numerischen Werten vergleichen, die für die Galleonen, Sickles und Knuts stehen ❹. Probieren Sie das wie folgt in der interaktiven Shell aus:

```
>>> import wizcoin
>>> purse = wizcoin.WizCoin(2, 5, 10)  # Erstellt ein WizCoin-Objekt
>>> tipJar = wizcoin.WizCoin(0, 0, 37)  # Erstellt noch ein WizCoin-Objekt
>>> purse.total, tipJar.total  # Bestimmt den Wert in Knuts
(1141, 37)
>>> purse > tipJar  # Vergleicht WizCoin-Objekte mit einem Vergleichsoperator
True
>>> purse < tipJar
False
>>> purse > 1000  # Vergleich mit einem Integer
True
>>> purse <= 1000
False
>>> purse == 1141
True
>>> purse == 1141.0  # Vergleich mit einem Fließkommawert
True
>>> purse == '1141'  # Ein WizCoin-Objekt ist nie gleich einem Stringwert
False
>>> bagOfKnuts = wizcoin.WizCoin(0, 0, 1141)
```

```
>>> purse == bagOfKnuts
True
>>> purse == (2, 5, 10)  # Vergleich mit einem Tupel aus 3 Integern
True
>>> purse >= [2, 5, 10]  # Vergleich mit einer Liste aus 3 Integern
True
>>> purse >= ['cat', 'dog']  # Dies sollte einen Fehler auslösen
Traceback (most recent call last):
  File "<stdin>", line 1, in <module>
  File "C:\Users\Al\Desktop\wizcoin.py", line 265, in __ge__
    return self._comparisonOperatorHelper(operator.ge, other)
  File "C:\Users\Al\Desktop\wizcoin.py", line 237, in _
comparisonOperatorHelper
    otherValue = (other[0] * 17 * 29) + (other[1] * 29) + other[2]
IndexError: list index out of range
```

Unsere Hilfsmethode ruft `isinstance(other, collections.abc.Sequence)` auf, um zu ermitteln, ob es sich bei `other` um einen Folgendatentyp wie ein Tupel oder eine Liste handelt. Dadurch sind `WizCoin`-Objekte auch mit Folgen vergleichbar, sodass wir Code wie `purse >= [2, 5, 10]` schreiben können.

Vergleiche von Folgen

Beim Vergleich von zwei Objekten der integrierten Folgentypen wie Strings, Listen oder Tupeln betrachtet Python vorrangig die ersten Elemente. Nur wenn diese den gleichen Wert haben, werden auch die weiter hinten stehenden Elemente untersucht. Um sich das anzusehen, geben Sie Folgendes in die interaktive Shell ein:

```
>>> 'Azriel' < 'Zelda'
True
>>> (1, 2, 3) > (0, 8888, 9999)
True
```

Der String `'Azriel'` wird vor `'Zelda'` eingeordnet (ist also »kleiner als« `'Zelda'`), da `'A'` vor `'Z'` kommt. Das Tupel `(1, 2, 3)` kommt nach (ist größer als) `(0, 8888, 9999)`, da 1 größer ist als 0. Probieren Sie nun aber Folgendes aus:

```
>>> 'Azriel' < 'Aaron'
False
>>> (1, 0, 0) > (1, 0, 9999)
False
```

Der String `'Azriel'` steht nicht vor `'Aaron'`. Die Anfangsbuchstaben sind gleich, aber der zweite Buchstabe von `'Azriel'` ist `'z'`, was nicht vor dem `'a'` an der zweiten Stelle von `'Aaron'` kommt. Ebenso verhält es sich bei den Tupeln `(1, 0, 0)` und `(1, 0, 9999)`:

→

Da die ersten beiden Elemente gleich sind, wird das dritte (0 bzw. 9999) herangezogen, um zu bestimmen, dass `(1, 0, 0)` vor `(1, 0, 9999)` kommt.

Das heißt aber, dass wir bei der Gestaltung der Klasse `WizCoin` eine Entscheidung treffen müssen. Soll `WizCoin(0, 0, 9999)` vor oder hinter `WizCoin(1, 0, 0)` angeordnet werden? Wenn die Anzahl der Galleonen von größerer Bedeutung ist als die der Sickles und Knuts, dann muss `WizCoin(0, 0, 9999)` vor `WizCoin(1, 0, 0)` stehen. Wir können die Objekte aber auch anhand ihres Gesamtwerts in Knuts vergleichen. In diesem Fall kommt `WizCoin(0, 0, 9999)` (mit einem Wert von 9999 Knuts) nach `WizCoin(1, 0, 0)` (mit einem Wert von 493 Knuts). In *wizcoin.py* habe ich mich für die zweite Variante entschieden, weil das Verhalten dadurch mit dem beim Vergleich von `WizCoin`-Objekten mit Integern und Fließkommawerten übereinstimmt. Das ist die Art von Entscheidungen, die Sie beim Entwurf Ihrer eigenen Klassen treffen müssen.

Es gibt keine *reflektierten* Dunder-Vergleichsmethoden wie etwa `__req__()` oder `__rne__()`, die Sie implementieren müssten. Stattdessen reflektieren sich `__lt__()` und `__gt__()` sowie `__le__()` und `__ge__()` gegenseitig. Die Methoden `__eq__()` und `__ne__()` reflektieren sich selbst. Das liegt daran, dass unabhängig davon, welche Werte links oder rechts vom Operator stehen, folgende Beziehungen gelten:

- `purse > [2, 5, 10]` ist das Gleiche wie `[2, 5, 10] < purse`
- `purse >= [2, 5, 10]` ist das Gleiche wie `[2, 5, 10] <= purse`
- `purse == [2, 5, 10]` ist das Gleiche wie `[2, 5, 10] == purse`
- `purse != [2, 5, 10]` ist das Gleiche wie `[2, 5, 10] != purse`

Nachdem Sie die Dunder-Vergleichsmethoden implementiert haben, nutzt die Python-Funktion `sort()` sie automatisch, um Ihre Objekte zu sortieren. Probieren Sie das wie folgt in der interaktiven Shell aus:

```
>>> import wizcoin
>>> oneGalleon = wizcoin.WizCoin(1, 0, 0)  # Hat einen Wert von 493 Knuts
>>> oneSickle = wizcoin.WizCoin(0, 1, 0)   # Hat einen Wert von 29 Knuts
>>> oneKnut = wizcoin.WizCoin(0, 0, 1)     # Hat einen Wert von 1 Knut
>>> coins = [oneSickle, oneKnut, oneGalleon, 100]
>>> coins.sort()  # Sortiert die Elemente vom niedrigsten zum höchsten Wert
>>> coins
[WizCoin(0, 0, 1), WizCoin(0, 1, 0), 100, WizCoin(1, 0, 0)]
```

Tabelle 17–3 führt sämtliche Dunder-Vergleichsmethoden und Operatorfunktionen auf.

Dunder-Methode	Operation	Vergleichsoperator	Funktion im Modul operator
`__eq__()`	Gleich	==	`operator.eq()`
`__ne__()`	Ungleich	!=	`operator.ne()`
`__lt__()`	Kleiner als	<	`operator.lt()`
`__le__()`	Kleiner oder gleich	<=	`operator.le()`
`__gt__()`	Größer als	>	`operator.gt()`
`__ge__()`	Größer oder gleich	>=	`operator.ge()`

Tab. 17–3 *Dunder-Vergleichsmethoden und Funktionen des Moduls operator*

Eine Implementierung dieser Methoden finden Sie auf *https://autbor.com/wizcoinfull*. Die vollständige Dokumentation der Dunder-Vergleichsmethoden steht auf *https://docs.python.org/3/reference/datamodel.html#object.__lt__* zur Verfügung.

Die Dunder-Vergleichsmethoden ermöglichen es Ihnen, Objekte Ihrer eigenen Klasse mit den Python-Vergleichsoperatoren zu vergleichen, anstatt selbst Methoden dafür zu erstellen. Eigene Methoden wie `equals()` oder `isGreaterThan()` zu schreiben, ist unpythonisch und ein Zeichen dafür, dass Sie Dunder-Vergleichsmethoden verwenden sollten.

Zusammenfassung

Python implementiert OOP-Merkmale anders als objektorientierte Sprachen wie Java oder C++. Anstelle von expliziten Get- und Set-Methoden gibt es in Python Eigenschaften. Das ermöglicht es Ihnen, Attribute zu validieren und schreibgeschützt zu machen.

In Python können Sie die Operatoren auch mit Dunder-Methoden überladen, deren Namen mit je zwei Unterstrichen beginnen und enden. Zum Überladen der mathematischen Operatoren dienen dabei die numerischen und reflektierten numerischen Dunder-Methoden. Dadurch können Sie die integrierten Operatoren von Python auf Objekte ihrer eigenen Klassen anwenden. Wenn diese Methoden den Datentyp des Objekts auf der anderen Seite des Operators nicht verarbeiten können, geben sie den integrierten Wert `NotImplemented` zurück. Diese Dunder-Methoden erstellen neue Objekte und geben sie zurück, wohingegen die direkten Dunder-Methoden (die zum Überladen der erweiterten Zuweisungsoperatoren dienen) das ursprüngliche Objekt ändern. Die Dunder-Vergleichsmethode implementieren nicht nur die sechs Python-Vergleichsoperatoren für Objekte Ihrer Klassen, sondern ermöglichen es auch der Python-Funktion `sort()`, diese Objekte zu sortieren. Zur Implementierung dieser Dunder-Methoden können Sie die Funktionen `eq()`, `ne()`, `lt()`, `le()`, `gt()` und `ge()` aus dem Modul `operator` verwenden.

Mithilfe von Eigenschaften und Dunder-Methoden können Sie konsistente und gut lesbare Klassen schreiben. Dadurch können Sie sich viel von dem Standardcode sparen, den Sie in anderen Sprachen schreiben müssen, z.B. in Java. Um mehr darüber zu lernen, wie Sie pythonischen Code schreiben, schauen Sie sich die beiden folgenden PyCon-Vorträge von Raymond Hettinger an, die einige der Themen aus diesem Kapitel vertiefen und noch weitere Aspekte beschreiben: »Transforming Code into Beautiful, Idiomatic Python« auf *https://youtu.be/OSGv2VnC0go/* und »Beyond PEP 8 – Best Practices for Beautiful, Intelligible Code« auf *https://youtu.be/wf-BqAjZb8M/*.

Es gibt noch viel mehr zu lernen, um Python effektiv zu nutzen. Die Bücher *Fluent Python* von Luciano Ramalho (O'Reilly Media, 2021) und *Effektiv Python programmieren* von Brett Slatkin (mitp, 2020) bieten ausführliche Informationen über Syntax und empfohlene Vorgehensweise von Python und sind Pflichtlektüre für alle, die mehr über Python lernen möchten.

Stichwortverzeichnis

Symbole

A

B

C

P

T

W

X

Z

Christian Mayer

Python One-Liners

Profi-Programmierung durch kurz gefasstes Python

2021
248 Seiten, Broschur
€ 29,90 (D)

ISBN:
Print 978-3-86490-805-7
PDF 978-3-96910-114-8
ePub 978-3-96910-115-5
mobi 978-3-96910-116-2

Auf *dpunkt.de* auch als Bundle (Print & E-Book) erhältlich.

Lassen Sie sich von diesem Buch zeigen, wie man »One-Liners«, Einzeiler, liest und schreibt: prägnante Ausdrücke zu nützlicher Funktionalität, verpackt in einer einzigen Codezeile. Sie lernen, jede Zeile von Python-Code systematisch zu entschlüsseln und zu verstehen, und werden eloquentes, stark komprimiertes Python schreiben.

In den fünf Kapiteln des Buches werden Tipps und Tricks, reguläre Ausdrücke, Machine Learning, Kernthemen der Datenwissenschaft und hilfreiche Algorithmen behandelt. Die ausführlichen Erläuterungen von Einzeilern führen in wichtige Konzepte der Informatik ein und fördern Ihre Programmier- und Analysefähigkeiten. Dabei verwenden Sie fortgeschrittenes Python mit Listen, Lambda-Funktionen, regulären Ausdrücken, Map- und Reduce-Funktionen und Slice-Zuweisungen.

In praxisnahen Beispielen befassen Sie sich unter anderem mit boolescher Indizierung, NumPy-Grundlagen, mehrdimensionalen Datenfeldern oder K-Means-Algorithmen für Unsupervised Learning.

Nach dem Lesen von »Python One-Liners« werden Sie wissen, wie man Python in seiner raffiniertesten Form schreibt und prägnante, schöne Python-Kunstwerke in nur einer einzigen Zeile schafft.